सामान्य चीनी वर्णों की सचित्र व्याख्या

(दूसरा संस्करण)

www.royalcollins.com

सामान्य चीनी वर्णों की सचित्र व्याख्या

(दूसरा संस्करण)

शिए गुआंगहुई (मुख्य सम्पादक)

शिए गुआंगहुई, ली वेनहोंग, शिए ऐहुआ और झाओ झीचिंग द्वारा सम्पादित

लाओ वू, चेन झेंग और चेन रोंग द्वारा चित्रित

हिंदी अनुवाद : कुमारी रोहिणी

रॉयल कॉलिन्स

An Illustrated Account of Common Chinese Characters (Second Edition)

Edited by Xie Guanghui
Hindi Translation: Kumari Rohini

First Hindi Edition 2023
By Royal Collins Publishing Group Inc.
BKM Royalcollins Publishers Private Limited
www.royalcollins.com

सामान्य चीनी वर्णों की सचित्र व्याख्या (दूसरा संस्करण)
शिए गुआंगहुई (मुख्य सम्पादक)
हिंदी अनुवाद : कुमारी रोहिणी

Headquarters: 550-555 boul. René-Lévesque O Montréal (Québec) H2Z1B1 Canada
India office: 805 Hemkunt House, 8th Floor, Rajendra Place, New Delhi 110 008

ISBN: 978-1-4878-1028-3

B&R Book Program

दूसरे संस्करण पर टिप्पणी

सामान्य चीनी वर्णों की सचित्र व्याख्या, मूल रूप से उपयोग में आने वाले 651 चीनी वर्णों की उत्पत्ति और विकास का वर्णन करती है, जो ओरेकल बोन (देववाणीय अस्थि या ओरेकल अस्थि) अभिलेखों से लेकर आज तक के अभिलेखों से चीनी वर्णों के आकार को सूचीबद्ध करती है। पुस्तक में दर्ज प्रत्येक वर्ण का चित्रण उसके स्रोतों के अनुसार है ताकि पाठक चीनी वर्णों के विकास और मूल अर्थ के इतिहास को आसानी से समझ सकें। 1997 में प्रकाशन के बाद से देश-विदेश के पाठकों ने इसका दिल से स्वागत किया है।

इस संस्करण में, हमने कुछ नया जोड़ा है और कुछ हटाया भी है। चीनी वर्णों के अर्थ के विकास को ध्यान में रखते हुए, हमने इन वर्णों के वर्तमान अर्थ को उचित ढंग से समझाया है। अब, चीनी वर्णों के अर्थ श्रेणियों के अनुसार हमारे पास आठ पुस्तकें प्रकाशित हैं: मानव शरीर, अंग, औज़ार/अस्त्र, निवास, पशु, पौधे, प्राकृतिक और अन्य।

हालाँकि यह एक लोकप्रिय पुस्तक है, हम शास्त्रीय दस्तावेजों में उनके प्रयोग के अनुसार वर्णों की उत्पत्ति की व्याख्या पर जोर देते हैं। इसलिए इस संस्करण में, ना सिर्फ चीनी वर्णों की शोध संबंधी सूचनाएँ हैं, बल्कि यह आम पाठकों के लिए चीनी वर्णों की उत्पत्ति और विकास को बेहतर ढंग से समझने में सहायक भी होगी।

चीनी भाषा – भाषा-विज्ञान विभाग
पीकिंग विश्वविद्यालय प्रेस
सितम्बर 2017

भूमिका

चीनी लिपि विश्व में सबसे पुरानी और सबसे अधिक प्रयोग होने वाली लेखन प्रणाली है। इसका इतिहास पाँच या छह हजार साल पुराना है, और यह पृथ्वी की कुल जनसंख्या के लगभग एक-चौथाई लोगों द्वारा प्रयोग की जाती है। चीनी वर्णों का निर्माण और उसका विकास चीनी संस्कृति के विकास से बहुत अधिक जुड़ा हुआ है। चीनी वर्ण पारम्परिक चीनी संस्कृति के आधारभूत वाहक हैं, और एक महत्वपूर्ण औजार भी जिन्होंने चीन राष्ट्र के लम्बे इतिहास में विचारों के विस्तार और आदान-प्रदान में महत्वपूर्ण भूमिका निभाई है। कोई यह तर्क दे सकता है कि चीनी वर्णों के बिना ऐसी किसी भी शानदार चीनी संस्कृति का अस्तित्व नहीं है। आज की दुनिया में, चीनी वर्ण न केवल चीनी भाषा के व्यक्ति के लिए अपरिहार्य हैं बल्कि विश्वव्यापी सांस्कृतिक विकास में भी इनकी भूमिका पहल से अधिक महत्वपूर्ण होती जा रही है।

चीनी भाषा सीखने वाले किसी भी व्यक्ति को सबसे पहले वर्ण सीखने पड़ेंगे। इसलिए चीनी भाषा के क्षेत्र में काम करने वाले लोगों के लिए यह एक बड़ी जिम्मेदारी है कि वे भाषा सीखने वालों की किस प्रकार मदद करें कि छात्र वर्ण को कुशलता से सीख सकें और उसमें महारत हासिल कर सकें।

चीनी लिपि एक सांकेतिक लेखन प्रणाली है, जिसमें रूप अर्थ से सीधे संबंधित होता है। इसलिए चीनी वर्णों में महारत हासिल करने के लिए सबसे पहला कदम यह है कि उनकी रचनाओं की विशेषताओं और नियमितताओं को सीखा जाए।

किसी वर्ण के गूल अर्थ के बारे गें उराके रवरूप के आधार पर निर्णय लेने के लिए यह एक ऐसा नियम है जिसका पालन प्रत्येक चीनी भाषा सीखने वाले विद्यार्थी को करना चाहिए, और जब संबंध स्पष्ट हो जाए तब वह इसके विस्तृत अर्थों और अर्थों में आए परिवर्तन पर बातचीत कर सकता है।

चीनी वर्ण के संयोजन के अध्ययन में, एक पारम्परिक सिद्धांत है जिसे *लीयू शू* (छह लेखन) के नाम से जाना जाता है। यानी कि संयोजन या संघटन के

अनुसार कुल छह प्रकार के लेखन हैं: चित्रलेख (पिक्टोग्राफ), संकेतक (इंडिकेटिव), संकेतचित्र (ईदियोग्राफ), ध्वन्यात्मक अवयव (फॉनेटिक कम्पाउंड), पारस्परिक व्याख्या (म्युचुअल एक्स्पलेनेट्री) और ध्वन्यात्मक परिदाय (फॉनेटिक लोन)। अगर स्पष्ट रूप से कहा जाए तो, सिर्फ प्रथम चार चीनी वर्णों के संघटन के तरीक़ों के संदर्भ में प्रयुक्त होते हैं, अंतिम दो उनके उपयोग के तरीक़ों से संबंधित हैं। पारम्परिक विचार *लीयू शू* वर्णों के संघटन के विभिन्न तरीक़ों का सार है, इसलिए यह बहुत शुद्ध नहीं है। हालाँकि, *लीयू शू* का सिद्धांत मूलतः चीनी वर्णों के निर्माण और विकास में सामान्य पैटर्न को प्रकट करने के काम में सही है। यह सीखने वालों को चीनी वर्णों के संघटन और उनके मूल अर्थों को बेहतर समझने में मदद कर सकता है, जिससे वे इनका प्रयोग शुद्धता से कर सकें।

1. **चित्रलेख:** चित्र लेख भौतिक वस्तु का चित्रण है। चीनी वर्ण अधिकतर चित्र लेखन से निकले हैं। दूसरे शब्दों में, ज्यादातर चीनी वर्ण मूलतः वस्तुओं के चित्र थे। हालाँकि, चित्रलेख और चित्र में आधारभूत अंतर होता है: पहला वाला वस्तु का एक बेढंगा ख़ाका होता है (जैसे, 日 "सूर्य", 月 "चंद्रमा", 山 "पहाड़", 川 "नदी", 人 "आदमी", 大 "बड़ा") या सिर्फ उसके गुण वाले हिस्से को दर्शाता है (जैसे, 牛"बैल", 羊 "भेड़"), और ये बाद वाले बहुत अधिक सरल होते हैं। इससे भी महत्वपूर्ण यह है कि चित्रलेख निश्चित अर्थ और उच्चारण से जुड़े होते हैं, और एक प्रतीक बन गए हैं। लगातार बढ़ते हुए सरलीकरण और संक्षेपीकरण के परिणामस्वरूप बाद के समय में चित्रलेख अपने मूल रूप से बहुत अधिक भिन्न हैं। ओरेकल-अस्थि अभिलेखों में दर्ज चित्रलेखों की तुलना में सामान्य लिपि में दर्ज चित्रलेख आकृति की तरह नहीं हैं। इस अर्थ में, वे अब चित्रलेख नहीं बल्कि एक संकेत मात्र रह गए हैं।

चित्रलेख भौतिक वस्तुओं के बाह्य रूप पर आधारित होते हैं, लेकिन भाषा में यह अमूर्त अवधारणाएँ रूपविहीन होती हैं, जिनसे इन्हें आकृति देना असंभव हो जाता है। यह असंभावना अपरिहार्य रूप से चित्रलेखों के विकास को बाधित करती है, और इसलिए इनकी संख्या सीमित है। हालाँकि, चित्रलेखन चीनी वर्णों के संयोजन का सबसे महत्वपूर्ण तरीक़े के रूप में बचा है। अन्य तरीक़े इस आधार पर विकसित हुए तरीक़े हैं: ज्यादातर संकेतकों का निर्माण चित्रलेखों में चिह्न जोड़कर किया गया है, संकेतचित्र (सूचक) आम तौर पर दो या अधिक चित्रलेखों से बने होते हैं, और ध्वन्यात्मक अवयव भी दो चित्रलेखों (या संकेतक या सूचक) के संयोजन से बनते हैं, सिवाय इसके कि उनमें से एक अर्थ को बताता है और दूसरा उच्चारण का प्रतिनिधित्व करता है।

2. **संकेतक:** संकेतक चिह्नों के साथ अमूर्त वर्णों के निर्माण के तरीक़े के संदर्भ में प्रयुक्त होता है। संकेतक के दो उप-प्रकार हैं: एक चित्रलेख के संयोजन से बना है और दूसरा सांकेतिक चिह्नों के संयोजन से, जैसे 刃 (चाकू का किनारा), 本 (जड़), 末 (पेड़ का शीर्ष); दूसरे का संयोजन पूर्ण रूप से अमूर्त चिह्नों द्वारा होता है, जैसे 上 (के ऊपर), 下 (नीचे), 一 (एक), 二 (दो) और 三 (तीन)।

चीनी वर्णों में संकेतकों का प्रतिशत सबसे कम होता है। इसका कारण यह है कि ज्यादातर वर्णों के संयोजन के लिए आसान तरीके हैं: भौतिक वस्तुओं के संदर्भ में प्रयुक्त होने वाले वर्णों को चित्रलेखीय माध्यम से संयोजित किया जा सकता है और मूर्त अवधारणाओं को अभिव्यक्त करने वाले वर्णों को सूचक/संकेतचित्र के माध्यम – यह ध्वन्यात्मक-अवयवों के माध्यम से दर्शाया जा सकता है।

3. संकेतचित्रः संकेतचित्र ऐसे अवयव होते हैं जो दो या अधिक पहले से मौजूद वर्णों के संयोजन से बनते हैं। संरचना के अर्थ में, एक संकेतचित्र दो या अधिक वर्णों के एक-दूसरे के बगल में या एक-दूसरे के ऊपर नीचे रखकर तैयार होता है। अर्थ के संदर्भ में, एक संकेतचित्र अपने संयोजक वर्णों के अर्थों का संयोजन होता है। उदाहरण के लिए, एक अकेला वर्ण 木 वृक्ष का संकेत देता है, दो वृक्ष एक साथ (木木) वृक्षों के समूह को दर्शाते हैं – जंगल, और तीन वृक्षों (森) से मिलकर बने वर्ण का अर्थ वृक्षों से भरी एक जगह, अर्थात घना जंगल होता है। और 人 (आदमी) और 木 (वृक्ष) से मिलकर बने 休 वर्ण का अर्थ वृक्ष की छांव में आराम कर रहा आदमी होता है।

संकेतचित्र दो या अधिक चित्रलेखों से मिलकर बने होते हैं, इसलिए ये एक-दूसरे से इस अर्थ में भिन्न होते हैं कि पहले वाला जटिल होता है वहीं बाद वाला सरल। चित्रलेखन और संकेतक की तुलना में, संकेतचित्र अधिक अनुकूल होता है। विभिन्न प्रकार के वर्णों को इस तरह से संयोजित किया जा सकता है, चाहे वे भौतिक वस्तुओं के संदर्भ में हों या अमूर्त अवधारणाओं को अभिव्यक्त करें, स्थिर अवस्था को दर्शाएँ या गतिशील प्रक्रियाओं का वर्णन करें। एक ही चित्रलेख का प्रयोग विभिन्न चित्रलेखों के साथ, या एक ही चित्रलेख का प्रयोग भिन्न स्थानों पर करके विभिन्न संकेत बनाने में किया जा सकता है।

इसलिए ऐसा बहुत हद तक सम्भव है कि मौजूदा चित्रलेखों का प्रयोग नए वर्णों के संयोजन में हुआ हो। इसके परिणामस्वरूप चीनी भाषा में चित्रलेखों या संकेतकों की तुलना में संकेतचित्रों की संख्या बहुत अधिक है। ध्वन्यात्मक अवयव के लोकप्रिय बनने से पहले वर्णों के संयोजन के लिए संकेतचित्र सबसे महत्वपूर्ण तरीका था। चूंकि ध्वन्यात्मक अवयव वाले ध्वनिप्रधान शब्द प्रयोग करने में अधिक सुविधाजनक होते हैं इसलिए संकेतचित्र का महत्व कम हो गया। कुछ संकेतचित्र ध्वन्यात्मक अवयव में भी परिवर्तित हो गए, जैसे 块 (मूल जटिल रूप 塊 से बना है), और कुछ संकेतचित्र समान उच्चारण के साथ ध्वन्यात्मक अवयव में बदल गए हैं, जैसे 沙।

4. ध्वन्यात्मक अवयवः एक ध्वन्यात्मक अवयव मूल शब्द और ध्वनिप्रधान शब्द से मिलकर बनता है। मूल शब्द इसके अर्थ संबंधी हिस्से को दर्शाता है और ध्वन्यात्मक भाग इसके उच्चारण को दर्शाता है। उदाहरण के लिए, ऐसे ध्वन्यात्मक अवयव जिसमें 木 (वृक्ष) मूल शब्द होता है, 松 (चीड़), 柏 (सनौवर), 桃 (आड़ू) आदि वृक्षों के नाम हैं; 手 (हाथ) मूल शब्द से बने अवयव जैसे 推 (धक्का देना),

拉 (खींचना), 提 (उठाना), 按 (दबाना), सभी हाथ द्वारा की जाने वाली क्रियाएँ हैं। हालाँकि, मूल शब्द सिर्फ वर्ण के सामान्य अर्थ के वर्ग को दिखाते हैं, ना कि विशेष अर्थ को। समान मूल शब्द से बने वर्णों को उनके ध्वनि से अलग किया गया है। कुछ ध्वन्यात्मक अवयवों में ध्वन्यात्मकता शब्दार्थ भी हो सकते हैं, जैसे 娶 में ध्वन्यात्मक अवयव 取 "लेना" के अर्थ में भी अर्थपूर्ण है, इसलिए इसका नाम संकेत-ध्वन्यात्मक अवयव है। लेकिन जहाँ तक अधिकतर ध्वन्यात्मक अवयवों का संबंध है, ध्वनि सिर्फ ध्वन्यात्मक है, शब्दार्थ नहीं। उदाहरण के लिए, 江 और 河 में क्रमशः 工 और 可 ध्वन्यात्मक अवयव केवल उनके उच्चारण के सूचक हैं, और उनका उनके अर्थों से किसी तरह का कोई संबंध नहीं है।

चित्रलेखन से तुलना करने पर, संकेतक, संकेतचित्र और ध्वन्यात्मक अवयवों में लोच अधिक है। ऐसी कई वस्तुएँ और अमूर्त विचार हैं जिनकी अभिव्यक्ति चित्रलेख या संकेतचित्र से करना मुश्किल है। उदाहरण के लिए, 鸟 चिड़ियों के लिए प्रयुक्त होने वाली आम शब्दावली है, लेकिन दुनिया में दसों हजार चिड़ियों की प्रजाति है, और चित्रलेख या संकेतचित्र के तरीक़े से उनमें से प्रत्येक को पहचानना या अलग करना असम्भव है। इसके विपरीत, ध्वन्यात्मक अवयव में मूल शब्द में विभिन्न अवयव जोड़कर इसे आसानी से हासिल किया गया है, जैसे 鸽 (कबूतर), 鹤 (सारस), 鸡 (मुर्गा) और 鸭 (बत्तख)। इसलिए चीनी भाषा में ध्वन्यात्मक अवयवों की संख्या अपार है और यह संख्या आधुनिक काल में और बड़ी होती जा रही है। आँकड़े यह दर्शाते हैं कि हान साम्राज्य के *चीनी वर्णों की उत्पत्ति - ऑरिजिन ऑफ चाइनीज़ कैरेक्टर्स* (शुओ वेन जीए जी) में कुल वर्णों का 80%, सोंग साम्राज्य के *चीनी वर्णों की छह श्रेणियों के पहलू - आसपेक्ट्स ऑफ द सिक्स कैटेगॅरीज ऑफ चाइनीज़ कैरेक्टर्स* (*लीयू शू लुए*) में कुल वर्णों का 88%, और चींग साम्राज्य के *कांगक्सी (कांग-शी) डिक्शनरी* में कुल वर्णों का 90% हिस्सा ध्वन्यात्मक अवयव हैं। वर्तमान में उपयोग होने वाले आधुनिक सरलीकृत रूपों में ध्वन्यात्मक अवयव का हिस्सा और भी ज्यादा है।

5. पारस्परिक व्याख्याएँ: *लीयू शू* के सिद्धांत में पारस्परिक व्याख्या सबसे संदिग्ध अवधारणा है। इसकी असंख्य परिभाषाएँ हैं लेकिन उनमें से एक अभी निश्चित नहीं है। उनके *चीनी वर्णों की उत्पत्ति* में शू शेन की परिभाषा के अनुसार, पारस्परिक व्याख्याएँ वे होती हैं जिनके मूल शब्द समान होते हैं, अर्थ समान होते हैं और पारस्परिक रूप से व्याख्या योग्य होती हैं। उदाहरण के लिए, 老 और 考 वर्ण दोनों ही आयु मूलक (耂) हैं और अर्थ भी समान है और परस्पर व्याख्यात्मक हैं, इसलिए *चीनी वर्णों की उत्पत्ति* कहता है कि, "老 का अर्थ 考" और "考 का अर्थ 老 होता है।"

सच पूछिए तो, पारस्परिक व्याख्या तुलना के माध्यम से वर्णों के अर्थ की व्याख्या करने का एक तरीका है। इस प्रकार से कोई नया वर्ण नहीं बनाया गया है। इसलिए पारस्परिक व्याख्या नए वर्णों के संघटन का तरीक़ा नहीं है बल्कि मौजूदा वर्णों के प्रयोग का तरीक़ा है।

6. ध्वन्यात्मक परिदाय (फ़ॉनेटिक लोन): ध्वन्यात्मक परिदाय भी मौजूदा वर्णों के प्रयोग का एक तरीक़ा है। शू शेन ने इसे परिभाषित करते हुए कहा है कि यह एक ऐसा वर्ण है जिसका प्रयोग इसके उच्चारण के आधार पर नए अर्थ में किया गया है। दूसरे शब्दों में, यह उच्चारण के आधार पर एक आंतरिक परिदायक है: एक वर्ण का प्रयोग नए अर्थ में हुआ है जिसकी अभिव्यक्ति बोल-चाल वाले रूप में भी समान ध्वनि द्वारा की गई है। इस तरीक़े से मौजूदा वर्ण ने नए अर्थ को ग्रहण कर लिया है, लेकिन नया वर्ण नहीं बना है। इसलिए ध्वन्यात्मक परिदाय भी चीनी वर्णों के संयोजन का तरीक़ा नहीं है।

आरम्भिक अवस्था में, लेखन प्रणाली में बहुत कम संख्या में ध्वन्यात्मक परिदाय थे। चूंकि उस समय मौजूदा वर्णों की संख्या सीमित थी, इसलिए कई अवधारणाओं की अभिव्यक्ति ध्वन्यात्मक परिदायकों द्वारा की जाती थी। उदाहरण के लिए, ओरेकल-अस्थि अभिलेखों में, 自 वर्ण मूलतः एक चित्रलेख था और नाक के संदर्भ में प्रयुक्त होता था, लेकिन अब इसका प्रयोग ध्वन्यात्मक परिदाय के परिणामस्वरूप "स्व/आत्म" के अर्थ में होने लगा है। ओरेकल-अस्थि अभिलेखों में 来 वर्ण भी एक चित्रलेख था, जो कि गेहूँ के अर्थ में प्रयुक्त होता था, लेकिन अब इसका प्रयोग ध्वन्यात्मक परिदाय के रूप में "आना" के अर्थ में होता है।

इस पुस्तक का शीर्षक *सामान्य चीनी वर्णों की सचित्र व्याख्या* है। इस पुस्तक में कुल 651 वर्ण हैं, जिनमें से अधिकतर का प्रयोग बड़े पैमाने पर होता है। कुछ ऐसे वर्ण जिनका प्रयोग आम तौर पर नहीं होता है, उन्हें भी शामिल किया गया है ताकि एक ही श्रृंखला में वर्णों की सम्पूर्ण आकृति को प्रस्तुत करने का उद्देश्य पूरा हो सके, जैसे 鼎 श्रृंखला में 鑊 वर्ण (वर्ण)। संयोजन के प्रकार के संदर्भ में, ज्यादातर वर्ण चित्रलेख, संकेतक और संकेतचित्र हैं। कुछ ध्वन्यात्मक अवयवों को शामिल किया गया है जो आरंभिक चित्रलेखों और संकेतों का विकसित रूप है।

651 वर्णों का वर्गीकरण उनके अर्थों के आधार पर मानव शरीर, औजार, इमारत, जानवर, पौधे आदि की श्रेणी में किया गया है, जिसके अंदर विशिष्ट श्रेणियाँ हैं जो पुनः अर्थ पर आधारित हैं। वर्णों की व्यवस्था इस तरह से करने के पीछे का इरादा यह है कि पाठकों को आरंभिक अवस्था में वर्ण निर्माण की नियमितताओं और गुणों को समझने में मदद मिल सके, अर्थात, लोगों ने वर्णों का खाका सभी प्रकार की वस्तुओं पर बनाया है, जिसमें मानव शरीर के विभिन्न हिस्सों से लेकर भौतिक वस्तुओं जैसे औजार और इमारत शामिल हैं। अधिक तर्कसंगत तरीके से वर्णों के संयोजन के लिए, उन्होंने ऊपर की दिशा में आसमान में मौजूद खगोलीय पिंडों और नीचे की दिशा में पृथ्वी के सतह पर चीजों के विन्यास को ध्यान से देखा था। उन्होंने जानवरों की गतिविधियों और पौधों की रूपरेखा का अवलोकन किया था।

वर्णों का मूल अर्थ प्राचीन लेखन प्रणालियों में इसके रूप और शास्त्रीय दस्तावेजों में इसके प्रयोग के अनुसार तय किया गया है। इसका जोर वर्ण के मूल अर्थ और आकार के बीच के संबंध के स्पष्टीकरण पर है, और साथ ही विस्तृत और

परिवर्तित अर्थों को भी बताया गया है। वर्णों के मूल अर्थ को और अधिक स्पष्ट तरीक़े से दर्शाने के लिए प्रत्येक वर्ण के मूल शब्द के साथ एक चित्र या ख़ाका भी साथ में है।

प्रत्येक प्रवेश की शुरुआत में, वर्ण को सामान्य लिपि में इसके सरल रूप से दर्शाया गया है, जिसके बाद कोष्ठ में इसके मूल जटिल रूप को भी दर्शाया गया है और यदि इसके विभिन्न रूप हैं तो उसे बड़ी कोष्ठ में साथ में लिखा गया है। प्रस्तुत ध्वन्यात्मक प्रतिलिपि यह दर्शाता है कि जब वर्ण अपने मूल अर्थ में या सामान्य अर्थ में प्रयुक्त होता है तब इसका उच्चारण किस तरह से होता है। हम प्राचीन लेखन प्रणालियों में इसके स्रोत का पता लगाकर वर्ण के प्रतिनिधि रूपों का भी अनुकरण करते हैं। 甲, 金 और 篆 वर्ण, अपने प्राचीन रूपों के अलावा 甲骨文 (ओरेकल-अस्थि अभिलेख), 金文 (कांस्य अभिलेख) और 小篆 (लेटर सील वर्ण) का संक्षेप है। इसके अतिरिक्त, 石, 石鼓文 (स्टोन-ड्रम अभिलेख) का छोटा स्वरूप है और 玺, 古玺 (प्राचीन सील) का छोटा स्वरूप है।

पाठकों के लिए इस पुस्तक के और अधिक सुविधाजनक उपयोग के लिए, इसमें दो अनुक्रमणिकाएँ हैं, एक पिनयिन में वर्णों के वर्णक्रमानुसार है और दूसरा वर्ण में रेखाओं की संख्या के क्रम के अनुसार।

शिए गुआंगहुई
जीनान विश्वविद्यालय, गुआंगझोऊ

विषय-सूची

2 मानव अंग 37

3 औज़ार/अस्त्र 89

4 निवास 201

5 पशु 225

1

मानव शरीर

११

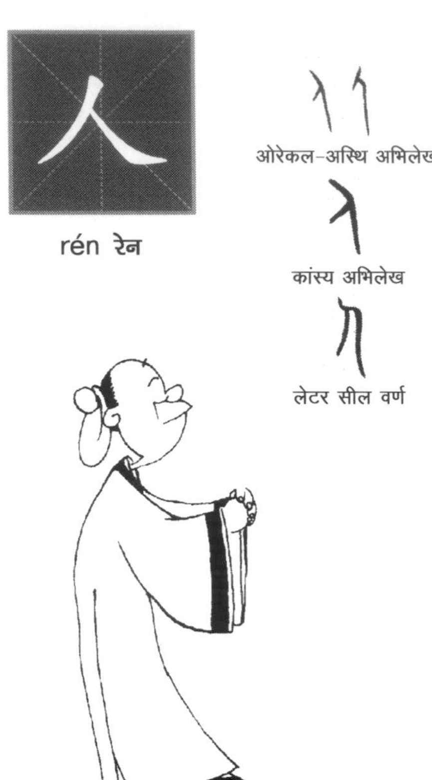

rén रेन

मानव शरीर के आकार के आधार पर कई वर्ण हैं, जैसे 大 आदमी के पाँव के सामने के दृश्य का प्रतिनिधित्व करता है, 人 बगल के दृश्य का, 尸 नीचे लेटे हुए आदमी का, 卩 अपने घुटनों पर खड़े आदमी का, 女 एक औरत का, और 儿 एक बच्चे का प्रतिनिधित्व करता है। प्राचीन लेखन प्रणालियों में 人 अपने पाँव पर खड़े एक आदमी के बगल के दृश्य को दर्शाता है। यह एक सामान्य शब्दावली है जो समस्त मानवजाति के संदर्भ में प्रयुक्त होती है।人 अवयव वाले सभी वर्णों का संबंध मानव जाति और इसके व्यवहारों से है, जैसे 从 (अनुसरण करना), 众 (अनेक), 伐 (आक्रमण करना), 休 (आराम करना), 伏 (लेटना), 保 (सुरक्षित करना), 介 (बीच–बचाव करना)।

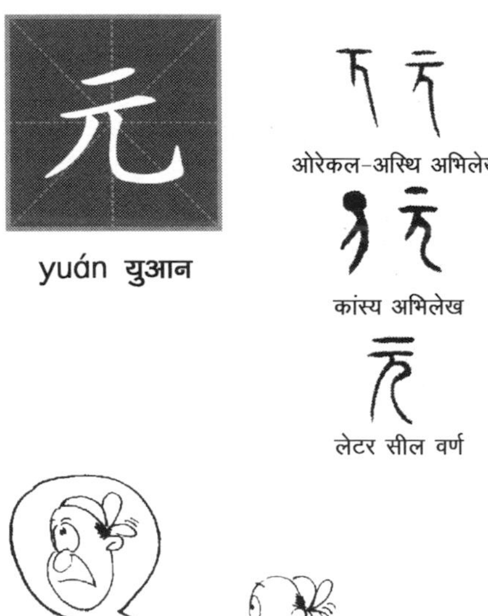

yuán युआन

元 का मूल अर्थ "आदमी का सिर" था। आरम्भिक कांस्य अभिलेखों में, 元 अपने पाँव पर खड़े आदमी के बगल का दृश्य प्रस्तुत करता है जिसका सिर प्रमुख है। ओरेकल–अस्थि अभिलेखों और बाद के कांस्य अभिलेखों में, सिर का संकेत देने वाली रेखा एक सरल क्षैतिज रेखा होती है जिसके सबसे ऊपर एक बिंदु जुड़ा होता है, जो मानव शरीर में उसके सिर की स्थिति को दर्शाता है। "आदमी के सिर" वाले अर्थ से आगे बढ़कर इसका अर्थ "शुरुआत" और "प्रथम" तक पहुँच गया है। इसलिए जब एक सम्राट अपने शासनकाल की उपाधि बदलता है तो इसके पहले वर्ष को 元年 कहा जाता है। और किसी भी वर्ष में पहला महीना 元月, पहला दिन 元旦 होता है। किसी घटना की शुरुआत 元始 होती है। इसके अतिरिक्त, 元 का अर्थ "मूल" हो सकता है, हालांकि इसके लिए ज्यादा सामान्य वर्ण अब 原 है।

bǐ बी

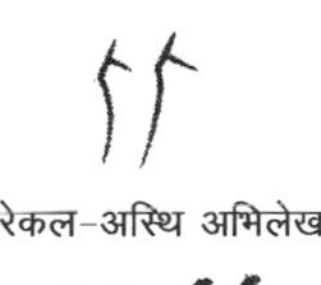

ओरेकल-अस्थि अभिलेख

कांस्य अभिलेख

लेटर सील वर्ण

प्राचीन लेखन प्रणालियों में, 比 वर्ण ऐसे दो आदमियों की तरह दिखाई पड़ता है जो एक-दूसरे के सामने खड़े हैं। इसलिए इसका प्राथमिक अर्थ "अगल-बगल में खड़े होना", "एक-दूसरे के क़रीब होना" है, जो आगे चलकर "तुलना करना" और "प्रतिस्पर्धा करना" वाले विस्तृत अर्थ में भी प्रयुक्त होने लगा। और यह "एक गिरोह से जुड़ने" वाला अर्थ भी दर्शा सकता है, जैसे 朋比为奸 (देशद्रोह के उद्देश्य से किसी गिरोह से जुड़ना)।

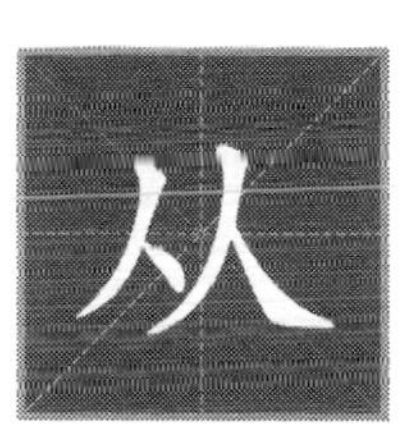

cóng सोंग

ओरेकल-अस्थि अभिलेख

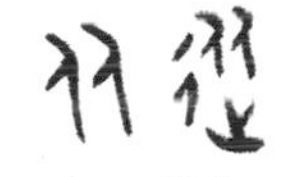

कांस्य अभिलेख

लेटर सील वर्ण

प्राचीन लेखन प्रणालियों में 从 वर्ण ऐसे दिखाई पड़ता है जैसे दो आदमी एक दूसरे के आमने-सामने होकर साथ में चल रहे हैं। इसका प्राथमिक अर्थ "अनुसरण करना" है, जिससे "ख्याल करना" और "आज्ञा का पालन करना" जैसे अर्थ भी निकल कर आए हैं। इसका प्रयोग "किसी काम से जुड़ने" के अर्थ में भी हो सकता है, जैसे 从军 (सेना में भर्ती होना), 从政 (राजनीति में जाना) और 从事 (किसी के लिए जाना)।

běi बैई

ओरेकल-अस्थि अभिलेख

कांस्य अभिलेख

लेटर सील वर्ण

प्राचीन लेखन प्रणालियों में 北 वर्ण ऐसे दिखाई पड़ता है जैसे दो आदमी एक-दूसरे की तरफ पीठ करके खड़े हैं, इसलिए इसका मूल अर्थ "के विपरीत होना" है। जब सेना को हार का सामना करना पड़ा, तब सभी सैनिक अपनी जान बचाने के लिए एक-दूसरे की विपरीत दिशा में दौड़ने लगे, इसलिए 北 वर्ण का एक अर्थ "हार जाना" भी है। इसके अतिरिक्त, 北 का प्रयोग "उत्तर दिशा" को बताने के लिए भी होता है जो 南 (दक्षिण) का विपरीत है।

bìng बींग

ओरेकल-अस्थि अभिलेख

कांस्य अभिलेख

लेटर सील वर्ण

ओरेकल-अस्थि अभिलेखों और कांस्य अभिलेखों में, 并 वर्ण ऐसे दिखाई पड़ता है जैसे दो आदमी एक-दूसरे से जुड़े हैं। इसका प्राथमिक अर्थ "जोड़ना" है। लेकिन इसका प्रयोग "समस्त", "कुल मिलाकर" या "एक ही समय में" के अर्थ में भी होता है।

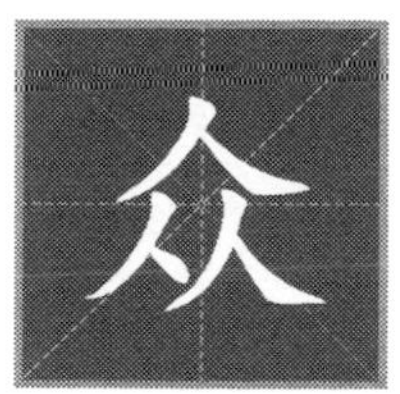

zhòng झोंग

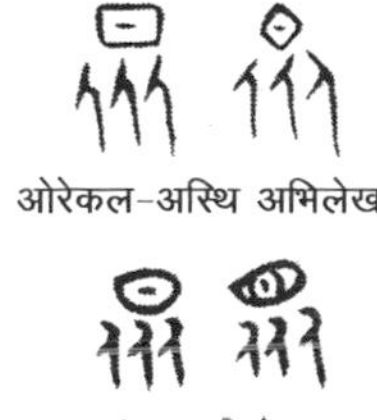

ओरेकल-अस्थि अभिलेख

कांस्य अभिलेख

लेटर सील वर्ण

ओरेकल-अस्थि अभिलेखों में 众 वर्ण एक ऐसी तस्वीर की तरह दिखाई पड़ता है जिसमें कई सारे लोग कड़ी धूप में मिट्टी का टीला बना रहे हैं। कांस्य अभिलेखों में और लेटर सील वर्णों में, सूर्य वाला हिस्सा आंख के हिस्से में परिवर्तित हो गया है, जैसे कि वे मजदूर ऐसे गुलाम थे जो अपने मालिक की कड़ी निगरानी में काम कर रहे थे। इसलिए 众 का मूल अर्थ "गुलामों का झुंड" था, लेकिन विकसित होकर इसका अर्थ लोगों का झुंड, या सरल शब्दों में कहें तो "लोगों की भारी संख्या" (बहुत सारे लोग या चीजें) हो गया।

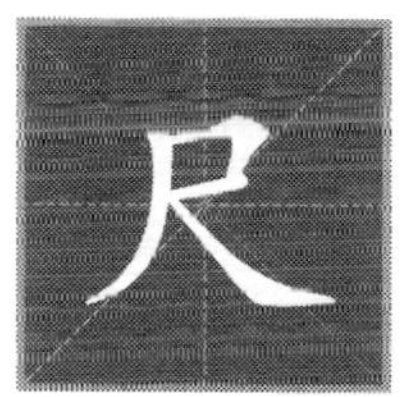

chǐ ची

कांस्य अभिलेख

लेटर सील वर्ण

尺 लम्बाई की माप है, जो चीनी प्रणाली में दस 寸, या 丈 के दसवें हिस्से, और मैट्रिक प्रणाली में मीटर के एक-तिहाई के बराबर होता है। प्राचीन समय में, लम्बाई की यह माप मानव शरीर के अंगों की लम्बाई पर आधारित होती थी। कांस्य अभिलेखों में, 尺 वर्ण औजार की मूठ की ओर संकेत करते हुए आदमी की तरह दिखाई पड़ता है जो 尺 की लम्बाई माप रहा है। लेटर सील वर्ण में, इसके आकार में छोटे से बदलाव के अलावा इस वर्ण की संरचना समान ही है।

इसके प्राथमिक अर्थों के अलावा 尺 का प्रयोग लम्बाई को मापने वाले औजार 尺子 (रुलर) के लिए भी किया जाता है।

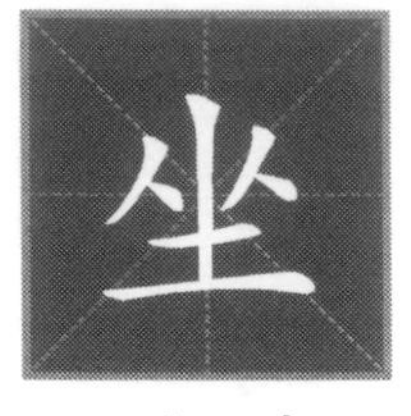

zuò जुओ

प्राचीन लिपि

लेटर सील वर्ण

坐 का अर्थ "बैठना" होता है, विशेष रूप से "जमीन पर बैठना"। जैसा कि "ऑरिजिन ऑफ चाइनीज़ कैरेक्टर्स" में दर्ज है, प्राचीन आलेखों में 坐 वर्ण में दो आदमी के साथ-साथ जमीन का हिस्सा दिखाई पड़ता है, जो यह दर्शाता है कि दो लोग जमीन पर एक-दूसरे की तरफ चेहरा करके बैठे हैं। इस वर्ण के विस्तृत अर्थों में से एक अर्थ "यात्रा करना (वाहन से)" है।

diào दीआओ

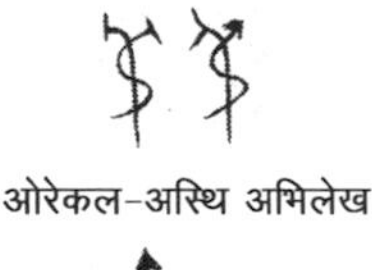

ओरेकल-अस्थि अभिलेख

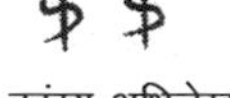

कांस्य अभिलेख

लेटर सील वर्ण

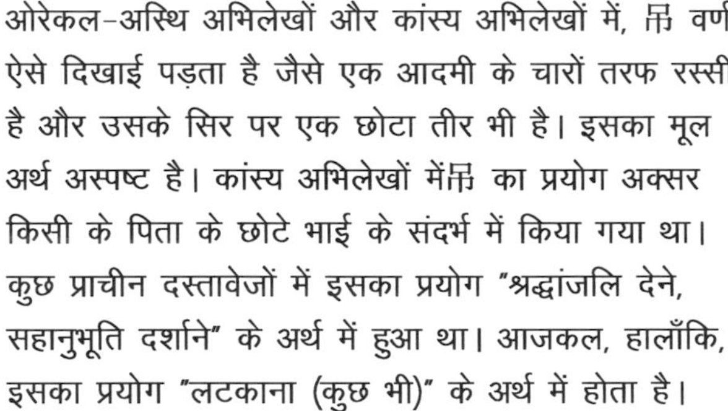

ओरेकल-अस्थि अभिलेखों और कांस्य अभिलेखों में, 吊 वर्ण ऐसे दिखाई पड़ता है जैसे एक आदमी के चारों तरफ रस्सी है और उसके सिर पर एक छोटा तीर भी है। इसका मूल अर्थ अस्पष्ट है। कांस्य अभिलेखों में吊 का प्रयोग अक्सर किसी के पिता के छोटे भाई के संदर्भ में किया गया था। कुछ प्राचीन दस्तावेजों में इसका प्रयोग "श्रद्धांजलि देने, सहानुभूति दर्शाने" के अर्थ में हुआ था। आजकल, हालाँकि, इसका प्रयोग "लटकाना (कुछ भी)" के अर्थ में होता है।

zhòng/chóng
झोंग/चोंग

कांस्य अभिलेख

लेटर सील वर्ण

重 एक संकेतचित्र है। शुरुआती कांस्य अभिलेखों में, 重 वर्ण 人 और 东 से बना है, जैसे कि एक आदमी अपनी पीठ पर मुश्किल से एक बोरी को ढोते हुए यह संकेत दे रहा है कि वह बोरी बहुत भारी है। बाद के कांस्य अभिलेखों में, 人 और 东 वाले दो अव्यव एक-दूसरे से जुड़े हैं, जिसमें अब उस आदमी की पीठ पर किसी तरह के बोझ का संकेत नहीं है। कांस्य अभिलेखों से व्युत्पन्न लेटर सील वर्णों में 重 वर्ण 壬 (तिंग) और 东 के अवयव हैं। संक्षेप में, इसका प्राथमिक अर्थ "भारी" है जो 轻 (हल्का) के विरोध में प्रयुक्त होता है। इसके विस्तृत अर्थ में, "ईमानदार और दयालु", "गम्भीर" और "पवित्र" शामिल है। 重 का उच्चारण चोंग भी हो सकता है, जिसका अर्थ "अतिव्याप्त" और "दोहराना" होता है।

xiàn **शीआन**

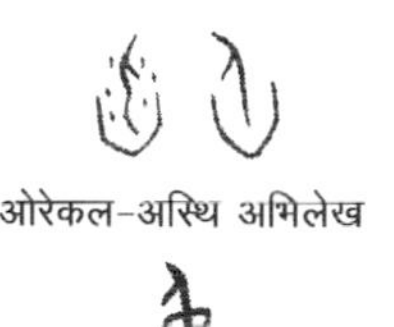

ओरेकल-अस्थि अभिलेख

कांस्य अभिलेख

लेटर सील वर्ण

臽, 陷 का मूल रूप था। लेटर सील अभिलेखों में, 臽 वर्ण ऐसे दिखाई पड़ता है जैसे एक आदमी किसी गड्ढे में हो जिसे 臼 दर्शाया गया है। इसका प्राथमिक अर्थ "गिरना (गड्ढे में) है, लेकिन इसका प्रयोग संज्ञा के रूप में "एक गड्ढे", "एक ख़तरे" के अर्थ में भी हो सकता है।

duì दुई

ओरेकल-अस्थि अभिलेख

कांस्य अभिलेख

लेटर सील वर्ण

队, 坠 (झुई) का मूल रूप था। ओरेकल-अस्थि अभिलेखों में 队 वर्ण, स्तूप वाले हिस्से और आदमी का ऊपरी हिस्सा नीचे की तरफ से बना है, जो यह दर्शाता है कि एक आदमी ऊँचाई से गिर रहा है। कांस्य अभिलेखों में, आदमी का ऊपरी हिस्सा नीचे की तरफ वाले हिस्से को सुअर वाले हिस्से (豖) में बदल दिया गया है। इसके परिणामस्वरूप, लेटर सील वर्णों में, यह एक ध्वन्यात्मक मिश्रण बन गया है जिसमें 阜 मूल शब्द और 豖 ध्वनिप्रधान शब्द है। इसका मूल अर्थ "नीचे गिरना" था। चूंकि 队 का प्रयोग सामान्य रूप से "लोगों की संचिका", "टुकड़ी" के अर्थ में होता है इसलिए इस अर्थ को अब, बाद में विकसित हुए 坠 (墜) द्वारा अभिव्यक्त किया जाता है।

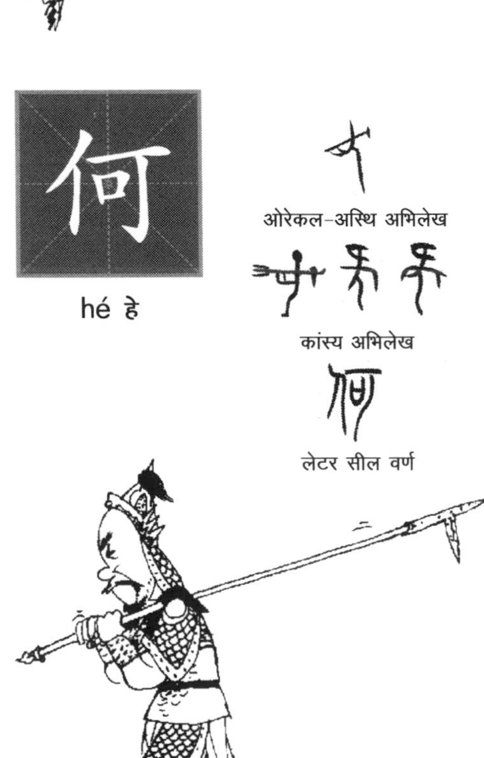

hé हे

ओरेकल-अस्थि अभिलेख

कांस्य अभिलेख

लेटर सील वर्ण

何 वर्ण मूल रूप से एक संकेतचित्र था। ओरेकल-अस्थि अभिलेखों और कांस्य अभिलेखों में 何 वर्ण एक ऐसे आदमी की तरह दिखाई पड़ता है जो अपने कंधों पर एक कृपाण-कुल्हाड़ी लिए चल रहा है। लेटर सील वर्णों में यह एक ध्वन्यात्मक मिश्रण में परिवर्तित हो जाता है जिसमें 人 मूल शब्द और 可 ध्वनिप्रधान शब्द के रूप में उच्चारित होता है। 何 का मूल अर्थ "ढोना" था। लेकिन अब इस अर्थ को 荷 (हे) द्वारा अभिव्यक्त किया जाता है क्योंकि 何 का प्रयोग अब प्रश्नवाचक सर्वनाम या क्रिया विशेषण "क्या", "कौन", "कहाँ" या "कैसे" के लिए होता है।

yǒng योंग

कांस्य अभिलेख

लेटर सील वर्ण

永, 泳 का वास्तविक रूप था। प्राचीन लेखन प्रणालियों में 永 वर्ण पानी में चल रहे आदमी की तरह दिखाई पड़ता है जैसे कि तैरता हुआ आदमी। बाद में, इस वर्ण का प्रयोग "लम्बी नदी" के अर्थ में होने लगा और जिसके कारण इसने "लम्बा" का अर्थ ग्रहण कर लिया। इसका मूल अर्थ अब नए वर्ण 泳 द्वारा अभिव्यक्त किया जाता है।

羌 चीन में राष्ट्रीय अल्पसंख्यक का नाम है जो प्राचीन समय में उत्तर पश्चिम में रहते थे। यह ख़ानाबदोश जनजाति थी जो भेड़ों पर जिंदा रहती थी। वे भेड़ों की खाल से बने कपड़े और टोपियाँ पहनते थे और अक्सर उनकी टोपियों पर ऊनी सजावट रहती थी। ओरेकल-अस्थि अभिलेखों में 羌 वर्ण एक ऐसे आदमी की तरह दिखाई पड़ता है जिसके माथे पर ऊनी सजावट की गई हो। कभी-कभी उसके गले में रस्सी भी दिखाई पड़ती है। यह इस तथ्य को प्रतिबिम्बित करता है कि उस समय चियांग और हान एक-दूसरे के दुश्मन थे और जब चियांग कबीले के लोगों की हार हो गई तब उन्हें जेलों में बंद कर बंधक बना लिया गया था।

jìng जींग

ओरेकल-अस्थि अभिलेख

कांस्य अभिलेख

लेटर सील वर्ण

ओरेकल-अस्थि-अभिलेखों और प्रारम्भिक कांस्य अभिलेखों में 竞 वर्ण ऐसे दिखाई पड़ता है जैसे दो आदमी कंधे से कंधा मिलाकर दौड़ रहे हैं। इसका प्राथमिक अर्थ "आगे बढ़ने के लिए होड़ करना" है, जैसे कि 竞逐 (पहुँचना और नेतृत्व करना) और 竞走 (चलने की प्रतियोगिता)। इसके विस्तृत अर्थों में "प्रतिस्पर्धा करना" (竞争) और "होड़ करना" (竞赛) शामिल है।

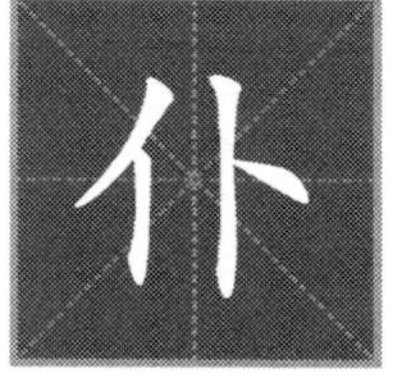

pú पू

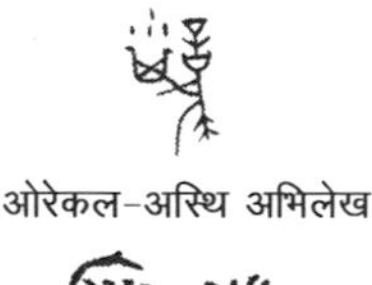

ओरेकल-अस्थि अभिलेख

कांस्य अभिलेख

लेटर सील वर्ण

ओरेकल-अस्थि अभिलेखों में 仆 वर्ण ऐसे दिखाई पड़ता है जैसे उसने हाथों में ओसाई वाला बर्तन पकड़ा हुआ हो। ऊपर का हिस्सा辛 आदमी का सिर है, प्रताड़ित करने का औजार, जो यह दर्शाता है कि वह आदमी या तो युद्ध का बंधक है या अपराधी, जिसे प्रताड़ित किया जा रहा है। आदमी के नितंब पर बनी पूँछ उसके तिरस्कार का संकेत है। ओसाई वाले बर्तन के ऊपर बने बिंदु धूल से छुटकारा पाने का प्रतिनिधित्व करते हैं। इसलिए 仆 का प्राथमिक अर्थ है "एक ऐसा गुलाम जो ओसाई या ऐसे ही अन्य काम करता है", जैसे 奴仆 (नौकर), और 仆人 (घरेलू नौकर)।

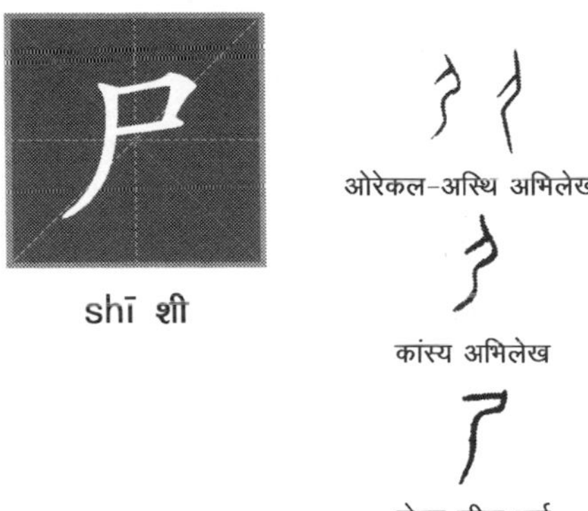

shī शी

कांस्य अभिलेख

लेटर सील वर्ण

ओरेकल-अस्थि अभिलेखों और कांस्य अभिलेखों में 尸 वर्ण एक ऐसे आदमी के व्यक्तित्व की तरह दिखाई पड़ता है जो उल्टा लेटा हुआ है। इसका प्राथमिक अर्थ "लाश", "एक मृत शरीर" है, इसलिए सामान्य लिपि में 尸 के अंदर एक वर्ण 死 (मृत) है। प्राचीन काल में, मृतक के नाम पर बलिदान को स्वीकार करने वाला और बलिदान के कर्म-कांडों पर पूजा करने वाला आदमी 尸 (शी) कहलाता था, और 尸 (शी) की भूमिका में आम तौर पर मृतक का अनुज या उसका उत्तराधिकारी होता था। बाद में इस रिवाज को बदल दिया गया। इसके बदले में मृतक की याद वाला एक तख्त या उसकी तस्वीर का प्रयोग होने लगा। इसलिए अब यह अर्थ प्रासंगिक नहीं है।

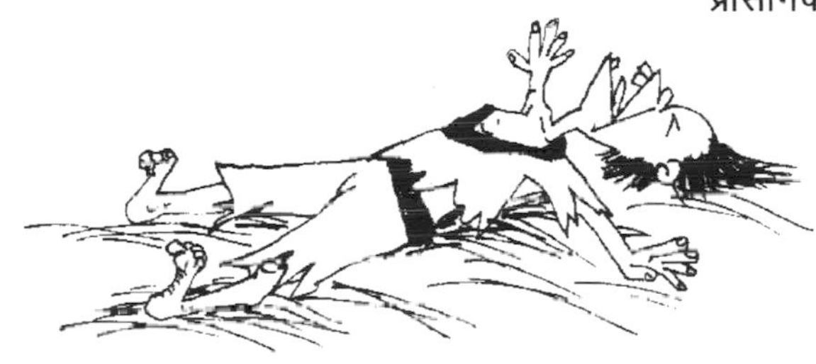

tún तुन

ओरेकल-अस्थि अभिलेख

लेटर सील वर्ण

臀 का अर्थ होता है नितंब। ओरेकल-अस्थि अभिलेखों में 臀 वर्ण एक ऐसे आदमी की तरह दिखाई पड़ता है जो नितंब वाली जगह की तरफ इशारा कर रहा है, जो कि कई अन्य वर्ण के मिश्रण के समान है, जैसे 身 (शरीर) और 肱 (ऊपरी बाँह)। वर्ण के निर्माण के तरीके के अनुसार, 臀 वर्ण कांस्य अभिलेखों में परिचायक वर्ण है। 臀, धीरे-धीरे ध्वन्यात्मक बन गया, जिसमें 骨 (या 肉) मूल शब्द और 殿 ध्वनिप्रधान शब्द है।

wěi वेई

ओरेकल-अस्थि अभिलेख

लेटर सील वर्ण

प्राचीन काल में, लोग जंगली जानवरों के नजदीक आने और उन्हें पकड़ने के लिए, जंगली जानवरों की तरह ही कपड़े पहनते थे, अपने माथे पर सींग पहनते थे और अपने नितंब में पूँछ लगाते थे। बाद में ये सींग और पूँछ आभूषणों में बदल गए, और लोग आयोजनों में इसे पहनकर नाचने लगे। ओरेकल-अस्थि अभिलेखों में 尾 वर्ण एक ऐसे आदमी की तरह दिखाई पड़ता है जिसने आभूषण के रूप में अपने नितंब में पूँछ लगाई हुई है। इसका प्राथमिक अर्थ, "जानवर की पूँछ" है, और बाद में आगे जाकर इसका उपयोग किसी चीज के अंत या किसी चीज के पिछले हिस्से के संदर्भ में भी किया जाने लगा।

niào नीआओ

ओरेकल-अस्थि अभिलेख

लेटर सील वर्ण

ओरेकल-अस्थि अभिलेखों में 尿 वर्ण आदमी के बगल वाले दृश्य प्रस्तुत करता है, और आगे के हिस्से में दिखने वाले तीन बिंदु शरीर से निकलने वाले मूत्र को दर्शाता है। लेटर सील वर्णों में 尿 वर्ण, ओरेकल-अस्थि अभिलेखों के 尾 (पूँछ) और 水 (पानी) से भिन्न अवयवों से बने हैं। लेकिन उनका अर्थ समान है, अर्थात, "मूत्र विसर्जन" या संज्ञा के रूप में "मूत्र"।

shǐ शी

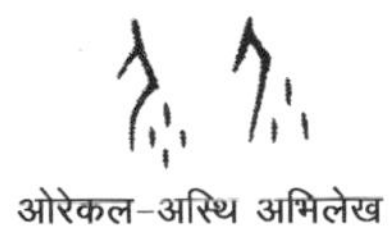

ओरेकल-अस्थि अभिलेख

ओरेकल-अस्थि अभिलेखों में, 屎 वर्ण पैरों पर बैठे हुए आदमी के बगल वाले दृश्य प्रस्तुत करता है। नितंब के नीचे के बिंदु शरीर से निकले हुए मल के प्रतीक हैं। इसलिए 屎 का अर्थ "मलमूत्र", "गोबर", या "निकलने वाला पदार्थ" होता है।

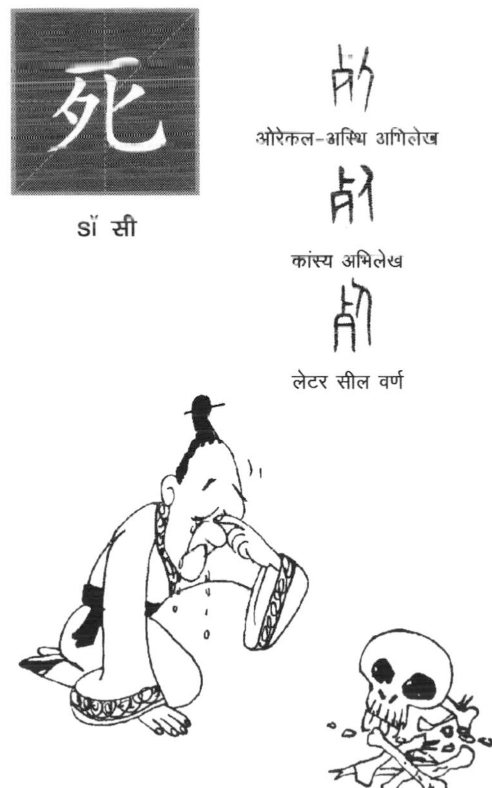

ओरेकल-अस्थि अभिलेखों में, 死 वर्ण का बायां हिस्सा एक ऐसे आदमी की तरह दिखाई पड़ता है जो अपने घुटनों पर बैठकर अपने सिर को नीचे की तरफ झुकाए हुए है, और दायीं तरफ वाला 歹 मृत आदमी के कंकाल का संकेत है। यह तस्वीर एक ऐसे जीवित आदमी की है जो किसी की मृत्यु पर अपने घुटनों पर बैठकर शोक मना रहा है। इसलिए इसका अर्थ "मरना", "मर जाना" है। चूंकि कोई भी मरी हुई चीज हिल-डुल नहीं सकती है, इसलिए 死 का प्रयोग ऐसी चीजों के लिए भी होता है जो अडिग हैं या चलायमान नहीं है, जैसे, 死板 (जिद्दी), 死气沉沉 (प्राणहीन), जिससे "दृढ़ होने" के अर्थ की व्युत्पत्ति हुई, जैसे 死心塌地 (मृत होना)।

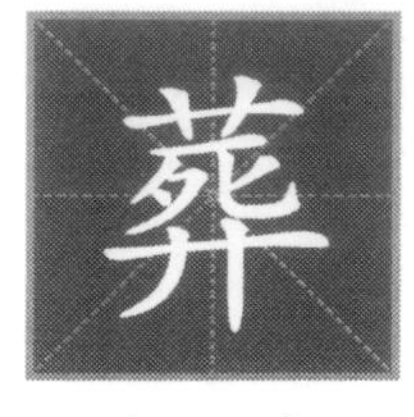

zàng जांग

लेटर सील वर्ण

लेटर सील वर्णों में, 葬 वर्ण का दो घास वाले हिस्सों (艸) के बीच में एक मृत हिस्सा (死) है, जो कि यह दर्शाता है कि किसी मृतक को खर-पतवार के जंगलों के बीच दफनाया गया है। इसलिए इसका प्राथमिक अर्थ "मृतक को दफनाना" है। लेकिन इसका प्रयोग ज्यादा सामान्य अर्थ में मृतक के शरीर के अंतिम संस्कार के तरीक़ों के संदर्भ में होता है, जैसे 火葬 (दाह-संस्कार), और 海葬 (समुद्री-दफन)।

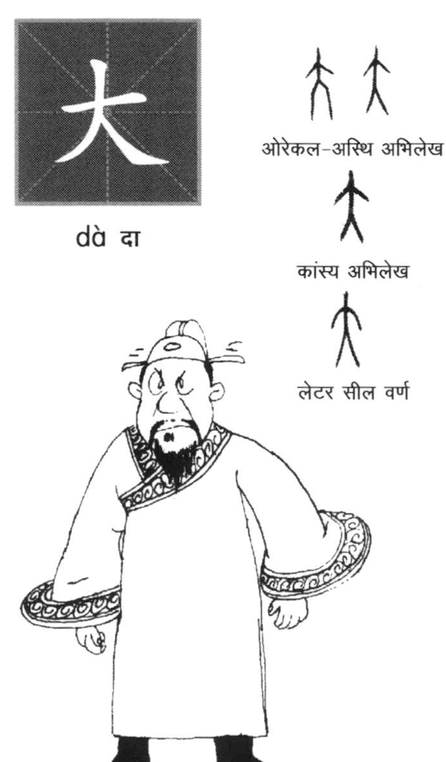

प्राचीन लेखन प्रणालियों में, 大 वर्ण आदमी के अगले हिस्से का दृश्य प्रस्तुत करता है जिसने अपने हाथ बाहर की तरफ खोले हुए हैं और पैरों को अलग करके खड़ा है। मूलतः यह किसी वयस्क पुरुष के उन्नत स्थिति के संदर्भ में प्रयुक्त होता है। लेकिन अब इसका प्रयोग आकार, मात्रा, संख्या, शक्ति, कठोरता आदि में बड़ी किसी भी चीज के संदर्भ में किया जाता है जो कि 小 (छोटा) का विपरीत होता है।

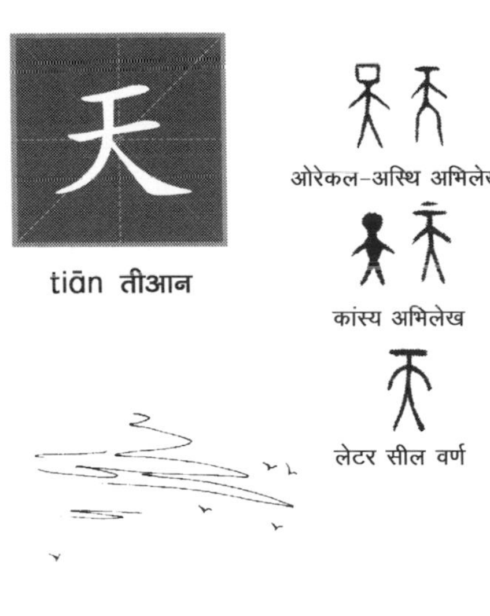

元 की तरह ही, 天 का मूल अर्थ आदमी का सिर था। आरम्भिक ओरेकल-अस्थि अभिलेखों और आरम्भिक कांस्य अभिलेखों में, 天 वर्ण एक ऐसे आदमी के अगले हिस्से का दृश्य प्रस्तुत करता है जिसका सिर विशेष रूप से मुख्य है, और 元 के साथ जो घटित हुआ, इस सिर का बाद में क्षैतिज रेखा के रूप में सरलीकरण कर दिया गया, जिसके ऊपर कभी-कभी एक बिंदु भी होता है जो सिर की स्थिति की तरफ संकेत करता है। 天 का मूल अर्थ आदमी का सिर था, या फिर सिर के ऊपर, लेकिन धीरे-धीरे इसका अर्थ मानव सिर के ऊपर आसमान और इससे भी ज्यादा सम्पूर्ण प्राकृतिक दुनिया के अर्थ में प्रयुक्त होने लगा है। कोई भी चीज जो स्वाभाविक रूप से आती है उसे 天 कहते हैं, जैसे 天文 (खगोलशास्त्र), 天气 (मौसम), 天险 (प्राकृतिक बाधा), और 天然 (प्राकृतिक)। आजकल, 天 का अर्थ "दिन" होता है, जैसे 一整天 (सम्पूर्ण दिन), 今天 (आज), और 明天 (कल)।

wú वू

吴 एक स्थान का नाम है, जिसका प्रयोग प्राचीन काल में राज्य या साम्राज्य के नाम के रूप में भी होता था। आरम्भिक पश्चिमी झोउ साम्राज्य में, उस समय के एक राजा का पुत्र 泰伯, 吴 (अब बुक्सी, जियान्ग्सू में 梅里 के नाम से जाना जाता है) में रहने आया था। उसके उत्तराधिकारी शक्तिशाली हो गए और उन्होंने吴के नाम से अपने पहले राज्य की स्थापना की जिसे 475 ईसा पूर्व में 越 (वर्तमान में झेजियान और फूजीआन में एक राज्य) द्वाराध्वस्त कर दिया गया था। वू साम्राज्य ने जियानग्सू के आसपास के क्षेत्रों पर क़ब्जा कर लिया, जो एक ऐसी जगह है जो मिट्टी के बर्तन और लोहे के बर्तन बनाने जैसे अपने हस्तशिल्प के लिए लोकप्रिय है। शायद यही कारण है कि प्राचीन लेखन प्रणालियों में 吴 वर्ण एक ऐसे आदमी की तरह दिखाई पड़ता है जिसने अपने कंधे पर मिट्टी का एक बर्तन रखा हुआ है। इसका मूल अर्थ मिट्टी के बर्तन बनाने वाला शिल्पकार है।

ओरेकल-अस्थि अभिलेखों और कांस्य अभिलेखों में 夭 वर्ण एक ऐसे आदमी की तरह दिखाई पड़ता है जो अपनी बाहें आगे-पीछे करते हुए दौड़ रहा है। इसलिए इसका मूल अर्थ "दौड़ना" है। लेटर सील वर्णों में, 夭 के आकर में कुछ बदलाव आता है, जिसमें एक आदमी अपने झुके हुए सिर के साथ दिखाई देता है, और इसका अर्थ भी बदल गया है। इसका अर्थ "मुड़ना", "तोड़ना" हो गया है, जिससे "कम उम्र में मरना" वाले अर्थ की व्युत्पत्ति हुई है।

प्राचीन लेखन प्रणालियों में, 交 वर्ण एक ऐसी आदमी की तरह दिखाई पड़ता है जिसके पैर एक-दूसरे के ऊपर चढ़े हुए हैं, इसलिए इसका प्रारम्भिक अर्थ "पार करना", "गूँथना" है। इसके विस्तृत अर्थ में "जोड़ना" और "किसी से जुड़ना" शामिल है, जैसे 交界 (साझा सीमा होना), 交涉 (मोल-तोल करना), 交情 (दोस्ती), 交心 (किसी का दिल खोलना), 交易 (लेन-देन), और 交流 (विनिमय)।

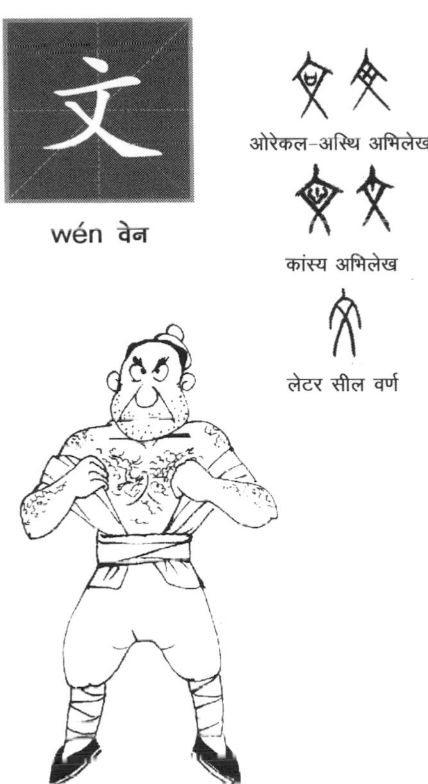

文 एक चित्र है। ओरेकल अस्थि अभिलेखों और कांस्य अभिलेखों में, 文 वर्ण उस आदमी के अगले हिस्से का दृश्य प्रस्तुत करता है जिसकी छाती पर गोदना गुदा हुआ है। इसलिए 文 वर्ण का मूल अर्थ "गोदना वाला एक आदमी" वाला अर्थ लिए था, जहाँ से आगे बढ़कर इसका अर्थ "एक सजावटी पैटर्न" या रेखा हो गया है। बाद में विकसित होकर इसका प्रयोग 文字 (वर्ण या लिपि लेखन), 文化 (संस्कृति), 文章 (विषय), और 文明 (सभ्यता) के रूप में हुआ।

प्राचीन काल में, बीस की उम्र के आदमी के लिए अपने बाल बाधकर टोपी पहनने का रिवाज था, ताकि वह यह दिखा सके कि वह मर्दानगी के स्तर पर पहुँच चुका है। 夫 वर्ण 大 और 一 से बना है, जिसमें पहले वाले का अर्थ "आदमी" है और बाद वाला बालों में लगने वाले क्लिप को दर्शाता है जो कि पकड़ने का काम करता है। ओरेकल-अस्थि अभिलेखों और कांस्य अभिलेखों में 夫 वर्ण एक ऐसे आदमी की तरह दिखाई पड़ता है जिसने अपने बाल एक क्लिप की मदद से एक साथ बांधे हैं। इसलिए, इसका प्राथमिक अर्थ "वयस्क आदमी" है। चूंकि आदमी को विवाह की अनुमति तभी मिलती है जब वह वयस्क होता है, इसलिए 夫 का अर्थ, 妇 (औरत) या 妻 (पत्नी) के विपरीत "पति" भी होता है। प्राचीन काल में एक वयस्क पुरुष को मजबूरी में मजदूर बनकर अपनी सेवाएँ देनी पड़ती थीं, इसलिए 夫 का प्रयोग "मजबूर मजदूर" के अर्थ में भी होता है, और सामान्य रूप से इसका प्रयोग किसी भी प्रकार के मजदूर, जैसे 渔夫 (मछुआरा) और 农夫 (किसान) के अर्थ में भी होता है।

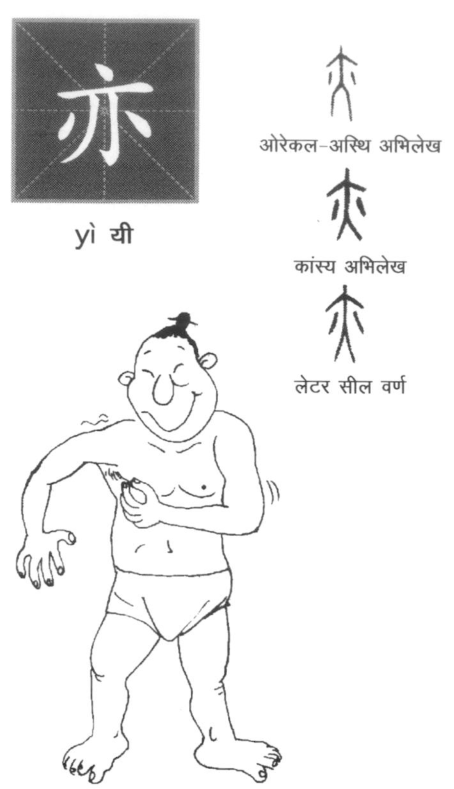

亦, 腋 (ये, कांख) का मूल स्वरूप है। प्राचीन लेखन प्रणालियों में, 亦 वर्ण एक ऐसे आदमी के सामने की दृश्य प्रस्तुत करता है जिसकी बाहों के नीचे दो बिंदु हैं जो उसकी कांख की जगह के बारे में संकेत कर रहे हैं। चूंकि 亦 बाद में सक्रिय शब्द के रूप में प्रयुक्त होने लगा, जो 也 (भी) के बराबर होता है, तब मूल वर्ण के रूप में 月 और ध्वनिप्रधान शब्द के रूप में 夜 को मिलाकर एक अन्य वर्ण 腋 का आविष्कार किया गया जिसने 亦 की जगह इसके मूल अर्थ के लिए ले ली।

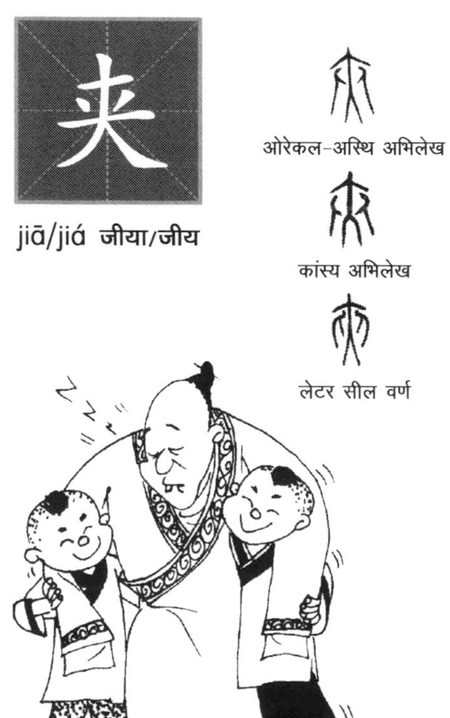

प्राचीन लेखन प्रणालियों में 夹 ऐसे दो छोटे लोगों की तरह दिखाई पड़ता है जो बीच में खड़े एक बड़े आदमी को सहारा दे रहे हैं, इसलिए इसका प्राथमिक अर्थ "बगल से मदद करना" या "सहायता करना" होता है। इसके अतिरिक्त, इसका प्रयोग "दो चीजों के मध्य की जगह" के अर्थ में भी होता है, जैसे 夹缝 (अगल-बगल की दो चीजों के मध्य की जगह) और 夹道 (गलियारा)। इसका प्रयोग उन चीजों के संदर्भ में भी किया जा सकता है जो दो परतों से बनी होती हैं, जैसे 夹衣 (पारम्परिक चीनी कोट जिसके अंदर मोटा अस्तर का कपड़ा लगा होता है) और 夹被 (ऐसी रजाई जिसके बीच में भराई नहीं होती है)

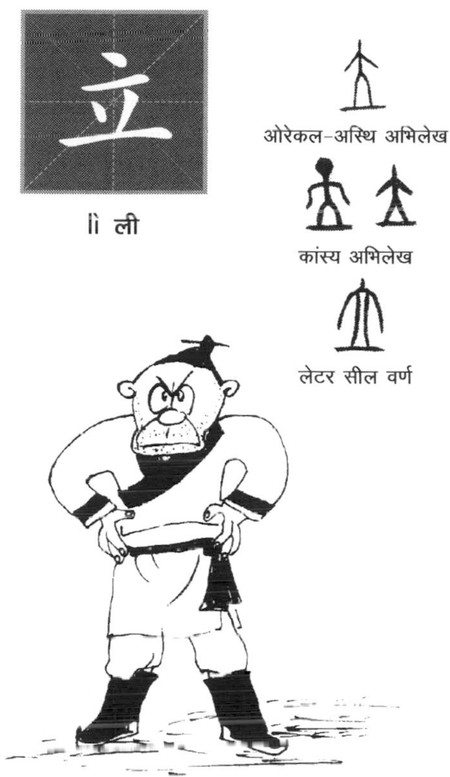

ओरेकल-अस्थि अभिलेखों और कांस्य अभिलेखों में, 立 वर्ण एक ऐसे आदमी के अगले हिस्से को दर्शाता है जो अपने पैरों पर है। इसके नीचे एक रेखा है जो जमीन को दर्शाती है, इसलिए प्राथमिक अर्थ "खड़ा होना" होता है। इसके विस्तृत अर्थों में "खड़ा करना" और "स्थापित करना" शामिल है, जैसे 立功 (पुण्य का कार्य करना) 立法 (कानून बनाना), और 立威 (किसी की प्रतिष्ठा बढ़ाना)। प्राचीन काल में नए सम्राट के सिंहासन पर बैठने की प्रक्रिया को भी 立 (ली) कहा जाता था।

wei वी

लेटर सील वर्ण

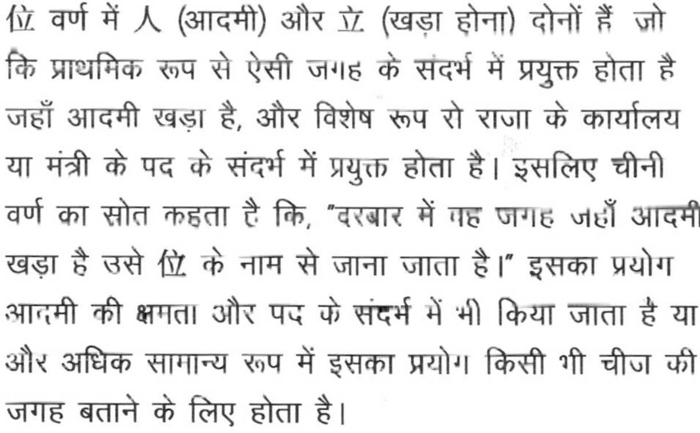

位 वर्ण में 人 (आदमी) और 立 (खड़ा होना) दोनों हैं जो कि प्राथमिक रूप से ऐसी जगह के संदर्भ में प्रयुक्त होता है जहाँ आदमी खड़ा है, और विशेष रूप से राजा के कार्यालय या मंत्री के पद के संदर्भ में प्रयुक्त होता है। इसलिए चीनी वर्ण का स्रोत कहता है कि, "दरबार में वह जगह जहाँ आदमी खड़ा है उसे 位 के नाम से जाना जाता है।" इसका प्रयोग आदमी की क्षमता और पद के संदर्भ में भी किया जाता है या और अधिक सामान्य रूप में इसका प्रयोग किसी भी चीज की जगह बताने के लिए होता है।

tì ती

कांस्य अभिलेख

लेटर सील वर्ण

कांस्य अभिलेखों में, 替 केरकेटर दो 立 से बना है और ऐसा दिखाई पड़ता है जैसे दो आदमी के एक-दूसरे के सामने हैं, और इस ओर संकेत कर रहे हैं कि एक आदमी दूसरे की जगह लेने वाला है। इसलिए 替 वर्ण का प्राथमिक अर्थ "बदलना", "किसी के बदले में" है, जहाँ से आगे विकसित होकर इसका प्रयोग "त्याग देना" और "अस्वीकृत होना" भी होता है।

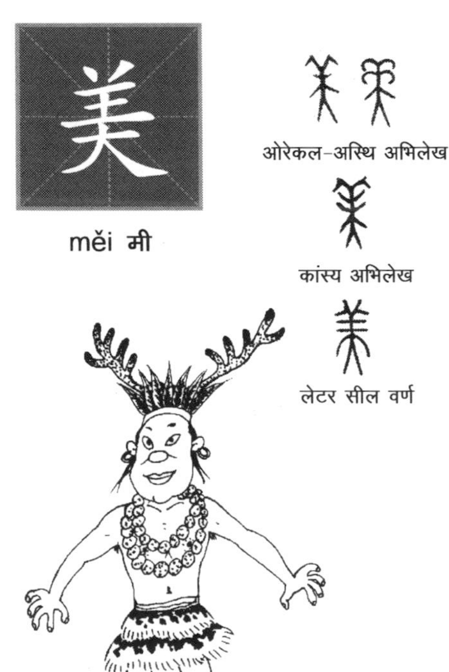

měi मी

ओरेकल-अस्थि अभिलेख

कांस्य अभिलेख

लेटर सील वर्ण

प्राचीन काल में लोग जंगली जानवरों के नजदीक जाने और उन्हें पकड़ने के लिए अपने सिर पर सींग और कलगी पहनते थे। बाद में इस तरह के सींग और कलगी का प्रयोग सुंदरता के प्रतीक के रूप में सिर पर सजाने के लिए किया जाने लगा। यह ओरेकल-अस्थि अभिलेखों और कांस्य अभिलेखों में 美 की उत्पत्ति का स्रोत है, जहाँ से 美 का नया स्वरूप निकला, जो 羊 (भेड़) और 大 (आदमी) से मिलकर बना है। ऐसा कहा जाता है कि भेड़ की सींग वाले आदमी को सुंदर माना जाता था। इसलिए, मूल रूप से, 美 का अर्थ आदमी की सुंदर सज्जा है। बाद के विकास स्वरूप इसका प्रयोग आदमी की शक्ल, प्रतिभा या नैतिकता के संदर्भ में होने लगा। और इसका प्रयोग खाने के मीठे स्वाद को ढकने के भाव में भी किया जाने लगा।

yāng यांग

ओरेकल–अस्थि अभिलेख

कांस्य अभिलेख

लेटर सील वर्ण

ओरेकल–अस्थि अभिलेखों और कांस्य अभिलेखों में, 央 वर्ण ऐसा दिखाई पड़ता है जैसे एक आदमी बांस के खम्भे के साथ कोई चीज अपने हाथ में ढो रहा है। चूंकि वह चीज खम्भे के दोनों छोर से लटकी हुई है, और आदमी बीच में हैं, इसलिए 央 का प्राथमिक अर्थ "मध्य" होता है, जैसे 中央 (मध्य)। लेकिन 央 का एक अर्थ "समाप्त" भी हो सकता है, जैसे 长乐未央 (अंतहीन खुशी)। 央 का एक अन्य विस्तृत अर्थ "ईमानदारी से पूछना" है, जैसे 央求 (भीख मांगना या निवेदन करना)।

hei ही

कांस्य अभिलेख

प्राचीन सील

लेटर सील वर्ण

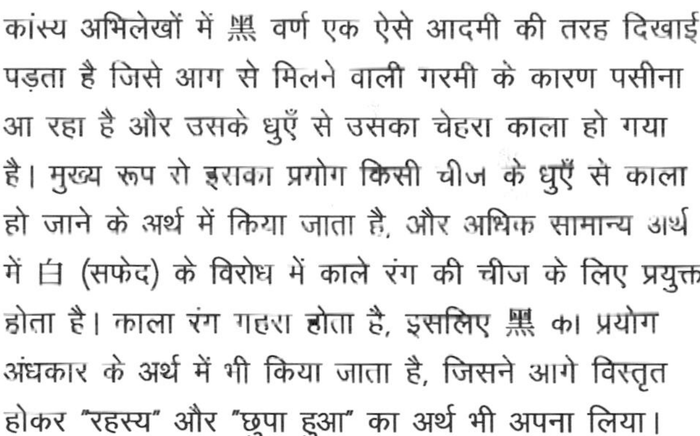

कांस्य अभिलेखों में 黑 वर्ण एक ऐसे आदमी की तरह दिखाई पड़ता है जिसे आग से मिलने वाली गरमी के कारण पसीना आ रहा है और उसके धुएँ से उसका चेहरा काला हो गया है। मुख्य रूप से इसका प्रयोग किसी चीज के धुएँ से काला हो जाने के अर्थ में किया जाता है, और अधिक सामान्य अर्थ में 白 (सफेद) के विरोध में काले रंग की चीज के लिए प्रयुक्त होता है। काला रंग गहरा होता है, इसलिए 黑 का प्रयोग अंधकार के अर्थ में भी किया जाता है, जिसने आगे विस्तृत होकर "रहस्य" और "छुपा हुआ" का अर्थ भी अपना लिया।

प्राचीन काल में 夷, सुदूर में बसे राष्ट्रीय अल्पसंख्यकों और विदेशियों के लिए प्रयुक्त होने वाली सामान्य शब्दवली थी। उस समय हान लोग अपनी जमीन को केंद्र मानते थे, और अन्य राष्ट्र के लोगों का तिरस्कार करते थे और उन पर अत्याचार करते थे, जिन्हें अक्सर गुलामों या बलिदानों के लिए उपयोग में लाया जाता था। प्राचीन लेखन प्रणालियों में इन लोगों को अक्सर 尸 (शव) के रूप में दिखाया जाता था, और उनकी खुली अवमानना भी दिखाई जाती थी। वहीं दूसरी तरफ, कांस्य अभिलेखों में 夷 वर्ण एक ऐसे आदमी के सामने का दृश्य प्रस्तुत करता है जिसे रस्सियों से बांधा गया है, जो इस तरह संकेत कर रहा है कि उसे बंदी बनाया गया है और उसका उपयोग गुलामी या बलिदान देने के लिए किया जाता है।

ओरेकल-अस्थि अभिलेखों में 舞 वर्ण ऐसे आदमी की तरह दिखाई पड़ता है जो अपने हाथों में शाखाएँ या रिबन लेकर नाच रहा है, इसलिए इसका प्राथमिक अर्थ "नाचना" है। चूंकि इस वर्ण का प्रयोग कांस्य अभिलेखों में अक्सर 无 ("बिना", 無 का मूल जटिल स्वरूप) के अर्थ में होता था, उसमें 辵 के अवयव पैरों के उपयोग की ओर इशारा करते हैं जो इसके मूल अर्थ पर विशेष जोर देने का काम करता है। वहीं दूसरी तरफ लेटर सी वर्ण में, दो पैरों का प्रतिनिधित्व करने वाले हिस्से को जोड़ा गया था। इसलिए 舞 और 无 (無) अब भ्रम पैदा नहीं करेंगे। इसके अतिरिक्त, 舞 केरकेटर का एक अर्थ "लहराना" (舞动) और "हिलाना (तलवार और भाला)" (舞弄) भी होता है।

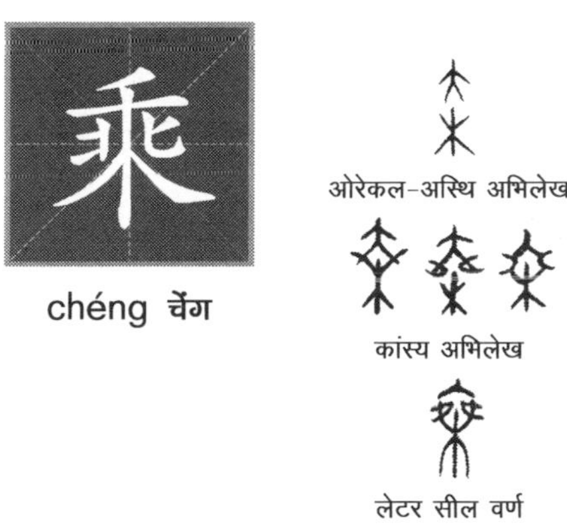

ऐसा कहा जाता है कि प्रचीन काल में, यू चाओ (नेस्टर) नाम का एक साधू था, जिसने लोगों को उनके घरों के लिए पेड़ों पर घोंसले बनाने की विधि सिखाई थी, ताकि वे जंगली जानवरों और बाढ़ से अपनी रक्षा कर सकें। जीवन के इस आदिम तरीके को, पेड़ों पर रहने को घोंसला बनाने की प्रक्रिया कहते हैं। ओरेकल-अस्थि अभिलेखों और कांस्य अभिलेखों में 乘 वर्ण, पेड़ के ऊपर आदमी के आकार में दिखाई देता है जो कि घोंसला बनाने की विधि का ज्वलंत विवरण प्रस्तुत करता है। इसलिए 乘 का मूल अर्थ "पेड़ पर चढ़ना" था, जिससे इसका विस्तृत अर्थ "चढ़ना", "आगे बढ़ना" और "सवारी करना" भी निकलकर आया, जैसे 乘车 (बस पकड़ना), 乘船 (नाव से यात्रा करना) और 乘马 (घोड़े की सवारी करना)।

女 का अर्थ 男 (पुरुष) के विपरीत "औरत" होता है। पुराने दिनों में, समाज में औरतों का दर्जा बहुत निम्न था और यह 女 वर्ण में प्रतिबिम्बित होता है। ओरेकल-अस्थि अभिलेखों में, यह वर्ण एक ऐसी औरत के रूप में दिखाई पड़ता है जो अपने घुटनों पर है और उसके हाथ एक-दूसरे से उलझे हुए नीचे की दिशा में है जो सम्पूर्ण अधीनता को दर्शाता है। बाद के लेखन प्रणालियों में, यह झुकी हुई औरत खड़े होने की मुद्रा में है, लेकिन उसकी कमर और उसका पैर अब भी झुका हुआ है, जो कि एक ऐसी मुद्रा है जिसमें वह विनम्र और सौम्य दिखाई देती है।

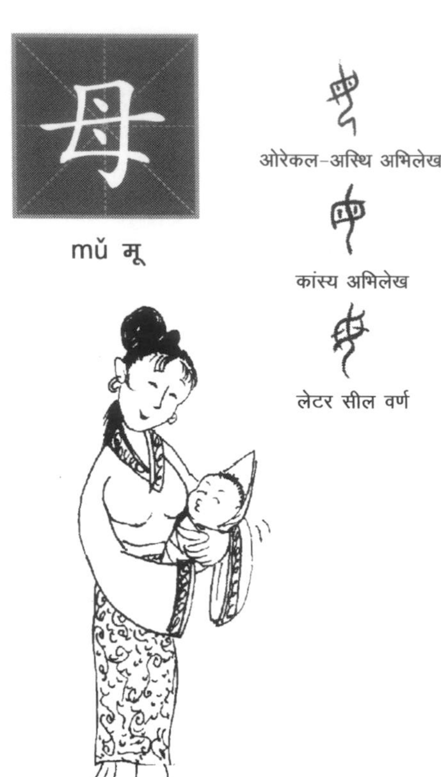

प्राचीन लेखन प्रणालियों में, 母 वर्ण एक ऐसी औरत के रूप में दिखाई पड़ता है जो अपने घुटनों पर बैठी है और जिसके दोनों हाथ आगे की तरफ हैं, और दो बिंदु उसकी छाती का प्रतिनिधित्व करते हैं। 母 प्राथमिक रूप से ऐसी औरत को संबोधित करता है जिसके बच्चे हैं, जैसे एक माँ। इस अर्थ से निकलकर इसका आम प्रयोग परिवार की वरिष्ठ औरत के संबंध में होने लगा है, जैसे कि 伯母 (चाची), 祖母 (दादी); और इससे भी ज्यादा आम अर्थ में सभी मादा जानवरों के लिए 母鸡 (मुर्गी) और 母牛 (गाय)। चूंकि माँओं में बच्चे को जन्म देने की क्षमता होती है इसलिए, 母 का प्रयोग "उत्पत्ति" के अर्थ में भी हो सकता है।

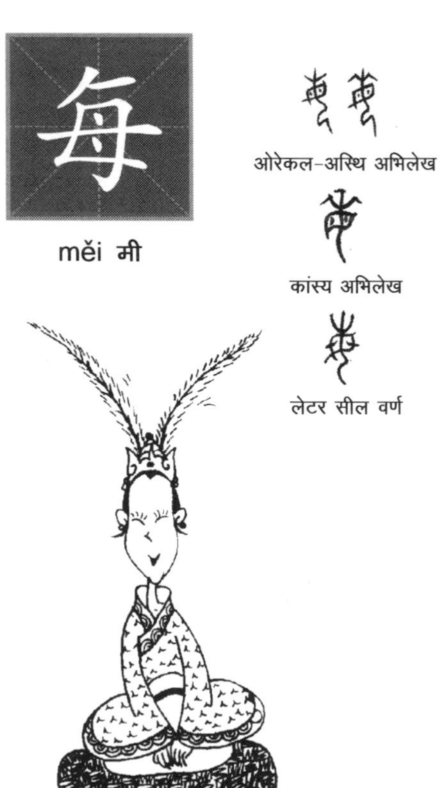

ओरेकल-अस्थि अभिलेखों में, 每 वर्ण एक ऐसी औरत की तरह दिखाई पड़ता है जो अपने घुटनों पर है और उसकी दोनों बाहें बाहर की तरफ निकली हुई हैं, और उसके सिर पर आभूषण हैं। कांस्य अभिलेखों में, इस वर्ण का आकार बदला हुआ है, जिसमें छाती को दर्शाने के लिए दो बिंदु जोड़े गए हैं। दूसरे शब्दों में, निचला हिस्सा 女 अवयव से बदलकर 母 में बदल जाता है, हालांकि इससे अर्थ में परिवर्तन नहीं आता है, चूंकि यह अब भी औरत को ही दर्शाता है। प्राचीन काल में, औरतों के सिर पर घूँघट का होना खूबसूरती की निशानी होती थी, बिल्कुल वैसे ही जैसे पुरुषों के सिर पर जानवरों का सींग (美 वर्ण की तरह), इसलिए 每 का प्रयोग मूल रूप से औरतों की खूबसूरती के संदर्भ में किया जाता था। 每 और 美 वर्ण को भी इस तरीके से मिलाया जाता था और इनके अर्थ भी समान ही थे, सिवा इसके कि पहले वाले का प्रयोग औरत के लिए होता था और बाद वाले का पुरुषों के लिए। बाद में, 美 के प्रयोग का विस्तार हुआ, 每 का खूबसूरती के अर्थ में हुआ जो कि आगे चलकर अनुपयोगी हो गया। इसके बदले यह एक सक्रिय शब्द की तरह प्रयोग में आ गया जो कि "अक्सर", "प्रत्येक" या "हर एक" की तरफ संकेत करता है। और आजकल बहुत कम लोग ही इसके मूल अर्थ के बारे में जानते हैं।

yāo/yào
याओ/याओ

कांस्य अभिलेख

लेटर सील वर्ण

要, 腰 का मूल रूप था। कांस्य अभिलेखों में, इस वर्ण का निचला हिस्सा 女, मानव जाति के लिए प्रयुक्त होता है, और ऊपरी हिस्सा ऐसे दिखाई पड़ता है जैसे दोनों बगल दो हाथ हैं, इसलिए इसे इंसान की कमर के रूप में देखा जाता है। लेटर सील वर्णों में, 要, कांस्य अभिलेखों में दर्ज वर्ण की तुलना में अधिक चित्रनुमा है, जो कि एक ऐसे इंसान की तरह दिखाई पड़ता है जिसके पास अकिम्बो नाम का हथियार है। हालांकि 要 का मूल अर्थ "कमर" था, आम तौर पर इसका प्रयोग "माँग करने" और "पूछने" के अर्थ में होता है, जैसे 要求 (माँगना), 要挟 (मजबूर करना)। चूंकि कमर मानव शरीर के मध्य के हिस्से में होता है, 要 का उच्चारण याओ होता है, जो कि "मुख्य स्थिति" के अर्थ में भी प्रयुक्त होता है, जिसकी व्युत्पत्ति "महत्वपूर्ण", "मुख्य बिंदु" या "आवश्यक" के अर्थ से होती है।

qiè की

ओरेकल-अस्थि अभिलेख

कांस्य अभिलेख

लेटर सील वर्ण

प्राचीन काल में, युद्ध के क़ैदियों और अपराधियों का उपयोग गुलाम के रूप में किया जाता था जिनसे जबरदस्ती मजदूरी करवाई जाती थी। प्राचीन लेखन प्रणालियों में 妾 वर्ण, 女 (औरत) और 辛 (अत्याचार करने वाला औजार) से मिलकर बना है, जो कि यह संकेत करता है कि औरत गुलाम है, जिसे प्रताड़ित किया जा रहा है। इसलिए 妾 का मूल अर्थ गुलाम औरत था। 妾 का उपस्त्री के रूप में प्रयोग इसका विस्तृत अर्थ है। अतीत में, इस वर्ण का प्रयोग औरतों द्वारा आत्म-अवमूल्यन की अभिव्यक्ति के लिए भी किया जाता था।

nú नू

कांस्य अभिलेख

लेटर सील वर्ण

प्राचीन काल में, गुलाम आम तौर पर युद्ध के बंदी या दूसरी जातियों से पकड़कर लाए गए नागरिक हुआ करते थे। प्राचीन लेखन प्रणालियों में, 奴 वर्ण का आकार एक औरत के क़ब्जे में आया बड़ा सा हाथ है, इसलिए इसका अर्थ "गुलाम स्त्री", "नौकरानी" या सामान्य शब्दों में किसी भी प्रकार का गुलाम होता है।

qī ची

ओरेकल-अस्थि अभिलेख

लेटर सील वर्ण

妻 का प्रयोग आदमी के साथी के रूप में होता है, जैसे उसकी पत्नी। प्राचीन लेखन प्रणालियों में, 妻 वर्ण एक ऐसे आदमी की तरह दिखाई पड़ता है जिसने किसी औरत के बाल पकड़े हुए हैं। दरअसल यह उस काल में पकड़कर किए गए विवाह का ज्वलंत विवरण है: एक पुरुष किसी अन्य जाति या क़बीले में जाता है और वहाँ किसी औरत का अपहरण कर उसे जबरन अपनी पत्नी बना लेता है। चूंकि पत्नी को जबरदस्ती हासिल किया गया है, स्वाभाविक रूप से घर में उसका महत्व नहीं होता है। यह सिर्फ सभ्य समाज में ही होता है जहाँ आदमियों और औरतों के बीच समानता का विषय एक मुख्य मुद्दा है, और यह भी कि अब पत्नी को जबरदस्ती नहीं लाया जाता है।

hǎo/hào
हाओ/हाओ

ओरेकल-अस्थि अभिलेख

कांस्य अभिलेख

लेटर सील वर्ण

पारंपरिक सोच के अनुसार ज्यादा बच्चों का अर्थ होता था ज्यादा खुशियाँ। और लोग संतानों वाली धर्मनिष्ठा का पालन करते थे, जिनके अनुसार किसी भी अविश्वासी उत्तराधिकारी द्वारा किए गए तीन पापों में सबसे बड़ा पाप बच्चे पैदा नहीं करना था। इसलिए एक अच्छी औरत का पहला गुण यह था कि वह बच्चे पैदा करने के योग्य हो। 好 वर्ण, 女 (औरत) और 子 (बच्चा) से मिलकर बना है, जो इस तरफ संकेत कर रहा है कि एक औरत जो बच्चे पैदा करती है वह अच्छी होती है। एक विशेषण के रूप में 好 वर्ण का भाव "अच्छा" और "दयालु" होता है, जो कि 坏 (बुरा) का विपरीत है। इसका प्रयोग क्रिया के रूप में भी किया जा सकता है, जिसका उच्चारण हाओ होता है, और जिसका अर्थ "पसंद करना", "प्रेम करना" होता है, जैसे 好奇 (उत्सुक होना) और 嗜好 (किसी के लिए मन में पसंद का भाव होना)।

qǔ चू

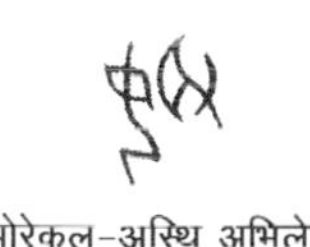

ओरेकल-अस्थि अभिलेख

लेटर सील वर्ण

娶 वर्ण में सांकेतिक और ध्वन्यात्मक दोनों तत्व है। इसमें 取 (प्राप्त करना) और 女 (औरत) दो वर्ण हैं जिसका अर्थ एक औरत को पत्नी बनाना है। 取 अवयव ध्वन्यात्मक अर्थ में प्रयुक्त होता है, जिसमें 女 मूल रूप रूप में दिखाई पड़ता है, इसलिए यह एक ध्वन्यात्मक अवयव भी है। 娶, आदमी का किसी औरत से विवाह करना, 嫁 के विपरीत है जिसका अर्थ किसी औरत का किसी आदमी से विवाह करना होता है।

shēn शेन

ओरेकल-अस्थि अभिलेख

कांस्य अभिलेख

लेटर सील वर्ण

ओरेकल-अस्थि अभिलेखों में, 身 वर्ण एक ऐसी औरत के रूप में दिखाई पड़ता है जिसका पेट गोल है, इसलिए इसका प्राथमिक अर्थः गर्भवती होना है। 身 का एक दूसरा अर्थ मानव या किसी अन्य जानवर का शरीर भी होता है, जिसका विस्तृत अर्थ "आत्म", "निजी रूप से" या "स्वयं" भी है। 身 अवयव वाले सभी वर्ण का संबंध शरीर से होता है, जैसे 躬 (आगे की तरफ झुकना या सिर झुकाना), 躲 (छिपाना), 躺 (लेट जाना) और 躯 (मानव शरीर).

yùn यून

ओरेकल-अस्थि अभिलेख

लेटर सील वर्ण

ओरेकल-अस्थि अभिलेखों में, 孕 वर्ण मानव शरीर के बगल वाले दृश्य का प्रतिनिधित्व करता है जिसमें पेट में 子 (उभार) होता है, जो यह दर्शाता है कि वह औरत गर्भवती है। लेटर सील वर्णों में, इस वर्ण का आकार बदला हुआ है। पेट के भीतर 子 बाहर आ जाता है और 人 भी अपना रूप बदल लेता है, जो कि सामान्य लिपि में अंत में ऐसे संकेत में बदल जाता है जिसमें 乃 और 子 शामिल होते हैं। इस वर्ण का प्राथमिक अर्थ "गर्भवती होना", "प्रजनन करना" है, लेकिन इसका प्रयोग किसी पहले से मौजूद वस्तु से नई वस्तु के विकास को बताने वाले उपमा के रूप में भी होता है।

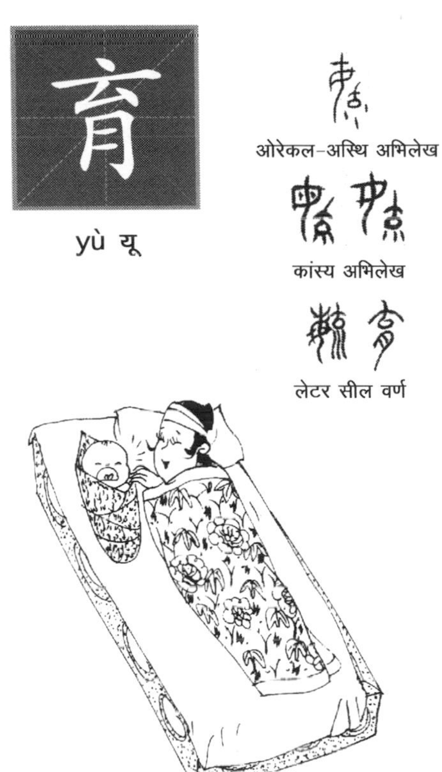

ओरेकल अस्थि अभिलेखों और कांस्य अभिलेखों में, 育 वर्ण एक ऐसी औरत के रूप में दिखाई पड़ता है जो बच्चे को जन्म देने की प्रक्रिया से गुजर रही है। औरत को दर्शाने वाले हिस्से के नीचे 子 वाला अवयव है जिसका सिर नीचे की तरफ है और जो नवजात शिशु का संकेत दे रहा है। बच्चे के नीचे के तीन बिंदु उस द्रव्य को दर्शाता है जो बच्चे के साथ बाहर आया है। 毓, 育 का मूल रूप था। 育 का प्राथमिक अर्थ "जन्म देना" है, लेकिन इसका प्रयोग "पालन-पोषण करना", "बड़ा करना" और "पालन" के अर्थ में भी होता है।

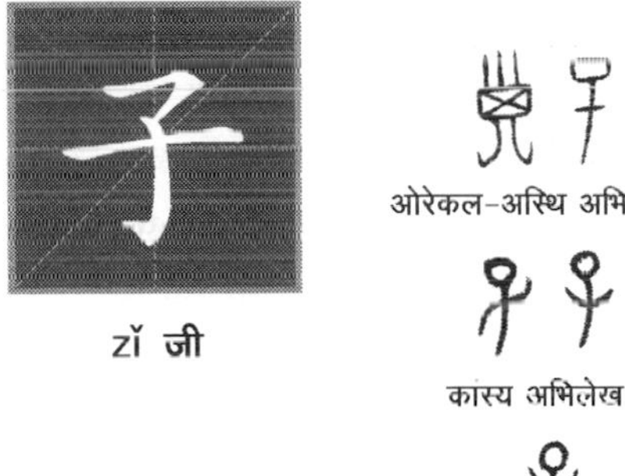

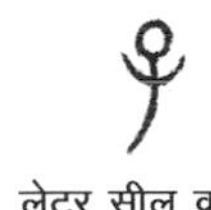

लेटर सील वर्ण

ओरेकल-अस्थि अभिलेखों और कांस्य अभिलेखों में, 子 वर्ण एक ऐसे बच्चे के रूप में दिखाई पड़ता है जिसका सिर बड़ा है और शरीर छोटा। कुछ लेखों में, कपड़े में लिपटा बच्चा अपना हाथ हिला रहा है। अन्य लेखों में, बच्चा अपने पैरों पर है, जिसके सिर पर बहुत कम बाल हैं और जिसका फान्टनेल (नवजात शिशु की खोपड़ी की हड्डियों के बीच की झिल्लीनुमा जगह) अभी तक बंद नहीं हुआ है। 子 वर्ण का प्रयोग बच्चे के संदर्भ में होता है, और आम तौर पर उत्तराधिकारी के संबंध में। लेकिन इसका प्रयोग बारह लौकिक शाखाओं में से पहले के नाम के लिए होता है जो कि एक पारम्परिक चीनी प्रणाली है। 子 अवयव वाले वर्ण का ज्यादातर संबंध बच्चे या उत्तराधिकारी के अर्थ से होता है, जैसे 孩 (बच्चा) 孙 (पोते-पोतियाँ), 孝 (धर्मनिष्ठ कर्तव्य), 孕 (गर्भवती होना) और 字 (व्युत्पन्न, वर्ण).

rǔ रू

ओरेकल-अस्थि अभिलेख

लेटर सील वर्ण

ओरेकल-अस्थि अभिलेखों में 乳 वर्ण एक ऐसी औरत के रूप में दिखाई पड़ता है जिसका निप्पल बाहर की तरफ निकला हुआ है और उसकी बाँहों में एक बच्चा है, जिसका प्राथमिक अर्थ "बच्चे को दूध पिलाना" है। इस प्राथमिक अर्थ से चूसने या पीने का अर्थ निकलकर आया है, जैसे 乳血餐肤 (खून चूसना और मांस खाना)। इसके विस्तृत अर्थों में "दूध", "छाती", "किसी को जन्म देना" और यहाँ तक कि "तुरंत माँ बनने वाली औरत" या "नवजात बच्चा" भी शामिल है।

zì जी

कांस्य अभिलेख

लेटर सील वर्ण

字 वर्ण, गर्म वाले हिस्से (宀) और बच्चे वाले हिस्से (子) से मिलकर बना है। दूसरे शब्दों में, यह इस बात का संकेत देता है कि घर में एक बच्चा है, इसलिए इसका मूल अर्थ "जन्म देना" है और विस्तृत अर्थों में "पालन" और "बड़ा करना" भी शामिल है। प्राचीन काल में, मोनाडिक चित्रलेखों को 文 के नाम से जाना जाता था, वहीं दो या अधिक इकाई से बनी चीजों को 字 कहा जाता था, इसका अर्थ यह होता था कि वे इकाइयों से व्युत्पन्न हुए थे। आजकल, हालाँकि, दो वर्ण को इस तरीके से नहीं परिभाषित किया जाता है, और 字, वर्णों या लेखन के लिए एक अधिक सामान्य शब्दावली बन गई है।

bǎo बाओ

ओरेकल-अस्थि अभिलेख

कांस्य अभिलेख

लेटर सील वर्ण

एक नवजात शिशु जो अपने पैरों पर खड़ा होने और चलने एक योग्य नहीं है, उसे किसी वयस्क की देखभाल में रखना पड़ता है। आम तौर पर बच्चों को बाँहों में या पीठ पर लेकर चला जाता था। ओरेकल-अस्थि अभिलेखों और आरम्भिक कांस्य अभिलेखों में, 保 वर्ण एक ऐसे आदमी की तरह दिखाई पड़ता है जिसने अपनी पीठ पर बच्चा रखा हुआ है, और जिसका हाथ खिंचा हुआ है ताकि वह बच्चे को गिरने से बचा सके। अन्य लेखन प्रणालियों में, बाँह वाले हिस्से को आदमी वाले हिस्से से अलग कर दिया गया है और यह दायीं तरफ वाले बिंदु में बदल गया है। संतुलन को बनाए रखने के लिए, बायीं तरफ एक दूसरा बिंदु जोड़ा गया है, जिसके परिणामस्वरूप मूल चित्ररूपी छवि पूरी तरह से बदल गई है। संक्षेप में, 保 का मूल अर्थ 抱 के समान ही था, अर्थात बाँहों में पकड़ना। "देखभाल करना", "पालन" और "बड़ा करना" का अर्थ इसके आरम्भिक विस्तृत अर्थ हैं, और "सुरक्षा करना", "बचाना" और "बचाव करना" इसके बाद में विस्तृत हुए अर्थ हैं।

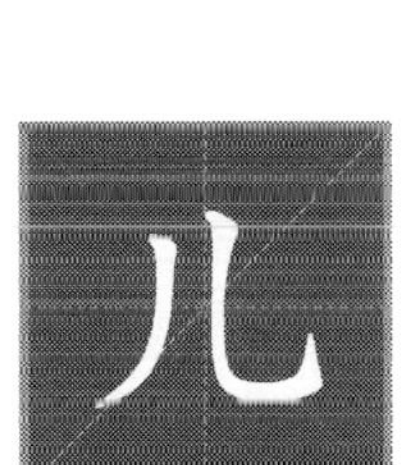

ér एर

ओरेकल-अस्थि अभिलेख

कांस्य अभिलेख

लेटर सील वर्ण

प्राचीन लेखन प्रणालियों में, 儿 वर्ण एक ऐसे बच्चे की तरह दिखाई पड़ता है जिराका रिार बड़ा और शरीर छोटा है, और जिसका फान्टनेल (नवजात शिशु की खोपड़ी की हड्डियों के बीच की झिल्लीनुमा जगह) अभी तक बंद नहीं हुआ है। *द ऑरिजिन ऑफ चाइनीज कैरेक्टर्स* कहता है कि "儿 का अर्थ बच्चा . . . ऐसा फान्टनेल जो अभी तक बंद नहीं हुआ है।" इसलिए 儿 का प्राथमिक अर्थ "छोटा बच्चा" है। प्राचीन काल गें, लड़के को 儿 कहा जाता था, और लड़की को 婴। लेकिन इस अंतर को हमेशा नहीं रखा जाता था और कभी-कभी 儿 का प्रयोग दोनों लिंगों के बच्चों के लिए होता था।

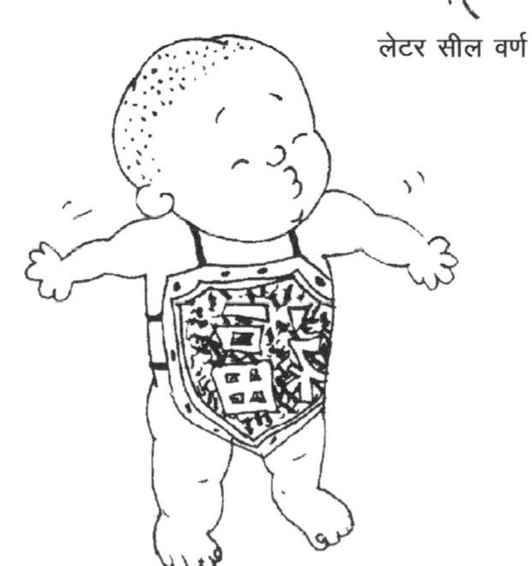

孙 वर्ण में 子 और 系 हैं। पहले वाला एक बच्चे की तरह दिखाई पड़ता है और दूसरा वाला रस्सी के आकार में है जो जुड़ाव की तरफ संकेत कर रहा है। इसलिए 孙 वर्ण उत्तराधिकार में बच्चों की तरफ संकेत करता है। 孙 प्राथमिक रूप से बेटे के बेटे के संदर्भ में प्रयुक्त होता है, जिसका अर्थ है पोता, लेकिन इसका प्रयोग आगे की पीढ़ियों के लिए भी होता है, जैसे 曾孙 (पर-पोता) और 玄孙 (पर-पर-पोता)।

प्राचीन काल में, शिक्षा के क्षेत्र में शारीरिक दंड एक सामान्य बात थी। शिक्षण के लिए छड़ी को एक आवश्यक औजार के रूप में देखा जाता था, जैसे आम कहावत है "छड़ी को रोकने से बच्चे बिगड़ जाते हैं।" 教 वर्ण के अवयव अभ्यास के चित्रनुमा प्रतिबिम्ब होते हैं। प्राचीन लेखन प्रणालियों में, इसका दायाँ हिस्सा एक ऐसे आदमी की तरह दिखाई पड़ता है जिसने छड़ी पकड़ रखी है, वहीं बायां हिस्सा 子 (बच्चा) से बना है और इनके ऊपर दो चिह्न हैं जो जोड़ और घटाव का प्रतिनिधित्व करते हैं। इसलिए 教 का प्राथमिक अर्थ "छात्रों को पढ़ने के लिए प्रेरित करना" है, और इसका ज्यादा सामान्य प्रयोग "दिशानिर्देश देने", "शिक्षित करने", और "अध्यापन" के अर्थ में होता है।

学 एक संकेतचित्र है। ओरेकल-अस्थि अभिलेखों में, 学 वर्ण एक ऐसे आदमी की तरह दिखाई पड़ता है जो हिसाब सीखने के लिए मेज को व्यवस्थित करता है। कांस्य अभिलेखों में, इसमें 子 अवयव जोड़ा गया है ताकि यह स्पष्ट किया जाए कि वह एक बच्चा है जो गिनती सीख रहा है। इसलिए इसका प्राथमिक अर्थ "सीखना" है और "सीखने", "सिद्धांत" और "ज्ञान" वाले भाव इसके विस्तृत अर्थों में शामिल हैं, जैसे 品学兼优 (अच्छा चरित्र और विद्वता देनें वाला)। इसका प्रयोग उस जगह के संदर्भ में भी किया जा सकता है जहाँ कुछ सीखा जाता है, जैसे विद्यालय।

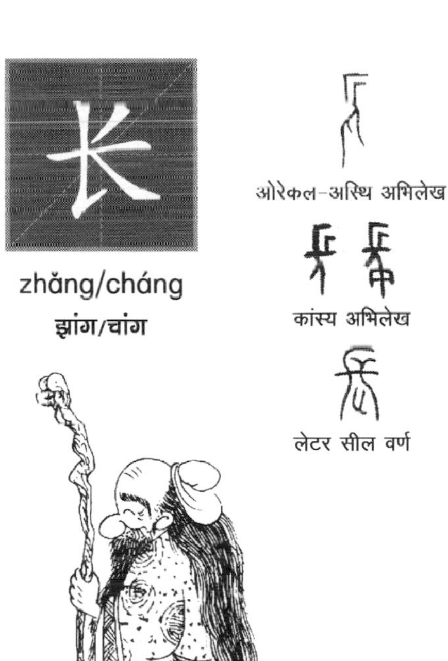

ओरेकल-अस्थि अभिलेखों और कांस्य अभिलेखों में, 长 वर्ण एक ऐसे बुजुर्ग आदमी की तरह दिखाई पड़ता है जो अपने हाथों में छड़ी लेकर चलता है और जिसके गाल पर लम्बी सफेद दाढ़ी है जो विशेष रूप से नजर आती है, इसलिए इसका प्राथमिक अर्थ "बुजुर्ग आदमी" है। इसके विस्तृत अर्थों में "वरिष्ठ (बुजुर्ग या उच्च पद वाला) और "मुख्य" शामिल है। जब इसका प्रयोग क्रिया के रूप में किया जाता है तो इसका अर्थ "बड़ा होना", "विकसित होना" और "बढ़ना" होता है। 长 का उच्चारण चोंग भी हो सकता है जिसका अर्थ "लम्बा" होता है।

ओरेकल-अस्थि अभिलेखों और कांस्य अभिलेखों में 老 वर्ण एक थरथराते हुए आदमी की तरह दिखाई पड़ता है जिसकी कमर झुक चुकी है और हाथ में छड़ी है, इसलिए इसका प्राथमिक अर्थ "अधिक उम्र वाला आदमी" है। इसके विस्तृत अर्थों में "उम्र में अधिक" शामिल है जो 少, 幼 (युवा) विपरीत है और "अतीत से संबंधित", जो 新 (नया) या 嫩 (नरम) का अर्थ ग्रहण किए रहता है।

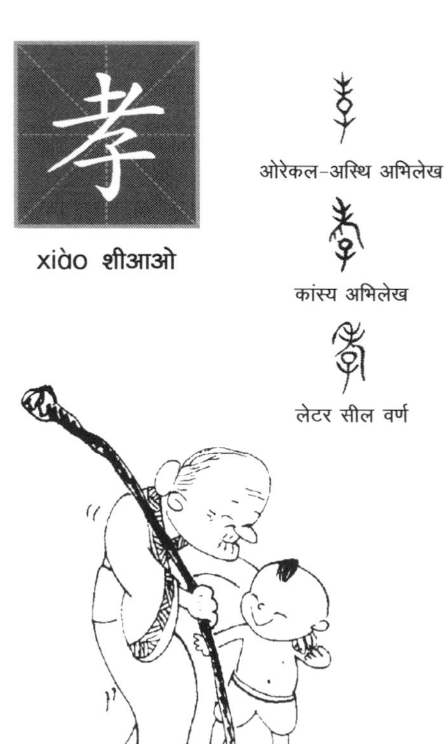

孝, धर्मनिष्ठ कर्तव्य, चीनी सामंती समाज में एक पुराना नैतिक अवधारणा थी, जिसके अनुसार बच्चों को हर समय अपने माता-पिता के प्रति आज्ञाकारी होना पड़ता था। प्राचीन लेखन प्रणालियों में, 孝 वर्ण दो भागों से मिलकर बना था: ऊपरी भाग बुजुर्ग आदमी का प्रतिनिधित्व करता है जिसकी सफेद दाढ़ी है और कमर झुकी हुई है, और निचला भाग बच्चे वाला होता है। बच्चा बुजुर्ग आदमी के अधीन है, जो यह दर्शाता है कि पहले वाला दूसरे की मदद कर रहा है। बुजुर्ग का सम्मान और उनकी मदद करना धर्मनिष्ठ कर्तव्यों का एक अवयव है। 孝 का एक अर्थ किसी वरिष्ठ की मौत के बाद मातम के दौरान निश्चित और तयशुदा व्यवहार का पालन करना भी हो सकता है।

yīn यीन

कांस्य अभिलेख

लेटर सील वर्ण

कांस्य अभिलेखों में, 殷 वर्ण एक ऐसे आदमी की तरह दिखाई पड़ता है जो एक दूसरे आदमी का उपचार एक्यूपंक्चर से कर रहा है जिसका पेट फूला हुआ है। इसलिए इसका मूल अर्थ "चिकित्सकीय उपचार" है जिससे "उपचार करना" या "सामंजस्य बिठाना" के अर्थ की व्युत्पत्ति हुई है। इसके अतिरिक्त, 殷 का अर्थ "भव्य", "किसी चीज की बड़ी संख्या" और "समृद्ध" भी होता है।

xià शीआ

कांस्य अभिलेख

लेटर सील वर्ण

प्राचीन लेखन प्रणालियों में, 夏 वर्ण एक ऐसे बड़े आदमी की तरह दिखाई पड़ता है जिसकी हड्डियाँ मजबूत हैं और जो छाती चौड़ी करके दोनों तरफ बाहें हिलाते हुए चलता है। प्राचीन काल में, हान लोग खुद को 夏, या 华夏 नाम से पुकारते थे। चीन के दर्ज इतिहास में पहला साम्राज्य शिया साम्राज्य के नाम से जाना जाता है। लेकिन आजकल 夏 वर्ण का प्रयोग उपनाम के रूप में होता है। इसके अतिरिक्त, इसका प्रयोग वर्ष के दूसरे मौसम के लिए भी किया जाता है, जैसे गर्मी।

2

मानव अंग

yè ये

ओरेकल-अस्थि अभिलेख

कांस्य अभिलेख

लेटर सील वर्ण

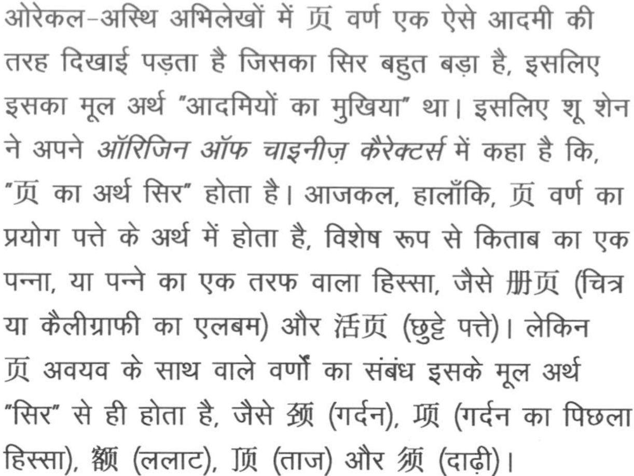

ओरेकल-अस्थि अभिलेखों में 页 वर्ण एक ऐसे आदमी की तरह दिखाई पड़ता है जिसका सिर बहुत बड़ा है, इसलिए इसका मूल अर्थ "आदमियों का मुखिया" था। इसलिए शू शेन ने अपने *ऑरिजिन ऑफ चाइनीज़ कैरेक्टर्स* में कहा है कि, "页 का अर्थ सिर" होता है। आजकल, हालाँकि, 页 वर्ण का प्रयोग पत्ते के अर्थ में होता है, विशेष रूप से किताब का एक पन्ना, या पन्ने का एक तरफ वाला हिस्सा, जैसे 册页 (चित्र या कैलीग्राफी का एलबम) और 活页 (छुट्टे पत्ते)। लेकिन 页 अवयव के साथ वाले वर्णों का संबंध इसके मूल अर्थ "सिर" से ही होता है, जैसे 颈 (गर्दन), 项 (गर्दन का पिछला हिस्सा), 额 (ललाट), 顶 (ताज) और 须 (दाढ़ी)।

shǒu शोऊ

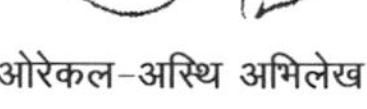

ओरेकल-अस्थि अभिलेख

कांस्य अभिलेख

लेटर सील वर्ण

ओरेकल-अस्थि अभिलेखों में 首 वर्ण सिर के आकार में है, हालांकि यह बहुत हद तक आदमी के सिर के बदले बंदर के सिर की तरह दिखाई पड़ता है। कांस्य अभिलेखों में, 首 वर्ण, सिर का प्रतिनिधित्व करने के लिए आंख और कुछ बाल का प्रयोग करता है। इसलिए 首 का प्राथमिक अर्थ आदमी या किसी जानवर का सिर होता है। इस अर्थ से निकलकर इसका विस्तृत अर्थ "नेता", "शुरुआत", "प्रथम", और "उच्चतम" आया है, जैसे 首届 (पहला), 首席 (मुख्य/मुखिया), 首当其冲 (सबसे पहले प्रभावित होने वाला या जलने वाला) और 首屈一指 (सूची में सबसे ऊपर आने वाला या किसी के पीछे नहीं रहने वाला)।

xiàn शीयान

कांस्य अभिलेख

लेटर सील वर्ण

县, 悬 का मूल रूप था। कांस्य अभिलेखों में 县 वर्ण बायीं तरफ पेड़ और दायीं तरफ रस्सी के सहारे लटकते हुए एक सिर से बना है। लेटर सील वर्णों में, इस वर्ण के आकार में परिवर्तन आया है। बायां हिस्सा उलटा 首 (सिर) है, और दायां हिस्सा 系 (जोड़ना) है। लेकिन यह अपने मूल अर्थ को बरकरार रखता है: "सिर को लटकाना" या "सिर क़लम करना और उसे लटकाना"। इसके विस्तृत अर्थों में आम तौर पर किसी भी चीज को लटकाना शामिल है। चूंकि 县 का प्रयोग प्रशासनिक क्षेत्र के नाम-प्रांत, के रूप में भी किया जाने लगा था, बाद में, नए वर्ण 悬 का निर्माण किया गया जो मूल अर्थ के लिए इसकी जगह ले सके।

miàn मीआन

ओरेकल-अस्थि अभिलेख

लेटर सील वर्ण

ओरेकल-अस्थि अभिलेखों में 面 वर्ण के चेहरे के खांके के भीतर एक बड़ी आंख बनी हुई है, इसलिए इसका प्राथमिक अर्थ "चेहरा" होता है। हालांकि, प्राचीन काल में, 脸 (आजकल इसका अर्थ 面 के अर्थ के ही समान होता है) और 面 का अर्थ अलग अलग होता था। 脸 का प्रयोग चेहरे के दोनों तरफ गाल की हड्डियों और आंख के बीच वाली जगह के संदर्भ में किया जाता था, वहीं 面 का प्रयोग सिर के सामने के हिस्से के लिए होता था। इसलिए 面 का प्रयोग ऐसी किसी भी चीज के लिए किया जा सकता है जो सामने की तरफ हो या फिर बाहर की तरफ।

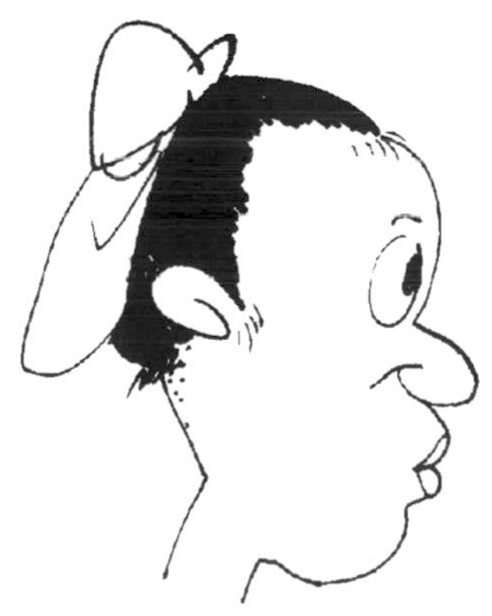

yí यी

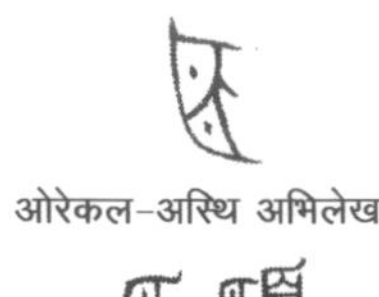

ओरेकल-अस्थि अभिलेख

लेटर सील वर्ण

颐 चेहरे के उस हिस्से के संदर्भ में प्रयोग होता है जिसे अंग्रेजी में गाल कहते हैं। प्राचीन लेखन प्रणालियों में, यह वर्ण चेहरे के गाल की तरह दिखाई पड़ता है। उनमें से कुछ में एक रेखा मूँछ जैसी भी प्रतीत होती है। सामान्य लिपि में 页 वाला हिस्सा सिर का संकेत देता है, जिसे यह दर्शाने के लिए जोड़ा गया है कि 颐 सिर का हिस्सा होता है। इस अर्थ के अलावा, 颐 का अर्थ "स्वस्थ रखना" भी होता है, जैसे 颐养 (खुद की देखभाल करना)।

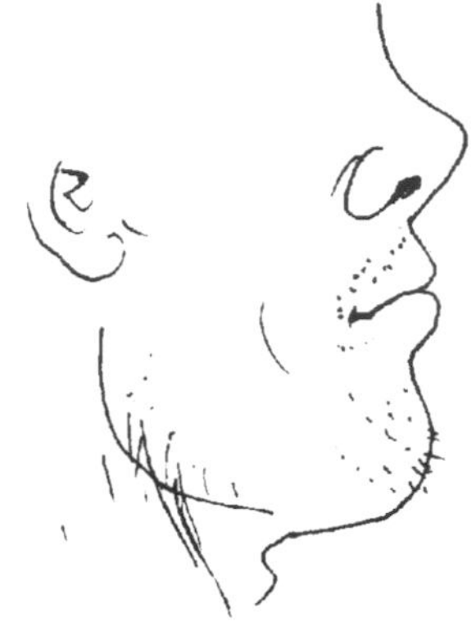

xū शू

ओरेकल-अस्थि अभिलेख

लेटर सील वर्ण

प्राचीन चीन में, पुरुषों को अपनी खूबसूरत लम्बी दाढ़ी पर गर्व होता था। कांस्य अभिलेखों में, 须 वर्ण एक ऐसे चेहरे की तरह दिखाई पड़ता है जिसकी दाढ़ी है, इसलिए इसका प्राथमिक अर्थ "दाढ़ी" है। लेकिन आगे चलकर इसका अर्थ "आवश्यकता", "जरूरत", और "इच्छा" भी हो गया।

rǎn रान

ओरेकल-अस्थि अभिलेख

कांस्य अभिलेख

लेटर सील वर्ण

冉, 髯 का मूल रूप था, जो कि मूँछ के लिए प्रयुक्त होता था, और कभी-कभी दाढ़ी (须 के नाम से भी जाना जाता है) के लिए भी। हालांकि शुरुआत में उन्हें अलग-अलग रखा गया था, 髯 को गालों पर उगे बाल के लिए और 须 का प्रयोग ठुड्डी के बालों के लिए होता था। प्राचीन लेखन प्रणालियों में, 冉 वर्ण ऐसा दिखाई पड़ता है जैसे आदमी के चेहरे के दोनों तरफ दोनों गालों पर बाल उग रहे हैं। चूंकि मूँछें मुलायम होती हैं और नीचे की तरफ लटकती हैं इसलिए 冉 का प्रयोग "मुलायम" और "नीचे लटकने" के अर्थ में भी किया जाता है। और एक साथ 冉 का अर्थ होता है "धीमी गति से" और "धीरे-धीरे।"

ér एर

ओरेकल-अस्थि अभिलेख

कांस्य अभिलेख

लेटर सील वर्ण

ओरेकल-अस्थि अभिलेखों और कांस्य अभिलेखों में 而 वर्ण ऐसे दिखाई पड़ता है जैसे ठुड्डी की दाढ़ी हवा में लहरा रही है, इसलिए इसका मूल अर्थ "दाढ़ी" ही था। हालाँकि, इस अर्थ को अब आम तौर पर 须 के रूप में अभिव्यक्त किया जाता है। और 而 वर्ण का प्रयोग इसके बदले अब सर्वनाम जिसका अर्थ "तुम" या दो वाक्यों को जोड़ने वाले शब्द जैसे "और", "परंतु", "अगर" आदि के अर्थ में होता है।

nài नाई

लेटर सील वर्ण

प्राचीन काल में, 耐 का प्रयोग सजा के हल्के रूपः दाढ़ी मुंडवाना, के लिए किया जाता था। 耐 वर्ण 而 और 寸 से बना है, जिसमें पहले वाले का अर्थ "दाढ़ी" है और बाद वाले का "हाथ", इसलिए इस वर्ण का अर्थ "हाथ से दाढ़ी को हटा लेना" होता है। हालांकि धीरे-धीरे इस वर्ण का प्रयोग "बर्दाश्त करना" और "झेलना" के अर्थ में भी होने लगा, और इसका मूल अर्थ अब प्रासंगिक नहीं है।

méi मेई

ओरेकल-अस्थि अभिलेख

कांस्य अभिलेख

लेटर सील वर्ण

ओरेकल-अस्थि अभिलेखों और कांस्य अभिलेखों में 眉 वर्ण या तो एक ऐसे आदमी की तरह दिखाई देता है जिसकी आँखें और भौंहें विशेष रूप से उन्नत हैं, या फिर सिर्फ आंख और भौंह से ही बना हुआ है, इसलिए इसका अर्थ "भौंह" होता है। लेटर सील वर्णों के समय से, हालांकि 眉 वर्ण के आकार में परिवर्तन हुआ है और यह कम चित्रात्मक बन गया है।

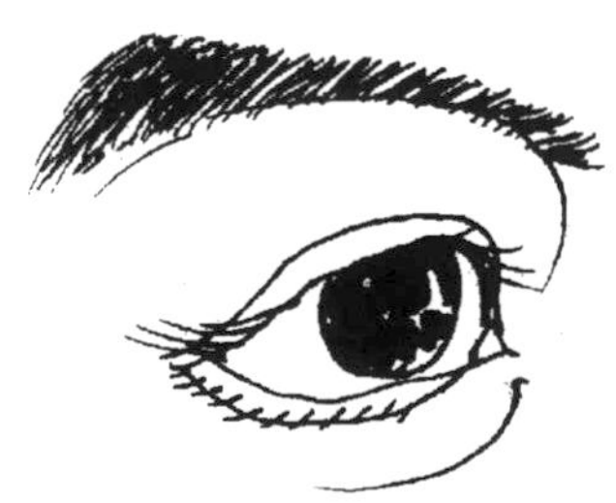

mù मू

ओरेकल-अस्थि अभिलेख

कांस्य अभिलेख

लेटर सील वर्ण

目 एक चित्रलेख है। ओरेकल-अस्थि अभिलेखों और कांस्य अभिलेखों में, 目 वर्ण आंख का एक ज्वलंत विवरण है। शुरुआत में इसका प्रयोग सिर्फ संज्ञा के रूप में किया जाता था, लेकिन बाद में ऐसी क्रिया के रूप में भी किया जाने लगा जिसका अर्थ होता "अपनी आँखों से चीजों को देखना"। 目 वर्ण का प्रयोग मछली के जाल के छेद के संदर्भ में भी किया जा सकता है, जैसे जाल, जहाँ से अनुच्छेदों (दस्तावेज का), "प्रविष्टि (शब्दकोश का), "विशिष्ट वस्तु" के अर्थ वाले भाव की उत्पत्ति हुई है। 目 अवयव वाले सभी वर्णों का संबंध आंख और इसकी क्रिया से संबंधित होता है, जैसे 看 (किसी चीज को देखना), 眉 (भौंह), 相 (आंकना) 瞪 (घूरना) और 瞥 (एक नजर देखकर निशाना लगाना)।

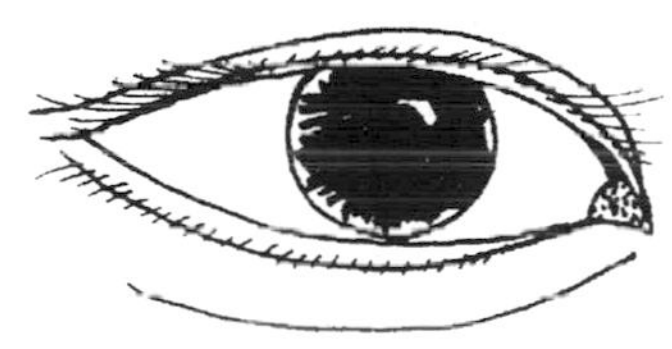

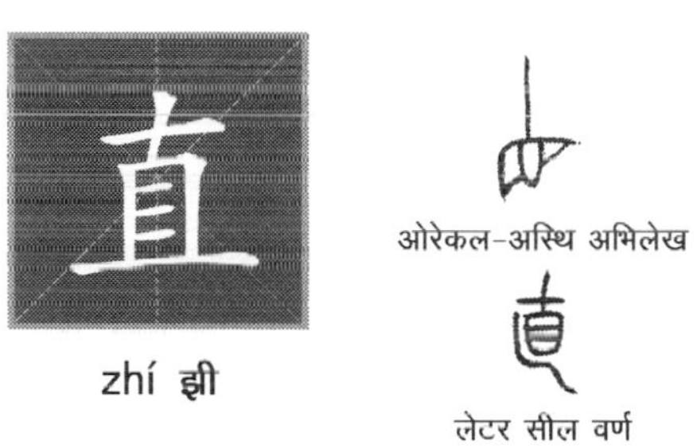

zhí झी

ओरेकल-अस्थि अभिलेख

लेटर सील वर्ण

ओरेकल-अस्थि अभिलेखों में, 直 वर्ण एक ऐसी आंख के आकार का है जिसके ऊपर एक रेखा खींची हुई है, जो कि "आगे की तरफ सीधी दिशा में देखना" की ओर संकेत कर रहा है। शू शेन ने अपने *ऑरिजिन ऑफ चाइनीज़ कैरेक्टर्स* में कहा है कि, 直 का अर्थ "किसी चीज को सम्पूर्णता में देखना" होता है। इसलिए 直 का मूल अर्थ "आगे की तरफ सीधा देखना", "किसी चीज को पूरी तरह देखना" था, जहाँ से विस्तृत होकर इसका अर्थ "सीधा (曲 का विपरीत, झुका हुआ)", "लंबवत (横 का विपरीत, क्षैतिज), "ईमानदार", "स्पष्ट-मानसिकता वाला", "बेबाक" और "निष्कपट" भी हो गया है।

mín मीन

कांस्य अभिलेख

लेटर सील वर्ण

प्राचीन काल में, गुलामों के मालिक गुलामों से जबरदस्ती काम करवाने और उन्हें विद्रोह करने से रोकने के लिए अत्यंत ही क्रूर तरीक़ों का प्रयोग करते थे, जैसे कि उन्हें भारी लोहे की जंजीरों से बांधकर रखना, उनके गले के चारों ओर रस्सी से उन्हें एक साथ बांधना, उनकी एक टांग काट देना या सुए से उन्हें अंधा कर देना। कांस्य अभिलेखों में, 民 वर्ण का आकार एक ऐसी आंख की तरह है जिसमे सुआ चुभाया गया हो। इसलिए मूल रूप से इसका प्रयोग गुलामों के संदर्भ में किया जाता था लेकिन धीरे-धीरे इसका अर्थ विस्तृत होता गया और इसका प्रयोग आजाद लोगों सहित सभी शासितों के लिए होने लगा। इसलिए आज के समय में इसका अर्थ "आम लोग" है।

máng मांग

प्राचीन सील

लेटर सील वर्ण

盲 वर्ण चित्रलेख और ध्वन्यात्मक दोनों तरह का अवयव है। यह 亡 (रहित) और 目 (आँख) के अवयव से बना है, जो कि बिना पुतलियों की आंख का संकेत देता है। दूसरी तरफ, 亡 ध्वन्यात्मक है जो अपने उच्चारण का प्रतिनिधित्व करता है। शू शेन ने अपने *ऑरिजिन ऑफ चाइनीज़ कैरेक्टर्स* में कहा है कि, "盲 का अर्थ है बिना पुतली की आँख"। बिना पुतलियों की आंख कुछ भी देखने में सक्षम नहीं होती है, इसलिए इसका प्राथमिक अर्थ "अंधा" है।

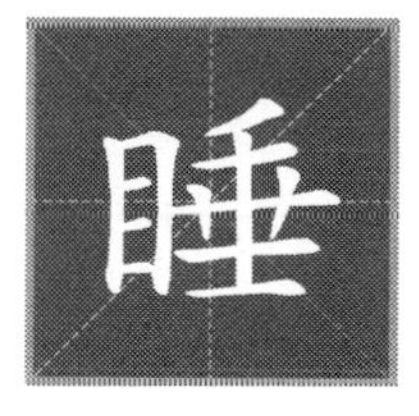

लेटर सील वर्ण

shuì शुई

睡 वर्ण एक संकेतचित्र है। यह 目 (आँख) और 垂 (नीचे की तरफ लटकाना) से बना है, जो कि इस तरफ संकेत देता है कि कोई आदमी अपना सिर नीचे किए हुए और आँखें बंद करके आराम कर रहा है। शू शेन ने अपने *ऑरिजिन ऑफ चाइनीज़ कैरेक्टर्स* में कहा है कि, "睡 का अर्थ बैठकर ऊँघना है।" इसलिए इसका मूल अर्थ बैठकर ऊँघना था, लेकिन अब इसका प्रयोग "सोने" के अर्थ में होता है।

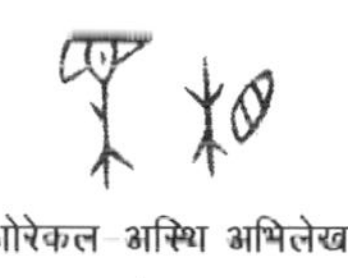

ओरेकल अस्थि अभिलेख

कांस्य अभिलेख

लेटर सील वर्ण

xiàng/xiāng
शीअंग/शीआंग

相 वर्ण एक संकेतचित्र है। यह 木 (वृक्ष) और 目 (आँख) से मिलकर बना है, जो यह दर्शाता है कि पेड़ को सावधानीपूर्वक देखा जा रहा है। 相 का प्राथमिक अर्थ किसी चीज को देखकर यह तय करना है कि वह अच्छा है या नहीं। बाद में इसका प्रयोग आदमी और चीजों के रंग-रूप और आकार-प्रकार के अर्थ में होने लगा। इसके अतिरिक्त, 相 वर्ण का अर्थ सहायता करना भी हो सकता है, और साथ ही इसका प्रयोग सम्राट की सहायता करने वाले मंत्री के लिए भी होता है। 相 का उच्चारण शीयांग होता है जिसका प्रयोग दो या उससे अधिक पक्षों द्वारा किए गए एक ही काम और एक-दूसरे पर उनके प्रभाव के संदर्भ में भी होता है।

kàn कान

लेटर सील वर्ण

看 अपेक्षाकृत नया संकेतचित्र है। यह ओरेकल-अस्थि अभिलेखों या कांस्य अभिलेखों में उपस्थित नहीं था। लेटर सील वर्णों में, 看 वर्ण 手 (हाथ) और 目 (आँख) से मिलकर बना है जो कि दूर स्थित किसी चीज को देखने के लिए आँखों पर हाथ रखकर छाया करने के संदर्भ में प्रयुक्त होता है। इसलिए इसका प्राथमिक अर्थ "दूर से किसी चीज को देखना" होता है। लेकिन धीरे-धीरे इसका अर्थ विस्तृत होकर "अवलोकन करना और देखना" हो गया, और यहाँ तक कि और अधिक विस्तृत होकर "बीमार से मिलने जाना" या "यूँ ही मिलने जाना" के संदर्भ में भी प्रयोग होने लगा।

wàng वांग

ओरेकल-अस्थि अभिलेख

कांस्य अभिलेख

लेटर सील वर्ण

望 मूल रूप से एक संकेतचित्र था। ओरेकल-अस्थि अभिलेखों में, 望 वर्ण एक ऐसे आदमी की तरह दिखाई पड़ता है जो अपना हाथ उठा रहा है और दूर स्थित किसी टीले की तरफ देख रहा है। कांस्य अभिलेखों में, इसके ऊपर दायीं तरफ 月 (चंद्रमा) का हिस्सा भी बना हुआ है, जो किसी आदमी के हाथ उठाकर चंद्रमा की तरफ देखने का संकेत दे रहा है। इसलिए 望 का प्राथमिक अर्थ "किसी चीज को देखना" और "दूर स्थित किसी चीज को देखना" है। चूंकि दूर स्थित किसी टीले की तरफ देखने की प्रक्रिया उम्मीद की तरफ इशारा करती है, इसलिए 望 का एक अर्थ "उम्मीद करना" और "आशा करना" भी है। लेटर सील वर्णों के समय से, 望 के आकार में कुछ परिवर्तन हुए हैं: आंख का प्रतिनिधित्व करने वाले हिस्से 臣 को 亡 द्वारा बदल दिया गया है जिसका उद्देश्य इसके उच्चारण की तरफ संकेत करना है, जिसके परिणामस्वरूप यह एक ध्वन्यात्मक अवयव बन गया है।

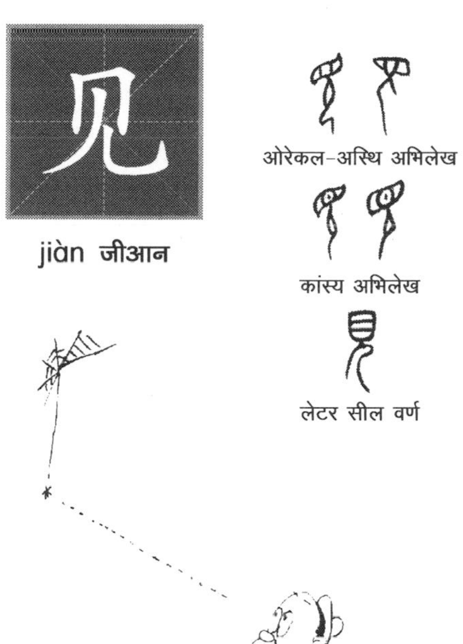

ओरेकल-अस्थि अभिलेख

कांस्य अभिलेख

लेटर सील वर्ण

jiàn जीआन

प्राचीन लेखन प्रणालियों में, 见 वर्ण एक ऐसे आदमी की तरह दिखाई पड़ता है जिसके सबसे ऊपर एक बड़ी सी आंख है, जो कि इस तरफ इशारा करती है कि वह किसी चीज को घूर रहा है। 见 का प्राथमिक अर्थ देखना, देखने की शक्ति की मदद से किसी चीज का पता लगाना होता है। बाद में अन्य अंगों द्वारा किसी चीज के बारे में जानने की प्रक्रिया 见 के नाम से भी जाना जाने लगा, जैसे 听见 (सुनना), 见识 (ज्ञान) और 见解 (राय)। इसके अतिरिक्त, 见 का प्रयोग सहायक, कर्मवाच्य की अभिव्यक्ति के लिए भी किया जाता है।

xiàn शीआन

कांस्य अभिलेख

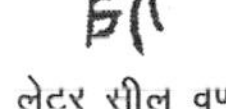

लेटर सील वर्ण

कांस्य अभिलेखों में, 限 वर्ण की बायीं तरफ पहाड़ का हिस्सा होता है और दायीं तरफ एक ऐसा हिस्सा होता है जिससे एक आदमी के कुछ देखने का भाव निकलता है, जो कि इस ओर इशारा करता है कि आदमी की दृष्टि पहाड़ से बाधित हो रही है और वह दूर स्थित किसी चीज को देखने में सक्षम नहीं है। इसलिए 限 का प्राथमिक अर्थ "बाधित करना", "बाधा उत्पन्न करना" होता है, और बाद में "सीमित करना" और "घेरा" के अर्थ की भी व्युत्पत्ति हुई है। इसके अतिरिक्त, 限 का प्रयोग किसी बाहरी वाले के प्रवेश को सीमित करने के लिए सीमा के संदर्भ में भी किया जाता है।

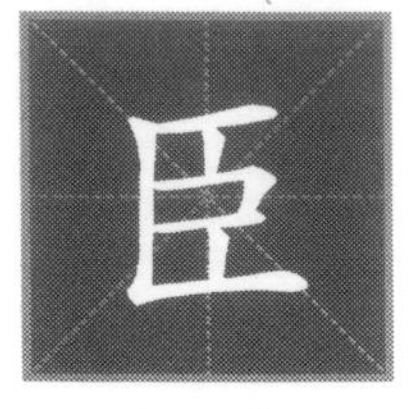

chén चेन

ओरेकल-अस्थि अभिलेख

कांस्य अभिलेख

लेटर सील वर्ण

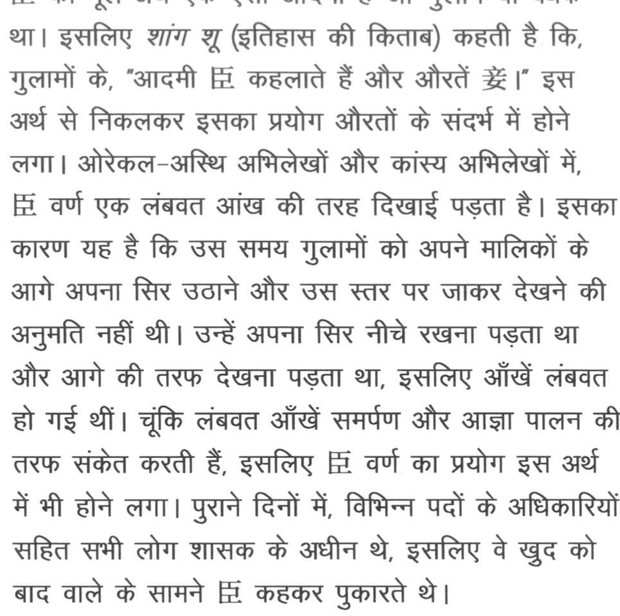

臣 का मूल अर्थ एक ऐसा आदमी है जो गुलाम या बंधक था। इसलिए *शांग शू* (इतिहास की किताब) कहती है कि, गुलामों के, "आदमी 臣 कहलाते हैं और औरतें 妾।" इस अर्थ से निकलकर इसका प्रयोग औरतों के संदर्भ में होने लगा। ओरेकल-अस्थि अभिलेखों और कांस्य अभिलेखों में, 臣 वर्ण एक लंबवत आंख की तरह दिखाई पड़ता है। इसका कारण यह है कि उस समय गुलामों को अपने मालिकों के आगे अपना सिर उठाने और उस स्तर पर जाकर देखने की अनुमति नहीं थी। उन्हें अपना सिर नीचे रखना पड़ता था और आगे की तरफ देखना पड़ता था, इसलिए आँखें लंबवत हो गई थीं। चूंकि लंबवत आँखें समर्पण और आज्ञा पालन की तरफ संकेत करती हैं, इसलिए 臣 वर्ण का प्रयोग इस अर्थ में भी होने लगा। पुराने दिनों में, विभिन्न पदों के अधिकारियों सहित सभी लोग शासक के अधीन थे, इसलिए वे खुद को बाद वाले के सामने 臣 कहकर पुकारते थे।

wò वो

लेटर सील वर्ण

卧 वर्ण, 人 (आदमी) और 臣 (लंबवत आँख) से मिलकर बना है, जो यह दर्शाता है कि आदमी का सिर नीचे झुका हुआ है और वह ऊपर की तरफ देख रहा है। कांस्य अभिलेखों में, 卧 वर्ण 临 (臨) और 监 (監) दोनों में दिखाई पड़ता है, जिसका आकार इस तरह का है कि एक आदमी नीचे सिर झुकाकर ऊपर की तरफ देख रहा है। इसलिए 卧 का प्राथमिक अर्थ "लेटना" है, जो आगे जाकर "पीठ की तरफ लेटना" या "सोना" के अर्थ में भी प्रयुक्त होने लगा।

jiān जीआन

ओरेकल-अस्थि अभिलेख

कांस्य अभिलेख

लेटर सील वर्ण

प्राचीन काल में जब आईने का आविष्कार नहीं हुआ था, तब आदमी के पास अपना चेहरा देखने का मात्र एक तरीका था, जिसमें वह पानी में अपना प्रतिबिम्ब देखता था। ओरेकल-अस्थि अभिलेखों में, 监 वर्ण एक ऐसे आदमी की तरह दिखाई पड़ता है जो पानी के किनारे अपने घुटनों पर बैठा हुआ है, जो इस बात की तरफ इशारा करता है कि वह पानी में अपना प्रतिबिम्ब देख रहा है। इसलिए 监 का मूल अर्थ "स्वयं को पानी में देखना" था, जहाँ से आगे चलकर "दूसरे लोगों और चीजों का अवलोकन करना" के अर्थ की व्युत्पत्ति हुई, जैसे 监视 (निरीक्षण करना या निगरानी करना) और 监督 (संचालन करना या नियंत्रित करना)।

lín लीन

कांस्य अभिलेख

लेटर सील वर्ण

कांस्य अभिलेखों में, 临 वर्ण एक ऐसे आदमी की तरह दिखाई पड़ता है जो नीचे रखी कई सारी चीजों को देख रहा है। लेटर सील वर्णों में, यह 卧 और 品 से बना है, जिसमें पहले वाला आदमी नीचे की तरफ देखने का प्रतिनिधित्व करता है और बाद वाले का अर्थ कांस्य अभिलेखों में निहित अर्थ के समान है। 临 का मूल अर्थ "नीचे रखी चीजों को देखना" था, लेकिन बाद में इसके अर्थ का विस्तार हुआ और यह "सामना करना", "घटित होना", "पहुँचना" और यहाँ तक कि "शासन करना" के लिए भी प्रयोग में आने लगा।

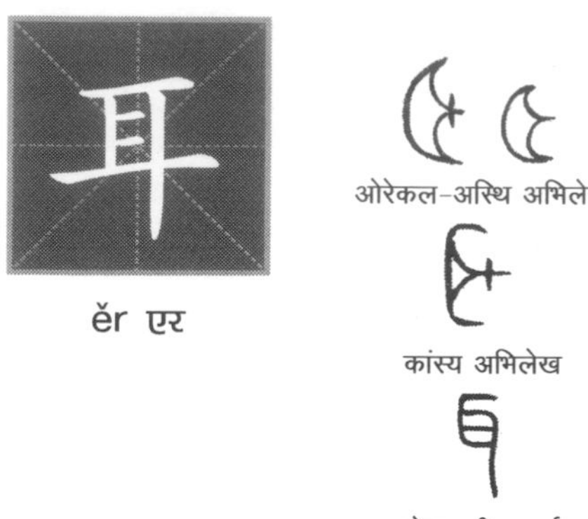

ĕr एर

ओरेकल-अस्थि अभिलेख

कांस्य अभिलेख

लेटर सील वर्ण

ओरेकल-अस्थि अभिलेखों और कांस्य अभिलेखों में, 耳 वर्ण कान की तरह दिखाई पड़ता है, इसलिए इसका अर्थ "कान" है। कान वह अंग है जिसकी मदद से मानव और जानवर सभी को सुनाई देता है, इसलिए 耳 वाले सभी वर्ण का संबंध कान और सुनाई देने की क्रिया से होता है, जैसे 闻 (सुनना), 聂 (फुसफुसाना) और 取 (कान काटना)।

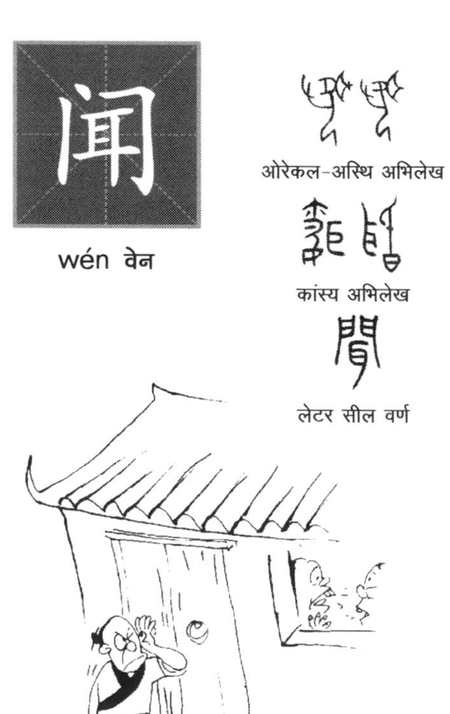

wén वेन

ओरेकल-अस्थि अभिलेख

कांस्य अभिलेख

लेटर सील वर्ण

ओरेकल-अस्थि अभिलेखों में, 闻 वर्ण एक ऐसे आदमी की तरह दिखाई पड़ता है जो अपना कान काट रहा है। लेटर सील वर्णों में, 闻, 耳 (कान) मूल शब्द और 门 (दरवाजा) ध्वनिप्रधान शब्द है। लेकिन 门 एक संकेतचित्र भी हो सकता है, 闻 वर्ण ऐसे दिखाई पड़ता है जिसका अर्थ "अंदर कमरे में की जाने वाली बातों को सुनने के लिए दरवाजे पर अपना कान लगाना" भी होता है, अर्थात, "छिपकर बातें सुनना।" 闻 का प्राथमिक अर्थ "सुनना", "सुनाई देना" है, लेकिन इसका प्रयोग "कुछ सुना गया" के विस्तृत अर्थ में भी किया जा सकता है, जैसे 见闻 (ज्ञान)। इसके अतिरिक्त, 闻 का अर्थ "सूँघना" भी होता है, जैसे 闻香下马 (सुगंध आने से घोड़े से उतरना)।

shèng शेंग

ओरेकल-अस्थि अभिलेख

कांस्य अभिलेख

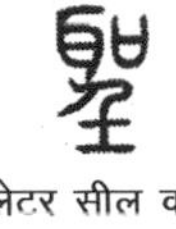

लेटर सील वर्ण

ओरेकल-अस्थि अभिलेखों और कांस्य अभिलेखों में, 圣 वर्ण एक ऐसे आदमी की तरह दिखाई पड़ता है जो खड़े होकर किसी की बात सुन रहा है। 口 वाला हिस्सा बात करने के अर्थ का प्रतिनिधित्व करता है, और सुनने वाले आदमी के सबसे ऊपर बना हुआ बड़ा सा कान यह बताता है कि उसके सुनने की क्षमता अच्छी है। इसलिए, 圣 वर्ण का मूल अर्थ "सुनने की शानदार क्षमता" है, लेकिन इसका अर्थ "प्रतिभावान और तेज होना" और "गहरा ज्ञान होना" भी हो सकता है। प्राचीन काल में, सौम्य चरित्र और बहुत अधिक ज्ञान वाले लोग 圣 के नाम से जाने जाते थे, जैसे 圣贤 (संत), 诗圣 (कवि संत), 书圣 (कैलीग्राफी संत)। सामंती व्यवस्था के अंतर्गत, हालांकि 圣 का प्रयोग आम तौर पर सम्राट के लिए सम्मानजनक उपाधि के रूप में किया जाता था, जैसे 圣上 (सम्राट), 圣旨 (राजशाही आदेश) और 圣恩 (सम्राट की कृपा)।

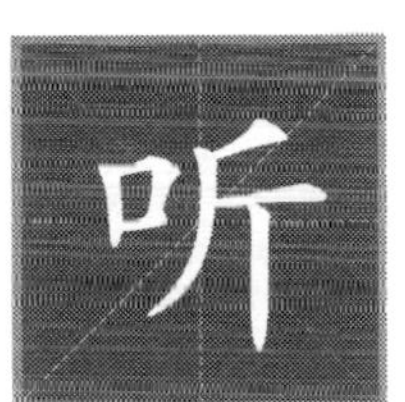

tīng तींग

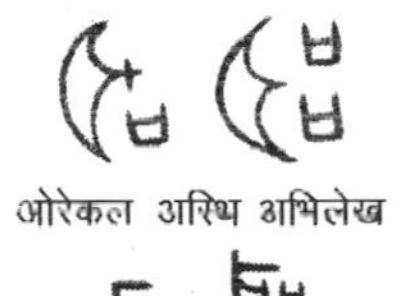

ओरेकल अस्थि अभिलेख

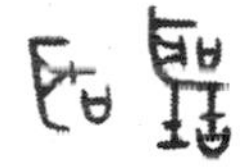

कांस्य अभिलेख

लेटर सील वर्ण

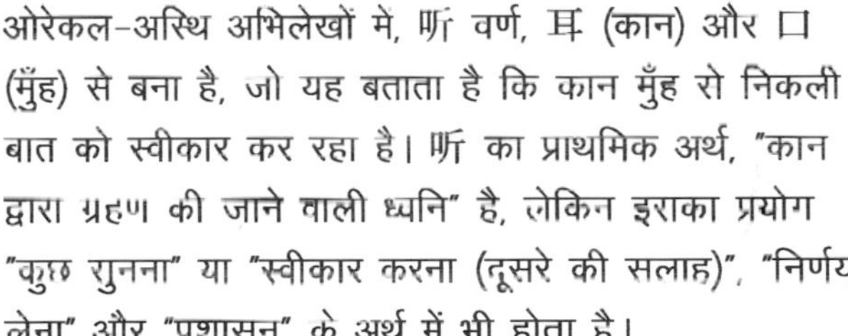

ओरेकल-अस्थि अभिलेखों मे, 听 वर्ण, 耳 (कान) और 口 (मुँह) से बना है, जो यह बताता है कि कान मुँह रो निकली बात को स्वीकार कर रहा है। 听 का प्राथमिक अर्थ, "कान द्वारा ग्रहण की जाने वाली ध्वनि" है, लेकिन इराका प्रयोग "कुछ रुनना" या "स्वीकार करना (दूसरे की सलाह)", "निर्णय लेना" और "प्रशासन" के अर्थ में भी होता है।

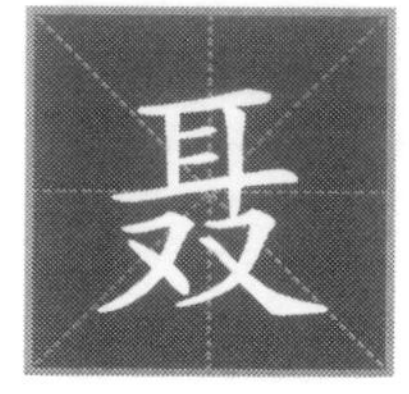

niè नीए

लेटर सील वर्ण

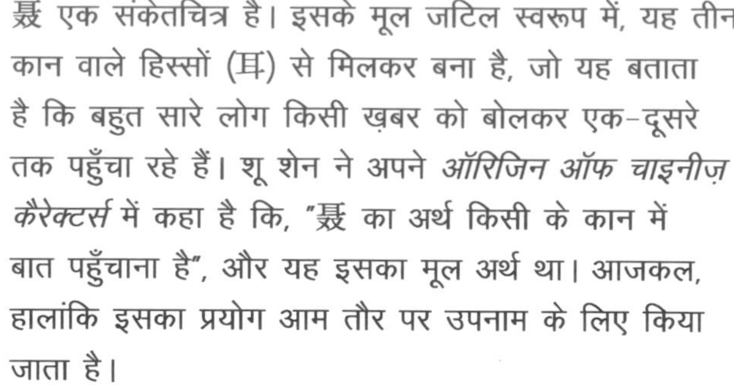

聶 एक संकेतचित्र है। इसके मूल जटिल स्वरूप में, यह तीन कान वाले हिस्सों (耳) से मिलकर बना है, जो यह बताता है कि बहुत सारे लोग किसी ख़बर को बोलकर एक-दूसरे तक पहुँचा रहे हैं। शू शेन ने अपने *ऑरिजिन ऑफ चाइनीज़ कैरेक्टर्स* में कहा है कि, "聶 का अर्थ किसी के कान में बात पहुँचाना है", और यह इसका मूल अर्थ था। आजकल, हालांकि इसका प्रयोग आम तौर पर उपनाम के लिए किया जाता है।

shēng शेंग

ओरेकल-अस्थि अभिलेख

लेटर सील वर्ण

ओरेकल-अस्थि अभिलेखों में 声 वर्ण एक ऐसे आदमी की तरह दिखाई पड़ता है जो हाथ में एक छोटा सा मुंगरी लेकर उसे एक पत्थर से रगड़ रहा है। इसमें 耳 (कान) एक अवयव की तरह है, जो यह संकेत देता है कि कान की मदद से पत्थर की झंकार सुनी जा सकती है। इसका प्राथमिक अर्थ "आवाज", "शोर" है, लेकिन इसका प्रयोग "संगीत", "भाषण" और "संदेश" के अर्थ में भी हो सकता है, जहाँ से आगे विस्तृत होकर "आवेग" और "प्रतिष्ठा" के भाव में भी प्रयुक्त होता है।

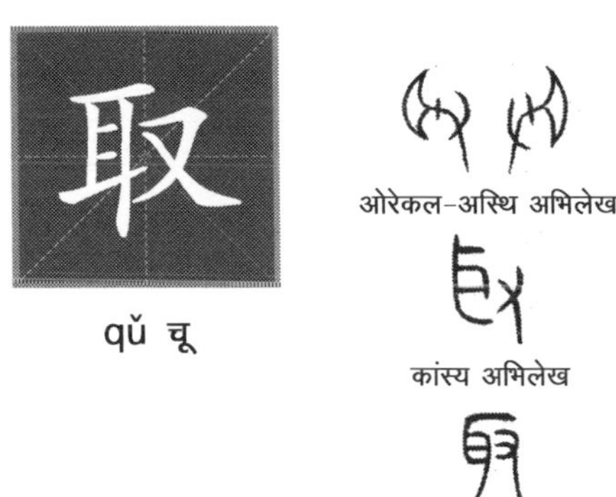

qǔ चू

कांस्य अभिलेख

लेटर सील वर्ण

प्राचीन युद्धों में, सेना का अधिकारी अपने एक सैनिक के योगदान का मूल्यांकन उसके द्वारा पेश किए गए दुश्मनों के सिर या बंदी बनाए लोगों के कान की संख्या गिनकर करता था। ओरेकल-अस्थि अभिलेखों में, 取 वर्ण हाथ में कान पकड़े हुए दिखाई पड़ता है, जो कान काटने की प्रक्रिया की तरफ संकेत करता है। यहाँ से निकलकर "बंदी बनाना", "लेना", "स्वीकार करना", और "अपनाने" के अर्थ की व्युत्पत्ति हुई।

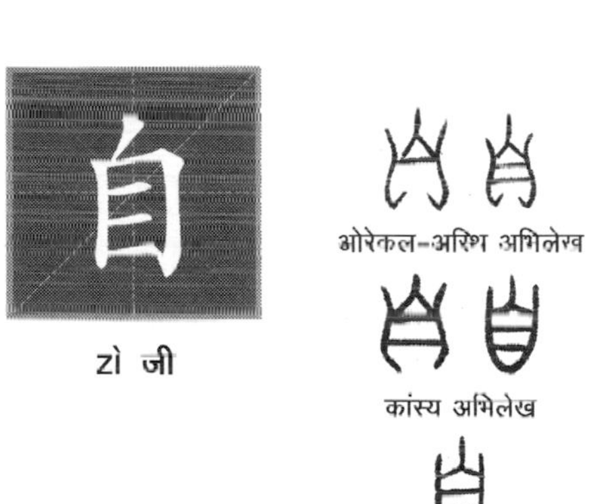

zì जी

लेटर सील वर्ण

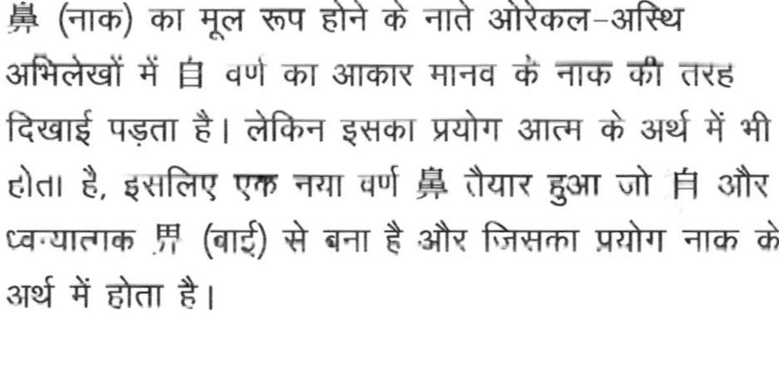

鼻 (नाक) का मूल रूप होने के नाते ओरेकल-अस्थि अभिलेखों में 自 वर्ण का आकार मानव के नाक की तरह दिखाई पड़ता है। लेकिन इसका प्रयोग आत्म के अर्थ में भी होता है, इसलिए एक नया वर्ण 鼻 तैयार हुआ जो 自 और ध्वन्यात्मक 畀 (बाई) से बना है और जिसका प्रयोग नाक के अर्थ में होता है।

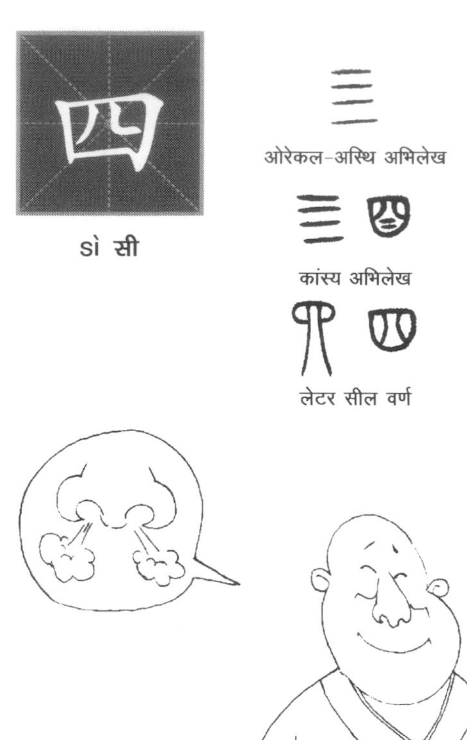

四 वर्ण एक अंक है, जिसका अर्थ "चार" होता है। ओरेकल-अस्थि अभिलेखों और कांस्य अभिलेखों में यह चार क्षैतिज रेखाओं से मिलकर बना है। जैसे 一 (एक), 二 (दो) और 三 (तीन), यह सूचक भी है। लेकिन लेटर सील वर्णों में 四 वर्ण एक संकेतचित्र है, जो कि आवाज निकालने वाले मुँह की तरह दिखता है। इसलिए 四 का मूल रूप 呬 (शी) था। इस अर्थ में, 四 अंक एक ध्वन्यात्मक शब्द है।

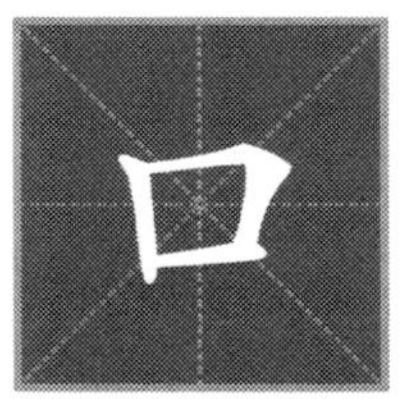

kǒu कोऊ

口 वर्ण का आकार किसी आदमी या जानवर के खुले मुँह की तरह होता है, इसलिए इसका प्राथमिक अर्थ "मुँह" है। चूंकि मुँह आदमी या जानवर का वह अंग होता है जिसे वह खाने, पीने और आवाज निकालने के लिए करता है, इसलिए 口 वाले सभी वर्ण अक्सर खाने, पीने और बोलने से संबंधित होते हैं। और इसका प्रयोग भाषण के बदले भी किया जा सकता है, जैसे 口舌 (शब्दों का आदान-प्रदान), 口角 (झगड़ा)। केंद्र में बिना किसी रेखा के, 口 का प्रयोग किसी भी चीज के खुलने के संदर्भ में भी हो सकता है, जैसे 山口 (पहाड़ की घाटी), 海口 (बंदरगाह), 洞口 (गुफा का प्रवेश), 关口 (रणनीतिक प्रवेश), 瓶口 (एक बोतल का मुँह), 碗口 (कटोरे का सबसे ऊपरी हिस्सा), 疮口 (घाव का खुला हुआ हिस्सा) और 决口 (टूटना या तोड़ना)।

qiàn चीआन

ओरेकल-अस्थि अभिलेख

लेटर सील वर्ण

ओरेकल-अस्थि अभिलेखों में, 欠 वर्ण एक ऐसे आदमी की तरह दिखाई पड़ता है जो अपने घुटनों पर है, और उबासी के लिए अपना मुँह खोले हुए है। इसलिए इसका मूल अर्थ "मुँह खोलना और साँस बाहर छोड़ना" था, अर्थात "उबासी लेना।" 欠 अवयव वाले वर्ण जैसे, 吹 (फूंकना), 歌 (गाना), 歇 (आराम करना) आदि का संबंध मुँह खोलने की प्रक्रिया से है। 欠债 (कर्ज में डूबा होना) और 亏欠 (नुक़सान में होना) जैसे शब्दों में 欠 वर्ण का अर्थ इसके मूल अर्थ से भिन्न होता है और यह एक ध्वन्यात्मक शब्द है।

chuī चुई

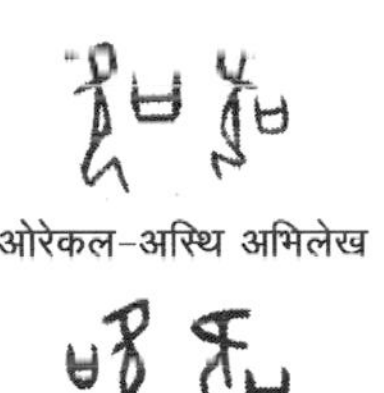

ओरेकल-अस्थि अभिलेख

कांस्य अभिलेख

लेटर सील वर्ण

吹 वर्ण 口 (मुँह) और 欠 (एक आदमी अपना मुँह खोलता है और साँस छोड़ता है) से मिलकर बना है। इन दो हिस्सों को जोड़कर यह अर्थ निकला है कि साँस छोड़ने की प्रक्रिया मुँह के द्वारा की जाती है। इसलिए इसका प्राथमिक अर्थ "होंठ को गोल करना और पूरी ताकत से हवा बाहर निकालना" होता है। इसका प्रयोग हवा के स्वाभाविक गति को बताने के लिए भी किया जाता है, जैसे 风吹雨打 (हवा बह रही है और बारिश हो रही है)। और चीनी भाषा में जोर देने या बड़ी बात करने के लिए 吹牛/吹牛皮 (शब्दशः "बैल को फूँक मार कर उड़ाना")।

xián शीयान

ओरेकल-अस्थि अभिलेख

लेटर सील वर्ण

涎 वर्ण का अर्थ "लार" होता है। ओरेकल-अस्थि अभिलेखों में, यह वर्ण एक संकेतचित्र है, और इसका आकार ऐसा है जैसे एक आदमी अपना मुँह खोल रहा हो और उससे पानी टपक रहा हो। लेटर सील वर्णों में भी यह एक संकेतचित्र ही है, लेकिन यह 水 (पानी) और 欠 (खुले मुँह वाला एक आदमी) से मिलकर बना है। सामान्य लिपि में, हालांकि यह एक ध्वन्यात्मक अवयव बन गया है जिसमें 水 (पानी) मूल शब्द है और 延 ध्वनिप्रधान शब्द।

yǐn यीन

ओरेकल-अस्थि अभिलेख

कांस्य अभिलेख

लेटर सील वर्ण

आजकल, जब कोई आदमी पीता है तब वह आम तौर पर वाइन को ग्लास में डालता है और धीरे-धीरे उसका स्वाद लेता है। हालाँकि, ओरेकल-अस्थि अभिलेखों में, 饮 वर्ण एक ऐसे आदमी की तरह दिखाई पड़ता है जो एक बहुत बड़े बर्तन के ऊपर झुका हुआ है और अपने जीभ को बाहर लटकाकर गहराई से पी रहा है, जो इस बात का संकेत देता है कि प्राचीन काल में लोग भारी मात्रा में शराब पीते थे। मूल रूप से, 饮 का अर्थ सिर्फ "नशे वाले द्रव को पीना" होता था, बाद में इसका अर्थ विस्तृत होकर "किसी भी प्रकार के द्रव को पीना" हो गया, जैसे 饮水 (पानी पीना), 饮茶 (चाय पीना)।

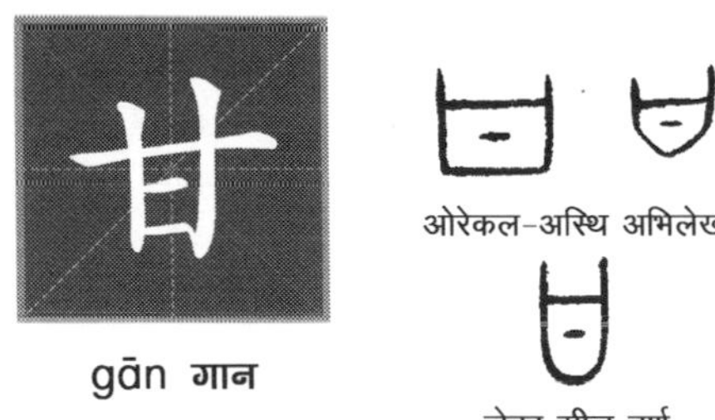

ओरेकल-अस्थि अभिलेख

gān गान

लेटर सील वर्ण

प्राचीन लेखन प्रणालियों में 甘 वर्ण 凵 (मुँह) और 一 (यहाँ मुँह में भोजन के लिए संकेत चिह्न) नाम के दो अवयवों से बना है। प्राथमिक रूप से यह स्वादिष्ट, विशेष रूप से मीठा, किसी भोजन के स्वाद के संदर्भ में प्रयोग होता है, जहाँ से इसका अर्थ इच्छापूर्वक और तैयारी के साथ (कर रहा हूँ) तक पहुँच गया है, जैसे 甘心।

tián तीआन

लेटर सील वर्ण

甜 का प्राथमिक अर्थ 甘 के समान ही है। 甜 वर्ण 甘 (मीठा स्वाद) और 舌 (जीभ, स्वाद के लिए अंग) से बना है, इसलिए इसका प्रयोग मीठे स्वाद वाली चीजों के लिए होता है। इस अर्थ से निकलकर इसका प्रयोग किसी भी ऐसी चीज के लिए होता है जो आनंददायी होती है, यहाँ तक कि गहरी नींद के अर्थ में भी प्रयुक्त होता है, जैसे (睡得真甜)।

曰 एक संकेतचित्र है। प्राचीन लेखन प्रणालियों में, 曰 वर्ण मुँह की तरह दिखाई पड़ता है, जिसमें एक क्षैतिज रेखा जोड़ी गई है जो यह दर्शाती है कि मुँह से आवाज निकल रही है। इसलिए, प्राथमिक अर्थ "बोलना" है, जिससे विस्तृत होकर "के रूप में जाना", "के रूप में काम करना" या सामान्यतया "होना" के अर्थ की व्युत्पत्ति हुई।

shé शे

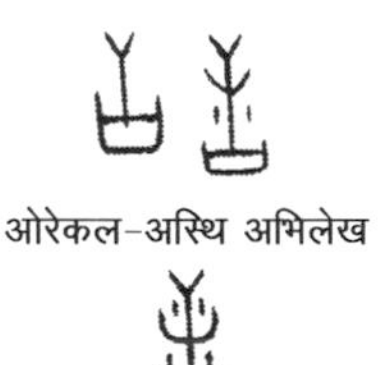

ओरेकल-अस्थि अभिलेख

कांस्य अभिलेख

लेटर सील वर्ण

इसका प्राथमिक अर्थ "जीभ" होता है। ओरेकल-अस्थि अभिलेखों में, 舌 वर्ण ऐसा दिखाई पड़ता है जैसे मुँह से लार के बूंदों के साथ और कुछ भी निकल रहा है, अर्थात जीभ। *ऑरिजिन ऑफ चाइनीज़ कैरेक्टर्स* कहता है कि, "जीभ वह अंग है जो आदमी को बोलने और स्वाद लेने की क्षमता देता है।" आदमी के जीभ के दो महत्वपूर्ण कार्य होते हैं: आवाज उत्पन्न करना और स्वाद लेना। इसलिए आवाज और स्वाद से संबंधित वर्णों में 舌 का अवयव होता है, जैसे 舐 (कुछ चाटना), 舔 (चाटना), और 甜 (मीठा)।

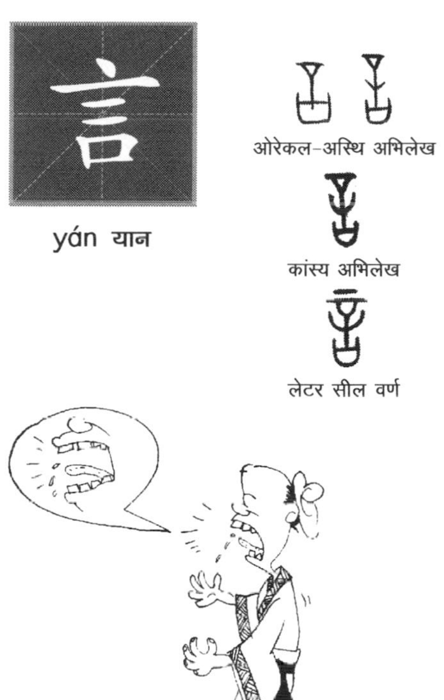

ओरेकल-अस्थि अभिलेख

कांस्य अभिलेख

लेटर सील वर्ण

yán यान

ओरेकल-अस्थि अभिलेखों और कांस्य अभिलेखों में, 言 वर्ण एक ऐसी जीभ की तरह दिखाई पड़ता है जिसके सबसे ऊपरी हिस्से पर एक छोटी सी रेखा जोड़ी गई है, जो यह संकेत दे रही है कि आदमी अपनी जीभ हिला रहा है, अर्थात बोल रहा है। इसलिए 言 का प्राथमिक अर्थ "बोलना" है, जैसे, 直言不讳 (बिना लाग-लपेट के कहना), जिससे आगे निकलकर इसका अर्थ बात की जाने वाली या कही जाने वाली चीजों के लिए होने लगा, जैसे 言簡意賅 (संभाषण या आलेख, संक्षिप्त और व्यापक)

yīn यीन

कांस्य अभिलेख

लेटर सील वर्ण

音 और 言 दोनों ही मुँह में बनी आवाज के संदर्भ में किया जाता है और इसका अर्थ शुरुआत में होता है। वे कांस्य अभिलेखों में अंतः परिवर्तनीय थे। धीरे-धीरे, हालाँकि, इन दो वर्णों के प्रयोग में अंतर लागने आया था। 言 विशेष रूप से बोलने की क्रिया को या जो बोला गया है उसे दर्शाता है वहीं 音 ने अपना मूल अर्थ बनाए रखा था, जिसका अर्थ था। मुँह में बनी हुई आवाज। लेखन में इस अंतर को दिखाने के लिए 音 मुँह वाले हिस्से में एक अतिरिक्त रेखा जोड़ी गई थी। आजकल, 音 प्राथमिक रूप से आवाज के संदर्भ में प्रयोग होता है जिसमें संगीत की आवाज भी शामिल है, और इसके विस्तृत अर्थों में "सूचना", "संदेश", इत्यादि शामिल हैं।

yá या

कांस्य अभिलेख

लेटर सील वर्ण

牙 का अर्थ "दाँत" होता है। लेटर सील वर्णों में, 牙 वर्ण का आकार ऐसा है जैसे ऊपर के दाँत नीचे के दाँत के साथ गुंथे हुए हैं। पहले के समय में, आम तौर पर 牙 का प्रयोग हाथी के दाँत के संदर्भ में किया जाता था, जैसे 牙尺 (हाथी के दाँत से बना मापक), 牙板 (हाथी के दाँत की गोली) और 牙管 (हाथी के दाँत से बनी कलमदान)। और 牙 का प्रयोग जनरल के बैनर (牙旗) के संक्षिप्त रूप के लिए किया जाता था।

chǐ ची

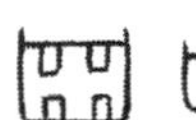 

ओरेकल-अस्थि अभिलेख

कांस्य अभिलेख

लेटर सील वर्ण

齿 का अर्थ भी 牙 की तरह "दाँत" ही है। ओरेकल-अस्थि अभिलेखों में, 齿 वर्ण जो एक चित्रलेख है, वह मुँह में दाँतों की दो पंक्तियों जैसी दिखाई पड़ती है। कांस्य अभिलेखों और लेटर सील वर्णों में, इसके ऊपर एक ध्वन्यात्मक वर्ण 止 जोड़ा गया है, जिसके परिणामस्वरूप यह एक ध्वन्यात्मक अवयव बन गया।

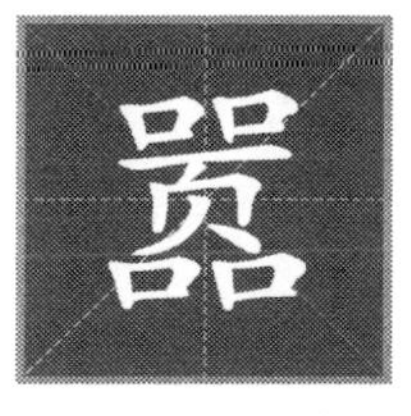

xiāo शीआओ

कांस्य अभिलेख

लेटर सील वर्ण

嚣 वर्ण, सिर का हिस्सा (页) और चार मुँह वाले हिस्से (口) से मिलकर बना है, अर्थात कोने में खड़ा वह आदमी जिसके चार मुँह हैं। यह इस तरफ इशारा करता है कि एक ही समय में कई सारे लोग बोल रहे हैं, इसलिए इसका अर्थ "कोलाहलपूर्ण" है। उदाहरण के लिए, इसका प्रयोग 甚嚣尘上 (कोलाहलपूर्ण और धूल से भरा) लोकोक्ति में आम तौर पर निंदात्मक स्थिति के विश्लेषण के लिए प्रयोग किया जाता है जिसमें एक ही समय में कई लोग किसी चीज के बारे में बात कर रहे हैं।

xùn शून

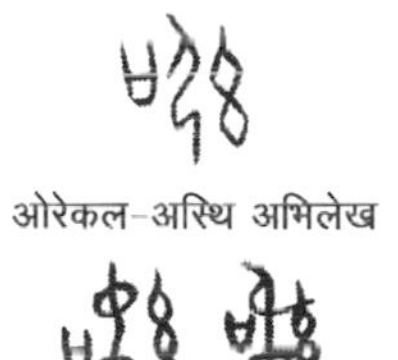

ओरेकल-अस्थि अभिलेख

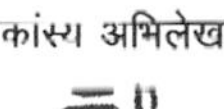

कांस्य अभिलेख

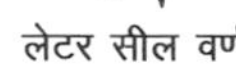

लेटर सील वर्ण

ओरेकल-अस्थि अभिलेखों और कांस्य अभिलेखों में 讯 वर्ण एक संकेतचित्र है, जो एक ऐसे आदमी की तरह दिखाई पड़ता है जिसके दोनों हाथ पीछे की तरफ बंधे हुए हैं और बायीं तरफ मुँह वाला हिस्सा है। बंधा हुआ आदमी युद्ध का कैदी या अपराधी है, और मुँह का अर्थ प्रश्न है। इसलिए 讯 का मूल अर्थ "युद्ध के बंदी या अपराधी से प्रश्न करना" है। विशेष अर्थ में यह युद्ध के बंदी के लिए भी प्रयुक्त हो सकता है, चूंकि 折首执讯 (शत्रुओं का सिर काटना या उन्हें बंदी बनाना) में भी इसका प्रयोग हुआ है। लेटर सील वर्णों में, यह एक ध्वन्यात्मक अवयव बन गया है और इसका मूल अर्थ खो गया है। अब इसका प्रयोग "पूछताछ करना" के अर्थ में होने लगा है, जहाँ से "संदेश" या "सूचना" के अर्थ की व्युत्पत्ति हुई है। उदाहरण के लिए, टाँग साम्राज्य के चू गुआंगक्सी में एक पंक्ति है: 有客山中至，言传故人讯 (एक अतिथि जो पहाड़ों पर आता है, वह अपने पुराने दोस्त का समाचार लाता है।)

shǒu शोऊ

कांस्य अभिलेख

लेटर सील वर्ण

手 वर्ण का प्रयोग मानव के ऊपरी अंग के संदर्भ में किया जाता है, लेकिन आम तौर पर इसका प्रयोग कलाई के नीचे घूमने वाले भाग के संदर्भ में किया जाता है, अर्थात हाथ। प्राचीन लेखन प्रणालियों में, 手 का आकार आदमी के ऊपरी अंग के जैसा हैः ऊपरी शाखा पाँच उँगलियों को दर्शाता है और नीचे का हिस्सा बाँह को। 手 (扌) अवयव वाले सभी वर्ण हाथ से संबंधित गतिविधियों को दर्शाते हैं, जैसे 拿 (लेना), 打 (मारना), 拍 (थपथपाना), और 扶 (हाथ से सहारा देना)।

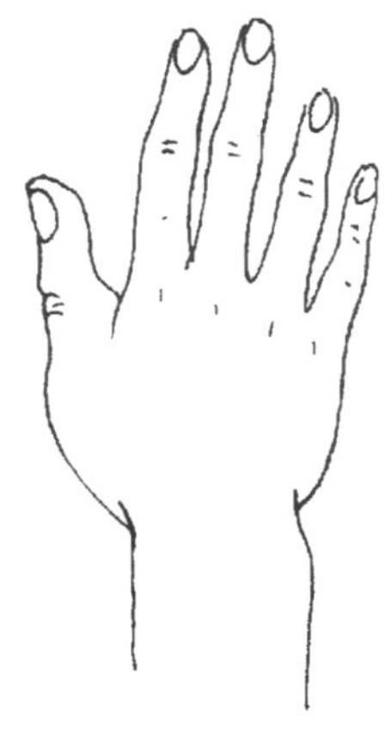

zhǎo/zhuǎ

झाओ/झुआ

ओरेकल-अस्थि अभिलेख

कांस्य अभिलेख

लेटर सील वर्ण

抓 के मूल रूप में, 爪 वर्ण का अर्थ शुरुआत में हथेली की मदद से कुछ पकड़ना था। ओरेकल-अस्थि अभिलेखों में, यह उँगलियों से कुछ पकड़ने के लिए हाथ को नीचे की तरफ ले जाने की गतिविधि जैसा दिखाई पड़ता है। कांस्य अभिलेखों में, इसके ऊपरी छोर पर उँगली के नाखूनों को जोड़ा गया है, इसलिए 爪 का अर्थ "प्राथमिक उँगलियाँ" या "ऊँगली का नाखून और अंगूठे का नाखून" है। बाद में, इसका अर्थ और अधिक विस्तृत होकर "जानवरों के पंजों को ढंकना" हो गया।

gōng गोंग

ओरेकल-अस्थि अभिलेख

लेटर सील वर्ण

肱 का प्रयोग बाँह के ऊपरी हिस्से या कभी-कभी पूरी बाँह के लिए होता है। ओरेकल-अस्थि अभिलेखों में, 肱 वर्ण बाँह की तरह दिखाई पड़ता है जिसमें उठाने का संकेत है जो कुहनी की स्थिति बताता है। जैसा कि *ऑरिजिन ऑफ चाइनीज़ करेक्टर्स* में दर्ज है। लेटर सील वर्णों में 肱 वर्ण की उत्पत्ति यहीं से हुई है। लेटर सील वर्णों में इसका यह स्वरूप इसके मूल रूप में 月 को जोड़ने का परिणाम है, जो कि सामान्य लिपि में 肱 का आधार बन गया।

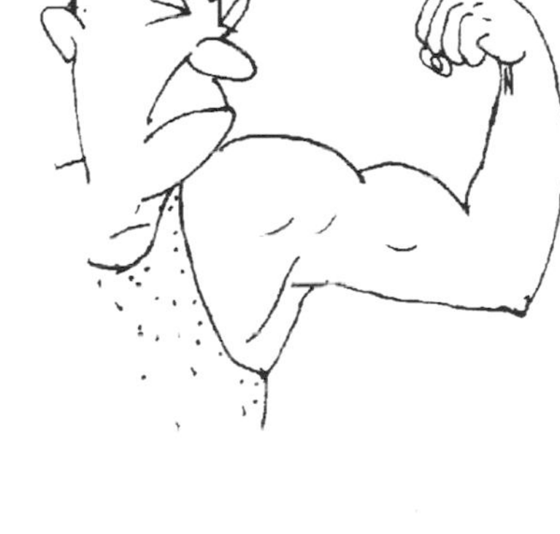

zuǒ जुओ

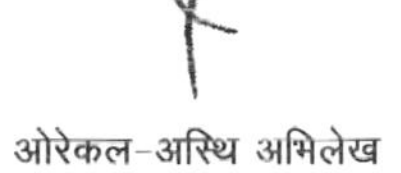

ओरेकल-अस्थि अभिलेख

कांस्य अभिलेख

लेटर सील वर्ण

右 की तरह ही 左 वर्ण शुरुआत में एक चित्रलेख था। ओरेकल-अस्थि अभिलेखों में, यह ऐसे दिखाई पड़ता है जैसे कोई आदमी बायीं तरफ अपना हाथ बढ़ा रहा है। इसका अंतिम रूप तब स्थापित हुआ जब इसमें 工 वाला हिस्सा जोड़ा गया। इसलिए प्राथमिक अर्थ के रूप में इसका प्रयोग बाएँ हाथ के संदर्भ में होता है, और यहाँ से इस वर्ण का प्रयोग किसी भी ऐसी चीज का स्थान बताने के लिए किया जाता है जो 右 (दायीं) के विपरीत बाएँ हाथ की तरफ स्थित है

yòu यू

शुरुआत में 右 वर्ण एक चित्रलेख था। ओरेकल-अस्थि अभिलेखों में यह हाथ को बायीं तरफ बढ़ाने वाले आकार जैसा दिखाई पड़ता है। इस वर्ण को 又 की तरह आम प्रयोग में लाया जा सकता है, जिसका मूल रूप 右 है। चूंकि 又 का आम तौर पर प्रयोग क्रिया विशेषण के रूप में होता है, इसलिए इसे एक स्वतंत्र वर्ण का रूप देने के लिए कांस्य अभिलेखों के समय इसमें 口 अवयव जोड़ा गया था। इसलिए 右 का अर्थ "दायाँ हाथ" या "दाएँ हाथ की तरफ रखी वस्तु" के संदर्भ में होता है जो 左 (बाएँ) का विपरीत है।

cùn कुन

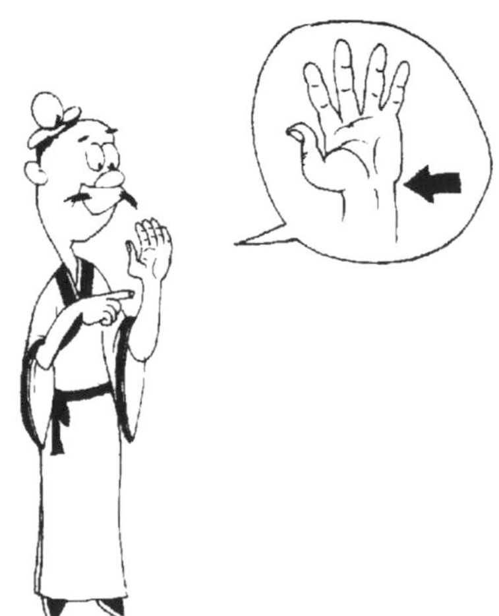

寸 वर्ण एक संकेतचित्र है। लेटर सील वर्ण में यह 又 और 一 से बना है। पहले वाले का अर्थ "दायाँ हाथ" और बाद वाला एक ऐसा संकेत है जो नीचे वाली बाँह पर कलाई से एक इंच की दूसरी पर थोड़े से बड़े चिह्न का संकेत देता है। यह वह जगह है जहाँ पारम्परिक चीनी डॉक्टर मरीज की नब्ज को महसूस करते हैं। यह दिखाता है कि पारम्परिक चीनी डॉक्टर के अनुसार 寸 मूल रूप से वह बिंदु है जहाँ से जीवन प्रदान करने वाली ऊर्जा संचालित होती है। लेकिन 寸 लम्बाई को मापने वाली इकाई भी है, जो चीनी प्रणाली में दस 分 या 尺 के दसवें हिस्से के बराबर है, और मैट्रिक प्रणाली में एक-तिहाई या डेसीमीटर के बराबर होता है। फलस्वरूप, इसका प्रयोग ऐसी चीजों के लिए भी किया जा सकता है जिनकी लम्बाई कम है या जो छोटी हैं, जैसा कि 寸土 (जमीन का एक इंच), 寸步 (छोटा क़दम) और 寸阴 (बहुत ही कम समय) जैसे शब्दों में दिखाया गया है।

ओरेकल-अस्थि अभिलेख

कांस्य अभिलेख

लेटर सील वर्ण

yǒu यू

प्राचीन लेखन प्रणालियों में, 友 ऐसा दिखाई पड़ता है जैसे दो लोग अपने दाएँ हाथ को आगे की तरफ फैला रहे हैं, जो इस ओर संकेत करता है कि दो लोग हाथ मिला रहे हैं। ओरेकल-अस्थि अभिलेखों में, कभी-कभी इस बिंदु पर जोर देने के लिए दो हाथों को क्षैतिज रेखा से जोड़ा गया है। किसी से हाथ मिलाने का उद्देश्य यह होता है कि वह आदमी दूसरे आदमी से दोस्ती दिखा रहा है, बिलकुल वैसे ही जैसे आजकल पुराने दोस्त एक-दूसरे से मिलने पर करते हैं। इसलिए 友 का प्राथमिक अर्थ अब 朋友 (दोस्त) के नाम से जाना जाता है। प्राचीन काल में, हालांकि 朋 और 友 के अलग-अलग अर्थ थे: 同门为朋 (ऐसे छात्र जो एक ही शिक्षक से सीखते हैं वे 朋 हैं।); 同志为友 (वे जो एक ही सिद्धांत का पालन करते हैं वे 友 हैं।)

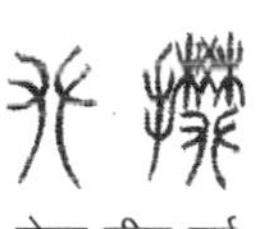

लेटर सील वर्ण

pān पान

लेटर सील वर्णों में, 攀 वर्ण मूल रूप से एक संकेतचित्र था, जिसमें हाथों का एक जोड़ा विपरीत दिशा में आगे बढ़ रहा है जो यह दर्शाता है कि आदमी ऊपर चढ़ने के लिए किसी चीज को पकड़ रहा है। बाद के दिनों में, यह एक ध्वन्यात्मक अवयव में परिवर्तित हो गया जिसमें 手 मूल शब्द और 樊 ध्वन्यात्मक अवयव होता है। इसलिए 攀 का प्राथमिक अर्थ "ऊपर चढ़ना" है, जहाँ से विस्तृत होकर "पकड़ने के लिए", "खुद को संलग्न करना" और "किसी चीज से जोड़ने की इच्छा होना" जैसे अर्थों की भी व्युत्पत्ति हुई है। इसके अतिरिक्त, इसका अर्थ "नीचे की तरफ खींचना और तोड़ना (टहनियाँ)" और "चुनना (फूल)" भी होता है।

反, 扳 (पान, 攀 के जैसा ही समान अर्थ) का मूल रूप था। प्राचीन लेखन प्रणालियों में, 反 ऐसा दिखाई पड़ता है जैसे कोई आदमी अपने हाथों की मदद से खड़ी चट्टान पर चढ़ रहा है, इसलिए इसका मूल अर्थ "चढ़ना" है जहाँ से "पलटना" और "विपरीत" जैसे अर्थों की व्युत्पत्ति हुई है। चूंकि इसका ज्यादा से ज्यादा प्रयोग विस्तृत अर्थों में ही होता है और इसका मूल अर्थ खोता जा रहा है, इसलिए "चढ़ना" शब्द के अर्थ को अभिव्यक्त करने के लिए नए वर्ण 扳 का निर्माण किया गया जिसमें 反 में 手 (扌) अवयव जुड़ा हुआ है।

प्राचीन लेखन प्रणालियों में, 争 वर्ण दो हाथों की तरह दिखाई पड़ता है, जिसमें एक हाथ ऊपर और एक हाथ नीचे है, जो किसी चीज को पाने के लिए संघर्ष कर रहे हैं। 争 का प्राथमिक अर्थ "किसी चीज के लिए संघर्ष करना" होता है, जहाँ से "लड़ना", "मुकाबला करना", "बहस करना", "प्रयास करना" आदि जैसे विस्तृत अर्थों की उत्पत्ति हुई है।

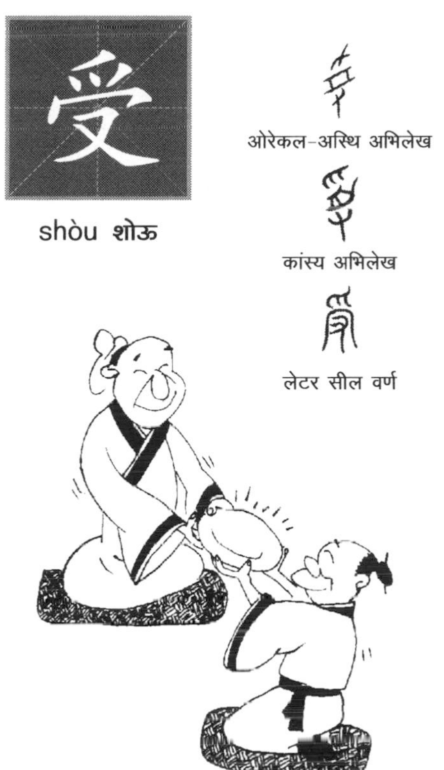

ओरेकल-अस्थि अभिलेखों और कांस्य-अभिलेखों में, 受 वर्ण दो हाथ और बीच में एक नाव वाले हिस्से से बना है, जो यह संकेत देता है कि एक हिस्सा कुछ दे रहा है और दूसरा हिस्सा उसे स्वीकार कर रहा है। इसलिए मूल रूप से इसका अर्थ देना और स्वीकार करना दोनों ही था। बाद में, 受 में अवयव के रूप में इसमें 手 (扌) जोड़कर नए वर्ण 授 को बनाया गया जिसका अर्थ "प्रस्ताव देना", "देना" होता है। और 受 का प्रयोग विशेष रूप से "स्वीकार करने" के अर्थ में होने लगा।

爰, 援 का मूल रूप था। ओरेकल-अस्थि अभिलेखों में, 爰 वर्ण एक ऐसे आदमी की तरह दिखाई पड़ता है जो अपने हाथ में एक छड़ी पकड़ कर खड़ा है और उस छड़ी के दूसरे छोर को किसी अन्य आदमी को दे रहा है, जो यह संकेत करता है कि वह "नेतृत्व (रास्ता दिखाना)" कर रहा है। इसलिए शू शेन ने अपने *ऑरिजिन ऑफ चाइनीज़ कैरेक्टर्स* में कहा है कि, "爰 का अर्थ नेतृत्व करना (रास्ता के अर्थ में) होता है।" हालांकि आजकल, 爰 का मुख्य रूप से प्रयोग "सौंपना", "प्रतिस्थापित करना", या वाक्य के शुरुआती प्रत्यय के रूप में होता है। और इसके मूल अर्थ को 援 द्वारा अभिव्यक्त किया जाता है।

dòu दोऊ

ओरेकल-अस्थि अभिलेख

लेटर सील वर्ण

ओरेकल-अस्थि अभिलेखों में, 斗 वर्ण ऐसे दिखाई पड़ता है जैसे दो आदमी एक-दूसरे का बाल पकड़कर और एक-दूसरे से गुत्थमगुत्था करके लड़ाई कर रहे हैं। इसका प्राथमिक अर्थ "एक-दूसरे पर प्रहार करना", "कुश्ती लड़ना" होता है, लेकिन इसका प्रयोग लड़ाई के सामान्य अर्थ में भी किया जाता है। चूंकि सामान्य लिपि में 斗 का मूल जटिल रूप बहुत हद तक 门 (門) (दरवाजा) के समान है, मापक शब्द 斗 इसके सरल रूप के प्रयोग के लिए लाया गया जो कि दोनों के बीच के अंतर को और अधिक स्पष्ट बना सके।

nào नाओ

लेटर सील वर्ण

闹 वर्ण एक संकेतचित्र है। लेटर सील वर्णों में, यह 市 (बाजार) और 鬥 (लड़ाई) से मिलकर बना है, जो यह दर्शाता है कि लोग बाजार में लड़ाई कर रहे हैं। चूंकि सामान्य लिपि में 鬥 का मूल जटिल रूप 门 (門) (दरवाजा) से बहुत अधिक मिलता-जुलता है, 闹 का सरल रूप गलती से 市 और 门 के मिश्रण में परिवर्तित हो गया। 闹 का प्राथमिक अर्थ "कोलाहलमय", "अशांत" होता है, जहाँ से "झगड़ा", "परेशानी खड़ी करना" आदि जैसे भाव की उत्पत्ति हुई है।

ruò रुओ

ओरेकल-अस्थि अभिलेख

कांस्य अभिलेख

लेटर सील वर्ण

ओरेकल-अस्थि अभिलेखों में, 若 वर्ण ऐसे दिखाई पड़ता है जैसे एक आदमी अपने दोनों हाथों से अपने बालों में कंघी कर रहा है। कंघी करने से बाल मुलायम हो सकते हैं, इसलिए 若 का मूल अर्थ "मुलायम" था और "आज्ञाकारी", "आरामदायक" इसके विस्तृत अर्थ थे। ओरेकल-अस्थि अभिलेखों में, इसका प्रयोग "(कुछ हासिल करना) आराम से और सफलतापूर्वक" के अर्थ में हुआ है। आजकल, हालाँकि, इसका अर्थ "समान", "किसी के जैसा" होता है, और इसका मूल अर्थ अब प्रयोग में नहीं है।

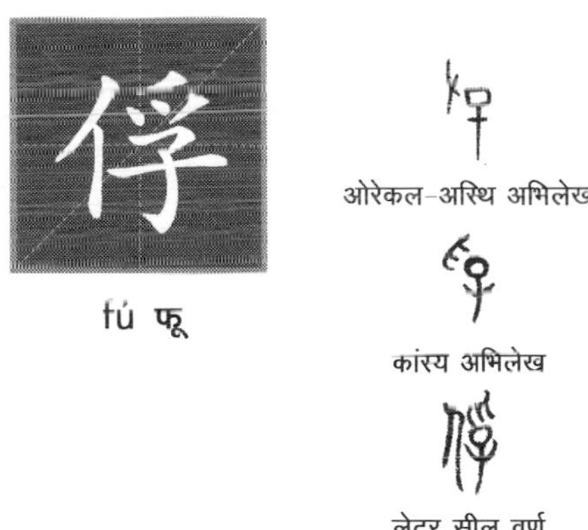

fú फू

ओरेकल-अस्थि अभिलेख

कांस्य अभिलेख

लेटर सील वर्ण

ओरेकल-अस्थि अभिलेखों और कांस्य अभिलेखों में, 俘 वर्ण, 爪 (पकड़ना) और 子 (आदमी) से बना है, और ऐसे दिखाई पड़ता है जैसे एक हाथ आदमी को पकड़ रहा है। कभी-कभी, 彳 (टहलना) भी इसके अवयव के रूप में रहता है, जो यह संकेत देता है कि किसी को सड़क पर चलवाया जा रहा है। 俘 का प्राथमिक अर्थ "युद्ध में लोगों को पकड़ना" होता है, लेकिन इसका प्रयोग पकड़े गए लोगों के अर्थ में भी होता है, अर्थात बंदी।

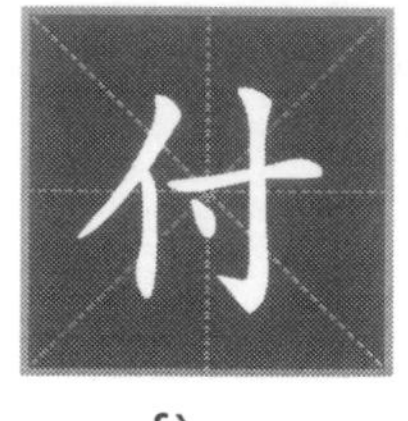

fù फू

कांस्य अभिलेख

लेटर सील वर्ण

कांस्य-अभिलेखों में, 付 वर्ण 人 (आदमी) और 又 (दायाँ हाथ) से मिलकर बना है, जो ऐसे आदमी की तरह दिखाई पड़ता है जो किसी दूसरे आदमी को कुछ सौंप रहा है। कभी-कभी इसमें 又 के बदले 寸 भी होता है, लेकिन इसका अर्थ समान ही बना रहता है। इसलिए 付 का प्राथमिक अर्थ "सौंपना, देना" होता है।

jí जी

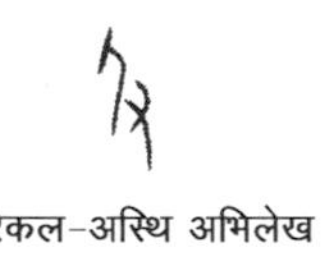

ओरेकल-अस्थि अभिलेख

कांस्य अभिलेख

लेटर सील वर्ण

及 वर्ण यह अभिव्यक्त करता है कि: एक आदमी पहले से आगे की तरफ दौड़ रहे आदमी को पीछे से पकड़ता है और उसे बंदी बना लेता है। 及 का मूल अर्थ, इसलिए "किसी चीज की बराबरी करना, पकड़ना" था, जहाँ से "पहुँचना" या "किसी के पास जाना" जैसे अर्थों की व्युत्पत्ति हुई। लेकिन इसका प्रयोग 和 या 与 (और) की तरह वाक्यों को जोड़ने के लिए भी होता है।

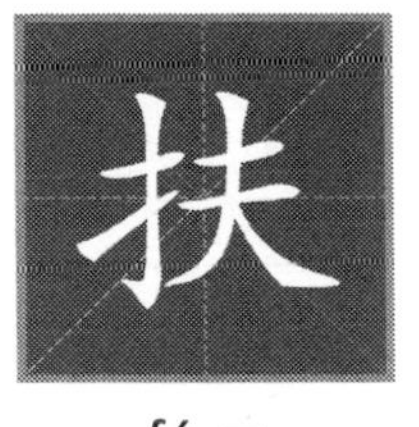

fú फू

कांस्य अभिलेख

लेटर सील वर्ण

कांस्य-अभिलेखों में, 扶 वर्ण, 夫 (आदमी) और 又 (दायाँ हाथ) से मिलकर बना है, जो ऐसे आदमी की तरह दिखाई पड़ता है जो अपने हाथ से दूसरे आदमी को सहायता दे रहा है। लेटर सील वर्णों में, यह एक ध्वन्यात्मक अवयव में परिवर्तित हो गया है जिसमें 手 मूल शब्द और 夫 ध्वनिप्रधान शब्द है। 扶 का मूल अर्थ, "सहायता करना" है, जिससे "टिके रहने के लिए मदद करना", "लालन-पालन करना", "सम्भालना" और "निर्भर होना" जैसे विस्तृत अर्थों की उत्पत्ति हुई है।

chéng चेंग

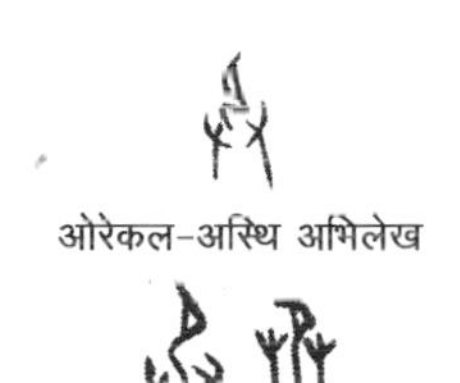

ओरेकल-अस्थि अभिलेख

कांस्य अभिलेख

लेटर सील वर्ण

ओरेकल-अस्थि अभिलेखों और कांस्य अभिलेखों में, 承 वर्ण ऐसा दिखाई पड़ता है जैसे दो हाथ किसी आदमी के घुटनों को पकड़े हुए हैं। 承 का प्राथमिक अर्थ "पकड़ना" होता है, जहाँ से इसके विस्तृत अर्थ "स्वीकार करना", "दायित्व लेना", "जारी रखना", और "सफल होना (किसी चीज में)" की व्युत्पत्ति हुई है।

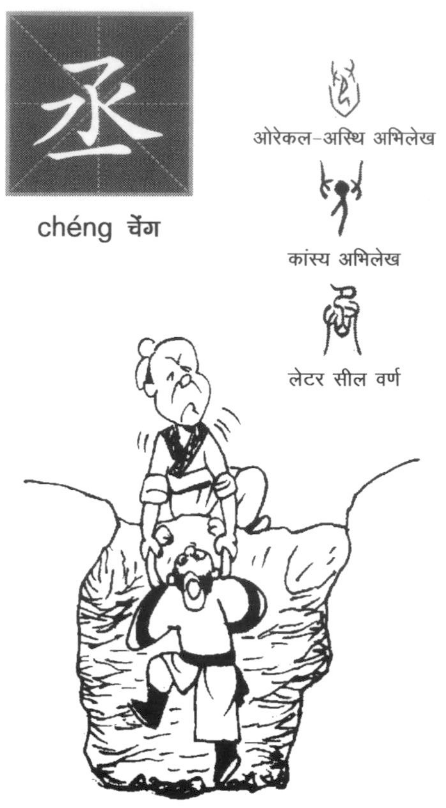

chéng चेंग

ओरेकल-अस्थि अभिलेखों में, 丞 वर्ण एक ऐसे आदमी की तरह दिखाई पड़ता है जो ख़तरे या गड्ढे में है, और उसके ऊपर दो हाथ हैं जो उसे बचाने की कोशिश में लगे हैं। कांस्य अभिलेखों में, गड्ढे को दर्शाने वाला हिस्सा हटा दिया गया है, लेकिन "हाथों से किसी को बचाने" का अर्थ परिवर्तित नहीं हुआ है। इसलिए 丞 का मूल अर्थ ''बचाना'' था। दूसरे शब्दों में, यह 拯 का मूल रूप था। और "सहायता करना और मदद करना" इसका एक विस्तृत अर्थ है। अतीत में, 丞 का प्रयोग केंद्र या स्थानीय सरकार में सहायक अधिकारी के संदर्भ में संज्ञा के लिए भी किया जाता था, जैसे 大理寺丞 (दलिसि ब्यूरो का सहायक निदेशक), 府丞 (उप-मेयर) और 县丞 (प्रांत के मजिस्ट्रेट का सहायक)।

yìn यीन

ओरेकल-अस्थि अभिलेखों और कांस्य अभिलेखों में, 印 वर्ण ऐसा दिखाई पड़ता है जैसे एक हाथ आदमी के सिर को दबा रहा है। इसलिए इसका मूल अर्थ "दबाना" होता है। दूसरे शब्दों में, 印, 抑 का मूल रूप था। लेकिन बाद में इसका प्रयोग मुहर या स्टैम्प के संदर्भ में होने लगा, जिसे निशान छोड़ने के लिए दबाना ही पड़ता है। चीन साम्राज्य के पहले, मुहर को आम तौर पर 玺 (शी) के नाम से जाना जाता था। हालाँकि, चीन के पहले सम्राट द्वारा चीन के एकीकरण के बाद, ऐसा तय किया गया कि सिर्फ सम्राट के मुहर को ही 玺 कहा जाएगा, और अन्य प्रकार के मुहर 印 कहलाएँगे। और 印 वर्ण का प्रयोग दबाने की क्रिया के फलस्वरूप उत्पन्न अन्य निशानियों के लिए भी होता है, जैसे 手印 (उँगली के निशान) और 脚印 (पैर के निशान)।

tuǒ तुओ

प्राचीन लेखन प्रणालियों में, 妥 वर्ण एक ऐसी औरत के रूप में दिखाई पड़ता है जो आज्ञाकारी है और अपने घुटनों पर बैठी हुई है। 妥 का प्राथमिक अर्थ "आज्ञाकारी होना", "समर्पित" है, जहाँ से "दृढ़" और "विश्वासी" जैसे विस्तृत अर्थों की उत्पत्ति हुई है।

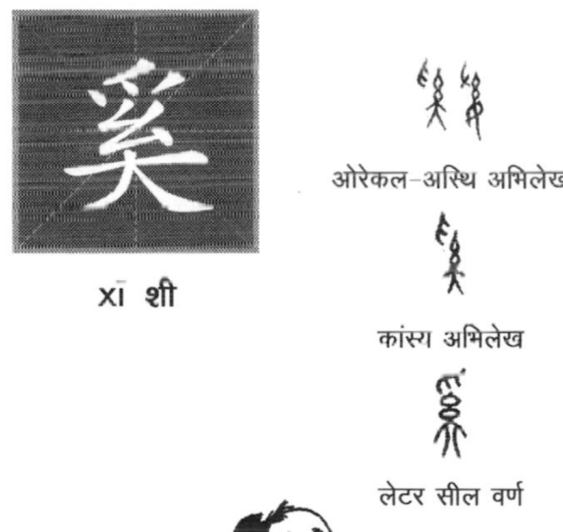

xī शी

प्राचीन लेखन प्रणालियों में, 奚 वर्ण एक ऐसे आदमी की तरह दिखाई पड़ता है जिसके गर्दन के चारों ओर रस्सी बंधी है और रस्सी का अन्य सिरा दूसरे आदमी के हाथ में है। गुलामों वाले समाज में यह एक आम दृश्य था जिसमें एक आदमी को रस्सी से बांध दिया जाता था और उसे काम पर ले जाया जाता था ताकि वह भाग ना सके। और बंधक बनाए गए लोग गुलाम थे, जिनके पास जरा सी भी आजादी नहीं थी। इसलिए 奚 का मूल अर्थ "गुलाम" था। लेकिन इसका प्रयोग किसी भी ऐसे आजाद आदमी के संदर्भ में भी किया जा सकता था जिसने किसी तरह का अपराध किया और वह अधिकारी का नौकर बन गया है। 奚 वर्ण का प्रयोग अब उपनाम की तरह होता है, जिसकी उत्पति भी संभवतः गुलाम व्यवस्था से हुई होगी।

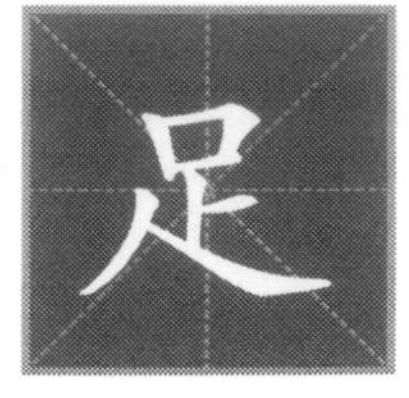

zú जू

ओरेकल-अस्थि अभिलेख

कांस्य अभिलेख

लेटर सील वर्ण

足 एक चित्रलेख है। ओरेकल-अस्थि अभिलेखों में, 足 वर्ण का आकार मानव के सम्पूर्ण पैरः अंगूठे से एड़ी तक, की तरह दिखाई पड़ता है, जिसमें टखने भी शामिल होते हैं। कांस्य अभिलेखों में, इस वर्ण का सरलीकरण हैः इसमें सिर्फ अँगूठे को बचाया गया है, और अन्य हिस्सों को वृत के रूप में बदल दिया गया है। 足 का प्राथमिक अर्थ "पैर" है, लेकिन इसका प्रयोग "संतोषजनक", "पर्याप्त" और "बहुत अधिक" के अर्थ में भी किया जाता है। 足 अवयव वाले सभी वर्णों का संबंध पैर और इससे जुड़ी गतिविधियों से होता है, जैसे 跟 (अनुसरण करना), 蹈 (नृत्य करना), 路 (सड़क), 跳 (उछलना) और 践 (रौंदना)।

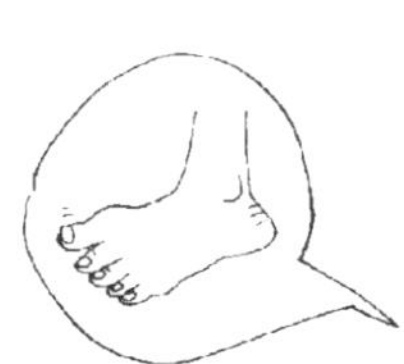

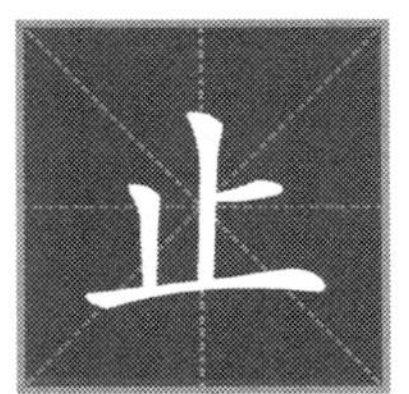

zhǐ झी

ओरेकल-अस्थि अभिलेख

कांस्य अभिलेख

लेटर सील वर्ण

ओरेकल-अस्थि अभिलेखों में, 止 वर्ण का आकार मानव के अंगूठे की तरह दिखाई पड़ता है। इसलिए इसका प्राथमिक अर्थ अँगूठा है, लेकिन सामान्य अर्थ में इसका प्रयोग पैर के संदर्भ में भी किया जाता है। इसलिए 止 का अर्थ एक ऐसा पैर है जो किसी जगह रहता है, इसका प्रयोग "रुकना", "ठिठकना" और "आराम करना" के संदर्भ में भी होता है। 止 अवयव वाले सभी वर्णों का संबंध पैर से जुड़ी गतिविधियों से होता है, जैसे 步 (कदम), 此 (यहाँ), 陟 (ऊँचाई पर आगे की तरफ बढ़ना) और 涉 (पार करना)।

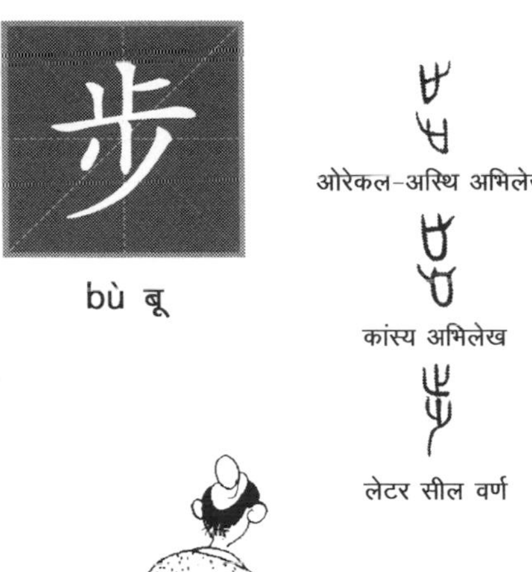

bù बू

ओरेकल-अस्थि अभिलेख

कांस्य अभिलेख

लेटर सील वर्ण

ओरेकल-अस्थि अभिलेखों और कांस्य अभिलेखों में, 步 वर्ण दो अँगूठों की तरह दिखाई पड़ता है, जो कि एक-दूसरे के सामने हैं, और यह संकेत देते हैं कि दो पैर वैकल्पिक रूप से आगे बढ़ रहे हैं। इसलिए इसका प्राथमिक अर्थ "चलना" है। 步 का प्रयोग चलकर तय की गई दूरी के संदर्भ में संज्ञा के रूप में भी किया जा सकता है। लेकिन इस दूरी की लम्बाई इस पर निर्भर करती है कि कौन सी प्रणाली का प्रयोग किया गया है। अनौपचारिक व्यवस्था के अनुसार, 步 दो क़दम के बराबर होता है वहीं एक क़दम को 跬 (कुई) के नाम से जाना जाता है। इसलिए शून जी (ह्सुन त्जु) कहते हैं, "不积跬步，无以致千里 (एक क़दम को जोड़े बिना कोई हजार मील की दूरी तय नहीं कर सकता है)"। झोउ साम्राज्य की औपचारिक व्यवस्था में, 步, आठ 尺 के बराबर होता है, वहीं चीन साम्राज्य में यह छह 尺 लम्बे और तीन सौ 步 मिलकर 里 बनाता है (जो कि मैट्रिक व्यवस्था में 500 सौ मीटर के बराबर होता है)।

zǒu जोऊ

कांस्य अभिलेख

स्टोन-ड्रम अभिलेख

लेटर सील वर्ण

कांस्य अभिलेखों में 走 वर्ण का ऊपरी हिस्सा एक ऐसे आदमी की तरह दिखाई पड़ता है जो अपनी बाहें हवा में लहराते हुए आगे की तरफ दौड़ रहा है, और निचला हिस्सा 止 पैर को दर्शाता है। इसलिए 走 का मूल अर्थ "दौड़ना" या "भाग जाना" था। शास्त्रीय चीनी भाषा में, 走 का अर्थ "दौड़ना" था, वहीं "चलना" (走 का वर्तमान अर्थ) की अभिव्यक्ति 行 वर्ण से की जाती थी। सोंग साम्राज्य तक 走 का अर्थ "दौड़ना" से "चलना" के रूप में धीरे-धीरे बदलना शुरू नहीं हुआ था। 走 अवयव वाले सभी वर्णों का संबंध निश्चित रूप से दौड़ने की क्रिया से है, जैसे 趋 (जल्दी करना), 赴 (जाना), 赶 (जल्दबाजी करना), 超 (पीछे छोड़कर आगे निकलना) और 趣 (जल्दी करना)।

qǐ चि

ओरेकल-अस्थि अभिलेख

लेटर सील वर्ण

ओरेकल-अस्थि अभिलेखों में, 企 वर्ण एक ऐसे आदमी की तरह दिखाई पड़ता है जिसके पैर विशेष रूप से मुख्य हैं, जो यह संकेत देता है कि वह आदमी अपने पंजों पर खड़ा है। कभी-कभी, पैर शरीर से अलग होता है, जो कि दो हिस्सों वाले वर्ण में बदल जाता है जिसमें 人 (आदमी) और 止 (पैर) है। यह लेटर सील वर्णों में आए रूप का मूल है। 企 का मूल अर्थ "पंजे पर खड़े होना" होता है। लेकिन अब सामान्य तौर पर इसका प्रयोग "उम्मीद करना" के अर्थ में होता है।

bēn बेन

कांस्य अभिलेख

स्टोन-ड्रम अभिलेख

लेटर सील वर्ण

कांस्य अभिलेखों में 奔 वर्ण कई हिस्सों से बना है जिसमें एक आदमी अपनी बाहें हवा में लहराते हुए (夭) और पंजे की तीन उँगलियों (止) के बल दौड़ रहा है, जो यह दर्शाता है कि कई लोग एक साथ दौड़ रहे हैं। स्टोन-ड्रम अभिलेखों में, यह तीन 夭 और तीन 止 से बना है, और बहुत सारे लोगों के दौड़ने वाला अर्थ और अधिक स्पष्ट होकर आया है। इसलिए 奔 का मूल अर्थ "दौड़ते हुए बहुत सारे लोग" है, जहाँ से "तेज दौड़ना", "जल्दी करना", "घर से भागना" जैसे विस्तृत अर्थों की उत्पत्ति हुई है। हालांकि लेटर सील वर्णों में तीन उँगलियों को गलती से घास की तीन गट्ठरों में बदल दिया गया है, जिससे यह कई लोगों के एक साथ दौड़ने वाले चित्र से बदलकर घास पर दौड़ने वाले एक आदमी के चित्र में बदल गया है।

xiān शीआन

ओरेकल-अस्थि अभिलेख

कांस्य अभिलेख

लेटर सील वर्ण

प्राचीन लेखन प्रणालियों में, 先 वर्ण में आदमी के ऊपरी हिस्से में उँगली है, जो यह दर्शाता है कि एक आदमी ने दूसरे आदमी की तुलना में अगला क़दम उठाया है। इसलिए 先 का प्राथमिक अर्थ, "स्थिति में पहले होना" है जो 后 (पीछे) का विपरीत होता है। लेकिन इसका अर्थ "पुराने समय में" भी हो सकता है, अर्थात "शुरुआत के दिनों में।"

zhī झी

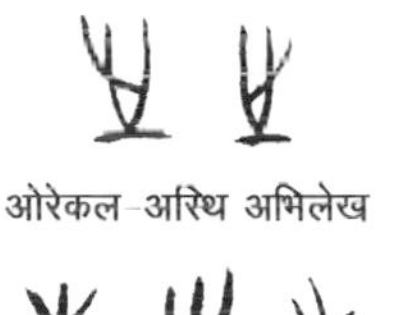

ओरेकल-अस्थि अभिलेख

कांस्य अभिलेख

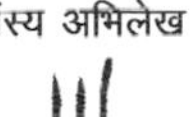

लेटर सील वर्ण

ओरेकल-अस्थि अभिलेखों में, 之 वर्ण में क्षैतिज रेखा के ऊपर पैर वाला हिस्सा है। पहले वाला आगे की तरफ उठाए गए क़दम को दर्शाता है और बाद वाला शुरुआती बिंदु को। इसलिए 之 का मूल अर्थ "(एक जगह) जाना" है। हालांकि आम तौर पर इसका प्रयोग इसके मूल भाव से ज्यादा सर्वनाम, संयोजन, पूर्वसर्ग, क्रिया विशेषण आदि की क्रिया में प्रत्यय के रूप में होता है।

cǐ की

ओरेकल-अस्थि अभिलेख

कांस्य अभिलेख

लेटर सील वर्ण

प्राचीन लेखन प्रणालियों में, 此 वर्ण 止 और 人 से बना है। 止 का अर्थ "अँगूठा" या "पैर" होता है लेकिन इसका दूसरा अर्थ "रुकना" भी हो सकता है। ओरेकल-अस्थि अभिलेखों में, इस वर्ण का प्रयोग एक ऐसे आदमी के लिए किया गया था जो स्थिर खड़ा है, और शायद उस जगह के संदर्भ में जहाँ वह आदमी खड़ा था। लेकिन यह इसका मूल अर्थ था। आजकल, इसका प्रयोग प्रदर्शनात्मक की तरह होता है, जिसका अर्थ "यह" है और जो 彼 या 那 (वह) के विपरीत होता है या क्रिया-विशेषण जिसका अर्थ "इस तरीके से" होता है।

zhèng झेंग

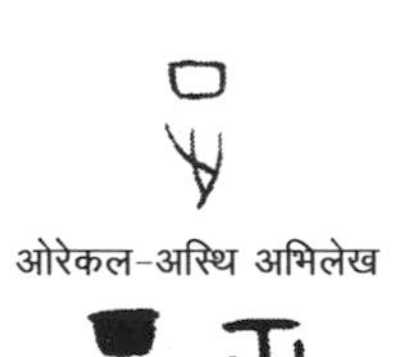

ओरेकल-अस्थि अभिलेख

कांस्य अभिलेख

लेटर सील वर्ण

正, 征 का मूल रूप है। ओरेकल-अस्थि अभिलेखों में, 正 वर्ण का ऊपरी हिस्सा चौकोर है, जो कि ऐसे शहर के लिए प्रयोग किया जाता है जिसके चारों तरफ दीवारें हैं, और निचले हिस्से 止 का अर्थ शहर की तरफ क़दम बढ़ाना और उस पर आक्रमण करना है। कांस्य-अभिलेखों में, ऊपरी हिस्से को या तो ठोस चौकोर से बदल दिया गया या इसे एक सरल क्षैतिज रेखा का रूप दे दिया गया है, जिससे धीरे-धीरे इसका चित्र वाला भाव खो गया। 正 का मूल अर्थ "अभियान पर जाने के लिए" है, विशेष रूप से दंडात्मक अभियान पर। लेकिन अब आम तौर पर इसका प्रयोग "खड़ा", "सीधा" के अर्थ में होता है जो 偏 (तिरछा), 斜 (झुका हुआ) का विपरीत है। इसका प्रयोग 反 (पीछे की तरफ) के विपरीत आगे या दायीं तरफ के संदर्भ में भी किया जा सकता है।

nì नी

ओरेकल-अस्थि अभिलेख

कांस्य अभिलेख

लेटर सील वर्ण

ओरेकल-अस्थि अभिलेखों में, 逆 वर्ण का ऊपरी हिस्सा इधर की तरफ आ रहे आदमी की तरह दिखाई पड़ता है, वहीं निचला हिस्सा 止 उधर की तरफ जाने की ओर संकेत करता है। इसलिए 逆 का मूल अर्थ "मिलने के लिए जाना" था। उदाहरण के लिए, गुओ यू में एक वाक्य है "吕甥逆君于秦 (लू शुंग चीन में राजा से मिलने के लिए गया था)" जब कोई एक आदमी किसी दूसरे आदमी से मिलने जाता है तब वे दोनों विपरीत दिशा में चलते हैं। इसलिए 逆 का अर्थ "विपरीत" और "प्रतिकूल" होता है।

dá दा

ओरेकल-अस्थि अभिलेख

कांस्य अभिलेख

लेटर सील वर्ण

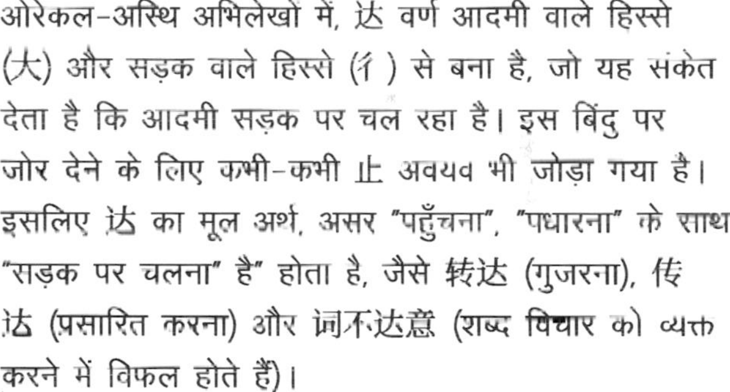

ओरेकल-अस्थि अभिलेखों में, 达 वर्ण आदमी वाले हिस्से (大) और सड़क वाले हिस्से (彳) से बना है, जो यह संकेत देता है कि आदमी सड़क पर चल रहा है। इस बिंदु पर जोर देने के लिए कभी-कभी 止 अवयव भी जोड़ा गया है। इसलिए 达 का मूल अर्थ, असर "पहुँचना", "पधारना" के साथ "सड़क पर चलना" है" होता है, जैसे 转达 (गुजरना), 传达 (प्रसारित करना) और 词不达意 (शब्द विचार को व्यक्त करने में विफल होते हैं)।

yí यी

ओरेकल-अस्थि अभिलेख

कांस्य अभिलेख

लेटर सील वर्ण

ओरेकल-अस्थि अभिलेखों में, 疑 वर्ण एक ऐसे आदमी की तरह दिखाई पड़ता है जो टहलने वाली छड़ी के सहारे खड़ा है और अगल-बगल में देख रहा है, जो यह संकेत देता है कि उसने तय नहीं किया है कि उसे कहाँ जाना है। कभी-कभी इसमें 彳 अवयव को जोड़ा जाता है जो इस बात पर जोर देता है कि आदमी अपना रास्ता भटक गया है। 疑 का प्राथमिक अर्थ "भ्रम" और "अनिश्चित" होना है, जिससे "संशय" के भाव की व्युत्पत्ति हुई है।

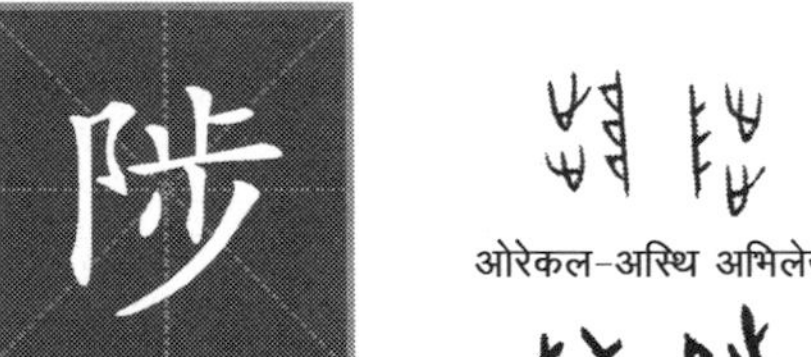

zhì झी

ओरेकल-अस्थि अभिलेख

कांस्य अभिलेख

लेटर सील वर्ण

प्राचीन लेखन प्रणालियों में, 陟 वर्ण उन दो पैरों की तरह दिखाई पड़ता है जो एक के बाद एक ऊँचाई पर चढ़ रहे हैं। इसका प्राथमिक अर्थ "ऊँचाई पर चढ़ना" होता है, लेकिन "सामाजिक रूप से ऊपर उठना" के अर्थ में भी इसका प्रयोग होता है।

jiàng/xiáng
जीयांग/शीयांग

ओरेकल-अस्थि अभिलेख

कांस्य अभिलेख

लेटर सील वर्ण

ओरेकल-अस्थि अभिलेखों और कांस्य अभिलेखों में, 降 वर्ण ऐसे दिखाई पड़ता है जैसे दो पैर किसी ऊँचाई से एक के बाद एक नीचे उतर रहे हैं। 降 का प्राथमिक अर्थ, 陟 के विपरीत, "नीचे उतरना" होता है, जहाँ से "गिरने", "नीचे जाना" और "छोटा करना" के विस्तृत अर्थ की व्युत्पत्ति हुई है। इसके अतिरिक्त, 降 का उच्चारण शीयांग भी होता है, जिसका अर्थ "मातहत", "समर्पण करना", आदि भी होता है।

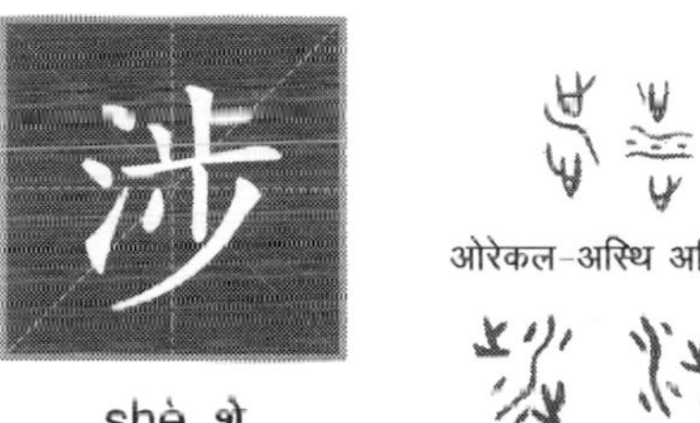

shè शे

ओरेकल-अस्थि अभिलेख

कांस्य अभिलेख

लेटर सील वर्ण

ओरेकल-अस्थि अभिलेखों और कांस्य अभिलेखों में, 涉 वर्ण में एक ऐसा हिस्सा है जो पानी के प्रवाह की तरह दिखाई पड़ता है जिसके दोनों तरफ एक पैर का हिस्सा है, जो दर्शाता है कि एक आदमी इसे पार करते हुए आगे बढ़ रहा है। लेटर सील वर्णों में, 涉 वर्ण में दो 水 (पानी) के बीच 步 (चलना) है, जो "पानी से होकर गुजरना" का संकेत देता है। लेकिन इसका अर्थ विस्तृत होकर "यात्रा करना", "पहुँचना", "सामना करना" और "जुड़ना" के भाव को भी अपने अंदर समाहित करता है।

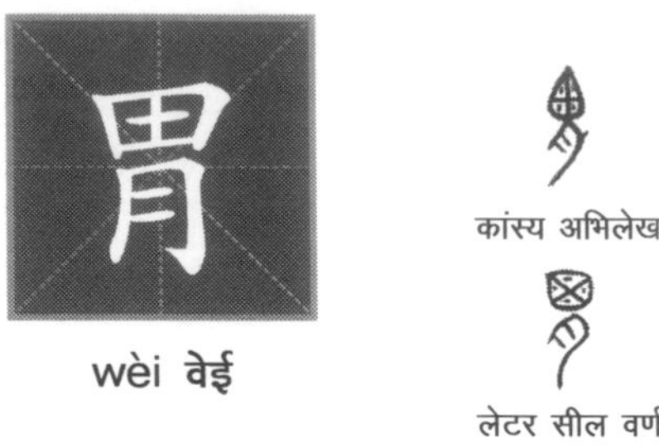

wèi वेई

胃 पेट के संदर्भ में प्रयुक्त होता है, वह अंग जिसमें खाना पचता है। 胃 वर्ण चित्रलेख और संकेतचित्र दोनों ही है। प्राचीन लेखन प्रणालियों में, इसका ऊपरी हिस्सा एक ऐसे झोले की तरह दिखाई पड़ता है जिसमें पचाने के लिए खाना है जिसका प्रतिनिधित्व इसके अंदर के चार बिंदु करते हैं। इसका निचला हिस्सा 月 (肉 का एक प्रकार, मांस) यह दर्शाता है कि पेट एक मांसल अंग है।

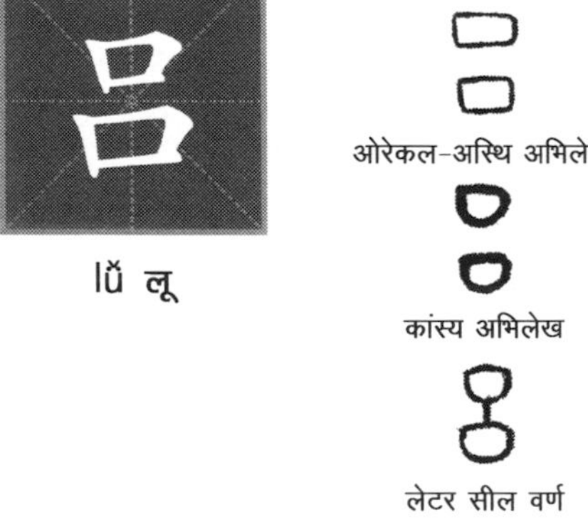

lǚ लू

प्राचीन लेखन प्रणालियों में, 吕 वर्ण आदमी के रीढ़ की दो हड्डियों की तरह दिखाई पड़ता है। रीढ़ की हड्डियाँ एक साथ जुड़कर रीढ़ बनाती हैं, इसलिए लेटर सील वर्णों में एक लंबवत रेखा है जो दो हड्डियों को जोड़ती है। हालाँकि, यह मूल अर्थ, अर्थात "रीढ़" को अब बाद के निर्माण 膂 (लू) द्वारा अभिव्यक्त किया जाता है। और 吕 वर्ण का प्रयोग पारम्परिक चीनी संगीत सिद्धांत, जिसे 六吕 के नाम से जाना जाता है, में मान्यता प्राप्त बारह स्वरों में से छह के लिए किया जाता है। इसके अलावा इसका प्रयोग उपनाम के लिए भी होता है।

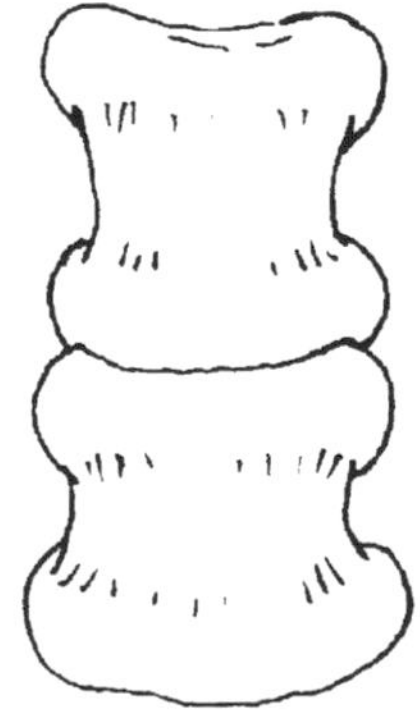

लेटर सील वर्ण

jǐ जी

脊 का अर्थ रीढ़ है जो आदमी के पिछले हिस्से के मध्य में हड्डियों की एक कतार होती है। लेटर सील वर्ण में, 脊 वर्ण के ऊपरी हिस्से का आकार पीछे की दो माँसपेशियों के बीच रीढ़ की तरह होता है, और निचला हिस्सा 肉 (月) (मांस) यह दर्शाता है कि रीढ़ मानव शरीर का हिस्सा होती है। 脊 का प्राथमिक अर्थ "रीढ़" होता है, लेकिन इसका प्रयोग उपमा के अर्थ में किसी भी ऐसी चीज के लिए किया जाता है जिसका मध्य हिस्सा उत्थान पर होता है, जैसे 山脊 (पर्वत की चोटी), 屋脊 (जीम छत की मेड़)।

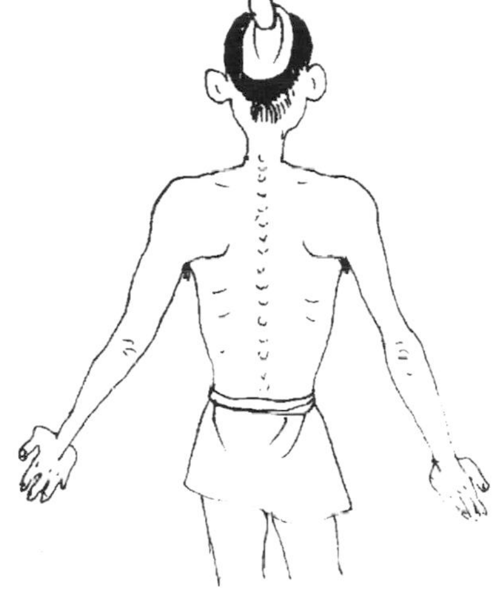

ओरेकल-अस्थि अभिलेख

कांस्य अभिलेख

लेटर सील वर्ण

xìn शीन

囟 का अर्थ फान्टनेल है जो नवजात शिशु की खोपड़ी में पार्श्विका हड्डियों के कोण पर स्थित झिल्लीनुमा जगह होती है। लेटर सील वर्णों में, 囟 वर्ण एक ऐसे इंसानी खोपड़ी की तरह दिखाई पड़ता है जिसे ऊपर से देखा जा रहा है, इसमें स्थित गुणा का चिह्न फान्टनेल को दर्शाता है।

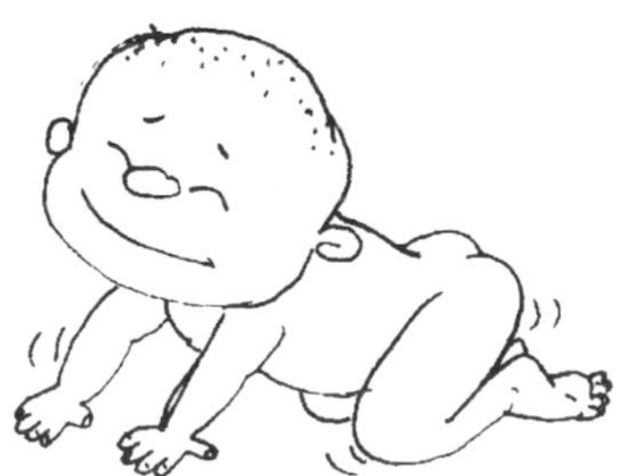

sī सी

प्राचीन सील

लेटर सील वर्ण

प्राचीन काल में, लोग गलती से ऐसा सोचते थे कि हृदय वह अंग है जो सोचने का काम करता है, ऐसे वर्ण जिनका संबंध सोचने, विचार और भावनाओं से होता था, उन सभी में 心 एक अवयव के रूप में मौजूद रहता था। आधुनिक काल में पहुँच कर ही लोगों को यह एहसास हुआ कि सोचने का काम दिमाग करता है। लेटर सील वर्णों में, 思 वर्ण 囟 और 心 से बनकर तैयार हुआ, जिसमें पहले वाला का अर्थ दिमाग और दिल दोनों ही है। सामान्य लिपि में, 思, 田 और 心 दोनों हैं, जो एक गलत व्युत्पत्ति के परिणामस्वरूप तैयार हुआ है। 思 का प्राथमिक अर्थ "सोचना" है, जहाँ से "किसी चीज के बारे में सोचना", "किसी चीज की याद को संजोना" और "विचारों की रेल" जैसे विस्तृत अर्थों की व्युत्पत्ति हुई है।

xīn शीन

ओरेकल-अस्थि अभिलेख

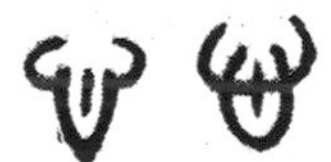

कांस्य अभिलेख

लेटर सील वर्ण

心 का अर्थ हृदय होता है। प्राचीन लेखन प्रणालियों में, 心 वर्ण का आकार हृदय की तरह है। हृदय मानव शरीर का सबसे महत्वपूर्ण अंग होता है। प्राचीन काल में लोगों ने गलती से यह मान लिया था कि यह सोचने वाला अंग है, इसलिए 心 वर्ण सोचने, विचारों और भावनाओं से संबंधित शब्दावलियों को भी अपने अंदर समाहित करता है। हृदय मानव छाती के केंद्र में अवस्थित होता है, इसलिए 心 का अर्थ "केंद्र" और "केंद्रीय" भी होता है। 心 (忄, ⺗) के अवयव वाले वर्णों का संबंध मानव सोच, विचारों और भावनाओं से होता है, जैसे 志 (आकांक्षा), 忠 (वफादारी), 性 (स्वभाव), 怕 (डर), 恭 (सम्मानजनक), 忝 (पछतावा) आदि।

yōu योऊ

कांस्य अभिलेख

लेटर सील वर्ण

कांस्य-अभिलेखों में, 忧 वर्ण एक ऐसे आदमी की तरह दिखाई पड़ता है जिसने अपनी शक्ल हाथों से ढंका हुआ है, जो यह संकेत देता है कि उसके चेहरे पर चिंताजनक भाव हैं। कभी-कभी, 心 (हृदय) अवयव के रूप में होता है, जो यह संकेत देता है कि आदमी उदास मानसिकता में है। इसलिए 忧 का अर्थ "चिंतित", "अवसादग्रस्त" भी होता है, लेकिन इसका प्रयोग उन चीजों के संदर्भ में भी होता है जिससे किसी को चिंता हो जाती है।

mèng मेंग

ओरेकल-अस्थि अभिलेख

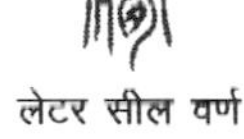

लेटर सील वर्ण

梦 का अर्थ "सपना" होता है, जो एक ऐसी चीज है जिसका अनुभव आदमी सोने के दौरान करता है। प्राचीन काल में, जब चिकित्सा विज्ञान निम्न स्तर पर था, तब लोगों को बीमारियों का कारण नहीं पता था, और वे अक्सर बीमारियों को दुस्वप्न से जोड़ते थे। वे ऐसा सोचते थे कि बुरे सपने आने वाली आपदा एवं बीमारियों के लक्षण होते हैं। ओरेकल-अस्थि अभिलेखों में, 梦 वर्ण बिस्तर पर पड़े एक आदमी की तरह दिखाई पड़ता है जिसकी आँखें खुली हैं और बाल भी ढीले हैं, और वह संशय में अपने हाथ और पैर हिला रहा है, जो यह संकेत देता है कि वह आदमी सपने में है।

guǐ गुई

ओरेकल-अस्थि अभिलेख

कांस्य अभिलेख

लेटर सील वर्ण

पुराने समय में लोगों का विश्वास था कि मृत्यु के बाद वे भूत बन जाते हैं। ओरेकल-अस्थि अभिलेखों में, 鬼 वर्ण का निचला हिस्सा आदमी के आकार का दिखाई पड़ता है, लेकिन इसका ऊपरी हिस्सा, सिर शैतानी और अपेक्षाकृत बहुत बड़ा है, जो यह संकेत देता है कि वह मृत आदमी से बदलकर एक बड़े-सिर वाला भूत बन गया है। 鬼 का प्राथमिक अर्थ "मृत्यु के बाद आदमी की आत्मा" होता है। चूंकि आत्मा पाताल में रहती है और इसका कोई निश्चित आकार नहीं होता है, इसलिए 鬼 वर्ण का अर्थ "रहस्यमय", "धूर्त" और "चतुर" भी हो सकता है। 鬼 अवयव वाले सभी वर्णों का संबंध भूत और आत्मा से होता है, जैसे 魂 (आत्मा), 魄 (आत्मा), 魔 (शैतान), और 魅 (दानव)।

wèi वेई

ओरेकल-अस्थि अभिलेख

कांस्य अभिलेख

लेटर सील वर्ण

ओरेकल-अस्थि अभिलेखों और कांस्य अभिलेखों में, 畏वर्ण एक बड़े सिर वाले भूत की तरह दिखाई पड़ता है जिसके हाथ में छड़ी है, जो विस्मयकारी उपस्थिति का संकेत देता है। इसलिए 畏 का मौलिक अर्थ 威 के समान ही "विस्मय-प्रेरणादायक" होता है। लेकिन वर्तमान में इसका प्रयोग "डरावना", "डर पैदा करने वाला", "चिंतित" और यहाँ तक कि "सम्मान" के अर्थ में भी होता है।

yì यी

ओरेकल-अस्थि अभिलेख

कांस्य अभिलेख

लेटर सील वर्ण

प्राचीन काल में, जादू-टोना एक आम बात थी। जब एक जादूगर जादू का प्रदर्शन करता था, तब वह दुष्ट आत्माओं और दानवों को भगाने के लिए डरावना मुखौटा पहनता था और नृत्य करता था। ओरेकल-अस्थि अभिलेखों में, 异 वर्ण एक बड़ा और डरावना मुखौटा पहनकर नृत्य करते हुए एक आदमी की तरह दिखाई पड़ता है। चूंकि वह मुखौटा डरावना दिखता है और वह सामान्य चेहरे से अलग होता है, 异 वर्ण का प्रयोग "अजीब", "असामान्य", "अलग" और "विशेष" के अर्थ में भी होता है।

३

औज़ार/अस्त्र

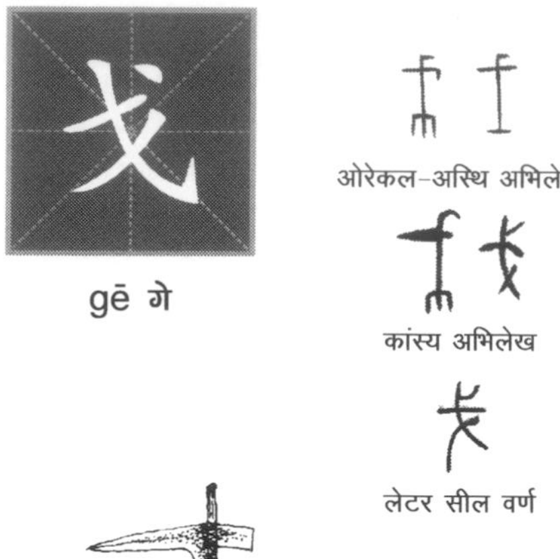

戈 एक प्रकार का प्राचीन हथियार है, जिसका उपयोग शांग साम्राज्य में बड़े स्तर पर होता था। लम्बे हत्थे और सिर पर क्षैतिज गंड़ासे से बने इस हथियार का उपयोग संभवतः चोट करने या फँसाने के लिए किया जाता था। ओरेकल-अस्थि अभिलेखों और कांस्य-अभिलेखों में, 戈 वर्ण का आकार इस हथियार की तरह है। यह प्राचीन चीन के मुख्य हथियारों में से एक है। उदाहरण के लिए, शुन जी (हंसत्जु) कहते हैं, "प्राचीन काल में 戈, 矛, 弓 और 矢 के अतिरिक्त कोई दूसरा हथियार नहीं है।" 戈 अवयव वाले वर्णों का संबंध हथियार, युद्ध और झगड़े से होता है, जैसे 戟 (एक भालानुमा हथियार), 武 (सैन्य), 戎 (सेना), 戒 (बचाव के लिए), 戍 (बचाना) और 伐 (आक्रमण करना)।

प्राचीन लेखन प्रणालियों में, 戒 वर्ण एक ऐसे आदमी की तरह दिखाई पड़ता है जिसने अपने हाथ में हथियार पकड़ा हुआ है। इसका प्राथमिक अर्थ "बचाव के लिए" होता है, जहाँ से "आगाह करना" जैसे विस्तृत अर्थ की व्युत्पत्ति हुई है। लेकिन इसका प्रयोग "निःशेष" और "हार मानना" के अर्थ में भी हो सकता है, जैसे 戒烟 (धूम्रपान बंद करना), 戒酒 (शराब पीना छोड़ना)।

xián शीआन

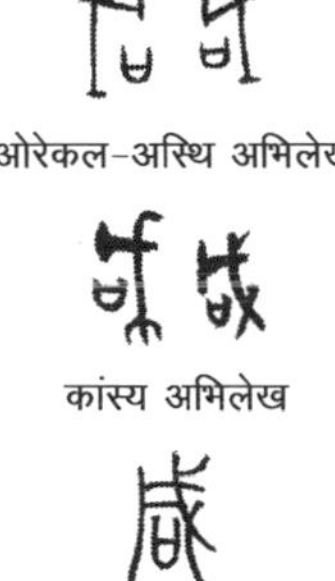

ओरेकल-अस्थि अभिलेख

कांस्य अभिलेख

लेटर सील वर्ण

咸 वर्ण 戌 और 口 से मिलकर बना है। ओरेकल-अस्थि अभिलेखों और कांस्य अभिलेखों द्वारा मूल्यांकन करने पर, 戌 एक लम्बे हत्थे वाली बड़ी कुल्हाड़ी है, और 口 यहाँ आदमी के सिर को दर्शाता है। इसलिए, मूल रूप से 咸 का अर्थ कुल्हाड़ी से सिर काटना है, अर्थात जान से मारना। शू शेन ने अपने *ऑरिजिन ऑफ चाइनीज़ कैरेक्टर्स* में कहा है कि, "咸 का अर्थ सम्पूर्ण होता है।" "सम्पूर्ण", "पूरा" के संदर्भ में 咸 की चमक दरअसल इसके मूल अर्थ "सभी को जान से मार देना" से उत्पन्न हुआ है।

fá फा

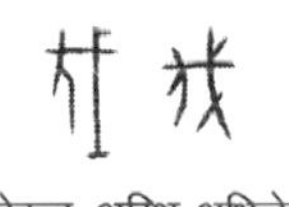

ओरेकल-अस्थि अभिलेख

कांस्य अभिलेख

लेटर सील वर्ण

伐 एक संकेतचित्र है जो 人 और 戈 से मिलकर बना है। ओरेकल-अस्थि अभिलेखों और कांस्य अभिलेखों में, 伐 वर्ण एक ऐसे आदमी की तरह दिखाई पड़ता है जो 戈 से अपने शत्रु का सिर काट रहा है। 伐 का प्राथमिक अर्थ "काटना" होता है, जिससे "काट डालना" और "आक्रमण करना" जैसे विस्तृत अर्थों की व्युत्पत्ति हुई है। इसके अतिरिक्त, 伐 का अर्थ "जीत", "उपलब्धि" और "गर्व करना (किसी की उपलब्धि पर)" भी हो सकता है।

प्राचीन लेखन प्रणालियों में, 人 और 戈 से मिलकर बना वर्ण 戍 एक ऐसे आदमी की तरह दिखाई पड़ता है जिसके हाथों में 戈 है, जो यह दर्शाता है कि वह अपनी जमीन की रक्षा कर रहा है। इसलिए 戍 का प्राथमिक अर्थ "रक्षा करना", "सरहदों की सुरक्षा करना" होता है।

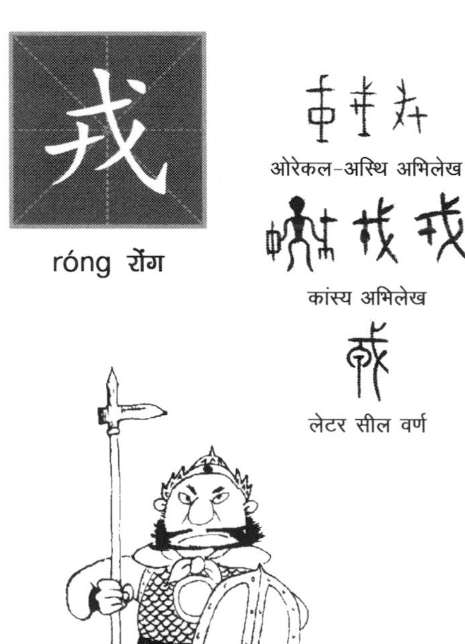

आरंभिक कांस्य अभिलेखों में 戎 वर्ण एक चित्रलेख है, जो एक ऐसे आदमी की तरह दिखाई पड़ता है जिसने अपने एक हाथ में 戈 (एक आक्रामक हथियार) और दूसरे हाथ में 盾 (एक ढाल) पकड़ा हुआ है। बाद में आदमी वाले हिस्से को हटा दिया गया है। ओरेकल-अस्थि अभिलेखों में, 戎 वर्ण 戈 और 盾 का मिश्रण है। बाद के कांस्य अभिलेखों में, ढाल वाले हिस्से को कम करके क्रॉस (十) का रूप दे दिया गया है, जो कि 甲 के मूल रूप के जैसा है। इसलिए लेटर सील वर्णों में 戎 वर्ण गलती से 甲 और 戈 से बना हुआ है। 戎 हथियारों के लिए एक आम शब्दावली है, लेकिन इसका प्रयोग युद्ध और सेना के अर्थ में भी हो सकता है। इसके अलावा 戎, अतीत में उत्तर-पश्चिम में राष्ट्रीय अल्पसंख्यकों के लिए प्रयुक्त की जाने वाली शब्दावली भी है।

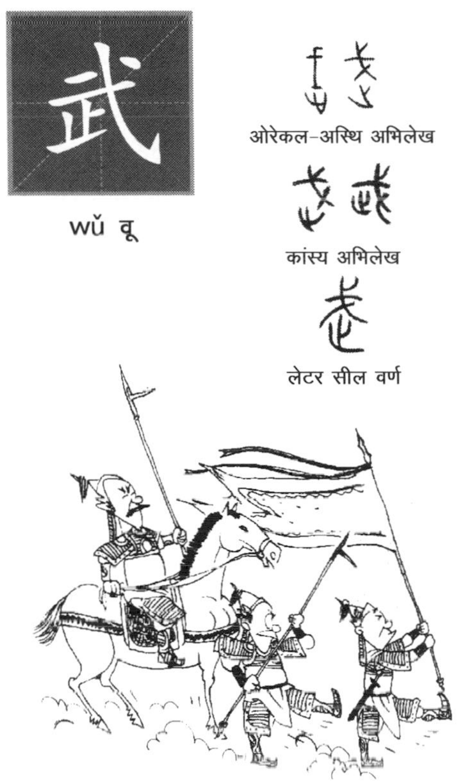

武, 文 (नागरिक) का विपरीत है। प्राचीन लेखन प्रणालियों में, 武 वर्ण 戈 और 止 से बना है। 戈 हथियार के लिए प्रयुक्त होने वाला शब्द है, और 止 (पैर) का अर्थ यहाँ "आगे की दिशा में बढ़ना" है। इसलिए 武 का प्राथमिक अर्थ "सैन्य कार्रवाई" होता है। यह सेना और युद्ध से जुड़े सभी गतिविधियों के लिए एक आम शब्दावली है। इसका प्रयोग "बहादुर" और "सशक्त" के अर्थों में भी हो सकता है।

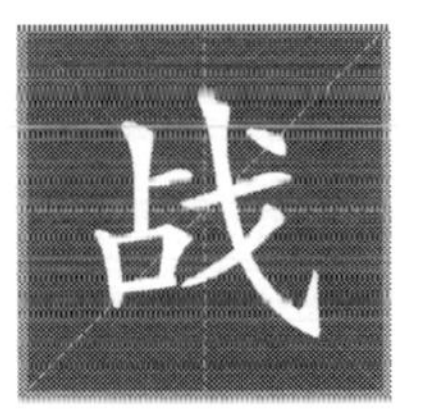

zhàn झान

战 वर्ण, 单 (單) और 戈 से मिलकर बना है। पहले वाले 单, जानवरों को पकड़ने के लिए औजार, का उपयोग हथियार के रूप में भी हो सकता है, और बाद वाला 戈, एक आम हथियार है। 单 और 戈 का अर्थ "एक-दूसरे के प्रति हथियार का उपयोग करना" है, इसलिए 战 का प्राथमिक अर्थ "युद्ध में संलग्न दो सेनाएँ" होता है, अर्थात, "लड़ाई" और "युद्ध"। इसका प्रयोग ऐसी गतिविधियों के संदर्भ में भी किया जा सकता है जिनमें दो पक्ष पुरस्कार के लिए एक-दूसरे से प्रतिस्पर्धा करते हैं।

wǒ वो

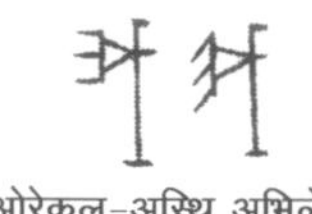

ओरेकल-अस्थि अभिलेख

कांस्य अभिलेख

लेटर सील वर्ण

我 क्या है? ओरेकल-अस्थि अभिलेखों में 我 वर्ण के आकार से, हम यह जानते हैं कि यह एक प्रकार का हथियार है। इसका हत्था लम्बा है और आरी के दाँत की तरह गंड़ासा होता है, जिसका प्रयोग प्राचीन काल में अपराधियों को मारने या जानवरों के अंग-विच्छेद के लिए किया जाता था। बाद की सदियों में इस हथियार को विरले ही देखा गया है, इसलिए 我 का मूल अर्थ "बहुत कम प्रयुक्त" होता है। इसका आम प्रयोग प्रथम पुरुष, वक्ता के संदर्भ में प्रयुक्त सर्वनाम के संदर्भ में भी होता है।

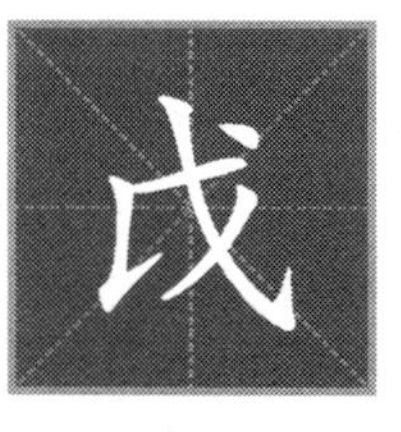

yuè यूए

ओरेकल-अस्थि अभिलेख

कांस्य अभिलेख

लेटर सील वर्ण

戉 का मूल रूप एक प्राचीन हथियार है जो कांस्य या लोहे से बना है और जो एक बड़ी और चौड़ी कुल्हाड़ी की तरह दिखाई देता है। प्राचीन काल में विभिन्न आकार और उपयोग वाली कई प्रकार की कुल्हाड़ियाँ थीं। ओरेकल-अस्थि अभिलेखों और कांस्य अभिलेखों में यह वर्ण एक ऐसे हथियार की तरह दिखाई पड़ता है जिसका हत्था बड़ा है और गंड़ासा गोल है, जो कुल्हाड़ी परिवार का एक ऐसा सदस्य है जिसका हत्था बड़ा और गंड़ासा गोल है।

suì सुई

ओरेकल-अस्थि अभिलेख

कांस्य अभिलेख

लेटर सील वर्ण

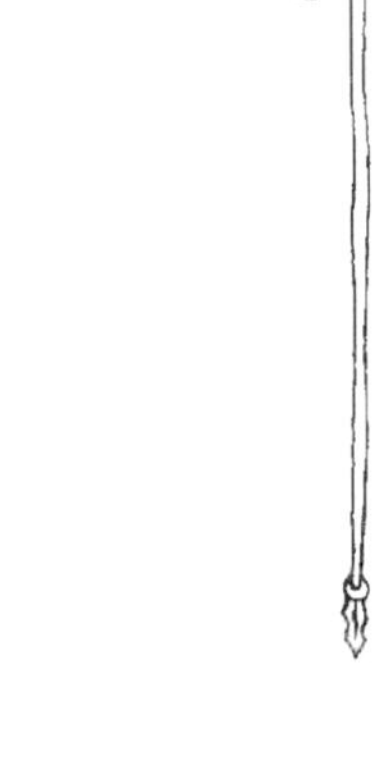

ओरेकल-अस्थि अभिलेखों और कांस्य अभिलेखों में 岁 वर्ण कुल्हाड़ी जैसे एक हथियार की तरह दिखाई पड़ता है जिसका हत्था लम्बा है। गंड़ासे पर बने दो बिंदु यह संकेत देते हैं कि गंड़ासा दोनों तरफ मुड़ता है और बिंदु वाली स्थिति किसी चीज से रहित है। हालांकि यह कुल्हाड़ी के एक प्रकार के लिए प्रयुक्त होता है, लेकिन 岁 का प्रयोग आम तौर पर "उम्र", "वर्ष" और सामान्यतया "समय" के अर्थ में होता है। बाद में, दो पैर वाले हिस्से (止) को इसमें जोड़ा गया, जो यह बताता है कि समय एक व्यक्ति की तरह ही एक जगह से दूसरी जगह जाता है।

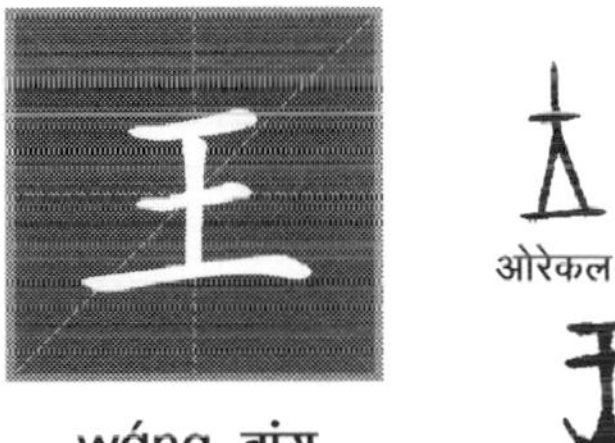

wáng वांग

ओरेकल-अस्थि अभिलेख

कांस्य अभिलेख

लेटर सील वर्ण

王 प्राचीन काल में सम्राट की उपाधि थी। ओरेकल-अस्थि अभिलेखों और कांस्य अभिलेखों में 王 वर्ण एक कुल्हाड़ी जैसे हथियार - 钺 की तरह दिखाई पड़ता है, जो अपराधियों की हत्या के लिए एक अस्त्र है। चूंकि सेना के कमांडर इसका उपयोग सेना को निर्देशित करने और सैनिकों को आगे बढ़ने के लिए प्रोत्साहित करने में करते थे, इसलिए 钺 शक्ति का प्रतीक बन गया था, और जिसके भी हाथ में 钺 होता था उसे 王 कहा जाता था। आदिम समाज में सेना के कमांडर, अर्थात 王 उस जगह का सबसे उच्च शासक होता था। शीया, शांग और झोऊ साम्राज्यों में केवल देश के शासक को ही 王 कहा जा सकता था। युद्धरत राज्यों के समय में हालांकि कि राज्यों के शासक स्वयं को 王 कहते थे। उसके बाद चीन के पहले सम्राट ने चीन का एकीकरण कर दिया, और उसने राज की उपाधि को 王 से बदलकर 皇帝 (सम्राट) कर दिया। उसके बाद बड़ी उपलब्धियों को हासिल करने वाले राजकुमारों और मंत्रियों को ही 王 की उपाधि दी जाने लगी, और यह अब शासक की उपाधि नहीं रह गई थी।

ओरेकल-अस्थि अभिलेख

लेटर सील वर्ण

shì शी

आरम्भिक कांस्य अभिलेखों में, 王 की तरह 士 वर्ण भी कुल्हाड़ी के आकार का ही है। जहाँ 王 बड़ी और चौड़ी कुल्हाड़ी के लिए प्रयुक्त होता है, और शक्ति का प्रतीक माना जाता है, वहीं, 士 एक साधारण कुल्हाड़ी जैसे हथियार के लिए प्रयोग किया जाता है। 士 का प्राथमिक अर्थ "योद्धा या क़ानून का निष्पादन करने वाला, जिसके हाथ में हथियार है" होता है, जैसे 士卒 (सैनिक), 士师 (जेलर)। लेकिन इसका प्रयोग सामान्य अर्थ में वयस्क पुरुष के संदर्भ में भी होता है, जैसे 士女 (पुरुष और स्त्री)। इसके अतिरिक्त, 士 का प्रयोग आम लोगों से परे, सामाजिक स्तर को दर्शाने के लिए भी किया जा सकता है, जैसे 士族 (सभ्य) और 士子 (विद्वान)।

bīng बींग

ओरेकल-अस्थि अभिलेख

कांस्य अभिलेख

लेटर सील वर्ण

ओरेकल-अस्थि अभिलेखों में, 兵 वर्ण एक ऐसे आदमी की तरह दिखाई पड़ता है जिसने एक तेज हथियार पकड़ा हुआ है – कुल्हाड़ी, इसलिए इसका प्राथमिक अर्थ "युद्ध में उपयोग होने वाला हथियार" होता है, जहाँ से "सैनिक", "सेना", "सैन्य मामले", और "युद्ध" जैसे विस्तृत अर्थों की व्युत्पत्ति हुई है।

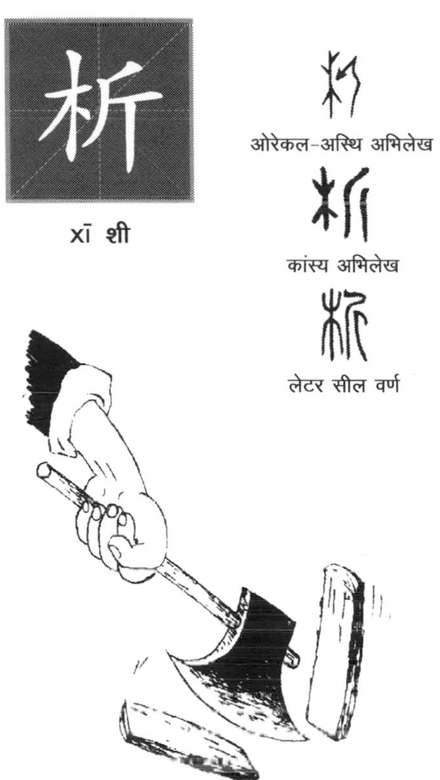

ओरेकल-अस्थि अभिलेखों में, 析 वर्ण में बायीं तरफ वृक्ष (木) का हिस्सा होता है, और दायीं तरफ वक्र हत्थे वाली एक कुल्हाड़ी (斤) होती है, जो यह दर्शाता है कि कुल्हाड़ी से वृक्ष को विभाजित किया जा रहा है। "अलग करने" के मूल अर्थ से "पृथक्करण और खंडित" जैसे अर्थों की व्युत्पत्ति हुई है, जैसे 分崩离析 (टुकड़ों में टूटना)। और इसका प्रयोग "विश्लेषण करना" के अर्थ में भी किया जा सकता है। इस प्रकार युआनमींग अपनी कविता *"हाउस- मूविंग"* में लिखते हैं, "奇文共欣赏, 疑义相与析 (एक उल्लेखनीय काम को सबके साथ बाँटना चाहिए और उस पर चर्चा की जानी चाहिए।)"

ओरेकल-अस्थि अभिलेखों में, 折 वर्ण एक ऐसे छोटे वृक्ष की तरह दिखाई पड़ता है जिसे कुल्हाड़ी से काटकर गिरा दिया गया है। इसके मूल अर्थ से "तोड़ना" अर्थ की व्युत्पत्ति हुई है। किसी भी चीज को तोड़ने के लिए एक आदमी कुल्हाड़ी का उपयोग कर सकता है, या सिर्फ अपने हाथ का भी। और किसी भी चीज को हाथ से तोड़ने के लिए उसे पहले थोड़ा मोड़ना होता है। इसलिए 折 वर्ण का अर्थ "मोड़ना" भी होता है, जैसे 曲折 (घुमावदार), 转折 (घुमाना), 折叠 (मोड़ना)। "तोड़ना" के अर्थ से "कम उम्र में मरना (夭折)", "नुकसान (损失)", "झटका (挫折)", "घाटा (亏损)" आदि जैसे शब्दो की भी व्युत्पत्ति हुई है।

新, 薪 का मूल रूप था। ओरेकल-अस्थि अभिलेखों और कांस्य-अभिलेखों में, 薪 वर्ण के दायीं तरफ कुल्हाड़ी वाला हिस्सा (斤) होता है, और बायीं तरफ का एक हिस्सा लकड़ी के टुकड़े का प्रतिनिधित्व करता है, जो यह दर्शाता है कि कुल्हाड़ी से लकड़ी को काटा गया है। 新 का मूल अर्थ "लकड़ी को काटना" था, जैसे "आग जलाने वाली लकड़ी"। लेकिन 新 का प्रयोग प्रायः "नया" के अर्थ में भी होता था जो 旧 (पुराना) का विपरीत है, इसलिए इसके मूल अर्थ की अभिव्यक्ति के लिए नए वर्ण 薪 का निर्माण किया गया।

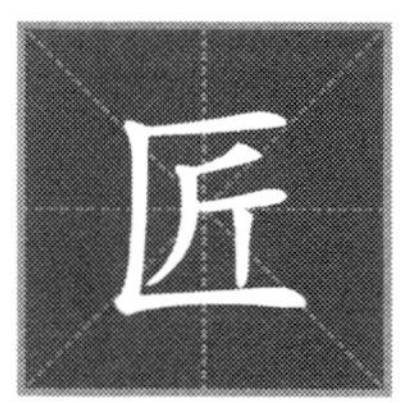

jiàng जीआंग

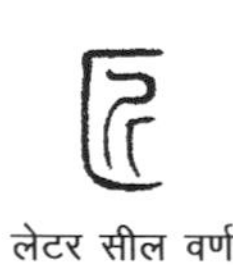

लेटर सील वर्ण

匠 वर्ण 匚 और 斤 से बना है; और इसमें पहला वाला किसी बढ़ई के खुले हुए औजार बक्से को दर्शाता है और दूसरे वाले का अर्थ उसका औजार-कुल्हाड़ी है। इसलिए 匠 का प्राथमिक अर्थ "बढ़ई" होता है। हालाँकि, धीरे-धीरे एक क्षेत्र में बड़ी उपलब्धि हासिल करने या विशेष कौशल वाले व्यक्ति को 匠 कहा जाने लगा, जैसे 铁匠 (लोहार), 能工巧匠 (कुशल कारीगर) और 巨匠 (महान गुरु)।

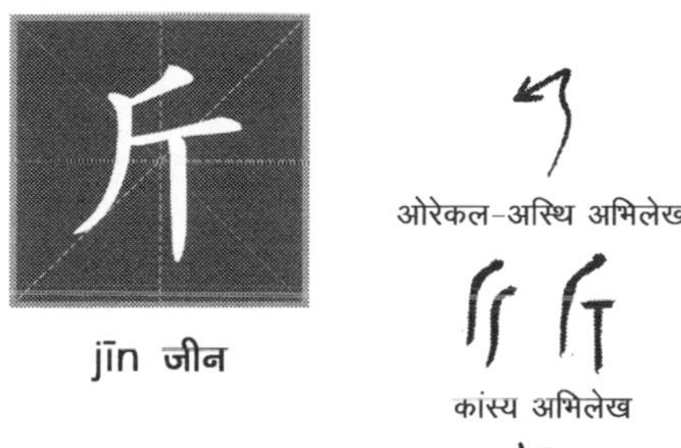

jīn जीन

लेटर सील वर्ण

ओरेकल-अस्थि अभिलेखों में, 斤 वर्ण एक वक्र हत्थे वाली कुल्हाड़ी की तरह दिखाई पड़ता है, और इस पर बना तीर यह संकेत देता है कि यह बहुत तेज है। 斤 का मूल अर्थ "कुल्हाड़ी" था जिसका उपयोग प्राचीन काल में हथियार के रूप में होता था। 斤 अवयव वाले अधिकतर वर्णों का संबंध कुल्हाड़ी और इसके उपयोग से होता है, जैसे 斧 (कुल्हाड़ी), 薪 (आग जलाने की लकड़ी), 断 (तोड़ना), 析 (विभाजित करना), 折 (मोड़ना) और 斫 (काटना)। हालाँकि, आजकल 斤 का प्रयोग वजन मापने के लिए किया जाता है।

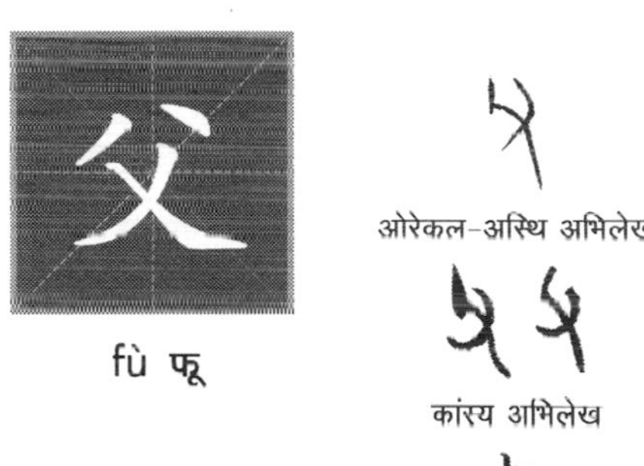

fù फू

लेटर सील वर्ण

父, 斧 का मूल रूप था। कांस्य अभिलेखों में, 父 वर्ण ऐसा दिखाई पडता है जैसे एक हाथ में पत्थर की कुल्हाड़ी है। आदिम समाज में, पत्थर की कुल्हाड़ी बहुत ही महत्वपूर्ण हथियार और औजार होती थी। और यह जिम्मेदारी एक वयस्क पुरुष की होती थी कि वह पत्थर की कुल्हाड़ी से दुश्मनों के साथ लड़ाई करे और खेत में काम करे, इसलिए 父 वयस्क पुरुष के लिए प्रयुक्त होने वाली शब्दावली बन गया। धीरे धीरे, इसने अपने वर्तमान अर्थ "पिता" का रूप ग्रहण कर लिया।

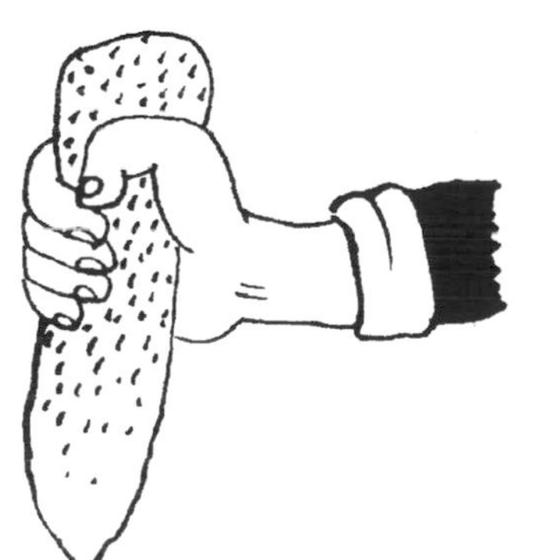

xīn शीन

ओरेकल-अस्थि अभिलेख

कांस्य अभिलेख

लेटर सील वर्ण

आरम्भिक कांस्य अभिलेखों द्वारा मूल्यांकन करने पर 辛 वर्ण किसी ऐसी चीज जैसा दिखाई पड़ता है जिसका अंतिम हिस्सा गोल है और जिसका सिरा नुकीला है, जो एक ऐसा औजार है जिसका उपयोग अपराधी के चेहरे पर गुदना गोदने के लिए किया जाता था। लेकिन यह वर्ण अब मुख्य रूप से आठवें स्वर्गीय तने के नाम से जाना जाता है, जो कि अनुक्रमों के पारम्परिक चीनी प्रणाली का एक हिस्सा है। इसके अतिरिक्त, 辛 का अर्थ "स्वाद में तीखा" भी होता है, और उन सब्जियों के संदर्भ में प्रयोग किया जा सकता है जो तीखी होती हैं। इसका अर्थ "उदास", "कड़वा" और "कठोर" के विस्तृत अर्थों में भी किया जा सकता है। 辛 अवयव वाले वर्णों का संबंध अत्याचार और तीख़ेपन के स्वाद से है, जैसे 辠 (अपराध), 辟 (काटना) और 辣 (तीखा स्वाद)।

pī/bì/pì
पी/बी/पाई

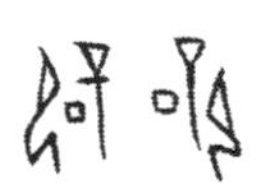

ओरेकल-अस्थि अभिलेख

कांस्य अभिलेख

लेटर सील वर्ण

辟, 劈 का मूल रूप था। ओरेकल-अस्थि अभिलेखों और कांस्य अभिलेखों में, 辟 वर्ण बायीं तरफ अपने घुटनों पर बैठे एक आदमी और दायीं तरफ मृत्यु की सजा के लिए चाकू की तरह दिखाई पड़ता है। कभी-कभी आदमी और चाकू के बीच के निचले हिस्से में छोटी सी वर्गाकार या गोलाकार आकृति होती है, जो कि कटने वाले सिर को दर्शाती है। इसलिए 辟 वर्ण अपराधी को मारने के विविध विश्लेषणों को दर्शाता है, और इसका मूल अर्थ "काटना", "काटकर अलग करना" था। लेकिन यह सजा के अन्य स्वरूपों के संदर्भ में भी प्रयुक्त हो सकता है, जैसे 劓 (यी) 辟 (नाक काटना), 墨辟 (अपमानजनक शब्दों को चेहरे पर गोदना), जहाँ से "क़ानून", "क़ानूनी व्यवस्था" जैसे अर्थों की व्युत्पत्ति हुई है और इसका प्रयोग क़ानून बनाने वाले सबसे उच्च अधिकारी, सम्राट के संदर्भ में होता है। इसलिए वर्तमान शब्दावली 复辟 का अर्थ एक अपदस्थ सम्राट की पुनःनियुक्ति होता है। इसके अतिरिक्त, 辟 का अर्थ "बुलाना" भी होता है, जैसे 辟召 (मसौदा तैयार करना)।

máo माओ

矛 एक प्रकार का प्राचीन हथियार है, जिसका हत्था लम्बा होता है और जिसके अंतिम सिरे पर कांसे या लोहे की बनी एक नोक होती है। कांस्य अभिलेखों में, 矛 वर्ण इस हथियार के चित्र की तरह दिखाई पड़ता है। 矛 अवयव वाले वर्णों का संबंध इस हथियार और इसके उपयोग से होता है, जैसे 矜 (भाले का हत्था), 矟 (शूओ, बरछा)।

shū शू

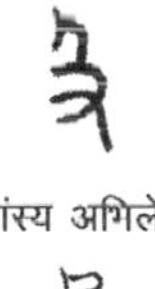

殳 एक प्राचीन हथियार है जिसके ऊपरी सिरे पर एक नुकीला किनारा होता है। यह आम तौर पर बांस का बना होता है लेकिन कभी-कभी इसे कांसे या किसी अन्य धातु से भी बनाया जाता है। कांस्य अभिलेखों में, 殳 वर्ण उस आदमी की तरह दिखाई पड़ता है जिसने इस हथियार को अपने हाथ में पकड़ा हुआ है। 殳 अवयव वाले वर्णों का संबंध आम तौर पर चोट करने, हत्या करने और काटने से होता है, जैसे 殴 (मारना), 毁 (नष्ट करना), 杀 (殺, हत्या करना, मूल जटिल रूप) और 段 (खंड)।

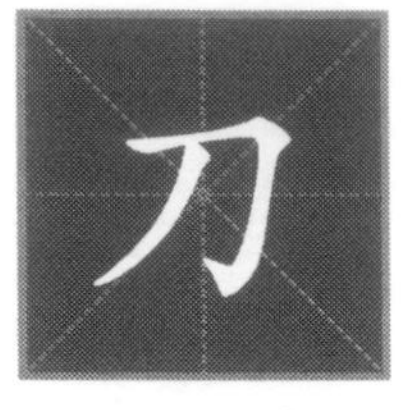

dāo दाओ

ओरेकल-अस्थि अभिलेख

लेटर सील वर्ण

刀, मूल रूप से एक प्रकार के तलवार का नाम है, और इस शब्दावली का प्रयोग किसी भी ऐसे औजार के लिए किया जाता है जिसका काम चाकू की तरह होता है, अर्थात काटना या काटकर अलग करना। प्राचीन लेखन प्रणालियों में, 刀 वर्ण एक छोटे हत्थे और नुकीले छोर वाले चाकू की तरह दिखाई पड़ता है। 刀 (刂) अवयव वाले वर्णों का संबंध चाकू और इसके उपयोग से होता है, जैसे 刃 (नोक), 刑 (मारना), 剁 (काटना), 利 (तेज), 剖 (काटकर खोलना), 剥 (छीलना) इत्यादि।

rèn रेन

ओरेकल-अस्थि अभिलेख

लेटर सील वर्ण

刃 वर्ण एक संकेतचित्र चिह्न है। यह चाकू वाले हिस्से से बना है और चिह्न नोक की स्थिति की तरफ संकेत करता है। इसलिए 刃 का प्राथमिक अर्थ "चाकू की नोक या सिरा" होता है। लेकिन इसका प्रयोग पूरे चाकू के अर्थ में भी किया जा सकता है, जैसे 利刃 (तेज धार वाला चाकू), 白刃 (नंगी तलवार)। और इसका प्रयोग क्रिया के रूप में भी किया जा सकता है जिसका अर्थ "चाकू से मार देना" होता है।

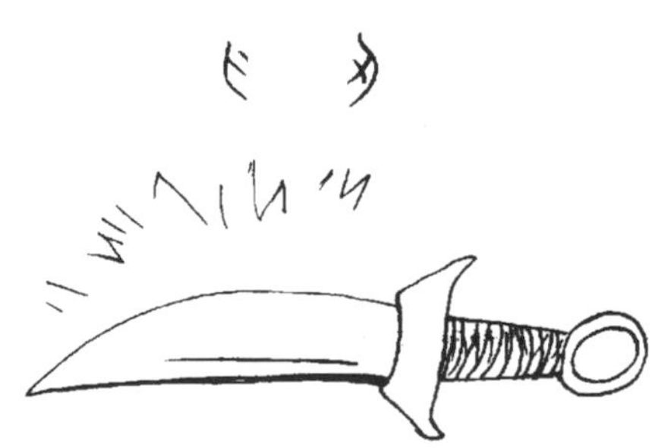

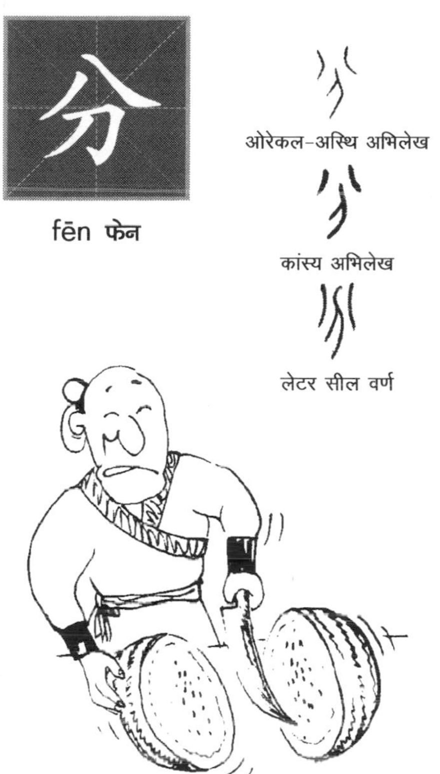

fēn फेन

ओरेकल-अस्थि अभिलेख

कांस्य अभिलेख

लेटर सील वर्ण

分 वर्ण, 八 (अलग करना) और 刀 (चाकू) से मिलकर बना है, जो यह दर्शाता है कि चाकू की मदद से किसी चीज को दो हिस्सों में बाँटा गया है। 分 का प्राथमिक अर्थ 合 (जोड़ना) के विपरीत "किसी चीज को कई हिस्सों में खंडित करना" या "सामान्य रूप से जुड़ी चीजों को अलग करना" होता है। इस अर्थ से "अंतर करना" और "बाँटना" जैसे विस्तृत अर्थों की व्युत्पत्ति हुई है।

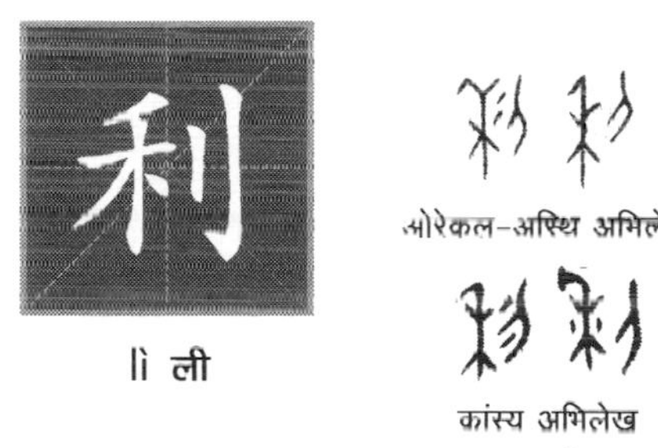

lì ली

ओरेकल-अस्थि अभिलेख

कांस्य अभिलेख

लेटर सील वर्ण

प्राचीन लेखन प्रणालियों में, 利 वर्ण 禾 (खड़ी फसल) और 刀 (चाकू) से मिलकर बना है, जो यह संकेत देता है कि चाकू से फसल काटी जा रही है। फसल काटकर नीचे गिराने के लिए चाकू की धार का तेज होना आवश्यक है। इसलिए मुख्य रूप से 利 वर्ण का अर्थ "तेज" और "प्रखर" होता है। लेकिन इसका प्रयोग "लाभ (利益)", "फायदा (功用)", "चिकना (顺利)" और "भाग्यशाली (吉利)" के अर्थ में भी किया जा सकता है।

bié बीए

ओरेकल-अस्थि अभिलेख

लेटर सील वर्ण

ओरेकल-अस्थि अभिलेखों में, 别 वर्ण का दायाँ हिस्सा हड्डियों की ढेर की तरह और बायां हिस्सा चाकू की तरह दिखाई पड़ता है, जो यह दर्शाता है कि चाकू द्वारा हड्डियों को मांस से अलग किया जा रहा है। इसलिए 别 का मूल अर्थ "हड्डियाँ चुनना" था, जिससे "पृथक करना", "अंतर बताना", "शाखाएँ", "अंतर" और "प्रकार" जैसे विस्तृत अर्थों की व्युत्पत्ति हुई है।

yuè युए

ओरेकल-अस्थि अभिलेख

लेटर सील वर्ण

刖 का प्रयोग सजा के प्राचीन रूप में होता हैः टाँग काटना। ओरेकल- अस्थि अभिलेखों में 刖 वर्ण आदमी की एक ऐसी टाँग की तरह दिखाई पड़ता है जिसे आरी से काटा गया है, जो कि क्रूर सजा का एक स्पष्ट विश्लेषण है। लेटर सील वर्ण में, 刖 वर्ण 肉 (मांस) और 刀 (चाकू) से बना है। हालांकि यह अब भी संकेतचित्र ही है, लेकिन चित्र-की तरह आकृति का कोई प्रमाण नहीं मिलता है। सजा के नाम वाले अर्थ के रूप में 刖 के मुख्य प्रयोग से इसके और अधिक सामान्य अर्थ की व्युत्पत्ति हुई है जिसका भाव किसी भी चीज को काट कर अलग करना है।

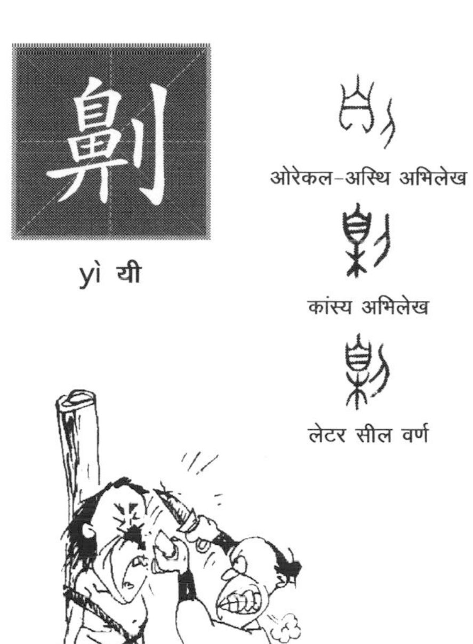

yì यी

ओरेकल-अस्थि अभिलेखों में, 劓 वर्ण 刀 (चाकू) और 自 鼻 का मूल रूप, नाक) से मिलकर बना है, जो चाकू की मदद से नाक काटने की क्रिया को दर्शाता है। प्राचीन काल में पाँच आम सजाओं में से एक सजा आदमी की नाक काट देने की सजा थी। उस समय के क़ानून के अनुसार कोई भी ऐसा व्यक्ति जो आज्ञा का पालन नहीं करता था, बिना अनुमति के नियमों में परिवर्तन करता था, चीजें चुराता था या दूसरों को चोट पहुँचाता था, तो सजा के तौर पर उसकी नाक काट दी जाती थी।

qì चि

प्राचीन लेखन प्रणालियों में, 契 वर्ण के दायीं तरफ चाकू है, और बायीं तरफ एक लंबवत रेखा के साथ तीन क्षैतिज रेखाएँ होती हैं, जो घटनाओं को दर्ज करने के लिए रस्सी पर गाँठें बनाने के अलावा एक अलग स्पष्ट तरीक़े को दर्शाता है, अर्थात चाकू से निशान लगाना। सामान्य लिपि में, 契 में एक अतिरिक्त अवयव 木 (लकड़ी) भी जुड़ा होता है, जो यह दर्शाता है कि ये निशान लकड़ी पर बनाए गए हैं। बाद में, 木 अवयव को गलती से 人 के रूप में लिखा जाने लगा, जो कि वर्तमान रूप 契 है। चाकू से निशान लगाने के इसके मूल रूप से विकसित होकर इसका प्रयोग ऐसी चीजों के लिए होने लगा जिस पर निशान लगे होते हैं, विशेषकर वैसी चीजें जो दो पक्षों के बीच के समझौतों को दर्ज करती हैं, जैसे अनुबंध। इसका प्रयोग "सहमत होना" की क्रिया के रूप में भी हो सकता है।

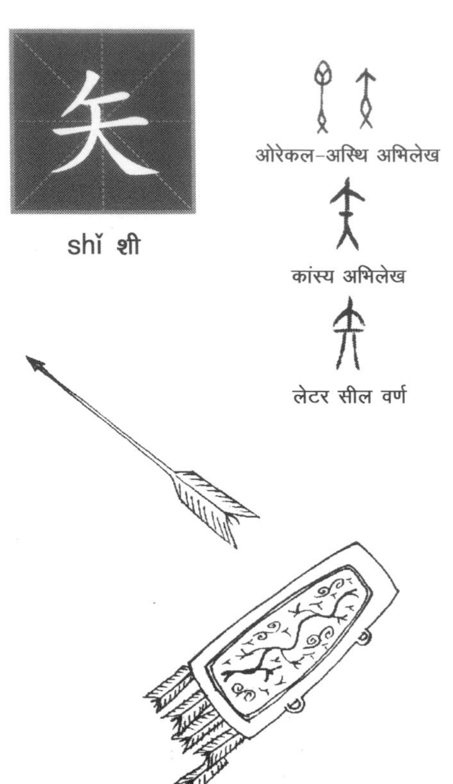

矢 का प्रयोग भी 箭 की तरह ही एक बहुत महत्वपूर्ण हथियारः तीर के संदर्भ में होता है। प्राचीन काल में, हालांकि 矢 और 箭 में एक छोटा सा अंतर था: पहले वाला लकड़ी से बना था और बाद वाला बांस से। ओरेकल-अस्थि अभिलेखों और कांस्य अभिलेखों में, 矢 वर्ण एक तीर की तरह दिखाई पड़ता है, जिसमें इसका सिरा, पिछला हिस्सा और कड़ी तीनों मौजूद हैं। और "तीर" इसका मुख्य अर्थ है, जैसे 有的放矢 (लक्ष्य पर तीर चलाना, नजर में एक तय निशाना होना)। चूंकि प्राचीन काल में 矢 और 誓 (धनुष) दोनों की ध्वनि एक ही होती थी, इसलिए 矢 का प्रयोग कभी-कभी 誓 के अर्थ में होता था।

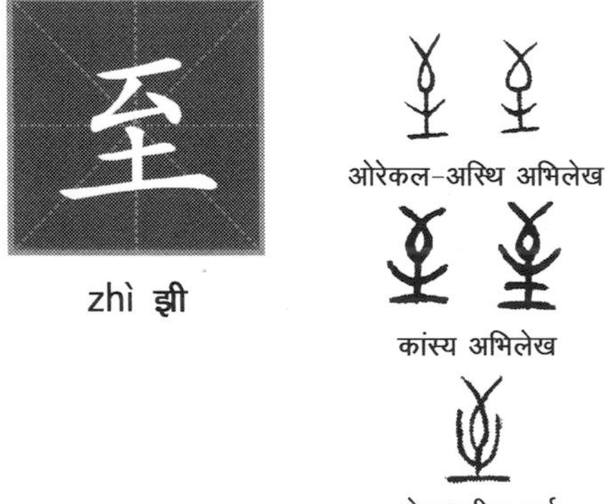

ओरेकल-अस्थि अभिलेखों और कांस्य अभिलेखों में 至 वर्ण जमीन के लिए क्षैतिज रेखा पर उल्टे तीर की तरह दिखाई पड़ता है, जो यह दर्शाता है कि तीर जमीन पर पहुँच गया है। इसलिए 至 का प्राथमिक अर्थ "पहुँचना" होता है, जहाँ से "चरम बिंदु" और "सबसे अधिक" जैसे अर्थों की व्युत्पत्ति हुई है।

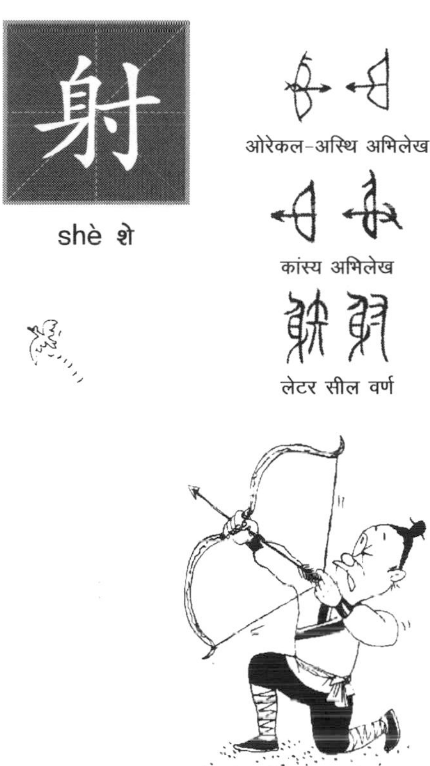

वू जेतियान (वू त्से-तिएन), तांग साम्राज्य की साम्राज्ञी, जिसे नए वर्णों के निर्माण और पुराने वर्णों को हटाने का शौक था, उसने एक बार अपने मंत्रियों से कहा था कि, "射 और 矮 वर्णों के अर्थ को आपस में बदल देना चाहिए। 射 का अर्थ 矮 (छोटा) होना चाहिए, क्योंकि इसके अवयव 身 (शरीर) और 寸 (लम्बाई की माप, जो एक इंच से थोड़ी लम्बी होती है) हैं, और एक इंच का आदमी छोटा है। दूसरी तरफ, 矮 का अर्थ 射 (निशाना लगाना) होना चाहिए, क्योंकि इसके अवयव 矢 (तीर) और 委 (जाने देना) हैं, और तीर को जाने देना का अर्थ निशाना लगाना होता है।" अधिकतर प्राचीन लेखन प्रणालियों में, हालांकि 射 वर्ण धनुष खींचता हुए एक आदमी की तरह दिखाई पड़ता है। लेटर सील वर्णों में ही आकर धनुष और तीर को दर्शाने वाला हिस्सा गलती से शरीर के जैसा बन गया और हाथ को दर्शाने वाला हिस्सा 寸 बन गया। मूल चित्र की तरह दिखाई पड़ने वाली तस्वीर पूरी तरह से गायब हो गई। और इसके आकार से इसके अर्थ का मूल्यांकन करना अब सम्भव नहीं है। इसलिए वू जेतियान ने अपने सुझावों से खुद को ही हँसी का पात्र बना लिया था।

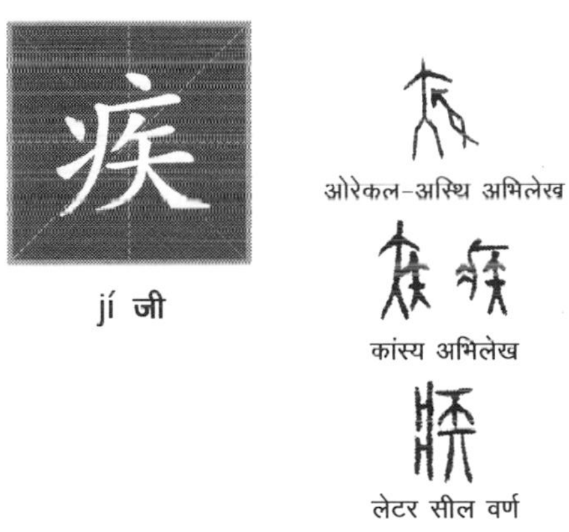

疾 मूल रूप से एक संकेतचित्र था। ओरेकल-अस्थि अभिलेखों और कांस्य अभिलेखों दोनों में ही 疾 वर्ण एक ऐसे आदमी की तरह दिखाई पड़ता है जिसके कांख में तीर लगा हुआ है, जो यह दर्शाता है कि वह तीर से घायल है। इसका प्रयोग आम तौर पर चोट के लिए भी किया जा सकता है। लेटर सील वर्णों में, हालांकि 疾 वर्ण एक ध्वन्यात्मक अवयव बन गया है जिसमें 疒 (बीमारी) मूल शब्द और 矢 ध्वनिप्रधान शब्द है, और इसका अर्थ भी "चोट" से बदलकर "रोग" हो गया है। हालांकि शुरुआत में 疾 का अर्थ 病 से भिन्न था, जो कि गम्भीर बीमारी को दर्शाता था। चूंकि 疾 का मूल अर्थ "किसी को तीर से निशाना लगाकर मारना और तीर का तेजी से उड़ना" था, इसलिए 疾 का अर्थ "तेज" और "जल्दी" भी हो सकता है।

ओरेकल-अस्थि अभिलेखों और कांस्य अभिलेखों में, 侯 वर्ण अपने लक्ष्य की तरफ उड़ते हुए तीर की तरह दिखाई पड़ता है, इसलिए इसका मूल अर्थ "तीरंदाजी के लिए लक्ष्य" था। प्राचीन काल में, तीर और धनुष बहुत ही महत्वपूर्ण हथियार थे, और वे लोग जो निशानेबाजी की कला में अच्छे होते थे उन्हें 侯 कहा जाता था। महानता की चीनी प्रणाली में, 侯 का पद दूसरे नम्बर पर होता है, जो कि मार्की के बराबर होती है। लेकिन इसका प्रयोग आम शब्दावली में उच्च अधिकारियों और महान मालिकों के लिए भी किया जा सकता है। तरकश के किनारे पर एक रस्सी होती है ताकि उसे आदमी के कमरबंध से बांधा जा सके। इसके मूल अर्थ "तरकश" से इसके और अधिक आम अर्थों "रखना", और "पात्र", ख़ासकर "लिफाफा" जैसे अर्थों की व्युत्पत्ति हुई है। आजकल, इसका प्रयोग ज्यादातर "पत्र" के अर्थ में होता है - लिफाफे में रखी जाने वाली वस्तु।

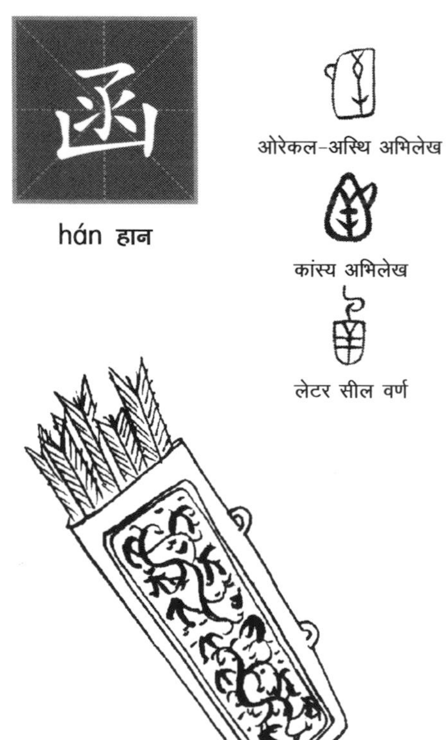

ओरेकल-अस्थि अभिलेखों और कांस्य अभिलेखों में, 函 वर्ण एक ऐसे झोले की तरह दिखाई पड़ता है जो तीरों से भरा हुआ है, अर्थात एक तरकश।

fú फू

ओरेकल-अस्थि अभिलेख

कांस्य अभिलेख

लेटर सील वर्ण

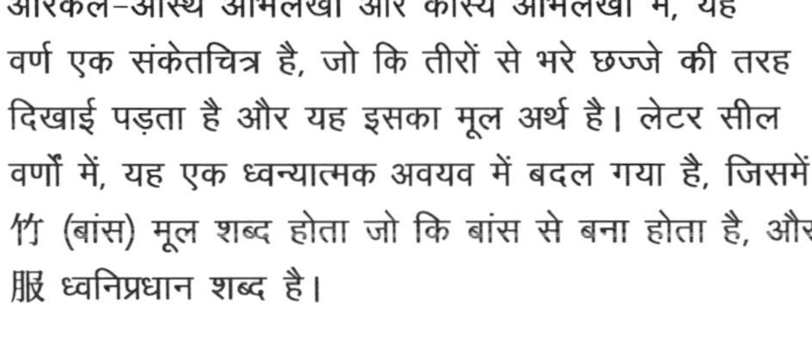

ओरेकल-अस्थि अभिलेखों और कांस्य अभिलेखों में, यह वर्ण एक संकेतचित्र है, जो कि तीरों से भरे छज्जे की तरह दिखाई पड़ता है और यह इसका मूल अर्थ है। लेटर सील वर्णों में, यह एक ध्वन्यात्मक अवयव में बदल गया है, जिसमें 竹 (बांस) मूल शब्द होता जो कि बांस से बना होता है, और 服 ध्वनिप्रधान शब्द है।

gōng गोंग

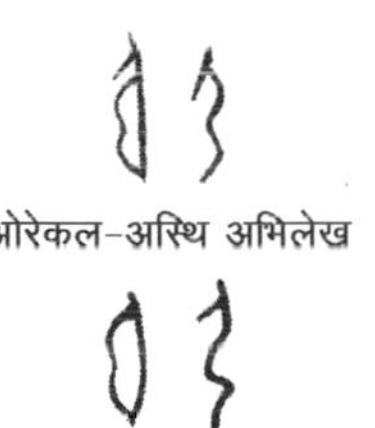

ओरेकल-अस्थि अभिलेख

कांस्य अभिलेख

लेटर सील वर्ण

弓 का अर्थ हथियार होता है जिसका उपयोग तीर को निशाने पर लगाने के लिए किया जाता है, अर्थात धनुष। ओरेकल-अस्थि अभिलेखों में, 弓 वर्ण का आकार पूरी तरह से धनुष की तरह है जिसकी रस्सी और पीछे का हिस्सा भी है। कांस्य अभिलेखों और आरम्भिक कांस्य अभिलेखों में, 弓 वर्ण एक ऐसे धनुष की तरह दिखाई पड़ता है जिसका सिर्फ पीछे का हिस्सा है और यह एक रस्सी रहित धनुष है। बाद के कांस्य अभिलेखों और लेटर सील वर्णों में धनुष के पीछे का हिस्सा मुड़ा हुआ है, इसलिए 弓 वर्ण का अर्थ "घुमाव" भी होता है। 弓 अवयव वाले वर्णों का संबंध धनुष और इसके उपयोग से होता है, जैसे 弦 (रस्सी), 弹 (गोली), 张 (खिंचाव), 弛 (आराम करना), 弩 (वॉलीबाल) आदि।

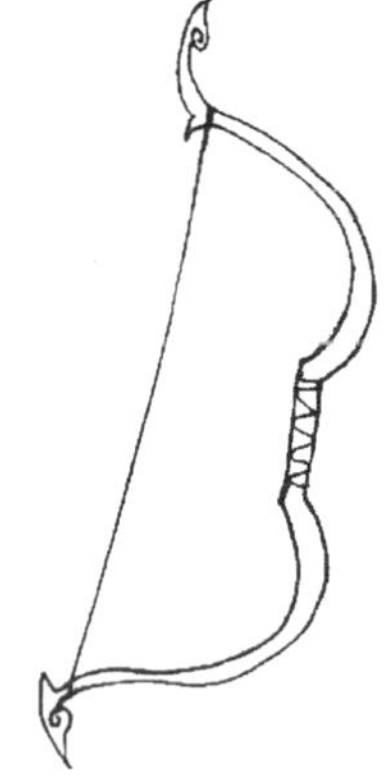

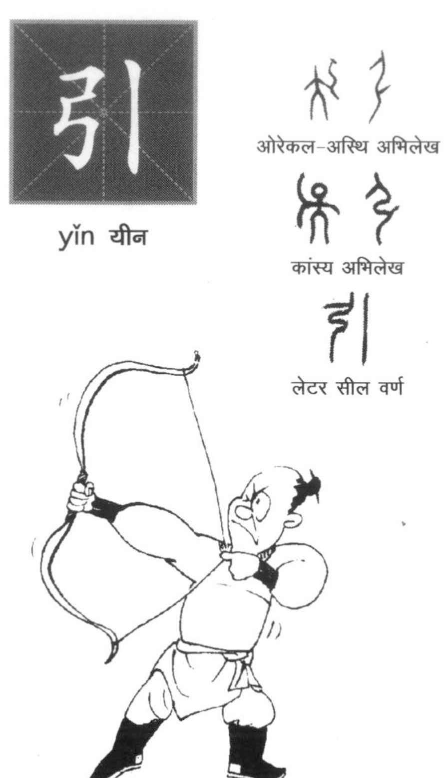

ओरेकल-अस्थि अभिलेख

कांस्य अभिलेख

लेटर सील वर्ण

yǐn यीन

ओरेकल-अस्थि अभिलेखों और कांस्य अभिलेखों में, 引 वर्ण धनुष को खींचते हुए आदमी की तरह दिखाई पड़ता है। बाद के कांस्य अभिलेखों में, आदमी वाला हिस्सा छोड़ दिया गया है, लेकिन धनुष वाले हिस्से में एक छोटी सी रेखा जोड़ी गई है जो इसे खींचते हुए दिखाई पड़ती है। 引 का प्राथमिक अर्थ "धनुष खींचना" है लेकिन इसका प्रयोग आम तौर पर किसी भी चीज को खींचने के अर्थ में होता है। 引 के अन्य विस्तृत अर्थों में "लम्बा करना", "बढ़ाना", "नेतृत्व करना" और "मनाना" भी शामिल है।

xián शीआन

लेटर सील वर्ण

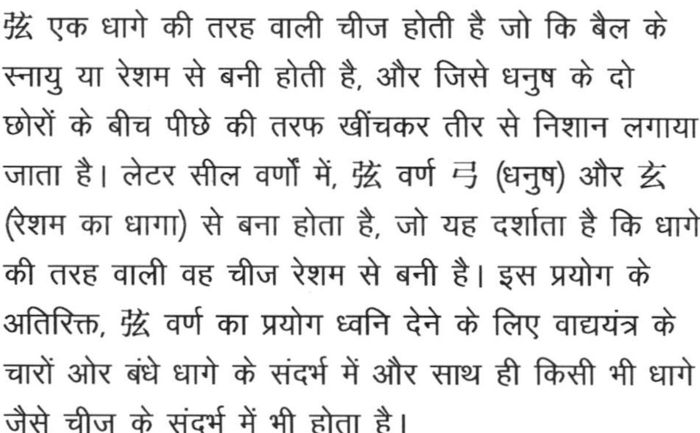

弦 एक धागे की तरह वाली चीज होती है जो कि बैल के स्नायु या रेशम से बनी होती है, और जिसे धनुष के दो छोरों के बीच पीछे की तरफ खींचकर तीर से निशान लगाया जाता है। लेटर सील वर्णों में, 弦 वर्ण 弓 (धनुष) और 玄 (रेशम का धागा) से बना होता है, जो यह दर्शाता है कि धागे की तरह वाली वह चीज रेशम से बनी है। इस प्रयोग के अतिरिक्त, 弦 वर्ण का प्रयोग ध्वनि देने के लिए वाद्ययंत्र के चारों ओर बंधे धागे के संदर्भ में और साथ ही किसी भी धागे जैसे चीज के संदर्भ में भी होता है।

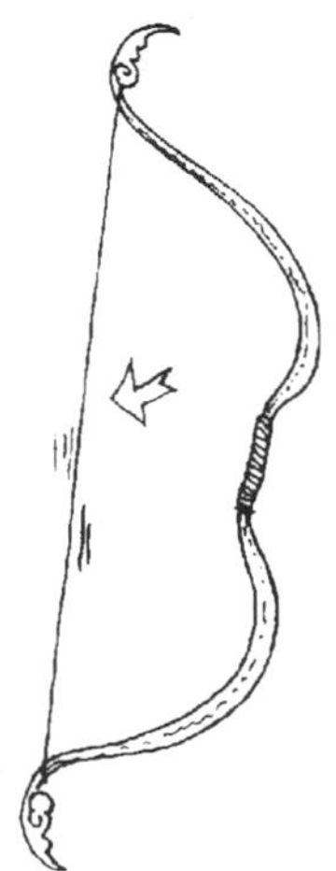

dàn/tán
दान/तान

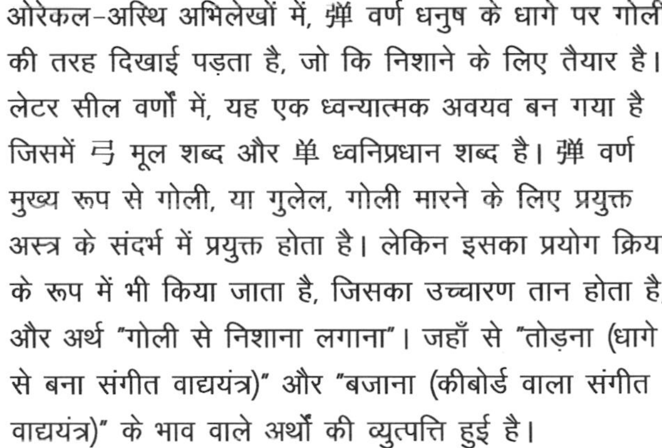

ओरेकल-अस्थि अभिलेखों में, 弹 वर्ण धनुष के धागे पर गोली की तरह दिखाई पड़ता है, जो कि निशाने के लिए तैयार है। लेटर सील वर्णों में, यह एक ध्वन्यात्मक अवयव बन गया है जिसमें 弓 मूल शब्द और 单 ध्वनिप्रधान शब्द है। 弹 वर्ण मुख्य रूप से गोली, या गुलेल, गोली मारने के लिए प्रयुक्त अस्त्र के संदर्भ में प्रयुक्त होता है। लेकिन इसका प्रयोग क्रिया के रूप में भी किया जाता है, जिसका उच्चारण तान होता है, और अर्थ "गोली से निशाना लगाना"। जहाँ से "तोड़ना (धागे से बना संगीत वाद्ययंत्र)" और "बजाना (कीबोर्ड वाला संगीत वाद्ययंत्र)" के भाव वाले अर्थों की व्युत्पत्ति हुई है।

dùn **दून**

कांस्य अभिलेख

लेटर सील वर्ण

盾 ढाल के लिए प्रयुक्त होता है जो एक ऐसा औजार है जिसका उपयोग कोई आदमी खुद को तीर, गोले आदि के प्रहार से बचाने के लिए करता है। ओरेकल-अस्थि अभिलेखों और आरम्भिक कांस्य अभिलेखों में, 盾 वर्ण में कभी-कभी मूल शब्द के रूप में "+" और ध्वनिप्रधान शब्द के रूप गें 豚 होता है, और "+" ढाल का संकेत होता है।

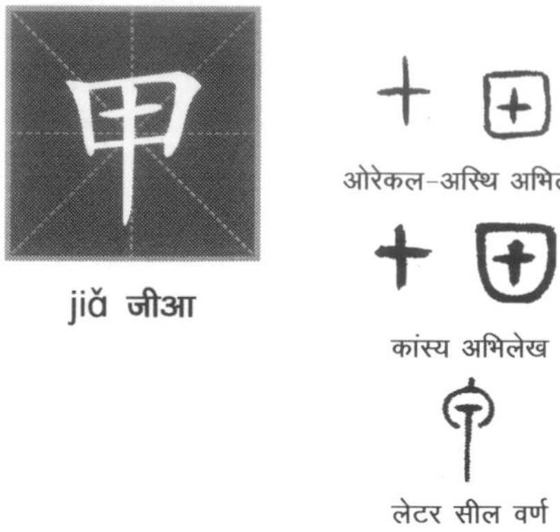

jiǎ जीआ

ओरेकल-अस्थि अभिलेख

कांस्य अभिलेख

लेटर सील वर्ण

甲 का अर्थ "कवच" होता है, जो चमड़े और धातु से बनी एक वस्तु होती है, जिसे प्राचीन काल में युद्ध में घायल होने से खुद को बचाने के लिए सैनिकों द्वारा पहना जाता था। ओरेकल-अस्थि अभिलेखों और कांस्य-अभिलेखों में, 甲 वर्ण कवच के दो पटल जैसे दिखाई पड़ते हैं जो एक-दूसरे से जुड़े हैं और कभी-कभी इसे सिर्फ क्रॉस द्वारा दर्शाया जाता है। 甲 का प्राथमिक अर्थ कवच है, जहाँ से जानवरों के कठोर कवच जैसे अर्थों कि व्युत्पत्ति हुई है, जैसे 龟甲 (कछुए का कवच), 甲壳 (पपड़ी या छाल), 指甲 (नाखून)। 甲 वर्ण दस स्वर्गीय तनों में से एक है जो कि अनुक्रमों की पारम्परिक चीनी प्रणाली है। चूंकि उसमें इसका स्थान प्रथम है इसलिए 甲 का एक अर्थ प्रथम भी होता है।

jiè जीए

ओरेकल-अस्थि अभिलेख

कांस्य अभिलेख

लेटर सील वर्ण

प्राचीन लेखन प्रणालियों में, 介 वर्ण आदमी के बगल की दृश्य की तरह दिखाई पड़ता है जो दो बिंदुओं के बीच में कवच के लिए खड़ा है। 介 का मूल अर्थ "आदमी द्वारा पहना हुआ कवच" था। चूंकि कवच आदमी को ढँकता है, दूसरे शब्दों में आदमी कवच के अगले और पिछले हिस्से के बीच में है, 介 का अर्थ "के बीच में" भी होता है, जैसे 介居 (बीच में स्थित होना)। इसके अतिरिक्त, 介 का अर्थ "स्पष्ट और मुखर" और "गर्व और अलग" भी होता है।

nié नीए

ओरेकल-अस्थि अभिलेख

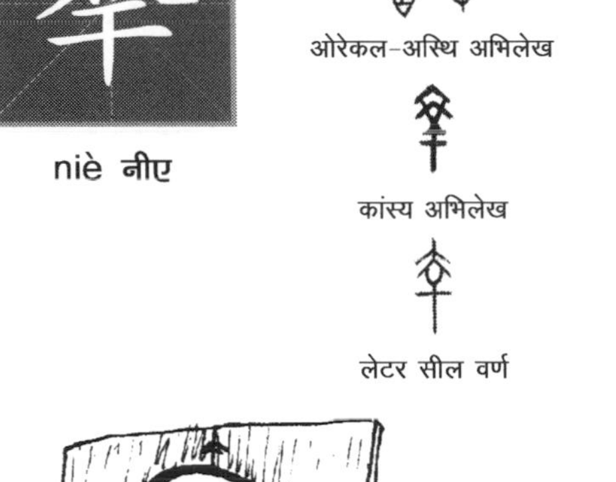

कांस्य अभिलेख

लेटर सील वर्ण

㚔 मूल रूप से हथकड़ी के लिए प्रयुक्त होता है, इस अस्त्र का उपयोग प्राचीन काल में बंदियों पर अत्याचार करने से पहले उन्हें बंदी बनाने के लिए किया जाता था। ओरेकल-अस्थि अभिलेखों में, 㚔 वर्ण एक ऐसे चित्र की तरह दिखाई पड़ता है जिसमें हथकड़ी के दोनों सिरों पर दो 犗 हैं। इसलिए इसका मूल अर्थ "हथकड़ी" था। सामान्य लिपि में, 㚔 को मूल शब्द के रूप में 幸 की तरह लिखा गया। 㚔 (幸) अवयव वाले वर्णों का संबंध कैद से है, जैसे 执 (執), 报 (報), 圉।

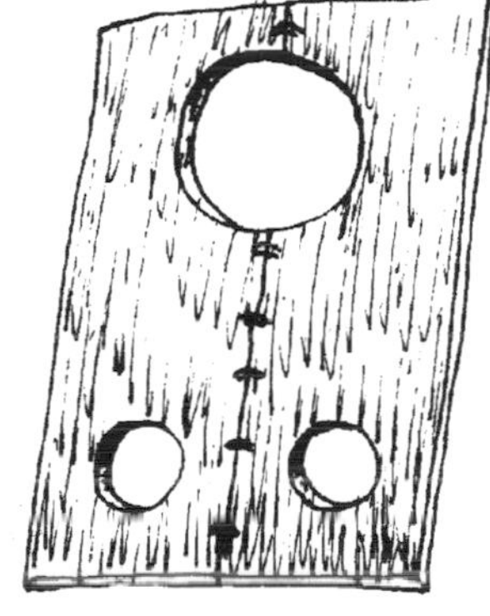

zhí झी

ओरेकल-अस्थि अभिलेख

कांस्य अभिलेख

लेटर सील वर्ण

ओरेकल-अस्थि अभिलेखों में, 执 वर्ण ऐसे आदमी की तरह दिखाई पड़ता है जिसके दोनों हाथ हथकड़ी में बंद हैं। 执 का मूल अर्थ "हिरासत में लेना" था, जहाँ से "पकड़ना", "ग्रहण करना", "मालिक", "प्रशासक", "निष्पादन", "किसी चीज से जुड़े रहना" आदि जैसे विस्तृत अर्थों की व्युत्पत्ति हुई है।

xíng शींग

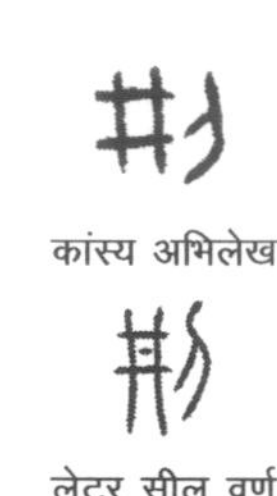

कांस्य अभिलेख

लेटर सील वर्ण

刑 का अर्थ दंड होता है, विशेष रूप से शारीरिक दण्ड। कांस्य अभिलेखों में, 刑 वर्ण, "井" और मूल शब्द 刀 से बना है, "井" वाला हिस्सा पिंजड़े की तरह दिखाई पड़ता है, और 刀 वाला हिस्सा शारीरिक दंड के संदर्भ में प्रयुक्त होता है। इसलिए 刑 यह दर्शाता है कि पिंजड़े में क़ैद एक आदमी शारीरिक दंड भोग रहा है, लेटर सील वर्णों में, 刑 गलती से एक ध्वन्यात्मक अवयव बन गया है जिसमें 刀 (चाकू) मूल शब्द और 井 (कुआँ) ध्वनिप्रधान शब्द है। *ऑरिजिन ऑफ चाइनीज़ कैरेक्टर्स* में, "刑, का अर्थ सजा है, जो मूल शब्द 井 और 刀 से बना है।" "井 का अर्थ क़ानून का च, और यह एक ध्वन्यात्मक हिस्सा है।"

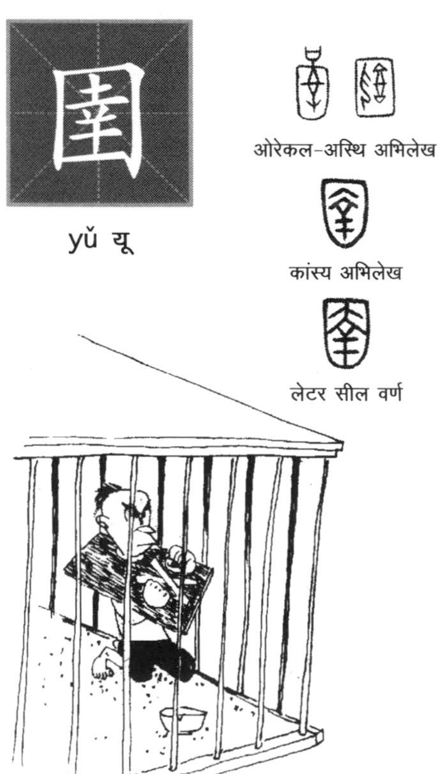

yǔ यू

ओरेकल-अस्थि अभिलेख

कांस्य अभिलेख

लेटर सील वर्ण

圉 वर्ण 囗 और 㚔 से बना है। पहले वाले का अर्थ कारागार होता है और बाद वाले का बेड़ी और हथकड़ी। इसलिए प्राथमिक अर्थ "कारागार" है। ओरेकल-अस्थि अभिलेखों में, 圉 वर्ण कारागार में हथकड़ी लगे एक आदमी की तरह दिखाई पड़ता है। इसलिए प्राचीन काल में कारागार को 囹圉 या 囹圄 के नाम से भी जाना जाता था। इसके अतिरिक्त, 圉 का अर्थ "घोड़ों का प्रजनन" भी होता है।

ओरेकल–अस्थि अभिलेखों में, 报 वर्ण ऐसा दिखता है जैसे हथकड़ी पहने हुए एक आदमी अपने घुटनों पर बैठा हुआ है, जिसे अब सजा दी जाने वाली है, और एक आदमी पीछे से उसका सिर दबा रहा है ताकि वह आज्ञाकारी बना रहे। 报 का मूल अर्थ "अपराध के अनुसार अपराधी को सजा देना" था। अपराधी को सजा दिलवाने के लिए उसे उच्च अधिकारियों के पास लेकर जाना पड़ता है और सार्वजनिक रूप से इसकी घोषणा करनी पड़ती है। इसलिए 报 वर्ण का अर्थ "संदेश" और "सूचित करना" भी होता है।

biān बीआन

कांस्य अभिलेख

लेटर रील वर्ण

鞭 का अर्थ कोड़ा होता है, जो जानवरों को चराने या लोगों को मारने वाला औजार है। कांस्य अभिलेखों में, 鞭 वर्ण एक संकेतचित्र है, जो हाथों में कोड़े पकड़े हुए या कोड़े से दूसरे आदमी को मारते हुए एक आदमी की तरह दिखाई पड़ता है। इरालिए 鞭 का प्रयोग क्रिया के रूप गें गी किया जा राकता है जिसका अर्थ "कोड़े से मारना" होता है।

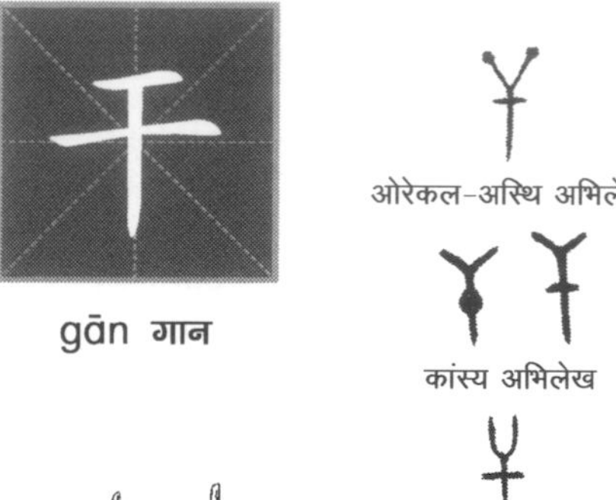

gān गान

ओरेकल-अस्थि अभिलेख

कांस्य अभिलेख

लेटर सील वर्ण

प्राचीन लेखन प्रणालियों में 干 लम्बे हत्थे वाले दो काँटे की तरह दिखाई पड़ता है। इस काँटे जैसे हथियार का उपयोग दुश्मन पर आक्रमण करने और खुद को बचाने के लिए किया जाता है। लेकिन कई सालों में इसके अर्थ में परिवर्तन आया है और इसका प्रयोग अब सिर्फ बचाव करने वाले हथियार के संदर्भ में ही होता है, जो दूसरे शब्दों में 盾 (कवच) के बदले प्रयुक्त होता है। फिर भी, 干 एक हथियार है और इसका प्रयोग "उल्लंघन करना" वाली क्रिया के रूप में होता है, जैसे 干犯 (अपमान करना), 干涉 (हस्तक्षेप करना) और 干预 (बीच में आना) आदि।

dān दान

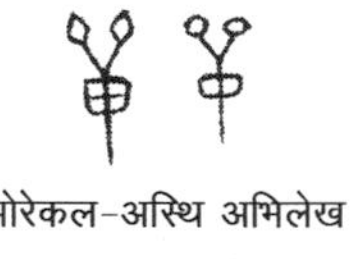

ओरेकल-अस्थि अभिलेख

कांस्य अभिलेख

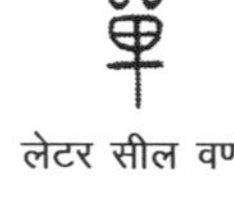

लेटर सील वर्ण

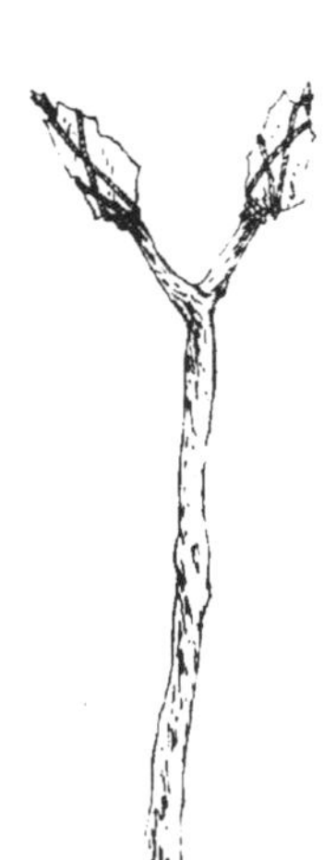

单 प्राचीन काल में चोट पहुँचाने या लड़ने के लिए बनाया गया अस्त्र था। ओरेकल-अस्थि अभिलेखों और कांस्य अभिलेखों में, 单 वर्ण लम्बे हत्थे वाले दो रंग के काँटे की तरह दिखाई पड़ता है। इस काँटे से कोई भी जानवर या आदमी को काटा जा सकता है या इस अस्त्र के सिर पर लगे पत्थर को फेंक कर मारा जा सकता है। आदिम समाज में इस तरह के हथियार बात ही सामान्य थे, लेकिन बाद के दिनों में लगभग ना के बराबर दिखते थे। इसलिए इसका मूल अर्थ खो गया, और 单 का प्रयोग आजकल ज्यादातर "अकेला", "इकलौता", "दुबला" आदि के अर्थ में होता है।

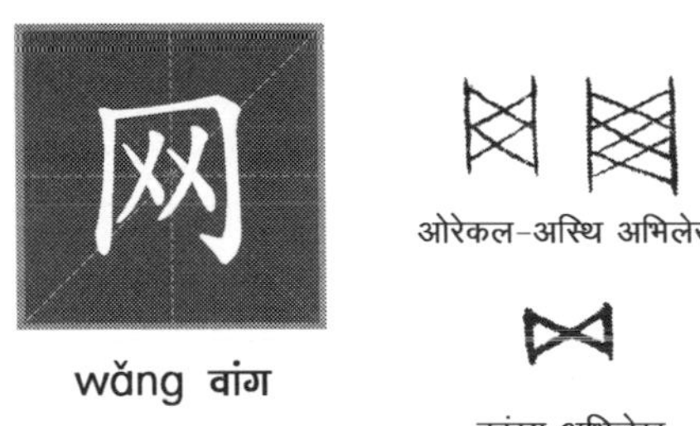

ओरेकल-अस्थि अभिलेख

wǎng वांग

कांस्य अभिलेख

लेटर सील वर्ण

网 का अर्थ "जाल" होता है, जो मछली या चिड़ियाँ पकड़ने वाला अस्त्र है। ओरेकल-अस्थि अभिलेखों में, 网 वर्ण बिलकुल जाल की तरह दिखाई पड़ता है, जिसमें दो छड़ी के बीच समान दूरी पर धागे एक-दूसरे से कसकर बांधे हैं। कांस्य अभिलेखों में इस संरचना को सरल कर दिया गया है, वहीं सामान्य लिपि में यह विपरीत प्रक्रिया से गुजरता है, और इसमें मूल शब्द के रूप में धागे वाले हिस्से (纟) को और ध्वनिप्रधान शब्द के रूप में 罔 जोड़ा गया है। 网 और इसके विभिन्न रूपों वाले अवयव से बने वर्णों का संबंध जाल और इसके उपयोग से होता है, जैसे 罗 (चिड़ियों को पकड़ने वाली जाली), 罟 (गू, मछली पकड़ने का जाल) और 罾 (जेंग, लकड़ी या बांस से बनी संरचना में लगाया गया मछली का जाल)।

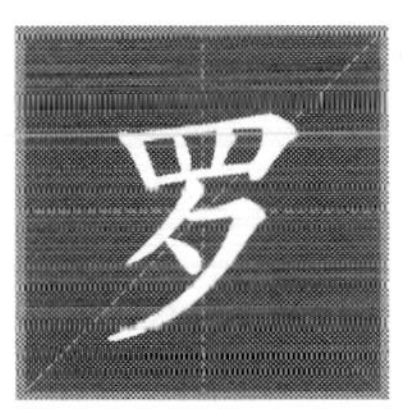

luó लुओ

कांस्य अभिलेख

लेटर सील वर्ण

ओरेकल-अस्थि अभिलेखों में 罗 वर्ण किसी चिड़िया पर पड़े जल की तरह दिखाई पड़ता है, जो यह दर्शाता है कि जल से चिड़िया को पकड़ा गया है। और यह इसका प्राथमिक अर्थ है, जैसे 门可罗雀 (घर के दरवाजे पर आदमी गौरैया को पकड़ सकता है, आगंतुक बहुत कम हैं और बीच में दूरी है), 网罗人才 (योग्य आदमियों को सूचीबद्ध करने के लिए)। 罗 का प्रयोग संज्ञा के रूप में भी हो सकता है, जैसे 天罗地网 (ऊपर जाल और नीचे फंदा)।

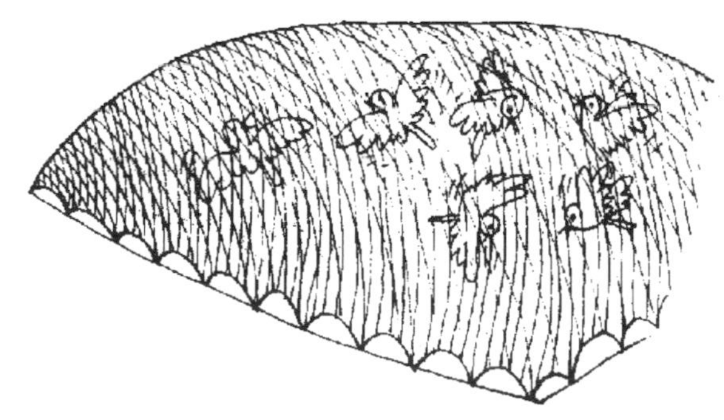

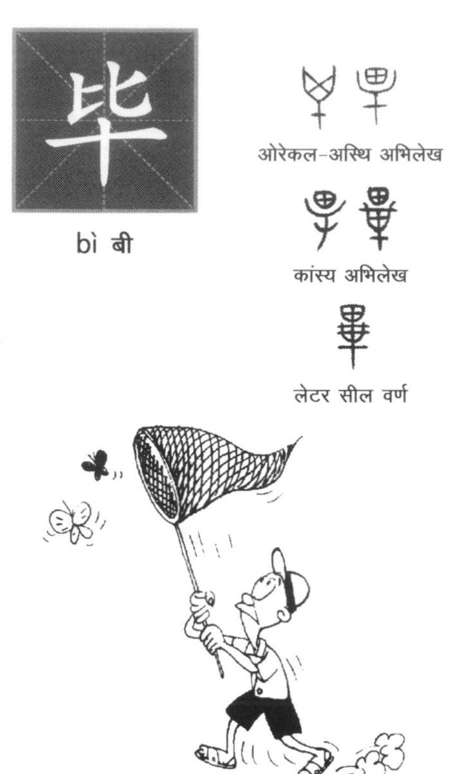

毕 प्राचीन काल में चिड़ियों को पकड़ने के लिए हत्था लगा हुआ एक छोटा सा जाल था। ओरेकल-अस्थि अभिलेखों में 毕 वर्ण इस प्रकार के जाल की तस्वीर की तरह दिखाई पड़ता है। कभी-कभी इसमें 又 का हिस्सा होता है, जो दर्शाता है कि इसे हाथ से पकड़ा गया था। कांस्य अभिलेखों में इसके अवयव के रूप में 田 (मैदान) भी है, जो यह दर्शाता है कि यह मैदान में शिकार करने वाला अस्त्र है। इसलिए, शू शेन ने अपने *ऑरिजिन ऑफ चाइनीज़ कैरेक्टर्स* में कहा है कि "毕 मैदान में शिकार करने वाला जाल है।" हालाँकि, आजकल इस वर्ण का प्रयोग "समाप्त", "पूर्ण होना" और "सम्पूर्ण" के अर्थ में होता है, वहीं इसका मूल अर्थ खो चुका है।

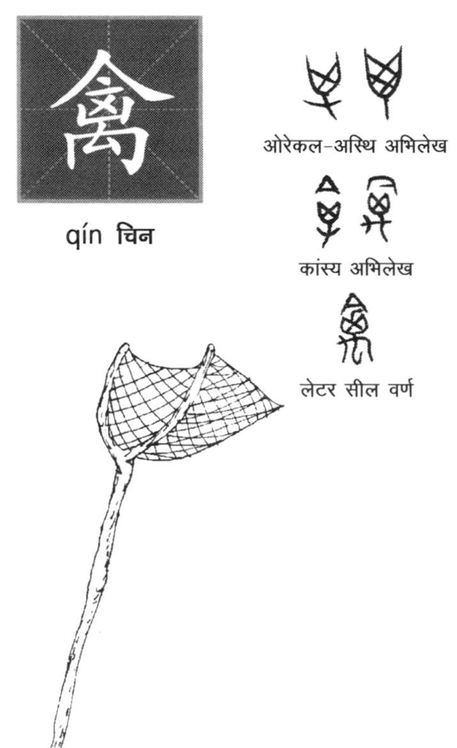

ओरेकल-अस्थि अभिलेखों में 禽 वर्ण हत्था लगे हुए जाल की तरह दिखाई पड़ता है, जो कि चिड़ियों को पकड़ने वाला अस्त्र है। 禽 का मूल अर्थ "चिड़ियों को पकड़ने के लिए जाल" था, लेकिन इसका प्रयोग 擒, "पकड़ना" की तरह ही क्रिया के रूप में भी हो सकता है। 禽 चिड़ियों के लिए प्रयुक्त होने वाली आम शब्दावली भी है, कभी-कभी यह अपने अंदर चौपाया के अर्थ को भी समाहित करता है।

ओरेकल-अस्थि अभिलेखों में 刚 वर्ण एक जाल की तरह दिखाई पड़ता है जो चाकू के बगल में है, और यह दर्शाता है कि यह कठोर और तेज है। कांस्य अभिलेखों में, इसकी अडिगता के भाव को सुदृढ़ करने लिए इसमें पर्वतीय हिस्सा (山) को जोड़ा गया है।

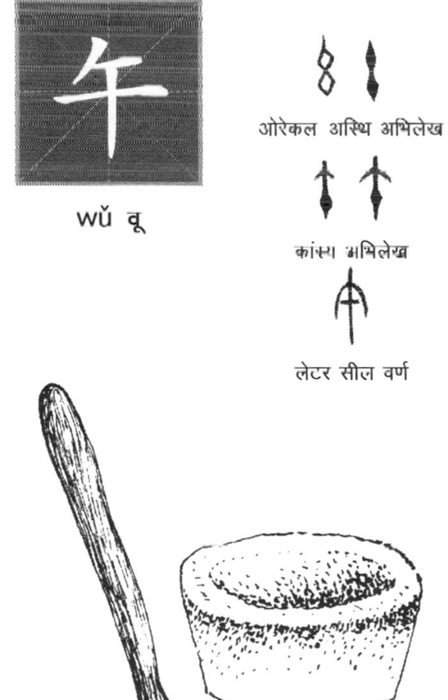

午, 杵 का मूल रूप था, जो कि मूसल के लिए प्रयुक्त होता था। ओरेकल-अस्थि अभिलेखों और कांस्य अभिलेखों में 午 वर्ण मूसल की तरह दिखाई पड़ता है, जिसका दोनों सिरा गोल है और बीच के हिस्से की तुलना में अधिक बड़ा है। चूंकि मूसल का उपयोग चावल को कूटने में होता है, 午 अवयव वाले वर्णों का संबंध "हमलावर", और "उल्लंघन करना" के अर्थ से है, जैसे 忤 (अवज्ञाकारी), 迕 (किसी के विरोध में जाना)। लेकिन 午 का प्रयोग अब मुख्य रूप से सातवें लौकिक शाखा, अनुक्रम के पारम्परिक चीनी प्रणाली के नाम के लिए होता है, और इसके मूल अर्थ को 杵 द्वारा अभिव्यक्त किया जाता है।

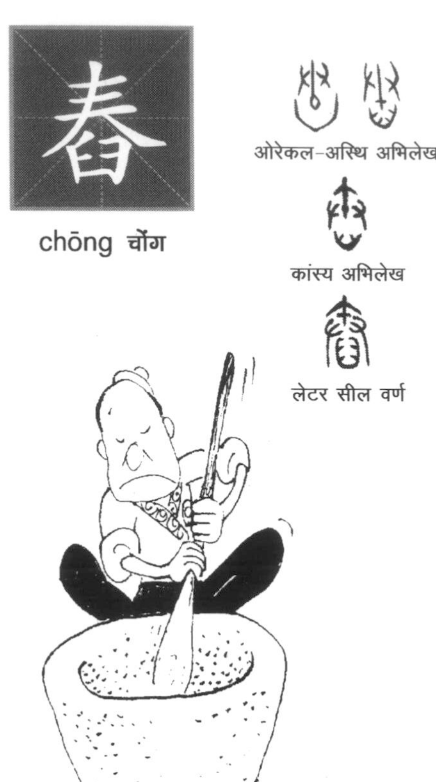

舂 का अर्थ "भूसे वाला चावल" होता है। यह काम भूसे निकालने वाली मशीन के आविष्कार से पहले हाथ से किया जाता था। प्राचीन लेखन प्रणालियों में, 舂 वर्ण इस गतिविधि के चित्र की तरह दिखाई पड़ता है: ओखली के ऊपर दो हाथ मूसल को पकड़े हुए हैं, जो यह दर्शाता है कि ओखली में मूसल को मारकर अनाज से भूसे को अलग किया जाता है।

jiù जीऊ

Ancient Pottery Inscriptions

लेटर सील वर्ण

臼 का अर्थ "ओखली" होता है, पत्थर से बना एक बर्तन जिसमें भूसा निकालने के लिए अनाज को रखा जाता है। प्राचीन लेखन प्रणालियों में, 臼 वर्ण का आकार ओखली जैसा है। यह ओखली और ओखली जैसी चीजों के संदर्भ में प्रयुक्त होता है। 臼 अवयव वाले वर्णों का संबंध ओखली जैसी चीजों से होता है, जैसे 舀 (कलछी), 舂 (भूसा निकालना) और 臽 (गड्ढा)।

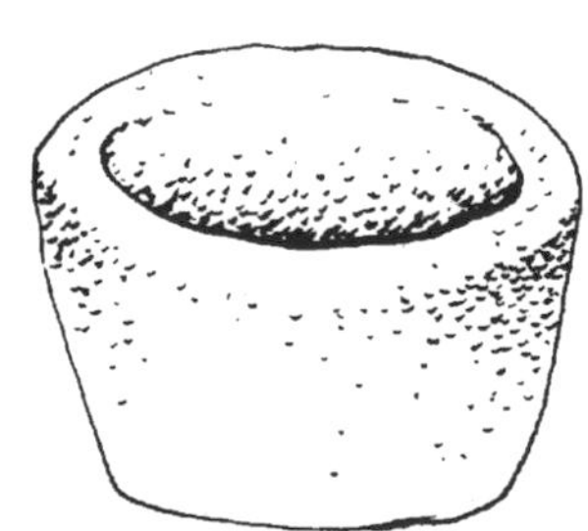

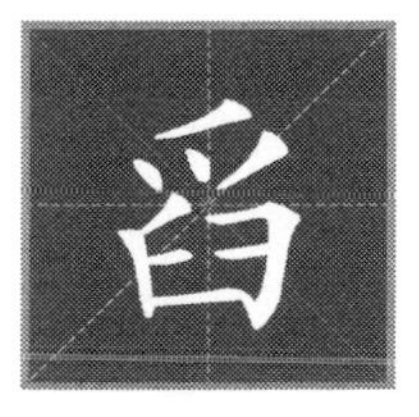

yǎo याओ

लेटर सील वर्ण

舀 वर्ण एक संकेतचित्र है, जिसमें 爪 (हाथ) और 臼 (ओखली) होते हैं। लेटर सील वर्णों में, 舀 वर्ण हाथ द्वारा ओखली से चावल को पकड़ने जैसा दिखाई पड़ता है। इसका मूल अर्थ "ओखली से चीजें उठाना" था। लेकिन इसका अर्थ बदल गया और अब इसका अर्थ "कुछ पाना, विशेष रूप से कलछी या चम्मच से कुछ द्रव उठाना" है।

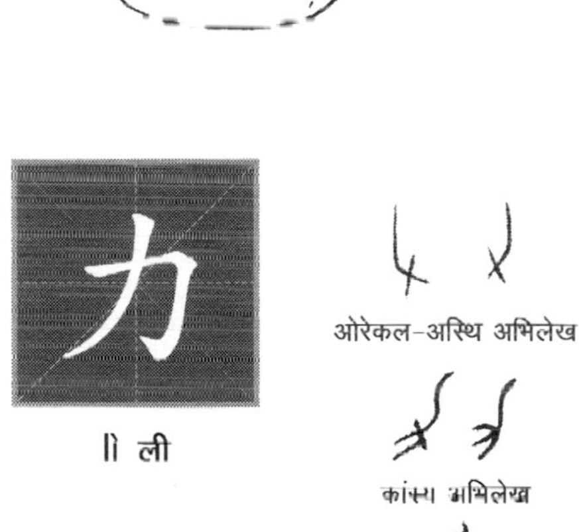

lì ली

ओरेकल-अस्थि अभिलेख

कांस्य अभिलेख

लेटर सीज वर्ण

ओरेकल-अस्थि अभिलेखों में 力 वर्ण एक ऐसे खेत की तरह दिखाई पड़ता है जिसकी जुताई की गई है: ऊपरी हिस्सा हत्था है, नीचे का हिस्सा हल चलाया गया क्षेत्र, और लंबवत रेखा कदम रखने वाली जगह को दर्शाता है। दूसरे शब्दों में, 力 का मूल अर्थ "耒 (हल)" था। चूंकि हल की मदद से जमीन की जुताई में बहुत अधिक ताक़त लगती है, 力 ने "ताक़त" का अर्थ ग्रहण कर लिया, जहाँ से "योग्यता", "शक्ति" आदि जैसे अर्थों की व्युत्पत्ति हुई।

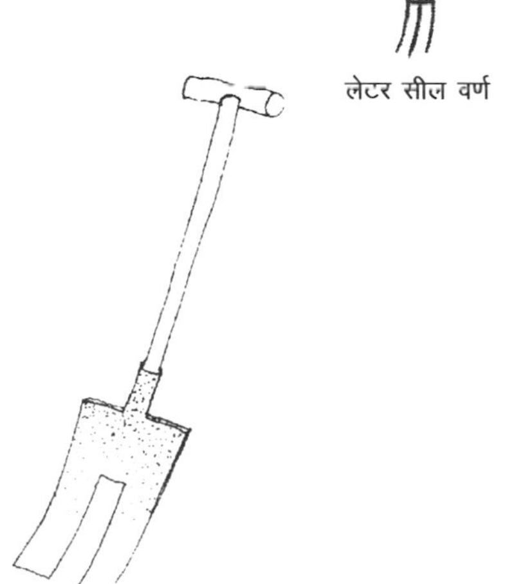

nán नान

ओरेकल-अस्थि अभिलेख

कांस्य अभिलेख

लेटर सील वर्ण

男 वर्ण 田 (खेत) और 力 (हल) से बना है। प्राचीन काल में यह परम्परा थी कि आदमी खेत की जुताई करता था और औरतें कपड़े बुनती थीं। इसलिए 力 वर्ण खेत जोतना, का प्रयोग उन लोगों के संदर्भ में होने लगा जो हल चलाने का काम करते हैं अर्थात वयस्क आदमी। बाद में इसका अर्थ विस्तृत हो गया और इसका प्रयोग सम्पूर्ण पुरुष जाति के लिए होने लगा, जो कि 女 (स्त्री) का विपरीत है। लेकिन इसका प्रयोग विशेष स्थिति में बेटे के अर्थ में भी हो सकता है।

lěi लेई

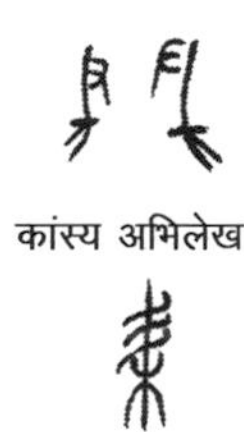

कांस्य अभिलेख

लेटर सील वर्ण

耒 प्राचीन काल में जमीन को खोदने के लिए कुदाल की तरह का एक औजार था जिसके सिरे पर काँटे होते थे। आरंभिक कांस्य-अभिलेखों में 耒 वर्ण उस हाथ (又) की तरह दिखाई पड़ता है जिसने काँटेनुमा हल (力) पकड़ा है। लेटर सील वर्णों में, हाथ वाले हिस्से को सरलीकृत करके तीन बायीं-तरफ फिरने वाली रेखाओं में बदल दिया गया है और हल वाला हिस्सा गलती से लकड़ी (木) बन गया है। यह गलत संरचना ही सामान्य लिपि में 耒 वर्ण की व्युत्पत्ति का कारण है। 耒 अवयव वाले सभी वर्णों का संबंध खेती के औजार या फसलों जैसे 耜 (कुदाल की तरह का औजार), 耕 (जोतना), 耤 (खेती), 耦 (अगल-बगल खड़े होकर दो आदमी जुताई करते हुए) से होता है।

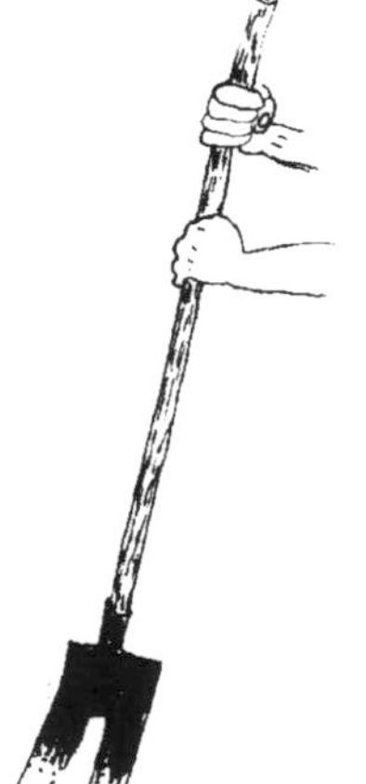

jí जी

ओरेकल-अस्थि अभिलेख

कांस्य अभिलेख

लेटर सील वर्ण

ओरेकल-अस्थि अभिलेखों में, यह वर्ण एक संकेतचित्र है, जो कि एक ऐसे किसान की तरह दिखाई पड़ता है जो हल की मदद से खेत की मिट्टी को सख्ती से जोत रहा है, इसलिए इसका अर्थ "जमीन पर खेती करना" होता है। कांस्य अभिलेखों में इसके उच्चारण को दर्शाने के लिए इसमें 昔 हिस्से को जोड़ा गया। लेटर सील वर्णों में इसकी संरचना का सरलीकरण किया गया है, जिसके फलस्वरूप यह एक ध्वन्यात्मक अवयव में बदल गया है जिसमें 耒 मूल शब्द और 昔 ध्वनिप्रधान शब्द है। लेकिन प्राचीन किताबों में, इस वर्ण को आम तौर पर 藉 की तरह लिखा गया था, जैसे 藉田 (籍田 भी, सम्राट द्वारा की गई खेती वाली जमीन)

chén चेन

ओरेकल-अस्थि अभिलेख

कांस्य अभिलेख

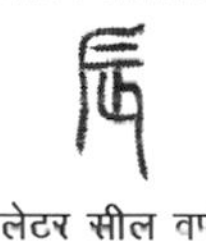

लेटर सील वर्ण

辰, 蜃 (विशाल सीपी) का मूल रूप था। इसलिए कांस्य अभिलेखों में 辰 वर्ण सीपी के आकार का है। विशाल सीपियों का बाद और कठोर कवच होता है, जिसका उपयोग खर-पतवार को निकालने में किया जा सकता है। उदाहरण के लिए, हुऐनन जी ने दर्ज किया है कि, "प्राचीन काल में लोग जमीन की जुताई के लिए हल की धार और खर-पतवार हटाने के लिए सीपी की धार तेज करते थे"। हालाँकि, 辰 वर्ण का प्रयोग मुख्य रूप से अब पाँचवीं लौकिक शाखा, अनुक्रम के पारम्परिक चीनी प्रणाली के नाम के लिए होता है। यह खगोलीय इकाइयों जैसे सूर्य, चंद्रमा और तारों के लिए भी प्रयुक्त होने वाली आम शब्दावली है, और समय या दिनों के बारे में भी बता सकती है।

nóng नोंग

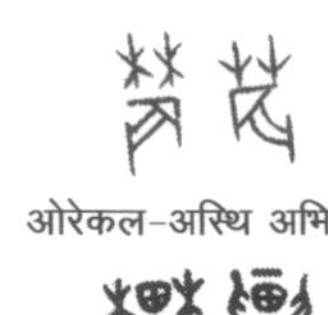

ओरेकल-अस्थि अभिलेख

कांस्य अभिलेख

लेटर सील वर्ण

农 ओरेकल-अस्थि अभिलेखों में, 农 वर्ण फसल और सीपी के बीच वाले खर-पतवार को हटाने जैसा दिखाई पड़ता है, जो खेती को दर्शाता है। कांस्य अभिलेखों में, इसमें अवयव के रूप में 田 (खेत) भी है, और "जमीन पर खेती करना" वाले अर्थ को और अधिक स्पष्ट रूप से अभिव्यक्त किया गया है। प्राथमिक अर्थ के अतिरिक्त, 农 का प्रयोग उन लोगों के संदर्भ में भी होता है जो खेती करते हैं, अर्थात किसान।

qí चि

ओरेकल-अस्थि अभिलेख

कांस्य अभिलेख

लेटर सील वर्ण

ओरेकल-अस्थि अभिलेखों में, 其 वर्ण ऐसे बर्तन की तरह दिखाई पड़ता है जिसका उपयोग ओसाई के लिए होता है। दूसरे शब्दों में, 其, 箕 का मूल रूप है (ओसाई वाला बर्तन)। चूंकि यह बांस का बना होता है, इसलिए इसके 箕 रूप में बांस वाले हिस्से 其 को जोड़ा गया है, और 其 वर्ण का प्रयोग तृतीय पुरुष सर्वनाम के लिए होता है, विशेष रूप से संबंध-वाचक मामले में एक संयोजन, पूर्वधारणा या विरोध या क्रिया विशेषण, धारणा या इच्छा व्यक्त करना।

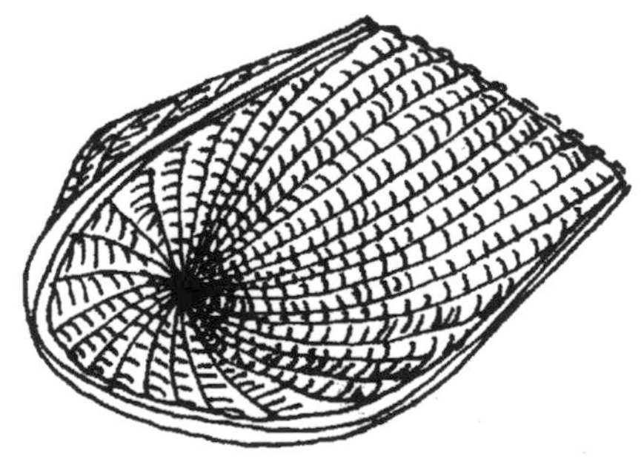

kuài कुआई

लेटर सील वर्ण

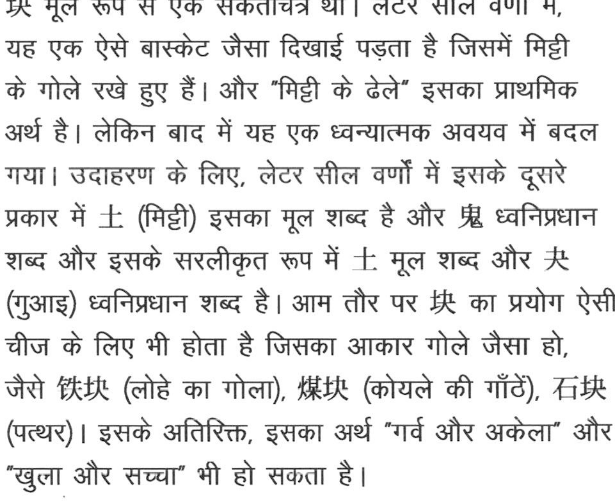

块 मूल रूप से एक संकेतचित्र था। लेटर सील वर्णों में, यह एक ऐसे बास्केट जैसा दिखाई पड़ता है जिसमें मिट्टी के गोले रखे हुए हैं। और "मिट्टी के ढेले" इसका प्राथमिक अर्थ है। लेकिन बाद में यह एक ध्वन्यात्मक अवयव में बदल गया। उदाहरण के लिए, लेटर सील वर्णों में इसके दूसरे प्रकार में 土 (मिट्टी) इसका मूल शब्द है और 鬼 ध्वनिप्रधान शब्द और इसके सरलीकृत रूप में 土 मूल शब्द और 夬 (गुआइ) ध्वनिप्रधान शब्द है। आम तौर पर 块 का प्रयोग ऐसी चीज के लिए भी होता है जिसका आकार गोले जैसा हो, जैसे 铁块 (लोहे का गोला), 煤块 (कोयले की गाँठें), 石块 (पत्थर)। इसके अतिरिक्त, इसका अर्थ "गर्व और अकेला" और "खुला और सच्चा" भी हो सकता है।

kāng कांग

ओरेकल-अस्थि अभिलेख

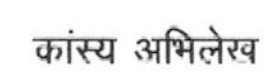

कांस्य अभिलेख

康, 穅 का मूल रूप था। ओरेकल-अस्थि अभिलेखों में, 康 वर्ण एक ओसाई वाले बर्तन की तरह दिखाई पड़ता है जिसके नीचे बनी चार बिंदुएँ भूसे का प्रतिनिधित्व करती हैं, जो यह दर्शाता है कि ओसाई वाले बर्तन की मदद से भूसे को अलग किया जा रहा है। 康 वर्ण, हालांकि अब मुख्य रूप से "शांति और खुशी", "पर्याप्त" और "विस्तृत" के अर्थ में किया जाता है। इसके मूल अर्थ को अब 穅 द्वारा अभिव्यक्त किया जाता है।

fèn फेन

ओरेकल-अस्थि अभिलेख

लेटर सील वर्ण

ओरेकल-अस्थि अभिलेखों में, 粪 वर्ण एक ऐसे आदमी की तरह दिखाई पड़ता है जो झाड़ू और कूड़ेदान से धूल को साफ कर रहा है। इसलिए इसका मूल अर्थ "साफ करना" और "झाड़ू लगाना" था। चूंकि साफ की गई चीज गंदी थी, इसलिए 粪 का प्रयोग मल और मूत्र के संदर्भ में भी होता है या क्रिया के रूप में जिसका अर्थ "खाद डालना" भी होता है।

qì चि

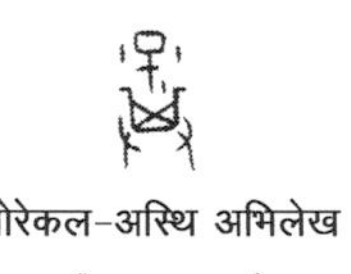

ओरेकल-अस्थि अभिलेख

कांस्य अभिलेख

लेटर सील वर्ण

ओरेकल-अस्थि अभिलेखों में, 弃 वर्ण उन दो हाथों की तरह दिखाई पड़ता है जिसने एक ऐसा कूड़ेदान पकड़ा हुआ है जिसमें एक मरा हुआ नवजात शिशु है, और इसके इर्दगिर्द के बिंदु गर्भ से निकलने वाले पानी को दर्शाता है, जो मृत शिशु को फेंकने की क्रिया को दर्शाता है। इसलिए 弃 का प्राथमिक अर्थ "दूर फेंकना" है, जहाँ से "परित्यक्त करना" और "विरोध करना" जैसे अर्थों की व्युत्पत्ति हुई है।

zhǒu झोऊ

ओरेकल-अस्थि अभिलेख

कांस्य अभिलेख

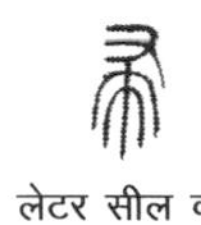

लेटर सील वर्ण

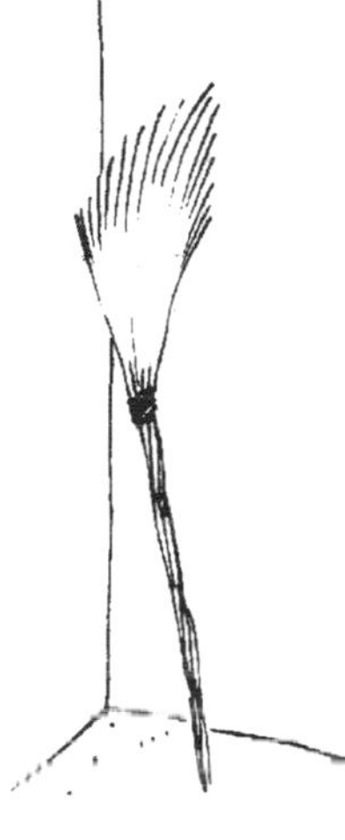

帚 का अर्थ "झाड़ू" होता है। ओरेकल-अस्थि अभिलेखों और कांस्य अभिलेखों में 帚 वर्ण एक चित्रलेख है, जो कि उल्टे झाड़ू की तरह दिखाई पड़ता है: जिसका ऊपरी हिस्सा सिर होता है और निचला हिस्सा उसकी छड़ी। कभी-कभी इसमें एक अतिरिक्त क्षैतिज रेखा जुड़ी होती है जो कि बांधने वाले रस्सी को दर्शाती है। लेटर सील वर्णों में इसके आकार में कुछ परिवर्तन आया है, और इसकी चित्रनुमा क्षवि बदली है। चूंकि प्राचीन काल में कमरे को साफ करने की जिम्मेदारी पत्नी (गैर-नौकरीपेशा) की होती थी, 帚 (झाड़ू) का प्रयोग 女 (औरत) के साथ 婦 (औरत, वर्तमान सरलीकृत रूप 妇) वर्ण के निर्माण के लिए होता था।

fù फू

ओरेकल-अस्थि अभिलेख

कांस्य अभिलेख

लेटर सील वर्ण

आदमियों के लिए खेत में काम करना और औरतों के लिए घर पर काम करना एक पुरानी परम्परा थी। जहाँ आदमी खेत की गोड़ाई करते थे या शिकार के लिए बाहर जाते थे, औरतें कपड़ा बुनती थीं, फर्श साफ करती थीं और घर पर खाना पकाती थीं। इसलिए ओरेकल-अस्थि अभिलेखों और कांस्य अभिलेखों में, 妇 वर्ण एक ऐसी औरत की तरह दिखाई पड़ता है जिसके हाथ में झाड़ू है। घरेलू स्त्री की यह जिम्मेदारी होती थी कि वह घर के काम करे, इसलिए 妇 का प्राथमिक अर्थ "विवाहित स्त्री" या "पत्नी" होता है।

qīn चिन

ओरेकल-अस्थि अभिलेख

कांस्य अभिलेख

लेटर सील वर्ण

ओरेकल-अस्थि अभिलेखों में, 侵 वर्ण एक ऐसे आदमी की तरह दिखाई पड़ता है जो झाड़ू से जानवरों को हाँक रहा है, जो यह दर्शाता है कि वह दूसरे की संपत्ति पर कब्जा कर रहा है। इसका प्राथमिक अर्थ "अधिग्रहण करना" और "क़ब्जा करना" है, जहाँ से "चढ़ाई करना", "आक्रमण", "धमकाना" और "सताना" जैसे विस्तृत अर्थों की व्युत्पत्ति हुई है।

xīng/xìng

शींग/शींग

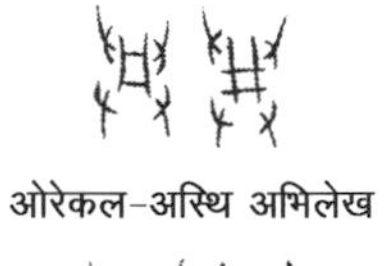

ओरेकल-अस्थि अभिलेख

कांस्य अभिलेख

लेटर सील वर्ण

ओरेकल-अस्थि अभिलेखों और कांस्य अभिलेखों में, 兴 वर्ण ऐसा दिखाई पड़ता है जैसे कई सारे हाथ मिलकर एक धँसी हुई परत को उठा रहे हैं। यह कई सारे लोगों का एक साथ मिलकर कूट-कूट कर मिट्टी की दीवार खड़ी करने का एक स्पष्ट विश्लेषण है। कभी-कभी इस वर्ण में मुँह वाला हिस्सा (口) भी होता है जो यह दर्शाता है कि कूटने के क्रम में वे गा रहे हैं। इसलिए 兴 का मूल अर्थ "ऊपर उठाना" था, जहाँ से "उठना", "स्थापित करना", "विकसित होना", "पनपना" जैसे विस्तृत अर्थों की व्युत्पत्ति हुई है।

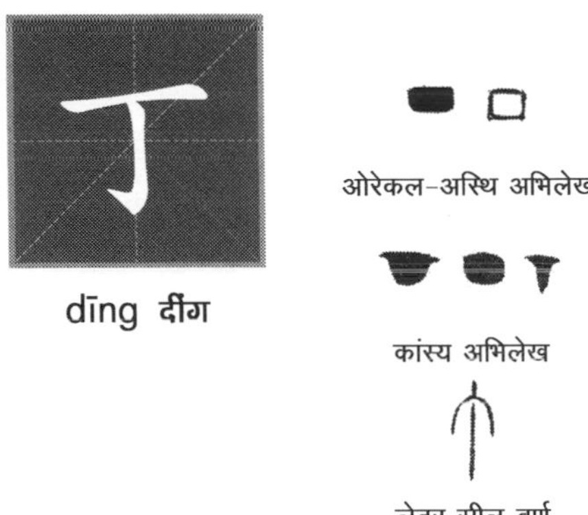

dīng दींग

丁 सबसे सरल चीनी वर्ण है, जिसमें एक क्षैतिज रेखा और एक लंबवत अंकुश होता है। यह लिखने और पहचानने में इतना आसान है कि कोई भी इसे जान सकता है, इसलिए 目不识丁 मुहावरे (丁 वर्ण को भी नहीं जानने वाला अत्यधिक अज्ञानी) का प्रयोग उन-लोगों का मजाक़ उड़ाने के लिए किया जाता है जिनमें ज्ञान की कमी होती है। हालाँकि, अगर मैं आपको नहीं बताऊँ तो आप 丁 का मूल अर्थ शायद नहीं जान पाएँगे। ओरेकल-अस्थि अभिलेखों और कांस्य अभिलेखों में 丁 वर्ण का आकार नाखून की तरह है। ऊपर से देखने पर, यह गोल (या चौकोर) है और बगल से देखने पर यह कील की तरह दिखाई पड़ता है। इसलिए 丁, 钉 का मूल रूप था, शुरुआत में जिसका अर्थ "नाखून" होता था।

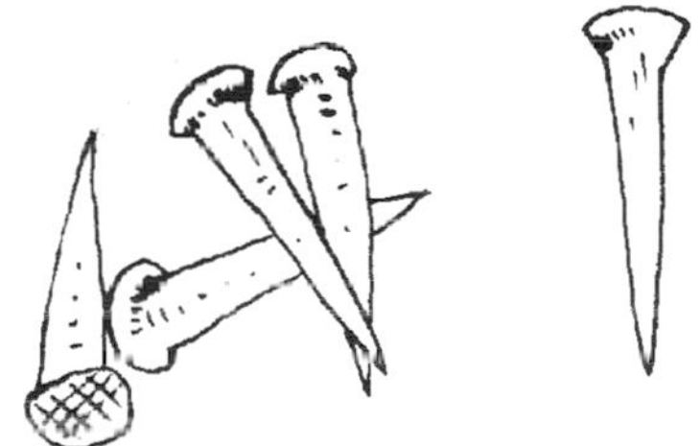

zhuān झुआन

लेटर सील वर्ण

ओरेकल-अस्थि अभिलेखों में 专 वर्ण एक तकुए के चारों ओर घूमने वाले हाथ की तरह दिखाई पड़ता है, जो यह दर्शाता है कि तकुए के साथ हाथ को घुमाते हुए धागे की कताई हो रही है। 专 का मूल अर्थ "तकुआ" था। चीनी वर्ण जिसमें 专 अवयव होता है, उसका अर्थ "घुमाना", "गोल गोल गोड़ना" या "घुमाना और आगे बढ़ाना" होता है जैसे, 抟, 团 (團), 转 और 传। और 专 का प्रयोग संज्ञा के रूप में भी हो सकता है जिसका अर्थ "जमीन पर घूमते हुए पहिए को ईंट की मदद से स्थिर करना" होता है। आजकल, हालांकि इसका ज्यादा प्रयोग "अकेला", "पवित्र" और "एकल" के अर्थ में होता है।

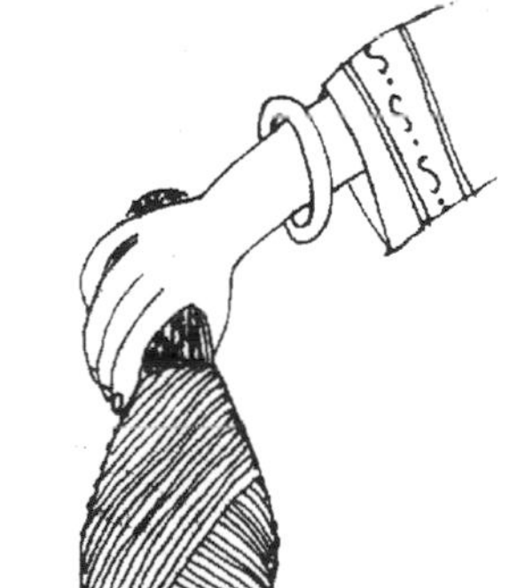

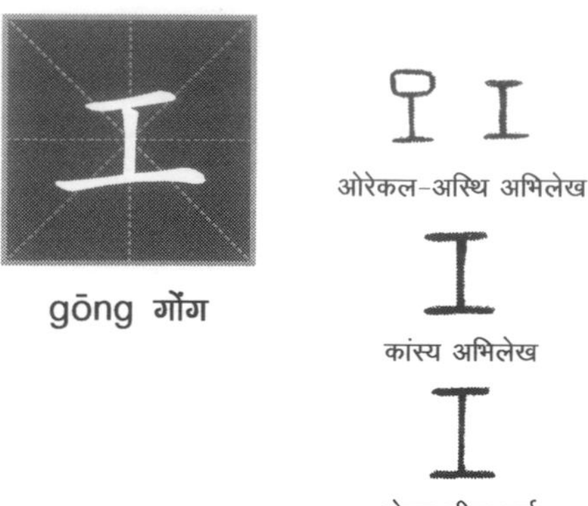

प्राचीन काल में, 工 वर्ण एक स्क्वेअर रूल की तरह दिखाई पड़ता है, इसलिए इसका प्राथमिक अर्थ "स्क्वेअर रूल" होता है, जहाँ से "बढ़ई" या "शिल्पकार" जैसे विस्तृत अर्थों की व्युत्पत्ति हुई है। कभी-कभी इसका प्रयोग "मजदूर" के अर्थ में भी किया जा सकता है। शिल्पकार बहुत अधिक सावधानी और कौशल के साथ काम करता है, और 工 वर्ण ने आगे चलकर "सावधान" और "कुशल" का अर्थ ले लिया।

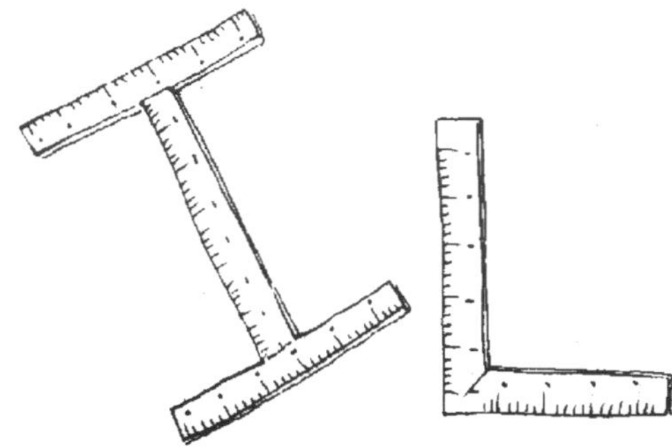

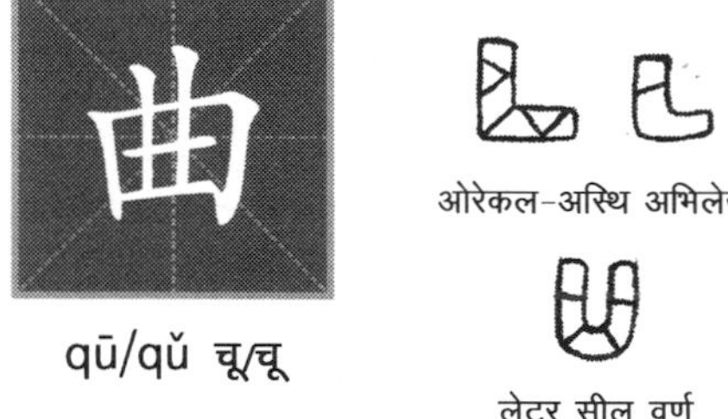

ओरेकल-अस्थि अभिलेखों और कांस्य अभिलेखों में 曲 वर्ण बढ़ई के चौकोर दस्ते की तरह दिखाई पड़ता है। इसका प्राथमिक अर्थ "मुड़ना" होता है जो 直 (सीधा) का विपरीत है, जहाँ से "घुमावदार", "छुपा हुआ" और "अप्रत्यक्ष" जैसे विस्तृत अर्थों की व्युत्पत्ति हुई है। चू के उच्चारण वाले 曲 वर्ण का प्रयोग गीत की धुन के संदर्भ में भी किया जा सकता है।

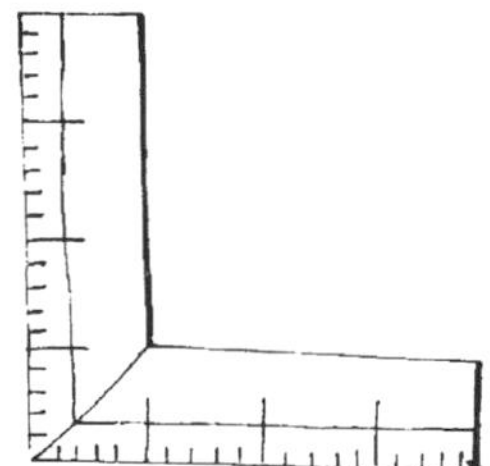

jù जू

कांस्य अभिलेख

लेटर सील वर्ण

巨, 矩 का मूल रूप है जिसका प्रयोग बढ़ई के चौकोर दस्ते के संदर्भ में होता है। शून जी (ह्सुन त्जु) कहते हैं, "वृत्त इतने सटीक हैं जैसे उन्हें कंपासों के जोड़े की मदद से खींचा गया हो, और चौकोर आकार को "बढ़ई के दस्ते से" कांस्य अभिलेखों में 巨 वर्ण एक ऐसे आदमी की तरह दिखाई पड़ता है जिसके हाथ में बढ़ई का चौकोर दस्ता है। हालाँकि, 巨 वर्ण का उपयोग अब मुख्यतः "विशाल" और "कद में बहुत बड़ा" के अर्थ में होता है, और इसके मूल अर्थ की अभिव्यक्ति 矩 द्वारा की जाती है।

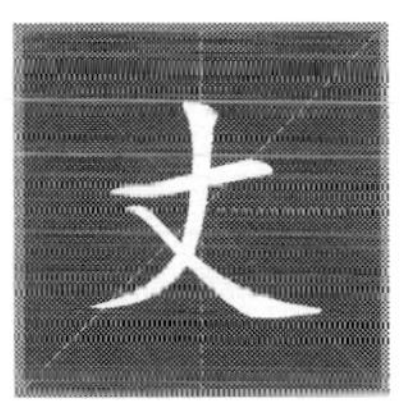

zhàng झांग

लेटर सील वर्ण

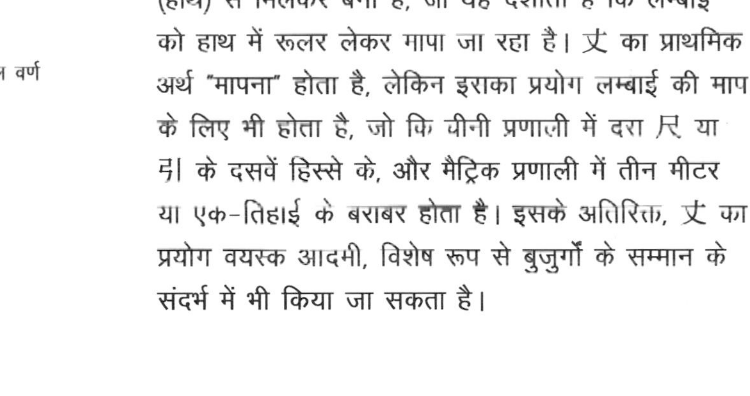

लेटर सील वर्णों में, 丈 वर्ण 十 (रूलर या पैमाना) और 又 (हाथ) से मिलकर बना है, जो यह दर्शाता है कि लम्बाई को हाथ में रूलर लेकर मापा जा रहा है। 丈 का प्राथमिक अर्थ "मापना" होता है, लेकिन इसका प्रयोग लम्बाई की माप के लिए भी होता है, जो कि चीनी प्रणाली में दस 尺 या 引 के दसवें हिस्से के, और मैट्रिक प्रणाली में तीन मीटर या एक-तिहाई के बराबर होता है। इसके अतिरिक्त, 丈 का प्रयोग वयस्क आदमी, विशेष रूप से बुजुर्गों के सम्मान के संदर्भ में भी किया जा सकता है।

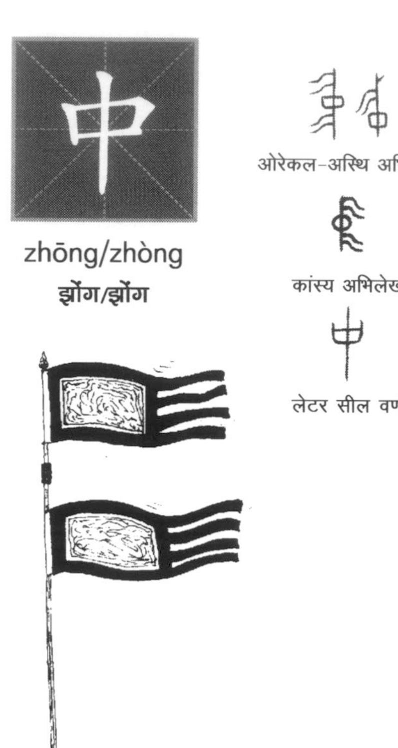

zhōng/zhòng
झोंग/झोंग

ओरेकल-अस्थि अभिलेख

कांस्य अभिलेख

लेटर सील वर्ण

प्राचीन चीन में, कई पताकों वाले झंडे को 斿 के नाम से जाना जाता था। झंडे में लगे पताकों की संख्या को उसके मालिक के पद से तय किया जाता था, और राजा के झंडे में बारह पताके होते थे। ओरेकल-अस्थि अभिलेखों और कांस्य अभिलेखों में, 中 वर्ण एक ऐसे झंडे की तरह दिखाई पड़ता है जिसमें कई पताके हैं, और इसके मस्तूल के केंद्र में लकड़ी का एक टुकड़ा लगा होता है जो इसे मजबूत बनाता है। इस लकड़ी के टुकड़े को 中 कहा जाता है, लेकिन चूंकि यह मस्तूल के केंद्र में होता है, इसलिए 中 वर्ण का अर्थ "मध्य", "केंद्र" होता है, जहाँ से "भीतर" और "मध्य में" जैसे अर्थों की व्युत्पत्ति हुई है। राजनीति में मध्यमार्गी सोच को अपनाने के लिए, और किसी भी अतिवाद से नहीं जुड़ने की क्रिया को भी中 कहा जाता है, जैसे 中行 (बीच का रास्ता), 中庸 (मध्य)।

lǚ लू

ओरेकल-अस्थि अभिलेख

कांस्य अभिलेख

लेटर सील वर्ण

प्राचीन काल में, जब सैनिक युद्ध पर जाने वाले होते थे, तब वे एक झंडे के नीचे एकत्रित होते थे और सबसे पहले आदेश को सुनते थे। ओरेकल-अस्थि अभिलेखों और कांस्य अभिलेखों में 旅 वर्ण लोगों के एक समूह की तरह दिखाई पड़ता है जो एक झंडे के नीचे एकत्रित हैं। इसलिए 旅 का प्राथमिक अर्थ "सैनिकों का एक समूह" है, विशेष रूप से 500 सैनिकों का एक ब्रिगेड। लेकिन इसका प्रयोग आम तौर पर सैन्य टुकड़ी के संदर्भ में किया जा सकता है। इसके अतिरिक्त, 旅 का अर्थ "लोगों की भीड़" या "यात्रा" भी हो सकता है।

xuán शुआन

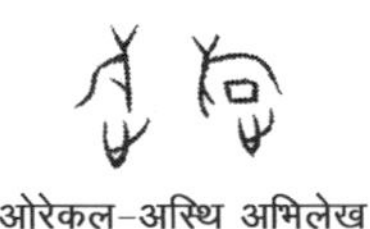

ओरेकल-अस्थि अभिलेख

कांस्य अभिलेख

लेटर सील वर्ण

ओरेकल-अस्थि अभिलेखों और कांस्य अभिलेखों में 旋 वर्ण एक झंडे के नीचे रखे पैर की तरह दिखाई पड़ता है, जो यह दर्शाता है कि लोग उस झंडे के साथ आगे बढ़ रहे हैं और 旋 वर्ण संभवतः मूल शब्द 正 (征) से बना है जो यह दर्शाता है कि लोग किसी अभियान पर जाते हैं। लेटर सील वर्णों में 正 वाला हिस्सा 疋 (या 足) में परिवर्तित हो गया है। 旋 का प्राथमिक अर्थ "विजय में सेना की वापसी" है, लेकिन इसका अर्थ "सामान्य रूप से लौटना" भी हो सकता है। इसका विस्तृत अर्थ "चक्कर काटना" भी होता है।

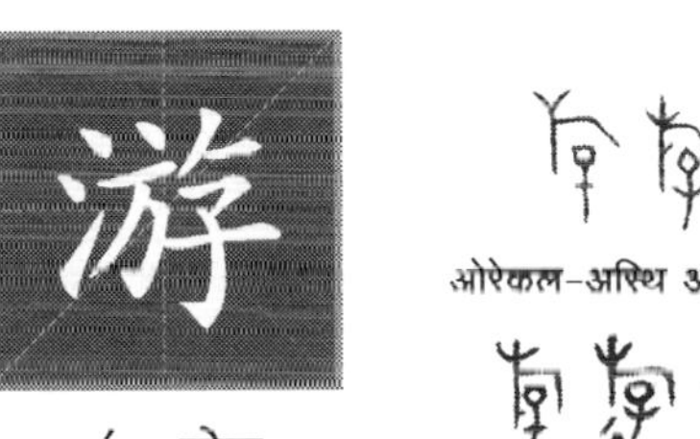

yóu योऊ

ओरेकल-अस्थि अभिलेख

कांरय अगिलेख

लेटर सील नर्ण

प्राचीन काल में, जब भी किसी तरह की बाहर होने वाली गतिविधि या सैन्य अभियान होता था, तब झंडे और ढ़ोल इसकी विशालता को बढ़ाने के लिए उपयोग में लाए जाते थे। ओरेकल-अस्थि अभिलेखों और आरंगिक कांस्य अभिलेखों में, 游 वर्ण एक ऐसे आदमी की तरह दिखाई पड़ता है जो हाथ में झंडा लेकर आगे की तरफ बढ़ रहा है, और पताके हवा में लहरा रहे हैं। 游 का मूल अर्थ "झंडे के साथ जुलूस निकालना" होता था, लेकिन इसका प्रयोग विशेष रूप से पताके के संदर्भ में भी हो सकता है, हालांकि इस अर्थ के लिए वास्तविक वर्ण 斿 है। कांस्य अभिलेखों में, कभी-कभी वर्ण में पैर का हिस्सा (止) भी दिखाई पड़ता है जो कि आधुनिक व्युत्पन्न इकाई है, 遊 वर्ण पैर की गतिविधि को दर्शाता है। आजकल, हालांकि 斿, 遊 और 游 में अंतर नहीं रह गया है और इन सभी को 游 के रूप में लिखा जाता है।

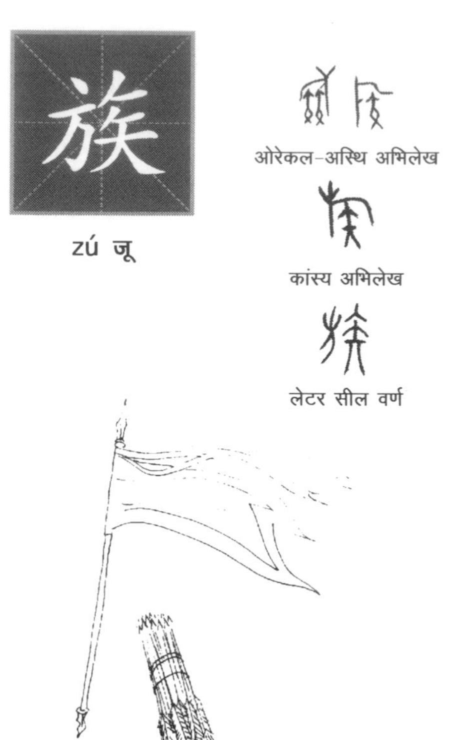

प्राचीन काल में, जनजाति या कबीला सिर्फ ऐसे लोगों का समूह नहीं होता था जिनके बीच खून का रिश्ता होता था, बल्कि यह एक सैन्य संस्था भी होती थी। ओरेकल-अस्थि अभिलेखों और कांस्य अभिलेखों में, 族 वर्ण एक झंडे के नीचे बने तीर की तरह दिखाई पड़ता है जिसमें तीर हथियार को दर्शाता है और झंडा उस जगह का प्रतिनिधित्व करता है जहाँ लोग एकत्रित होते हैं। 族 का प्राथमिक अर्थ "जनजाति", "कबीला" या "परिवार" होता है। जब इसका प्रयोग क्रिया के रूप में किया जाता है तब इसका अर्थ "एकत्रित होना" और "एक जगह इकट्ठा होना" होता है।

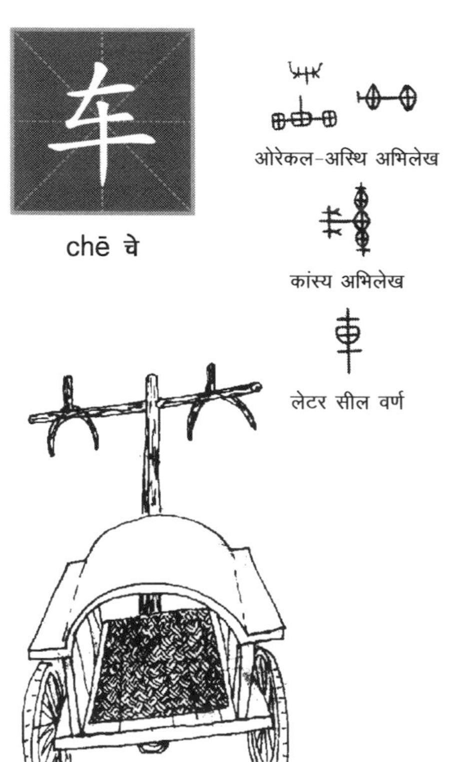

车 का प्रयोग ऐसी सवारी के संदर्भ में होता है जिसमें पहिए लगे होते हैं और जो सड़क पर चलती है। ओरेकल-अस्थि अभिलेखों और कांस्य अभिलेखों में 车 वर्ण एक गाड़ी की तरह दिखाई पड़ती है जिसमें इसके सभी अवयव मौजूद हैं जैसे गाड़ी, पहिए, धुरा और साँकल। लेटर सील वर्णों में इसका अर्थ सिमट कर ऐसी चीज में बदल गया है जिसमें सिर्फ गाड़ी, पहिए और धुरा होता है। 车 अवयव वाले अधिकतर वर्णों का संबंध 车 और इसके प्रयोग से होता है, जैसे 轨 (रास्ता), 轮 (पहिया), 转 (मोड़ना), 载 (ढोना) और 军 (सेना)।

liǎng लीआंग

कांस्य अभिलेख

लेटर सील वर्ण

两, 辆 का मूल रूप था। प्राचीन काल में, किसी भी गाड़ी को आम तौर पर दो घोड़ों द्वारा खींचा जाता था, इसलिए गाड़ी में सामान्यतया दो घोड़ों के लिए साँकल होता था। और 两 वर्ण कांस्य अभिलेखों में इसी साँकल की तरह दिखाई पड़ता है। इसलिए 两 का मूल रूप से प्रयोग गाड़ी के लिए हो सकता है। लेकिन इसका अधिक सामान्य प्रयोग गिनती के रूप में होता है जिसका अर्थ "दो" है। अतीत में, यह गाड़ियों के लिए वर्गीकारक के रूप में प्रयुक्त होता है जिसे आजकल 辆 द्वारा दर्शाया जाता है। इसके अतिरिक्त, 两 वजन का माप भी होता है, जो चीनी प्रणाली में दस 钱 या 斤 के दसवें हिस्से, और मैट्रिक प्रणाली में 50 ग्राम के बराबर होता है।

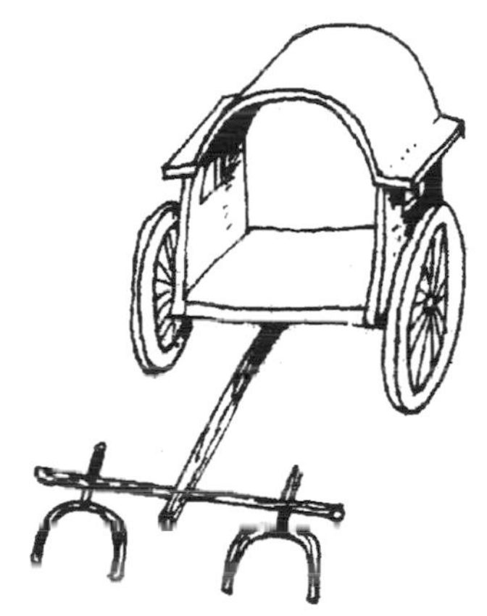

niǎn नीआन

कांस्य अभिलेख

लेटर सील वर्ण

कांस्य अभिलेखों में, 辇 वर्ण एक ऐसी गाड़ी की तरह दिखाई पड़ता है जिसे दो लोग खींच रहे हैं, इसलिए इसका मूल अर्थ "आदमी द्वारा खींची जाने वाली गाड़ी" होता है। चीन और हान साम्राज्यों के समय से ही 辇 वर्ण का प्रयोग विशेष रूप से सम्राट या साम्राज्ञी की गाड़ी के संदर्भ में होता आया है, जैसे 帝辇 (सम्राट की गाड़ी) 凤辇 (साम्राज्ञी की गाड़ी)।

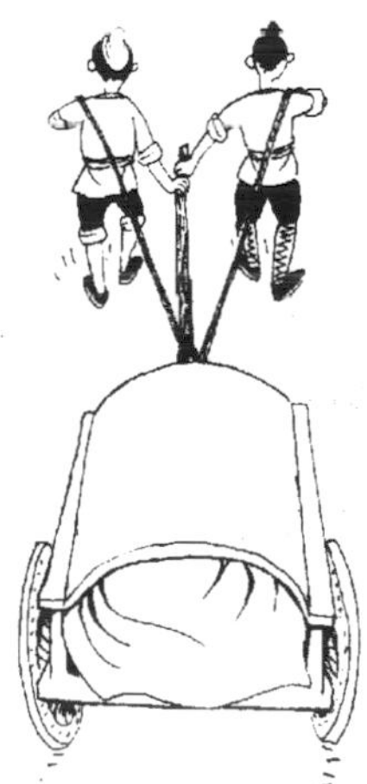

yú यू

ओरेकल-अस्थि अभिलेख

लेटर सील वर्ण

प्राचीन लेखन प्रणालियों में, 輿 वर्ण ऐसा दिखाई पड़ता है जैसे एक पालकी को चार हाथों से ढोया जा रहा है। इसका मूल अर्थ "पालकी ढोना" था, और इसका प्रयोग ढोने के सामान्य अर्थ में भी हो सकता है। लेकिन इसे पालकी या गाड़ी के अर्थ में भी प्रयोग में ला सकते हैं। इसके अतिरिक्त, 輿 वर्ण लोगों के प्राचीन दस-पद व्यवस्था में छठे पद के नाम के लिए भी किया जाता था, जो कि निम्न सामाजिक स्तर के लोग थे, और दूसरे शब्दों में जिन्हें आम लोग कहा जाता है।

hōng होंग

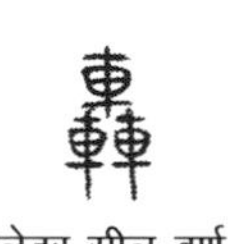

लेटर सील वर्ण

轟 वर्ण अपने मूल जटिल स्वरूप में तीन गाड़ी वाले हिस्सों से बना है, जो यह दर्शाता है कि एक साथ कई गाड़ियाँ दौड़ रही हैं और बहुत शोर कर रही हैं। अनुरणनात्मक शब्द के रूप में प्रयुक्त इस वर्ण का प्रयोग एक ही समय में दौड़ रही गाड़ियों से निकले शोर या एक जैसे शोर के संदर्भ में होता है। जब इसका प्रयोग क्रिया के रूप में होता है तो इसका अर्थ "बिजली", "बम गिरना", "बम का गोला गिराना", "वाहन चलाना" आदि होता है।

zhōu झोऊ

ओरेकल-अस्थि अभिलेख

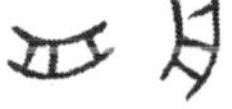

कांस्य अभिलेख

लेटर सील वर्ण

ओरेकल-अस्थि अभिलेखों और कांस्य अभिलेखों में, 舟 वर्ण एक सरल नाव की तरह दिखाई पड़ता है, इसलिए इसका प्राथमिक अर्थ "नाव" होता है। इसका प्रयोग तश्तरी के संदर्भ में भी किया जा सकता है, जिसे प्राचीन काल में 茶舟 और वर्तमान में 茶船 के नाम से जाना जाता है। 舟 अवयव वाले वर्णों का संबंध नाव और इसके उपयोग से होता है, जैसे 航 (नाव खेना), 舫 (नाव), 舰 (युद्धपोत), 艇 (हल्के नाव) और 艘 (नावों के लिए वर्गीकारक)।

yú यू

कांस्य अभिलेख

लेटर सील वर्ण

कांस्य अभिलेखों में, 俞 वर्ण में इसके बायीं तरफ नाव वाला हिस्सा और दायीं तरफ छेनी जैसा हिस्सा होता है और बगल में बिंदु होता है जो कि लकड़ी के टुकड़े को काटने के लिए होता है। 俞 का मूल अर्थ "लकड़ी के कुंदे में गहरा छेद काटकर नाव बनाना" था, और इसका प्रयोग जोंगी को निकालने के संदर्भ में भी हो सकता है। हालाँकि, इसका अधिक प्रयोग शास्त्रीय चीनी भाषा में विस्मयादिबोधक के रूप में हुआ है, और आधुनिक चीनी भाषा में उपनाम के रूप में, अब इसका मूल अर्थ खो चुका है।

qián चिआन

कांस्य अभिलेख

लेटर सील वर्ण

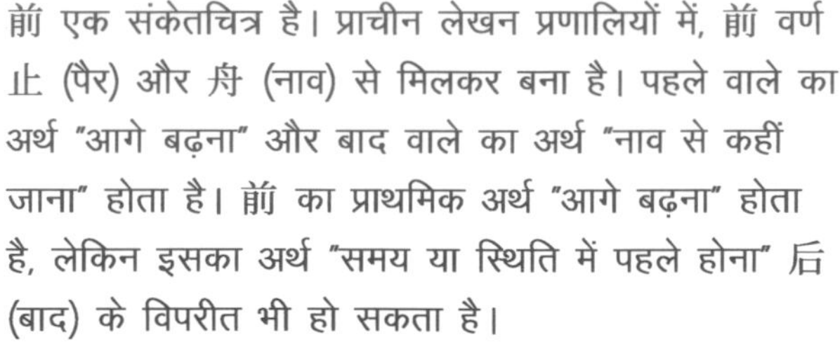

前 एक संकेतचित्र है। प्राचीन लेखन प्रणालियों में, 前 वर्ण 止 (पैर) और 舟 (नाव) से मिलकर बना है। पहले वाले का अर्थ "आगे बढ़ना" और बाद वाले का अर्थ "नाव से कहीं जाना" होता है। 前 का प्राथमिक अर्थ "आगे बढ़ना" होता है, लेकिन इसका अर्थ "समय या स्थिति में पहले होना" 后 (बाद) के विपरीत भी हो सकता है।

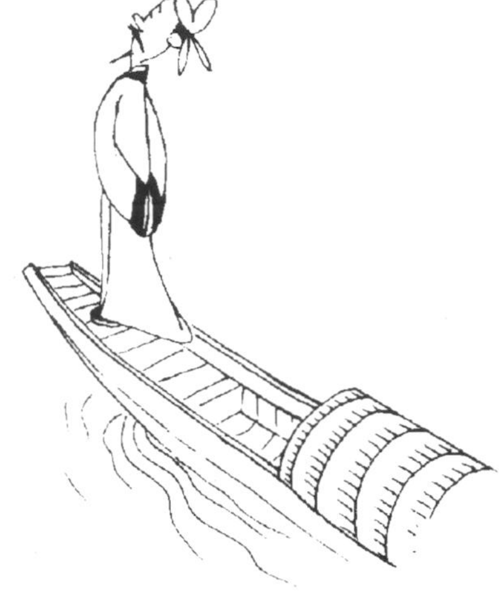

háng हांग

ओरेकल-अस्थि अभिलेख

लेटर सील वर्ण

ओरेकल-अस्थि अभिलेखों में, 航 वर्ण एक ऐसे आदमी की तरह दिखाई पड़ता है जो एक लम्बे खम्भे से नाव को चला रहा है। इसका प्राथमिक अर्थ "नाव चलाना", "नाव खेना" होता है। लेकिन इसका अर्थ "नाव" विशेष रूप से "जुड़वा नाव" (方舟) भी हो सकता है। लेटर सील वर्णों में, 航 वर्ण एक ध्वन्यात्मक अवयव है। इसलिए शू शेन ने अपने *ऑरिजिन ऑफ चाइनीज़ कैरेक्टर्स* में कहा है कि "航, या 方舟 में मूल शब्द 方 है और 亢 ध्वनिप्रधान शब्द है।" इसके अतिरिक्त, 航 का अर्थ "हवा में यात्रा करना" भी हो सकता है।

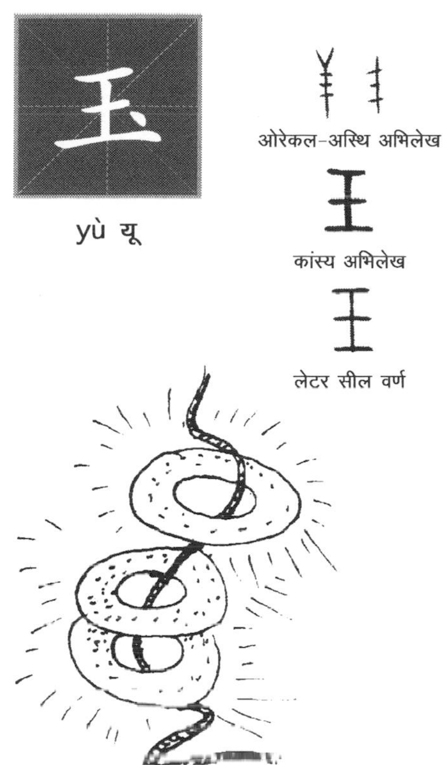

ओरेकल-अस्थि अभिलेखों में, 玉 वर्ण ऐसे कई सारे हरिताश्म पत्थर को वस्तुओं की तरह दिखाई पड़ता है जिन्हें धागे से बांधकर एक किया गया है, इसलिए इसका प्राथमिक अर्थ "हरिताश्म पत्थर से बनी वस्तु" या सिर्फ "हरिताश्म पत्थर" होता है। एक अनमोल पत्थर होने के कारण हरिताश्म पत्थर का उपयोग प्रायः आभूषण या मूर्तियाँ बनाने में होता है। इसलिए लोग अक्सर 玉 का प्रयोग सुंदर या अनमोल चीजों के सूचक के रूप में करते हैं, जैसे 玉颜 (अच्छी शक्ल), 玉体 (गोरा शरीर), 玉女 (सुंदर लड़की)। 玉 अवयव वाले वर्णों का संबंध अधिकतर हरिताश्म पत्थर से होता है, जैसे 环 (अँगूठीय छल्ला), 珍 (कोष), 琳 (सुंदर हरिताश्म पत्थर), 琢 (तराशा हुआ हरिताश्म पत्थर) और 球 (गेंद)।

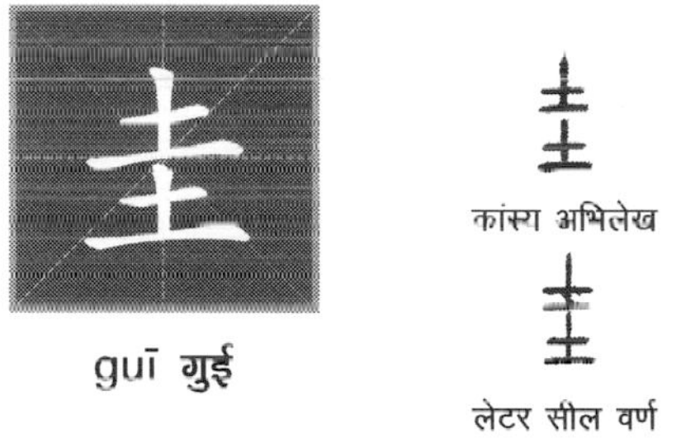

圭 हरिताश्म पत्थर से बना एक चौकोर दस्ता होता है जिसे प्राचीन काल में आयोजनों के दौरान शासक अपने हाथ में पकड़ते थे। इसके नुकीले सिरे और चौड़े आधार के साथ यह 土 वर्ण की तरह दिखाई पड़ता है। इसलिए 圭 वर्ण मे दो 土 एक के ऊपर एक होते हैं। 圭 वर्ण में कभी-कभी 玉 अवयव भी होता है जो इस पर जोर देता है कि यह हरिताश्म पत्थर से बना है।

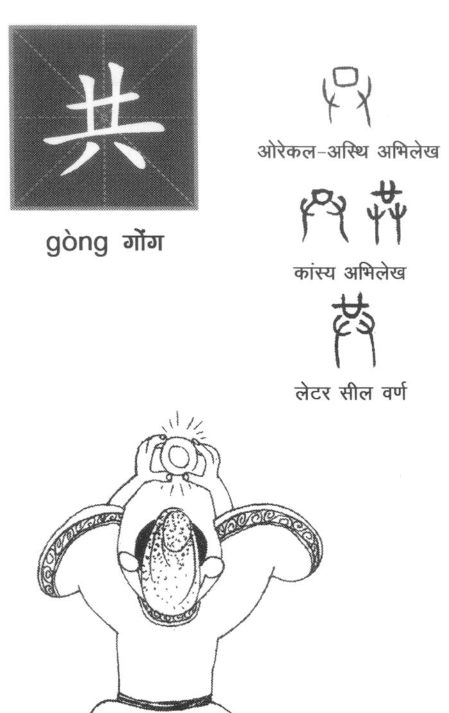

gòng गोंग

ओरेकल-अस्थि अभिलेख

कांस्य अभिलेख

लेटर सील वर्ण

共, 拱 या 供 का मूल रूप था। ओरेकल-अस्थि अभिलेखों और कांस्य अभिलेखों में 共 वर्ण एक ऐसे आदमी की तरह दिखाई पड़ता है जिसने अपने दो हाथों में हरिताश्म पत्थर का टुकड़ा पकड़ा हुआ है। हरिताश्म की कीमत बहुत अधिक होती है, और इसका उपयोग अक्सर स्मारक समारोहों में पूर्वजों को प्रसाद के रूप में चढ़ाया जाता है। इसलिए 共 का मूल अर्थ "प्रसाद के रूप में हरिताश्म पत्थर को पकड़ना" था, जहाँ से "घेरा बनाना" और "घेरना और सुरक्षा करना" का अर्थ निकला और जिसे अब 拱, "आपूर्ति करना" 供, जैसे विस्तृत अर्थों की व्युत्पत्ति हुई है। किसी चीज को पकड़ते समय दोनों हाथों का प्रयोग एक समय में होता है, इसलिए 共 का अर्थ "एक साथ" होना भी होता है, जैसे 同舟共济 (एक ही नाव में नदी पार करना या एक ही स्थिति में फँसे लोगों का एक-दूसरे की मदद करना)।

nòng नोंग

ओरेकल-अस्थि अभिलेख

कांस्य अभिलेख

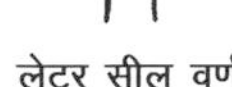

लेटर सील वर्ण

प्राचीन लेखन प्रणालियों में, 弄 वर्ण ऐसे दो हाथों की तरह दिखाई पड़ता है जो हरिताश्म पत्थर के एक टुकड़े से खेल रहे हैं, इसलिए इसका मूल अर्थ "हरिताश्म पत्थर से खेलना", या "सिर्फ खेलना" होता है। प्राचीन काल में ऐसे लोग जिनके पास खेलने के लिए हरिताश्म पत्थर से बनी चीजें थीं वे निश्चित रूप से बहुत अमीर होते थे, जैसे राजा, मंत्री, सिपाही के प्रमुख, और उनके परिवार सदस्यगण, इसलिए हरिताश्म पत्थर से खेलना एक नजर में आने वाली सांस्कृतिक गतिविधि थी। हालाँकि, आजकल 弄 वर्ण का प्रयोग अक्सर अपमानजनक अर्थ में होता है, जैसे 弄权 (निजी लाभ के लिए शक्ति का प्रयोग), 愚弄 (किसी को बेवकूफ बनाना), 戏弄 (साजिश रचना), 弄巧成拙 (ऐसी चालाकी करना जिसका परिणाम एक बहुत बड़ी गलती होती है)।

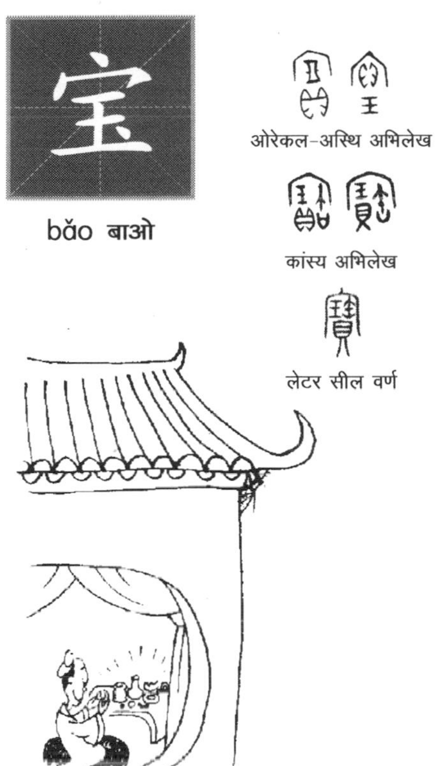

ओरेकल-अस्थि अभिलेखों में, 宝 वर्ण घर में एक सीपी और हरिताश्म पत्थर के टुकड़े की तरह दिखाई पड़ता है। प्राचीन काल में चीजों के विनिमय में प्रयुक्त माध्यम के रूप में समुद्री सीपी धन का प्रतीक था, और हरिताश्म पत्थर बहुत ही दुर्लभ और अमूल्य वस्तु थी। इसलिए 宝 का स्वरूप यह दर्शाता है कि घर के मालिक के पास बहुत बड़ा खजाना और धन है। कांस्य अभिलेखों में, इसके उच्चारण को दर्शाने के लिए इसमें 缶 हिस्सा जोड़ा गया है, जिसके फलस्वरूप यह एक ध्वन्यात्मक अवयव बन गया है। सामान्य लिपि में 宝 वर्ण की संरचना भी है। लेकिन आधुनिक सरलीकृत रूप में, 贝 और 缶 हिस्से छूटे हुए हैं, जो इसे वापस एक संकेतचित्र में बदल देते हैं जो 宀 (घर) और 玉 (हरिताश्म पत्थर) रो बना है।

कांस्य अभिलेख

लेटर सील वर्ण

प्राचीन लेखन प्रणालियों में, 班 वर्ण हरिताश्म पत्थर के दो टुकड़ों की तरह दिखाई पड़ता है जिसके बीच में एक चाकू है, जो यह दर्शाता है कि चाकू रो हरिताश्म पत्थर को विभाजित किया जा रहा है। 班 का मूल अर्थ "हरिताश्म पत्थर को विभाजित करना" था, जहाँ से "बाँटना", "फैलना" और "व्यवस्था" जैसे अर्थों की व्युत्पत्ति हुई है। 班 का प्रयोग संज्ञा के रूप में भी हो सकता है जिसका अर्थ "पद", "स्तर" होता है, या सैन्य दस्ते की इकाई के लिए भी प्रयुक्त हो सकता है।

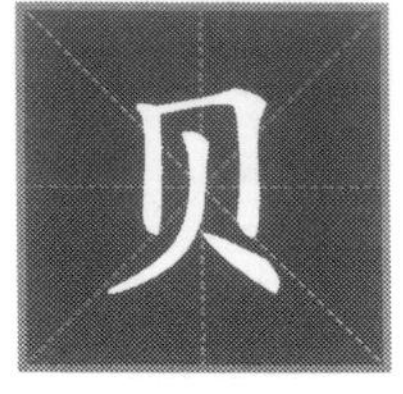

bèi बेई

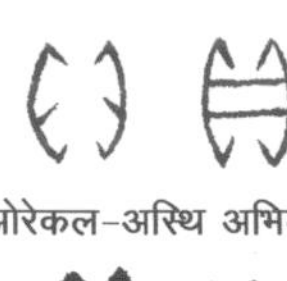

ओरेकल-अस्थि अभिलेख

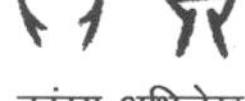

कांस्य अभिलेख

लेटर सील वर्ण

贝 का अर्थ "घोंघा" होता है, हालांकि प्राचीन चीन में इसका प्रयोग मुख्य रूप से उन जानवरों के लिए होता था जो समुंद्र में रहते हैं। ओरेकल-अस्थि अभिलेखों और कांस्य अभिलेखों में 贝 वर्ण एक सीपी (शेल्फिश) की तरह दिखाई पड़ता है। समुद्र से बहुत दूर, प्राचीन काल में मध्य चीन के लोगों के लिए सीपी (शेल्फिश) प्राप्त करना आसान नहीं था। और सीपी (शेल्फिश) को गले के हार जैसे मूल्यवान आभूषणों में देखा जाता था और इसे अमीर लोग पहनते थे। सीपी (शेल्फिश) सबसे पुरानी मुद्रा भी है और धन का संकेत भी। 贝 अवयव वाले वर्णों का संबंध पैसे या खजाने से होता है, जैसे, 财 (संपत्ति), 货 (सामान), 贯 (हजार सिक्कों की माला), 贸 (व्यापार), 贵 (महँगा), 赁 (किराए पर देना) और 贷 (उधार)।

péng पेंग

ओरेकल-अस्थि अभिलेख

कांस्य अभिलेख

लेटर सील वर्ण

प्राचीन काल में, पाँच सीपियाँ मिलकर एक तार बनाती थीं, और सीपियों के दो तार को 朋 कहा जाता था। ओरेकल-अस्थि अभिलेखों और कांस्य अभिलेखों में, 朋 वर्ण सीपियों के दो तार की तरह दिखाई पड़ती हैं, जो कि इसका मूल अर्थ था। बाद में, इसका प्रयोग पैसों की इकाई के रूप में होने लगा, जैसा कि *क्लासिक ऑफ पोयट्री* में दिखाया गया है, *"जब मैं दोस्त से मिला तो मुझे उसने सौ पेंग दिए।"* आजकल, हालाँकि, 朋 का प्रयोग ज्यादातर "दोस्त", "दल", "साथी" के संदर्भ में किया जाता है, या क्रिया जिसका अर्थ "जुड़ना" के रूप में भी प्रयुक्त होता है।

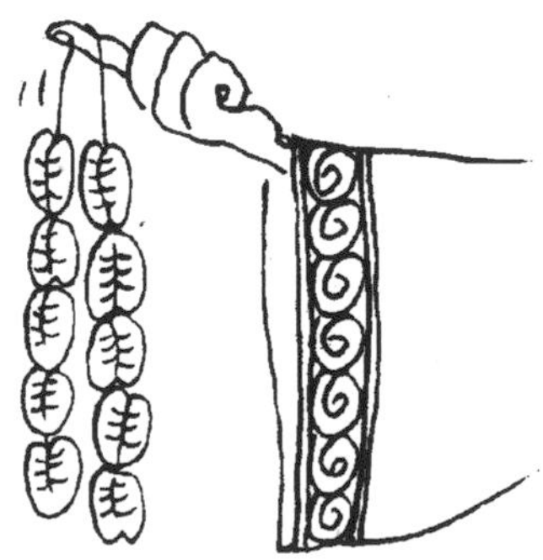

dé दे

ओरेकल-अस्थि अभिलेख

कांस्य अभिलेख

लेटर सील वर्ण

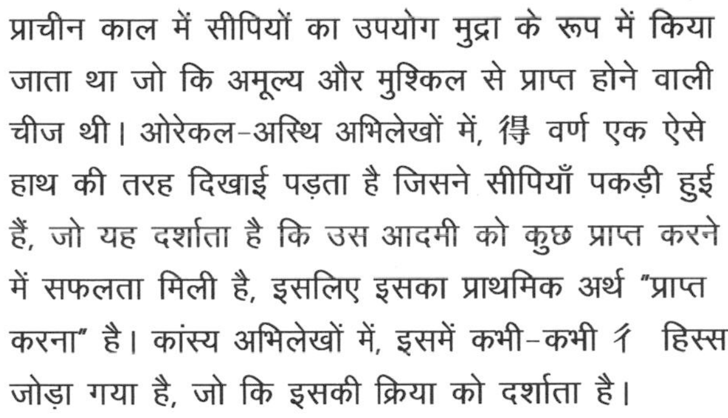

प्राचीन काल में सीपियों का उपयोग मुद्रा के रूप में किया जाता था जो कि अमूल्य और मुश्किल से प्राप्त होने वाली चीज थी। ओरेकल-अस्थि अभिलेखों में, 得 वर्ण एक ऐसे हाथ की तरह दिखाई पड़ता है जिसने सीपियाँ पकड़ी हुई हैं, जो यह दर्शाता है कि उस आदमी को कुछ प्राप्त करने में सफलता मिली है, इसलिए इसका प्राथमिक अर्थ "प्राप्त करना" है। कांस्य अभिलेखों में, इसमें कभी-कभी 彳 हिस्सा जोड़ा गया है, जो कि इसकी क्रिया को दर्शाता है।

yīng यींग

कांस्य अभिलेख

लेटर सील वर्ण

सीपियाँ मूल्यवान थीं, और प्राचीन काल में मुश्किल से मिलती थीं। इसका उपयोग आभूषण के रूप में होता था, जो एक-साथ बंधी रहती थीं और औरतें जिसे अपने गले में पहनती थीं, और साथ ही मुद्रा के रूप में भी प्रयोग होता था। 婴 वर्ण, सीपी वाला हिस्सा (贝) और औरत वाला हिस्सा (女) से बना है, जो यह दर्शाता है कि औरतों ने अपने गले में सीपियों का हार पहना है। इसलिए *ऑरिजिन ऑफ चाइनीज़ कैरेक्टर्स* कहता है, "婴 का अर्थ गले का हार होता है।" आजकल, हालाँकि, इसका प्रयोग नवजात शिशु, विशेष रूप से लड़की के संदर्भ में होता है।

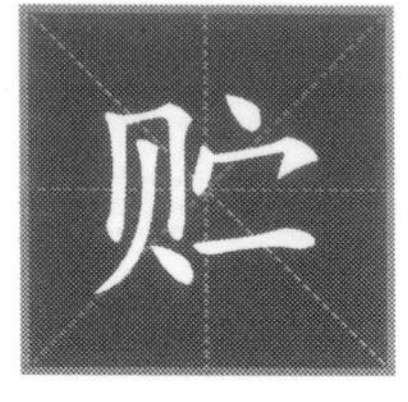

zhù झू

ओरेकल-अस्थि अभिलेख

कांस्य अभिलेख

लेटर सील वर्ण

ओरेकल-अस्थि अभिलेखों में, 贮 वर्ण एक भाव चित्र है, जो छाती में सीपी की तरह दिखाई पड़ता है, इसलिए इसका प्राथमिक अर्थ "जमा करना" होता है। कांस्य अभिलेखों में, इसके रूप में कुछ परिवर्तन हुआ है, और सीपी वाले हिस्से (贝) को छाती वाले हिस्से (宁, झू) में रखा गया है। लेटर सील वर्णों में, छाती वाला हिस्सा (宁), सीपी वाले हिस्से (贝) के दायीं तरफ खिसककर आ गया है, जिसके परिणामस्वरूप यह एक ध्वन्यात्मक अवयव में बदल गया है जिसमें 贝 मूल शब्द और 宁 ध्वनिप्रधान शब्द है।

mǎi माई

ओरेकल-अस्थि अभिलेख

कांस्य अभिलेख

लेटर सील वर्ण

प्राचीन लेखन प्रणालियों में, 买 वर्ण जाल वाला हिस्सा (网) और सीपी वाला हिस्सा (贝) से मिलकर बना है, जो यह दर्शाता है कि सीपी के बदले किसी चीज को जाल के साथ प्राप्त किया जा रहा है। सीपी का उपयोग मुद्रा के रूप में होता था, जो कि प्राचीन कल में चीजों के विनिमय का माध्यम था। इसलिए 买 का अर्थ "ख़रीदना", "पैसे के बदले किसी चीज को प्राप्त करना" होता है जो 卖 (बेचना) का विपरीत है।

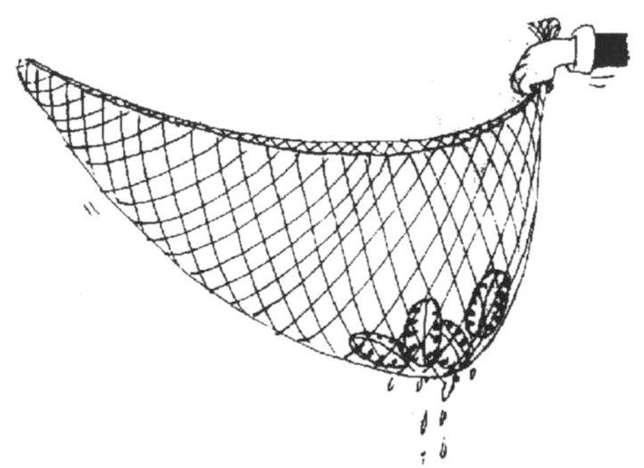

fù फू

लेटर सील वर्ण

लेटर सील वर्णों में, 负 वर्ण 人 (आदमी) और 贝 (सीपी) से बना है। चूंकि सीपी धन का प्रतीक है, इसलिए जिस आदमी के पास यह होता है वह एक तरह से स्वयं को शक्तिशाली महसूस करेगा। इसलिए *ऑरिजिन ऑफ चाइनीज़ कैरेक्टर्स* कहता है, "人 और 贝 से बने 负 वर्ण का अर्थ है शक्ति का होना, साथ होना।" 负 का मूल अर्थ "भरोसा करना" था, जहाँ से "क्षतिपूर्ति करना", "बकाया में होना" और "उस स्तर तक जीने में असफल होना" जैसे विस्तृत अर्थों की व्युत्पत्ति हुई है। इसके अतिरिक्त 负 का अर्थ "ढोना" भी हो सकता है।

shí शी

कांस्य अभिलेख

लेटर सील वर्ण

शू शेन ने अपने *ऑरिजिन ऑफ चाइनीज कैरेक्टर्स* में कहा है कि, "实 का अर्थ अमीर होता है।" कांस्य अभिलेखों में 实 वर्ण 宀 (घर), 田 (जमीन) और 贝 (सीपी) से बना है, जो यह दर्शाता है कि परिवार के पास जमीन और पैसा है। लेटर सील वर्णों में, 宀 (घर) और 贯 (हजार सिक्कों की तार) से बना वर्ण है, जो यह अमीरी को भी दर्शाता है। इसलिए 实 का मूल अर्थ "अमीर", "पर्याप्त" या "धन", "सम्पत्ति" था। इसके विस्तृत अर्थों में "भरा हुआ", 空 (ख़ाली) का विपरीत और "वास्तविक", 假 (नक़ली) का विपरीत भी शामिल है।

jī जी

लेटर सील वर्ण

प्राचीन काल में, कुर्सी या मेजें नहीं होती थीं। लोग जमीन पर बैठते थे, और उनकी पीठ या बाँह को सहारा देने के लिए उनके बगल में कुछ रखा जाता था। वह चीज पतली और लम्बी होती थी, और उसके छोटे पैर होते थे, जो कि चाय वाली मेज जैसी दिखाई पड़ती थी। लेटर सील वर्णों में 几 वर्ण ऐसी ही छोटी मेज जैसा दिखाई पड़ता है। आजकल, हालाँकि, 几 वर्ण का प्रयोग मुख्यतः 幾 के सरलीकृत रूप में होता है, जिसका उच्चारण 'जी' और अर्थ "थोड़ा सा" होता है।

chǔ चू

कांस्य अभिलेख

लेटर सील वर्ण

कांस्य अभिलेखों में, 处 वर्ण एक ऐसे आदमी की तरह दिखाई पड़ता है जो तिपाई पर बैठा है, जिसमें 虍 ध्वनिप्रधान होता है। 处 का मूल अर्थ "बैठना" था, जहाँ से "अवस्थित", "रहना" और "तालमेल बैठाना" जैसे विस्तृत अर्थों की व्युत्पत्ति हुई है। लेकिन इसका प्रयोग मुख्य रूप से "प्रबंधन" और "व्यापार करना" जैसे अर्थों में होता है।

chuáng चुआंग

ओरेकल-अस्थि अभिलेख

लेटर सील वर्ण

प्राचीन काल में, 床 का प्रयोग उस तरह के फर्नीचरों के लिए होता था जिसका प्रयोग बैठने और सोने दोनों के लिए किया जाता था। ओरेकल-अस्थि अभिलेखों में, 床 वर्ण अंत में उस बिस्तर की तरह दिखाई पड़ता है जिसमें इसका तख्त और किनारा दोनों है। लेटर सील वर्ण में लकड़ी वाले हिस्से (木) को जोड़ा गया था, जो यह दर्शाता है कि यह लकड़ी से बना है। सामान्य लिपि में अशिष्टता को 床 के रूप में लिखा गया है, जो कि इसके आधुनिक सरलीकृत रूप का मूल है।

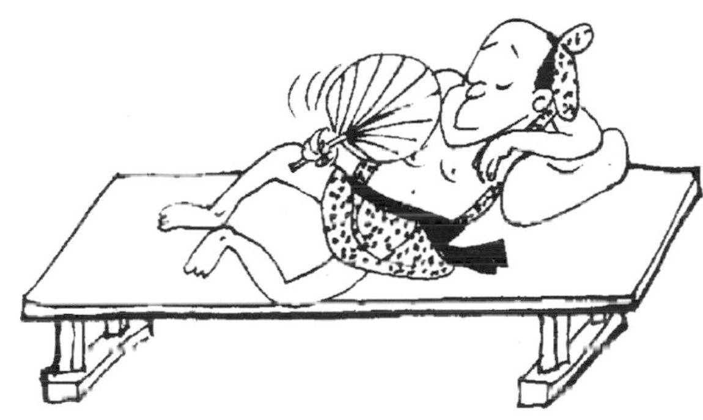

xí शी

प्राचीन लिपि

लेटर सील वर्ण

席 चटाई की तरह वाले मसनद के संदर्भ में प्रयुक्त होता है जो बेंत, बांस या पतले तिनके से बना होता है, जिस पर लोग बैठ या लेट सकते हैं। जैसा कि *ऑरिजिन ऑफ चाइनीज़ कैरेक्टर्स* में दर्ज है, प्राचीन लिपि में 席 वर्ण तिनके की एक ऐसी चटाई की तरह दिखाई पड़ता है जो घर की छत के नीचे है। 席 का प्राथमिक अर्थ "चटाई की तरह वाला मसनद" है, जहाँ से "बैठने की जगह", "बैठने का क्रम" और "भोज" जैसे अर्थों की व्युत्पत्ति हुई है।

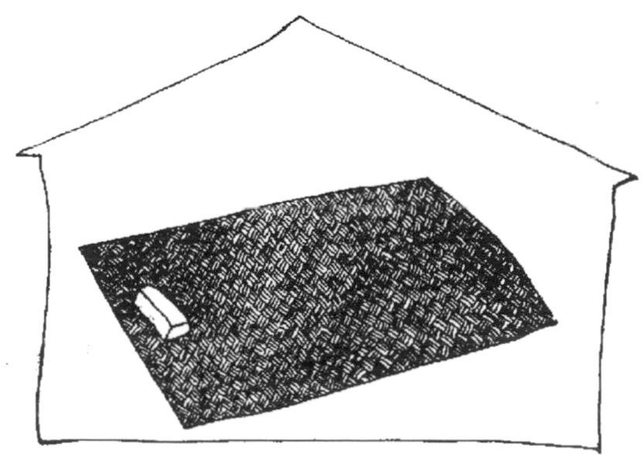

yīn यीन

ओरेकल-अस्थि अभिलेख

कांस्य अभिलेख

लेटर सील वर्ण

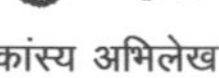

因, 茵 का मूल रूप था। प्राचीन लेखन प्रणालियों में, 因 वर्ण एक ऐसे आदमी की तरह दिखाई पड़ता है जो चटाई की तरह वाले मसनद पर लेटा हुआ है। इसका मूल अर्थ "तिनके की चटाई" था। चूंकि चटाई एक ऐसी चीज है जिससे आदमी को सहारा मिलता है, 因 वर्ण ने "भरोसा करना", "के आधार पर", "निर्भर करना", "अनुसरण करना", और यहाँ तक कि "अभियान" और "कारण" का भी अर्थ भी ग्रहण कर लिया।

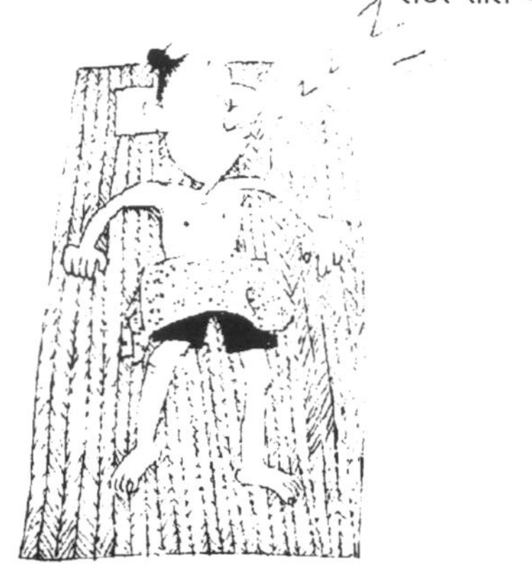

gǔ गू

ओरेकल-अस्थि अभिलेख

कांस्य अभिलेख

लेटर सील वर्ण

鼓 का अर्थ "ढोल" होता है, जो एक तरह का वाद्ययंत्र है जिसमें एक खोखले वृत्ताकार संरचना के दोनों तरफ चमड़े की पट्टी को खींचकर लगाया जाता है। प्राचीन काल में, सेना के मुख्य अधिकारी ढोल का उपयोग दुश्मन के खिलाफ आक्रमण की शुरुआत का संकेत देने के लिए करते थे और घंटी का उपयोग सेना को वापस लाने के लिए होता था। प्राचीन लेखन प्रणालियों में, 鼓 वर्ण एक ऐसे आदमी की तरह दिखाई पड़ता है जो ढोल की डंडी से ढोल को बजा रहा है। "ढोल को पीटने" के इसके प्राथमिक अर्थ से इसके विस्तृत अर्थों जैसे "पीटना", "काटना" और "बजाना (संगीत वाद्ययंत्र) की व्युत्पत्ति हुई, जैसे 鼓掌 (ताली बजाना), 鼓瑟 (से नाम के तार वाले यंत्रों को खींचना)। इसका अर्थ "उत्तेजित होना (鼓动)", "प्रोत्साहित करना (鼓励)" और "प्रेरित करना (鼓舞)" भी हो सकता है। चूंकि ढोल का आकार गोल होता है, इसलिए 鼓 वर्ण का प्रयोग "उभरा हुआ" के अर्थ में भी होता है, जैसे 鼓腹 (पेट का उभरना)।

péng पेंग

ओरेकल-अस्थि अभिलेख

कांस्य अभिलेख

लेटर सील वर्ण

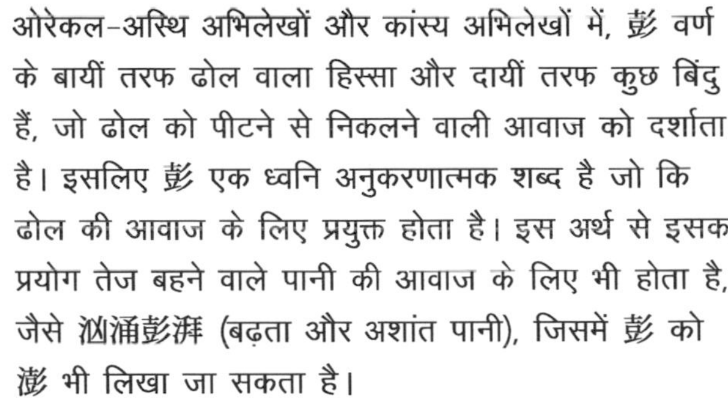

ओरेकल-अस्थि अभिलेखों और कांस्य अभिलेखों में, 彭 वर्ण के बायीं तरफ ढोल वाला हिस्सा और दायीं तरफ कुछ बिंदु हैं, जो ढोल को पीटने से निकलने वाली आवाज को दर्शाता है। इसलिए 彭 एक ध्वनि अनुकरणात्मक शब्द है जो कि ढोल की आवाज के लिए प्रयुक्त होता है। इस अर्थ से इसका प्रयोग तेज बहने वाले पानी की आवाज के लिए भी होता है, जैसे 汹涌彭湃 (बढ़ता और अशांत पानी), जिसमें 彭 को 澎 भी लिखा जा सकता है।

xǐ शी

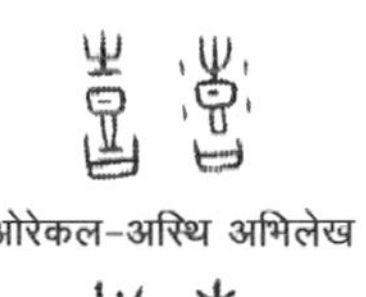

ओरेकल-अस्थि अभिलेख

कांस्य अभिलेख

लेटर सील वर्ण

ओरेकल-अस्थि अभिलेखों में, 喜 वर्ण एक चौकोर संरचना पर रखे ढोल की तरह दिखाई पड़ता है जिसमें दोनों तरफ स्थित कुछ बिंदु हैं जो उरारो निकलने वाली आवाज का प्रतिनिधित्व करती हैं, और यह दर्शाती हैं कि उत्राव के अवरार पर ढोल को पीटा जा रहा है। "उत्सव" के इसके प्राथमिक अर्थ से इसके विस्तृत अर्थों जैसेः "खुश", "खुशनुमा" और "परांद करना।" की व्युत्पत्ति हुई है।

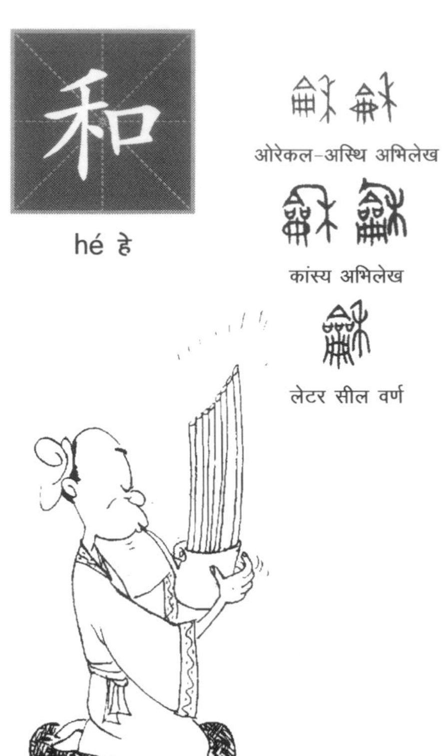

hé हे

ओरेकल-अस्थि अभिलेख

कांस्य अभिलेख

लेटर सील वर्ण

प्राचीन लेखन प्रणालियों में, 和 वर्ण में बायीं तरफ एक हवा वाला यंत्र है जो बांस की नली से बना है, और ध्वन्यात्मक शब्द 禾 दायीं तरफ है। इसलिए 和 का प्राथमिक अर्थ "संगीतमय सुर" है, जहाँ से "नर्म" और "मुलायम" जैसे विस्तृत अर्थों की व्युत्पत्ति हुई है।

yuè/lè यूए/ले

ओरेकल-अस्थि अभिलेख

कांस्य अभिलेख

लेटर सील वर्ण

इस बात को समझा जा सकता है कि प्राचीन तार वाले वाद्ययंत्र बहुत सरल होते थे। किंवदंती के अनुसार, "शून ने दक्षिण के सुर के लिए पाँच तारों वाले वाद्ययंत्र का आविष्कार किया है।" और झोऊ साम्राज्य के किंगवेन और किंगवू दोनों ने इसमें एक-एक तार जोड़े हैं, जिसके फलस्वरूप यह वर्तमान का सात तारों वाला एक वाद्ययंत्र बना है। ओरेकल-अस्थि अभिलेखों और कांस्य-अभिलेखों में, 乐 वर्ण एक ऐसे संगीत वाद्ययंत्र की तरह दिखाई पड़ता है जिसमें लकड़ी के एक टुकड़े के ऊपर तार को खींचकर लगाया गया है। यह वर्ण ना केवल सात तारों वाले वाद्ययंत्र के लिए प्रयुक्त होता है बल्कि सभी प्रकार के संगीत वाद्ययंत्रों के लिए प्रयोग किया जाता है। और आजकल इसका अर्थ "संगीत" होता है। चूंकि संगीत कान के लिए सुकूनदायक होता है और लोगों को संतोष देता है, इसलिए 乐 वर्ण का प्रयोग क्रिया के रूप में होता है जिसका उच्चारण ले है, और जिसका अर्थ "खुश, आनंदित या उल्लसित होना" भी हो सकता है।

qín चिन

लेटर सील वर्ण

琴 एक प्राचीन तार वाला वाद्ययंत्र है। लेटर सील वर्ण में, 琴 वर्ण इस संगीत वाद्ययंत्र के एक रेखाचित्र की तरह दिखाई पड़ता है जिसे एक तरफ से देख गया है: नीचे का वृत्ताकार हिस्सा इसके शरीर और ऊपर में 王 वाला हिस्सा तार को पकड़ने के लिए होता है। लेकिन इसका प्रयोग कुछ संगीत वाद्ययंत्रों के लिए आम शब्दावली के रूप में भी हो सकता है, जैसे 钢琴 (पीआनो), 提琴 (वायलिन), 胡琴 (चीनी सारंगी) और 口琴 (माउथ ऑर्गन)।

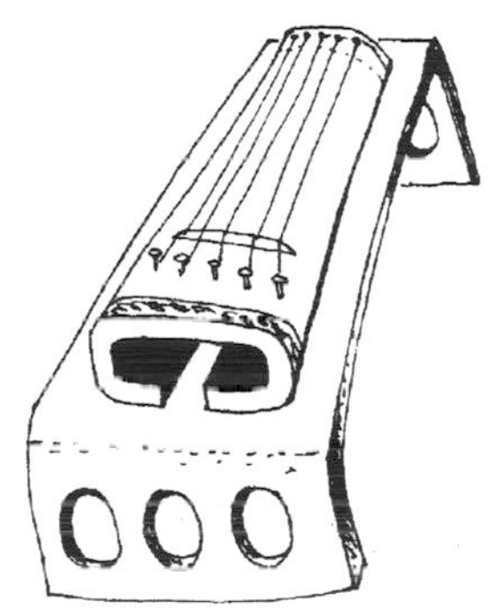

gēng गेंग

ओरेकल-अस्थि अभिलेख

कांस्य अभिलेख

लेटर सील वर्ण

आरम्भिक ओरेकल-अस्थि अभिलेखों और आरम्भिक कांस्य-अभिलेखों द्वारा मूल्यांकन करने पर, 庚 वर्ण एक संगीत वाद्ययंत्र के संदर्भ में प्रयुक्त होता है जो एक झुनझुने वाले ढोल की तरह दिखाई पड़ता है। इसके हर तरफ धागे से बंधी मणिकाएँ होती हैं, जो शरीर और झुनझुने को छूती हैं जब यंत्र को बजाया जाता है। हालाँकि, यह वर्ण अब मुख्य रूप से सातवें स्वर्गीय तान, अनुक्रम के पारम्परिक चीनी प्रणाली के नाम के लिए प्रयुक्त होता है और इसका मूल अर्थ खो गया है।

qìng चिंग

ओरेकल-अस्थि अभिलेख

लेटर सील वर्ण

磬 बढ़ई के दस्ते के आकार में होता है, और यह एक चोट करने वाला वाद्ययंत्र है, जो हरिताश्म, पत्थर या धातु से बना होता है। ओरेकल-अस्थि अभिलेखों में, 磬 वर्ण एक ऐसे आदमी की तरह दिखाई पड़ता है जो लटकते हुए झंकार के पत्थर को हथौड़े से पीट रहा है। लेटर सील वर्ण में, इसमें पत्थर वाला हिस्सा (石) को जोड़ा गया है, जो यह दर्शाता है कि यह आम तौर पर पत्थर से बना होता है। चूंकि यह वाद्ययंत्र बढ़ई के दस्ते की तरह झुका होता है, 磬 वर्ण का अर्थ "घुमाना" भी हो सकता है।

yè ये

कांस्य अभिलेख

लेटर सील वर्ण

业 एक ऐसी संरचना के संदर्भ में प्रयुक्त होता है जिसके ऊपर संगीत वाद्ययंत्रों जैसे घंटी, ढोल और झंकार वाले पत्थरों को पकड़े रखने के लिए दाँत होते हैं और जिसके खम्भे उस आदमी के आकार के होते हैं जिसने अपने दोनों हाथों से शहतीर को सहारा दिया है। कांस्य अभिलेखों में, 业 वर्ण इस यंत्र की संरचना के रेखाचित्र की तरह दिखाई पड़ता है। लेटर सील वर्ण में, हालांकि यह आदमी की तरह वाला खम्भा गलती से लकड़ी के हिस्से (木) में परिवर्तित हो गया है, और इससे इसका मूल चित्र खो गया है। इसका अर्थ भी परिवर्तित हो गया है और आजकल इसका प्रयोग आम तौर पर "व्यापार", "पेशा", "उद्योग" और "पाठ्यक्रम" के अर्थ में होता है।

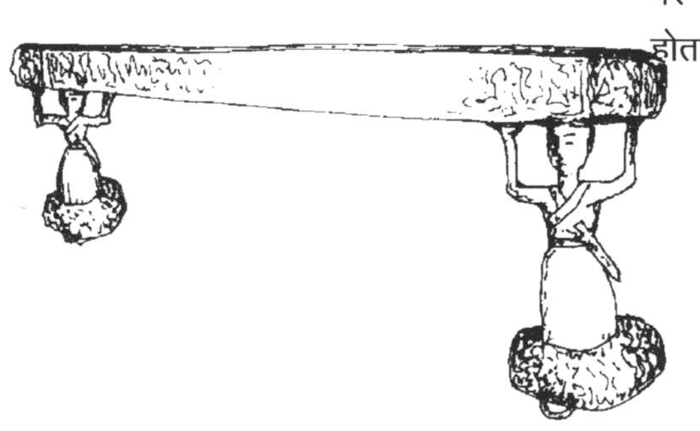

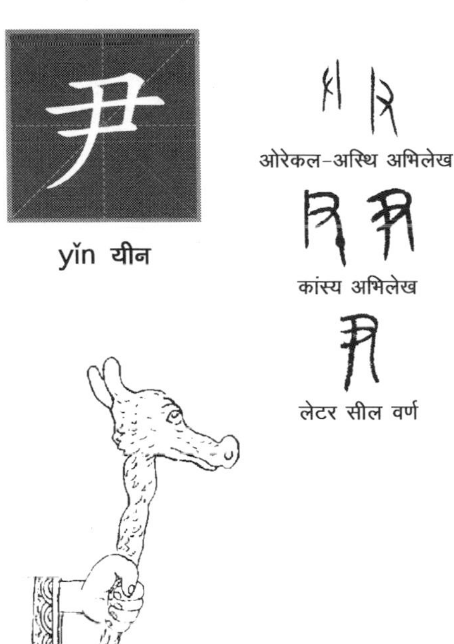

尹 एक संकेतचित्र है। प्राचीन लेखन प्रणालियों में, 尹 वर्ण एक ऐसे आदमी की तरह दिखाई पड़ता है जिसने अपने हाथ में राजदंड संभाला हुआ है। राजदंड शक्ति का प्रतीक होता है। एक आदमी जिसके हाथ में राजदंड है वह प्रभारी होता है, इसलिए 尹 का अर्थ "शासक" होता है। 尹 वर्ण का प्रयोग अक्सर आधिकारिक पद जैसे 京兆尹 (राजधानी वाले शहर का प्रमुख), 县尹 (प्रांत का मजिस्ट्रेट) के अर्थ में होता है। और 尹 का प्रयोग आधिकारिक पद से आए उपनाम के रूप में होता है।

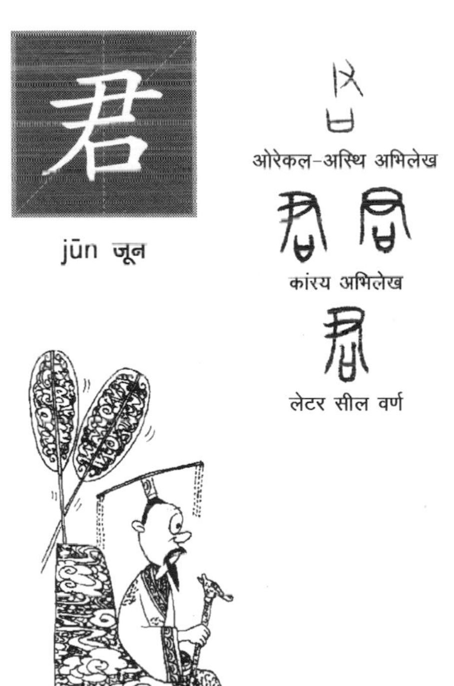

君 वर्ण 尹 और 口 से बना है, पहले वाला हाथ में डंडा लिए लोगों को कुछ करने के लिए निर्देशित करने की प्रक्रिया को दर्शाता है और बाद वाला आदेश पारित करने की प्रक्रिया को दर्शाता है। इसलिए 君 का प्रयोग उन लोगों के संदर्भ में होता है जो दूसरों को आदेश देने की स्थिति में होते हैं, विशेष रूप से देश का सबसे उच्च शासक। लेकिन इसका प्रयोग सम्मानजनक शब्दावली जैसे 严君 (मेरे पिता), 家君 (मेरे पिता), 夫君 (मेरे पति) के लिए भी किया जा सकता है। जब इसका प्रयोग क्रिया के रूप में होता है तब इसका अर्थ "शासन करना" और "प्रभुत्व रखना" होता है।

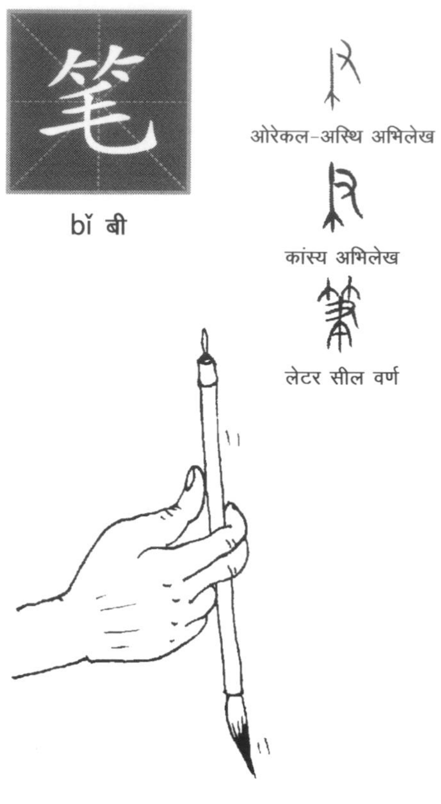

笔 का प्रयोग ऐसे यंत्र के लिए होता है जिससे लिखा जाता है, अर्थात, कलम। चीन में पहले प्रकार की कलम को 毛笔(लिखने वाली कूची) कहा जाता है। पुरातात्विक उत्खनन द्वारा हुए मूल्यांकन के अनुसार, लिखने वाली कूची का सबसे पहले उपयोग युद्धरत राज्यों के शासन में हुआ था। लेकिन हम अन्य स्रोतों से यह अनुमान लगा सकते हैं कि लिखने वाली कूची का उपयोग और भी पुराने समय से अर्थात आदिम समाज के अंत के समय से किया जाने लगा था। ओरेकल-अस्थि अभिलेखों और कांस्य अभिलेखों में, 笔 वर्ण एक ऐसे हाथ की तरह दिखाई पड़ता है जिसने लिखने वाली कूची को पकड़ा है। सिर पर तीन-नोंक वाला हिस्सा इसके बाल वाले हिस्से को दर्शाता है। आरम्भिक लिखने वाली कूचियों में लकड़ी का पतला डंडा लगा होता था। चीन साम्राज्य में में तीआन के काल से, हालांकि बांस की डंडियों ने लकड़ी की जगह ले ली थी। इसलिए लेटर सील वर्ण में इस वर्ण में बांस का हिस्सा (⺮) जोड़ा गया था। अभी प्रयोग में आने वाली आधुनिक सरलीकृत रूप एक नई संरचना है जो ⺮ (बांस) और 毛 (बाल) से बना है।

ओरेकल-अस्थि अभिलेखों और कांस्य-अभिलेखों में 畫 वर्ण एक ऐसे आदमी की तरह दिखाई पड़ता है जो लिखने वाली कूची की मदद से क्रॉस वाला निशान बना रहा है, इसलिए इसका प्राथमिक अर्थ "चित्रकारी करना" होता है। 畫 वर्ण का अर्थ "सीमा तय करना" भी होता है, जिसे आम तौर पर 划 द्वारा अभिव्यक्त किया जाता है, बाद के कांस्य अभिलेखों और लेटर सील वर्ण में जमीन वाले हिस्से (田) को जोड़ा गया है, जो दो जमीन के बीच सीमांकन को दर्शाता है।

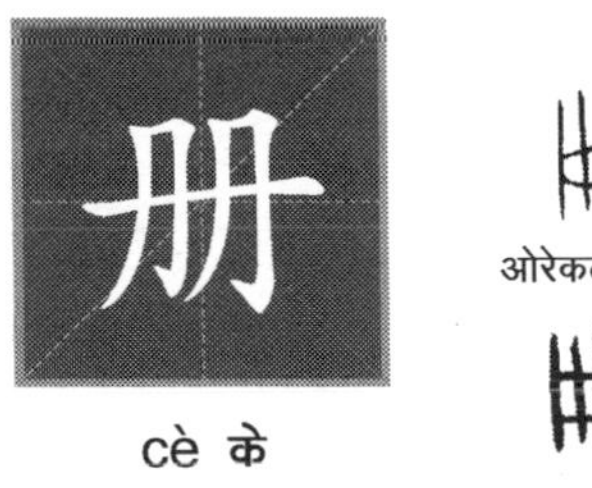

cè के

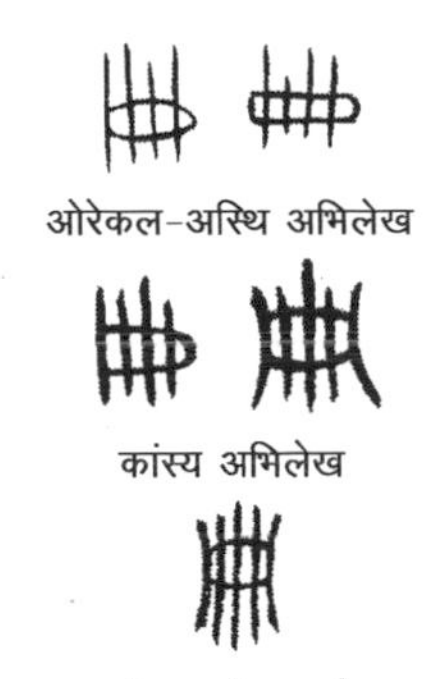

कागज के आविष्कार से पहले, चीन में लिखने के लिए प्रयुक्त होने वाली महत्वपूर्ण सामग्रियों में बांस की पर्चियाँ थीं और एक साथ बंधी हुई पर्चियाँ किताब होती हैं। प्राचीन लेखन प्रणालियों में, 册 वर्ण में कई बांस की पर्चियाँ एक साथ बंधी हुई हैं, इसलिए इसका अर्थ "किताब" और "ग्रंथ" होता है।

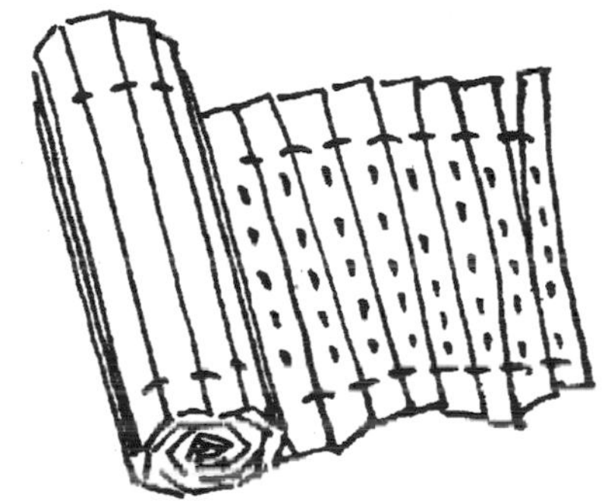

diǎn दीआन

ओरेकल-अस्थि अभिलेखों में, 典 वर्ण ऐसे दो हाथों की तरह दिखाई पड़ता है जिन्होंने किताब पकड़ी हुई है। कांस्य अभिलेखों और लेटर सील वर्ण में, इस वर्ण की संरचना परिवर्तित हो गई है: किताब दो हाथों के बजाय मेज पर है। लेकिन इसका अर्थ परिवर्तित नहीं हुआ है। 典 का प्रयोग उन किताबों के संदर्भ में होता है जिनमें कानून के कोड और नियम दर्ज होते हैं। और इसका प्रयोग इन किताबों में प्रावधानों और नियमों के संदर्भ में, या आचरण के सामान्य कोड के संदर्भ में भी होता है। क्रिया के रूप में प्रयुक्त होने पर, इसका अर्थ "किसी का प्रभारी होना", "किसी काम में संलग्न होना" या "कुछ गिरवी रखना" होता है।

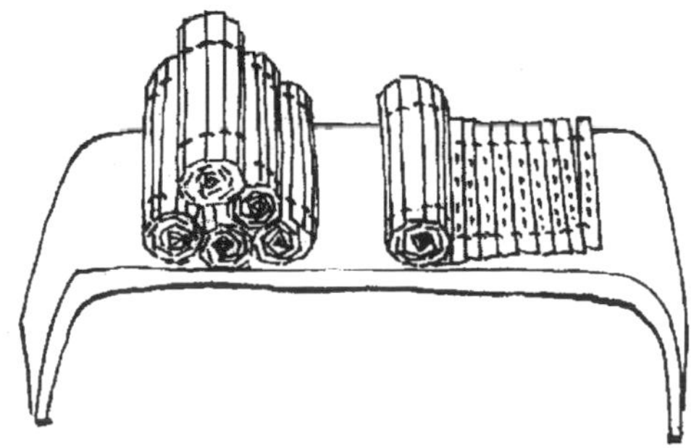

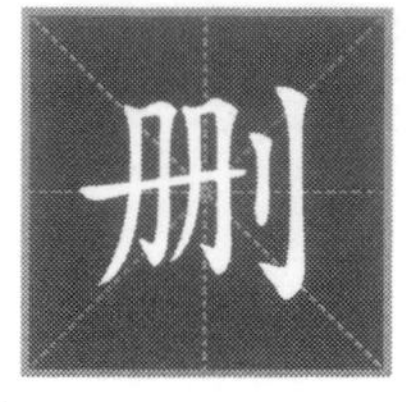

shān शान

लेटर सील वर्ण

जब लोग बांस की पर्चियों पर लिखने वाली कूची से लिखते थे, तब गलत वर्ण को खुरचने के लिए वे चाकू का उपयोग करते थे। और इस तरह 删 वर्ण द्वारा इसका अर्थ निकला, जो कि 册 (किताब) और 刀 (चाकू) से बना है। "हटाने" के इसके प्राथमिक अर्थ से "संक्षिप्त करना" और "छोटा करना" जैसे अर्थों की व्युत्पत्ति हुई है।

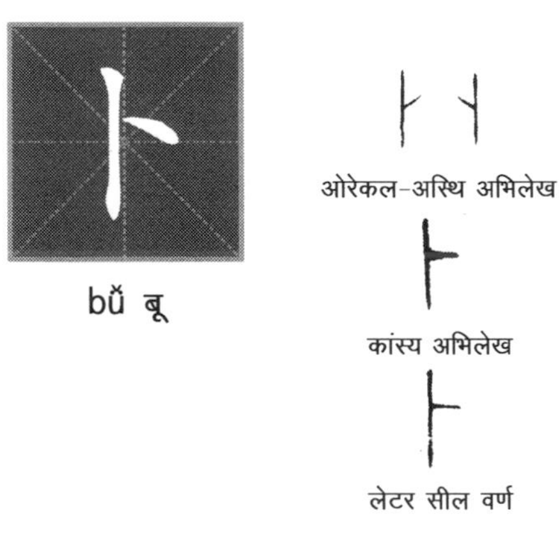

bǔ बू

ओरेकल-अस्थि अभिलेख

कांस्य अभिलेख

लेटर सील वर्ण

प्राचीन काल में लोग अंधविश्वासी थे और किसी भी काम को करने से पहले परिणाम को जानने की कोशिश करते थे। चीन में, भविष्य को बांचने का एक तरीका कछुए के कवच को तब तक पकाना था जब तक कि वह आराम से फट ना जाए। और इसमें आई दरार की दिशा, लम्बाई और अन्य गुण भविष्य की घटना के सूचक की तरह देखे जाते थे: कि इसका परिणाम सफल होगा या असफल। प्राचीन लेखन प्रणालियों में, 卜 वर्ण कछुए के कवच पर पड़े दरार की तरह दिखाई पड़ता है। इस अर्थ में यह एक चित्रलेख है। लेकिन 卜 का उच्चारण कछुए के कवच में पड़ने वाले दरार से उत्पन्न आवाज की तरह है, और इस अर्थ में, यह एक अनुरणात्मक ध्वनि है। भविष्य बांचने के इसके अर्थ से "भविष्यवाणी करना", "अनुमान लगाना", "चयन करना" जैसे अर्थों की व्युत्पत्ति हुई है।

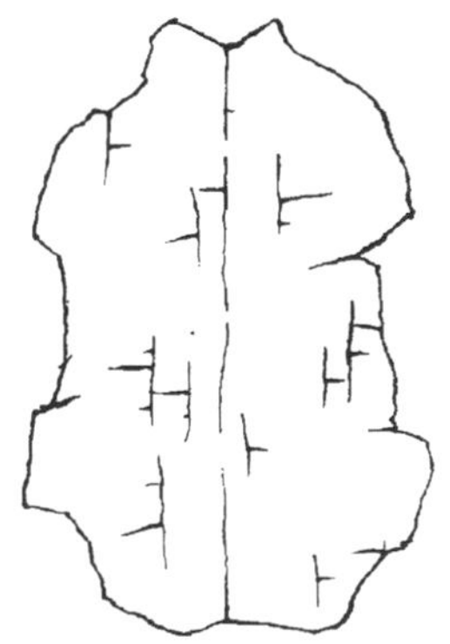

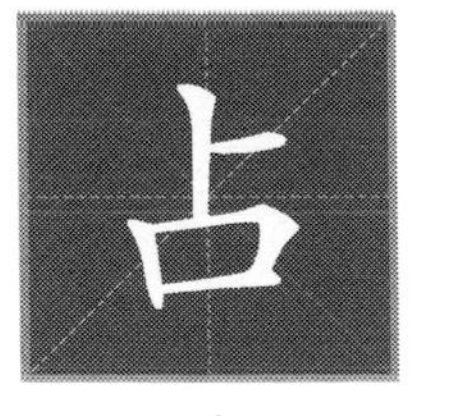

zhān/zhàn
झान/झान

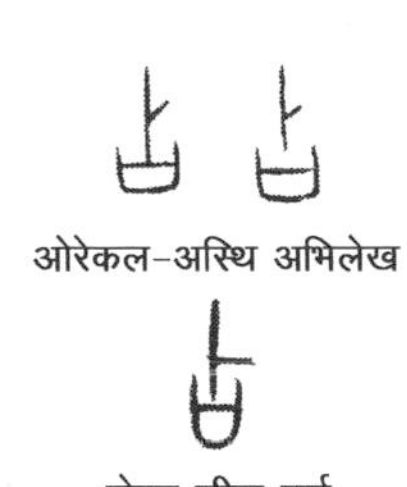

ओरेकल-अस्थि अभिलेख

लेटर सील वर्ण

占 वर्ण, 卜 और 口 से बना है, जो यह दर्शाता है कि भविष्यवाणी की गतिविधि में बोलने वाले अंगों के माध्यम से शगुन को अभिव्यक्त करना पड़ता है। इसलिए, 占 का प्राथमिक अर्थ "शगुन को शब्दों में अभिव्यक्त करना" होता है। लेकिन यह आम तौर पर भविष्यवाणी की गतिविधियों के संदर्भ में भी प्रयुक्त हो सकता है। भविष्यवाणी के सभी रूपों, चाहे वह कछुआ-कवच, सहस्रपर्णी का ताना, कांसे का नक़द या हाथी-दाँत की तख्ती को शायद 占 के रूप में लिखा जाता था, जैसे 占卦 (अटकल), 占课 (सिक्का उछालकर अटकलें लगाना)। इसके अतिरिक्त, 占 का उच्चारण झान भी हो सकता है, जिसका अर्थ "क़ब्जा करना", "अधिकार करना" होता है, जो कि मूल का जटिल रूप 佔 है।

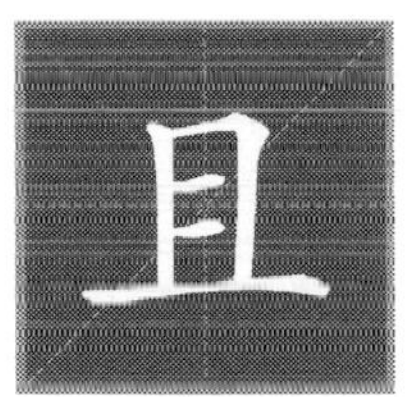

qiě **चिए**

ओरेकल-अस्थि अभिलेख

कांस्य अभिलेख

लेटर सील वर्ण

且, 祖 का मूल रूप था। प्राचीन लेखन प्रणालियों में, 且 एक स्मारक तख्ती की तरह दिखाई पड़ता है, जिसका प्रयोग स्मारक समारोह में पूर्वजों की आत्मा के प्रतिनिधित्व के लिए किया जाता है, इसलिए इसका मूल अर्थ "पूर्वज" होता है। चूंकि यह ईश्वर और आत्मा से संबंधित है, इसके अर्थ को और अधिक स्पष्ट रूप से दर्शाने के लिए इसमें आत्मा वाले हिस्से (示) को जोड़ा गया है, जिसके फलस्वरूप एक नए वर्ण 祖 का निर्माण हुआ। इसके बजाय मूल 且 का प्रयोग अब संयोजन, जैसे 并且 (और... यह भी), 况且 (इसके अलावा), 尚且 (यहाँ तक कि) और 而且 (लेकिन फिर भी); के रूप में होता है, या इसका प्रयोग कुछ समय के लिए (暂且), "अस्थायी रूप से (姑且)" के अर्थ में भी होता है। इसका उच्चारण भी जू से परिवर्तित होकर चिए हो गया है।

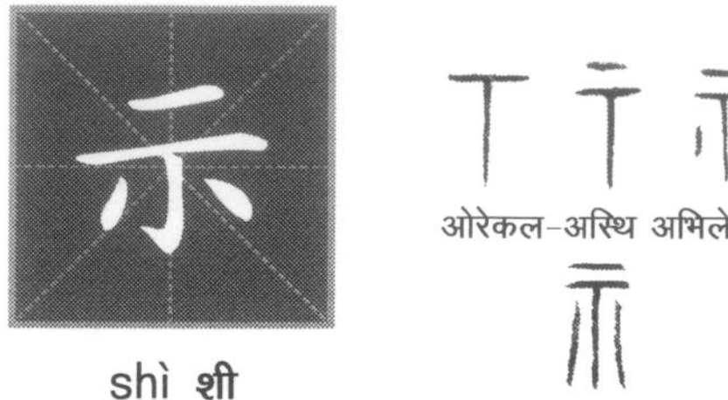

ओरेकल-अस्थि अभिलेख

shì शी

लेटर सील वर्ण

प्राचीन काल में लोग अंधविश्वासी होते थे और कोई भी काम करने से पहले दिशानिर्देशन और सुरक्षा के लिए ईश्वर और आत्माओं को बुलाते थे, इसलिए अक्सर बलि-चढ़ाने वाले समारोहों का आयोजन होता था। ओरेकल-अस्थि अभिलेखों में, 示 वर्ण पत्थर की एक मेज की तरह दिखाई पड़ता है जो कि पत्थर की तिपाई पर टिका हुआ है। यह एक प्रकार की वेदी होता था जिसका उपयोग प्रसाद चढ़ाने के लिए बलि-चढ़ाने वाले समारोहों में किया जाता था, इसलिए 示 का मूल अर्थ "पत्थर की मेज" या "आत्मा वाली मेज (灵石)" होता है। 示 अवयव वाले वर्ण का संबंध ईश्वर और पूर्वजों के सामने बलि चढ़ाने से होता है, जैसे 福 (आशीर्वाद), 祭 (बलिदान देना) और 祝 (प्रार्थना)। लोग आम तौर पर अपनी परेशानियों को बताने के लिए ईश्वर और पूर्वजों को बलि चढ़ाते हैं, ताकि उन परेशानियों को दूर करने में वे उनकी मदद करें। परिणामस्वरूप, 示 वर्ण ने "दिखाना", "प्रदर्शित करना" जैसों भावों का अर्थ ले लिया, जैसे 示威 अपनी ताक़त का प्रदर्शन करना), 示弱 (कमजोर होने का भाव देना) और 指示 (निर्देशित करना)।

ओरेकल-अस्थि अभिलेख

zhù झू

कांस्य अभिलेख

लेटर सील वर्ण

प्राचीन लेखन प्रणालियों में, 祝 वर्ण एक ऐसे आदमी की तरह दिखाई पड़ता है जो वेदी के सामने अपने घुटनों पर बैठकर प्रार्थना कर रहा है। इसलिए 祝 का प्राथमिक अर्थ "प्रार्थना करना" और "ईश्वर के आशीर्वाद के लिए विनती करना" होता है, जहाँ से "शुभकामनाएँ अभिव्यक्त करना", "बधाई देना" और "उत्सव मनाना" जैसे विस्तृत अर्थों की व्युत्पत्ति हुई है। इसके अतिरिक्त, बलि चढ़ने वाले प्रभारी को भी 祝 के नाम से जाना जाता है। और यह शायद उपनाम 祝 का मूल भी हो सकता है, अर्थात, उन लोगों ने अपने पेशे से अपना उपनाम ग्रहण किया है।

fú फू

ओरेकल-अस्थि अभिलेख

कांस्य अभिलेख

लेटर सील वर्ण

ओरेकल-अस्थि अभिलेखों में, 福 वर्ण ऐसे दो हाथों की तरह दिखाई पड़ता है जो वेदी के ऊपर वाइन का एक बर्तन रख रहे हैं, जो यह दर्शाता है कि आशीर्वाद मिलने की आशा में ईश्वर को वाइन का प्रसाद चढ़ाया जा रहा है, इसलिए इसका अर्थ "आशीर्वाद" होता है। प्राचीन काल में, जैसा कि शांग शू (इतिहास की किताब) में दर्ज है, पाँच प्रकार के आशीर्वाद होते थे। ये पाँच प्रकार के आशीर्वाद लम्बी उम्र, धन, शांति, नैतिकता और प्राकृतिक मृत्यु होना था। लेकिन इसका प्रयोग आम तौर पर, खुशी या अच्छे भाग्य के लिए भी हो सकता है, जो कि 祸 (दुर्भाग्य) का विपरीत है। इसलिए लाओ जी (लाओ-त्जु) कहते हैं, "अच्छा भाग्य बुरे में छिपा होता है, दुर्भाग्य अच्छाई में छिपा होता है।"

jì/zhài
जी/झाई

ओरेकल-अस्थि अभिलेख

कांस्य अभिलेख

लेटर सील वर्ण

祭 एक संकेतचित्र है, जो एक ऐसे आदमी की तरह दिखाई पड़ता है जो वेदी पर मांस का टुकड़ा रख रहा है, जो यह दर्शाता है कि ईश्वर और पूर्वजों को मांस और वाइन का प्रसाद चढ़ाया जा रहा है। लेकिन इसका प्रयोग मृत आदमी के लिए स्मारक समारोह के संदर्भ में भी होता है, जैसे 祭奠 (किसी के लिए स्मारक समारोह आयोजित करना), 公祭 (सार्वजनिक स्मारक समारोह)। इसके अतिरिक्त, 祭 एक उपनाम है, लेकिन इसका उच्चारण जी के बजाय झाई होता है।

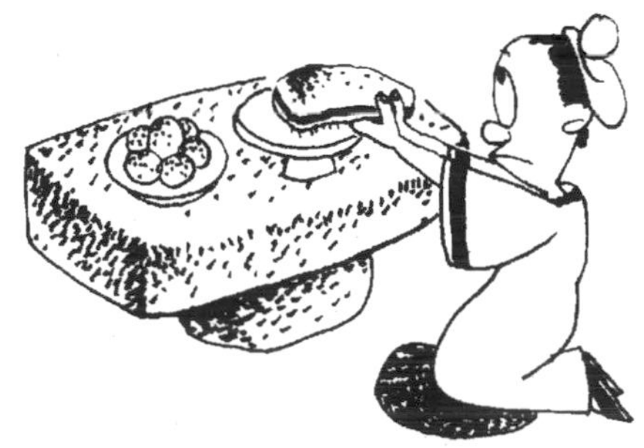

diàn दीआन

ओरेकल-अस्थि अभिलेख

कांस्य अभिलेख

लेटर सील वर्ण

ओरेकल-अस्थि अभिलेखों और कांस्य अभिलेखों में, 奠 वर्ण वेदी पर रखे हुए वाइन की बोतल की तरह दिखाई पड़ता है, जो यह दर्शाता है कि ईश्वर और पूर्वजों को वाइन का प्रसाद चढ़ाया गया है। इस प्राथमिक अर्थ से "प्रस्तुत करना" जैसे विस्तृत अर्थों की व्युत्पत्ति हुई है।

zūn जून

ओरेकल-अस्थि अभिलेख

कांस्य अभिलेख

लेटर सील वर्ण

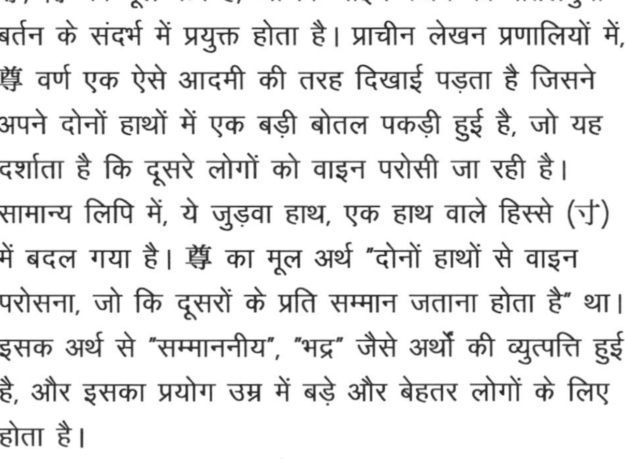

尊, 樽 का मूल रूप है, जो कि वाइन रखने की बोतलनुमा बर्तन के संदर्भ में प्रयुक्त होता है। प्राचीन लेखन प्रणालियों में, 尊 वर्ण एक ऐसे आदमी की तरह दिखाई पड़ता है जिसने अपने दोनों हाथों में एक बड़ी बोतल पकड़ी हुई है, जो यह दर्शाता है कि दूसरे लोगों को वाइन परोसी जा रही है। सामान्य लिपि में, ये जुड़वा हाथ, एक हाथ वाले हिस्से (寸) में बदल गया है। 尊 का मूल अर्थ "दोनों हाथों से वाइन परोसना, जो कि दूसरों के प्रति सम्मान जताना होता है" था। इसक अर्थ से "सम्माननीय", "भद्र" जैसे अर्थों की व्युत्पत्ति हुई है, और इसका प्रयोग उम्र में बड़े और बेहतर लोगों के लिए होता है।

yǒu योऊ

ओरेकल-अस्थि अभिलेख

कांस्य अभिलेख

लेटर सील वर्ण

ओरेकल-अस्थि अभिलेखों और कांस्य अभिलेखों में 酉 वर्ण वाइन की बोतल की तरह दिखाई पड़ता है, इसलिए इसका मूल अर्थ "वाइन की बोतल" या "वाइन का बर्तन" होता है। हालांकि इस वर्ण का प्रयोग अब मुख्यतः दसवें लौकिक शाखा, अनुक्रम का पारम्परिक चीनी प्रणाली के नाम के लिए होता है। 酉 अवयव वाले वर्णों का संबंध वाइन से होता है, जैसे 酣 (दिल को शांत रखने के लिए पीना), 醉 (नशे में होना), 酿 (वाइन बनाना), 酌 (पीना) और 配 (शराब को मिलाना)।

jiǔ जीऊ

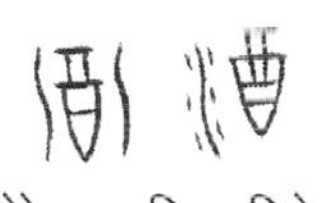

ओरेकल-अस्थि अभिलेख

कांस्य अभिलेख

लेटर सील वर्ण

酒 अनाज या फलों से तैयार किए गए शराब के लिए प्रयुक्त होने वाली एक आम शब्दावली है, जैसे 米酒 (चावल से बनी वाइन), 葡萄酒 (वाइन)। 酒 वर्ण 水 और 酉 से बना है, पहले वाला पानी के लिए प्रयुक्त होता है और बाद वाला उस बोतल के लिए जिसमें वाइन रखी गई है, इसलिए इसका प्राथमिक अर्थ "नशे वाला द्रव" होता है।

zhuó झुओ

कांस्य अभिलेख
लेटर सील वर्ण

酌 वर्ण 酉 और 勺 से बना है, इसमें पहले वाला वाइन की बोतल के लिए प्रयुक्त होता है और बाद वाला वाइन निकालने के लिए उपयोग में आने वाली कलछी के लिए, इसलिए इसका मूल अर्थ "वाइन निकालना" होता है। लेकिन अब इसका प्रयोग "वाइन परोसना", "वाइन पीना" और यहाँ तक कि 酒 (वाइन) वर्ण के लिए भी होता है। इसके अतिरिक्त, 酌 का प्रयोग "विचार करने के लिए" और "अनुमान लगाना" के अर्थों के लिए भी होता है।

pèi पेई

ओरेकल-अस्थि अभिलेख

कांस्य अभिलेख

लेटर सील वर्ण

कांस्य अभिलेखों में 配 वर्ण ऐसे दिखाई पड़ता है जैसे एक आदमी वाइन की बोतल के बगल में अपने पैरों पर बैठा हुआ है, जो यह दर्शाता है कि वह शराब में पानी या अन्य चीजें मिलाकर पीने के लिए तैयार कर रहा है, इसलिए इसका प्राथमिक अर्थ "नशे वाले द्रव को मिलाना" होता है। चूंकि द्रव को तैयार करने के लिए एक साथ कई चीजों को मिलाना होता है, 配 वर्ण ने "मिश्रित करना", "जोड़ा बनाना" जैसे अर्थों को ग्रहण कर लिया है, जैसे 婚配 (शादी में बंधना)।

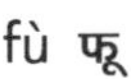

fù फू

कांस्य अभिलेख

लेटर सील वर्ण

कांस्य अभिलेखों में, 畐 वर्ण घर में रखे वाइन की बोतल की तरह दिखाई पड़ता है। यह परिवार की समृद्धि की निशानी है जहाँ वाइन है, इसलिए 畐 का प्राथमिक अर्थ "अमीर" और "धन का आधिपत्य होना" होता है जो 贫 (गरीब) का विपरीत है। इसका अर्थ "धन", "आधिपत्य", "प्रचुरता" और "पर्याप्त" भी होता है।

jué जुए

ओरेकल-अस्थि अभिलेख

कांस्य अभिलेख

लेटर सील वर्ण

爵 वर्ण शराब पीने वाले प्राचीन बर्तन के संदर्भ में प्रयुक्त होता है, जिसमें अंग्रेजी अक्षर वी जैसे होंठ होते हैं, और नीचे की तरफ तीन पैर होते हैं और ऊपर दो गहनेनुमा तख्ती होती है। यह शाग साम्राज्य के समय अधिक लोकप्रिय था और राजाओं द्वारा ईश्वर को चढ़ाया जाता था जब उन्हें अपनी पदवी मिलती थी। इसलिए 爵 वर्ण का अर्थ "बड़प्पन का खिताब" हो गया। उदाहरण के लिए, *बुक ऑफ राइट्स* कहता है, "राजा ने बड़प्पन के पाँच पद बनाए हैं: ड्यूक (राजनवाब), मार्किस (अंग्रेजों में कुलीनों के लिए प्रयुक्त पदवी), अर्ल (इंग्लैंड में सामंतों की विशिष्ट पदवी), वाइसकाउंट (इंग्लैंड में अमीरों के लिए प्रयुक्त पदवी) और नवाब।"

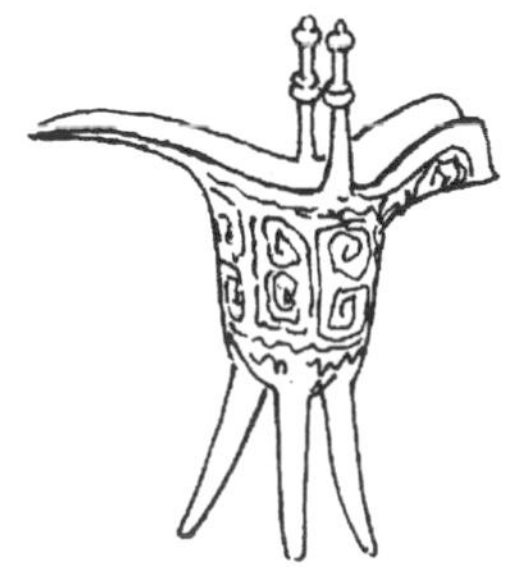

jiǎ जीआ

ओरेकल-अस्थि अभिलेख

कांस्य अभिलेख

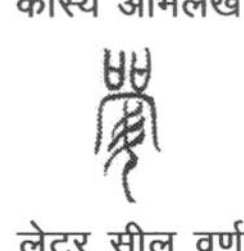

लेटर सील वर्ण

斝 वर्ण का अर्थ शराब पीने का प्राचीन बर्तन होता है, जिसका मुँह गोल, और निचला सतह समतल होता है। इसके तीन पैर, दो तख्तियां और हत्थे होते हैं। ओरेकल-अस्थि अभिलेखों और कांस्य अभिलेखों में यह वर्ण इस बर्तन के आकार में है। लेटर सील वर्ण में, हालांकि इसका नया रूप है जिसमें अवयव के रूप में 斗 जुड़ा हुआ है।

hú हू

ओरेकल-अस्थि अभिलेख

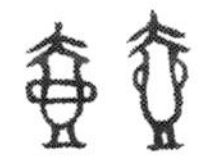

कांस्य अभिलेख

लेटर सील वर्ण

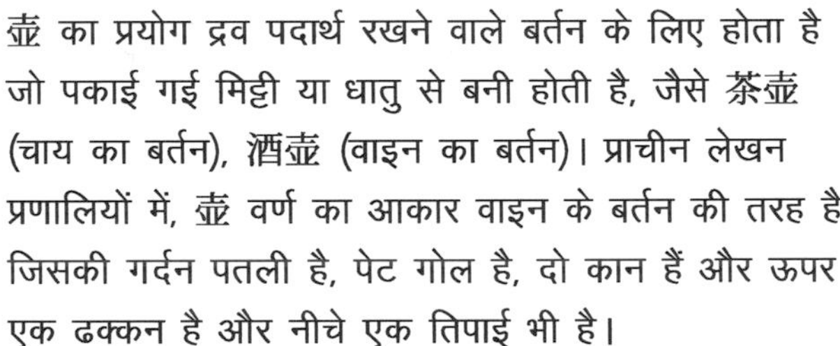

壶 का प्रयोग द्रव पदार्थ रखने वाले बर्तन के लिए होता है जो पकाई गई मिट्टी या धातु से बनी होती है, जैसे 茶壶 (चाय का बर्तन), 酒壶 (वाइन का बर्तन)। प्राचीन लेखन प्रणालियों में, 壶 वर्ण का आकार वाइन के बर्तन की तरह है जिसकी गर्दन पतली है, पेट गोल है, दो कान हैं और ऊपर एक ढक्कन है और नीचे एक तिपाई भी है।

fǒu फोऊ

मिट्टी के बर्तनों को जलाने से पहले मिट्टी को कूटा जाना चाहिए और यह पका नहीं होना चाहिए। कामगार इस बिना पके हुए बर्तन को पकाने के लिए इसे भट्ठी में डालते हैं। ओरेकल-अस्थि अभिलेखों और लेटर सील वर्ण में, 缶 वर्ण 午 और 口 मूल शब्द हैं, जो यह दर्शाता है कि एक तश्तरी में मूसल से बर्तन की मिट्टी को कूटा जा रहा है। इसका मूल अर्थ "बिना पकाया हुआ बर्तन" होता है। 缶 अवयव वाले वर्णों का संबंध मिट्टी के बर्तनों से होता है, जैसे 窑 (भट्ठी), 缸 (मिट्टी का कुंडा), 缺 (दरार), 罅 (शीआ, दरार) 罄 (चींग, झंकार वाले पत्थर), 罂 (यींग, मिट्टी का डब्बा)। बाद की प्रणाली में, 缶 का संबंध गोल पेट, छोटा मुँह और ढक्कन वाले मिट्टी के बर्तनों से होता है। *ऑरिजिन ऑफ चाइनीज़ कैरेक्टर्स* कहता है कि, "缶 का अर्थ वाइन रखने वाला मिट्टी का बर्तन होता है। चीन में, लोग गाने के सुर के अर्थ में 缶 को पीटते हैं।" 缶 का प्रयोग कांसे के बर्तनों के लिए होता है जो इस तरह ही दिखाई भी देता है। कांस्य अभिलेखों में, 缶 वर्ण मूल शब्द के रूप में 金 से बना है जिसका अर्थ विशेष रूप से कांसा 缶 धातु होता है।

dǐng दींग

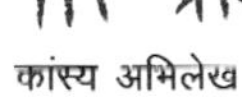

鼎 का प्रयोग प्राचीन खाना पकाने वाले बर्तन के अर्थ में होता है, जिसमें आम तौर पर तीन पैर, दो छेद वाले हत्थे और एक बड़ा पेट होता था। ओरेकल-अस्थि अभिलेखों और आरम्भिक कांस्य अभिलेखों में, 鼎 वर्ण इस बर्तन के स्पष्ट चित्र की तरह दिखाई पड़ता है। प्राचीन काल में, यह बर्तन पारम्परिक मंदिरों में प्रसाद चढ़ाने के लिए और रोज के खाना पकाने के लिए भी एक महत्वपूर्ण बर्तन होता था। बाद में यह राज्य की शक्ति के प्रतीक के रूप में देखा जाने लगा। इसलिए ही चीनी इतिहास में 鼎 के चित्र का गहरा सांस्कृतिक प्रभाव है।

yuán युआन

ओरेकल-अस्थि अभिलेख

कांस्य अभिलेख

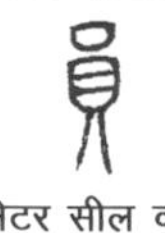

लेटर सील वर्ण

员, 圆 का मूल रूप था। ओरेकल-अस्थि अभिलेखों और कांस्य अभिलेखों में, 员 वर्ण खाना पकाने वाले बर्तन की तरह दिखाई पड़ता है जिसके ऊपर एक वृत्त है, जो यह दर्शाता है कि बर्तन का मुँह गोल है। लेटर सील वर्ण में, 员 वर्ण गलत विकास का परिणाम है, और इसमें 贝 अवयव के रूप में है। चूंकि 员 का मूल अर्थ "गोल बर्तन" होता है, इसलिए इसका प्रयोग वृत्त या किसी भी अन्य गोल चीज के संदर्भ में किया जा सकता है। लेकिन अब 员 वर्ण का ज्यादा प्रयोग आम तौर पर "किसी गतिविधि में लगे हुए आदमी" और "लोगों या वस्तु की निश्चित संख्या" के संदर्भ में होता है। इसका मूल अर्थ एक अन्य वर्ण 圆 द्वारा अभिव्यक्त किया जाता है।

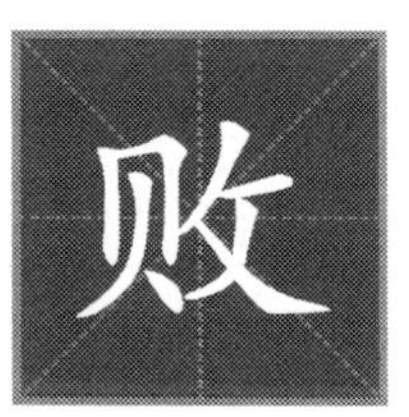

bài बाई

ओरेकल-अस्थि अभिलेख

कांस्य अभिलेख

लेटर सील वर्ण

ओरेकल-अस्थि अभिलेखों में, 败 वर्ण एक ऐसे आदमी की तरह दिखाई पड़ता है जो खाना पकाने वाले बर्तन (या समुद्री सीपी) पर एक छड़ी से चोट कर रहा है। कांस्य से बना हुआ खाना पकाने का बर्तन (आम जीवन और समारोहों में प्रसाद चढ़ाने के लिए एक महत्वपूर्ण बर्तन) और समुद्री सीपी (उस समय की मुद्रा) दोनों ही मूल्यवान चीजें थीं। उन पर छड़ी से चोट करना उन्हें बर्बाद करने का संकेत देता है, और यह 败 का प्राथमिक अर्थ होता है। लेकिन 败 एक ऐसा वर्ण है जिसके कई अर्थ हैं, जैसे ना खाने लायक खाना हो 腐败 या 败味 कहा जा सकता है। मृत टहनियों और सूखे पत्तों को 残枝败叶 के नाम से जाना जाता है। हार का सामना करने वाली सेना 战败 कहलाती है। और काम में असफलता का सामना करना 失败 होता है।

zé जे

कांस्य अभिलेख

लेटर सील वर्ण

कागज के आविष्कार से पहले, लोग महत्वपूर्ण दस्तावेजों और कानूनी प्रावधानों को कांसे से बनी चीजों जैसे घंटी और खाना पकाने वाले बर्तनों पर अंकित किया करते थे। ओरेकल-अस्थि अभिलेखों में, 则 वर्ण खाना पकाने वाले बर्तन वाले हिस्से और चाकू वाले हिस्से से बना है, जो यह दर्शाता है कि वर्णों को वस्तुओं पर अंकित किया जाता था। लेटर सील वर्ण में, खाना पकाने वाले बर्तन वाला हिस्सा गलती से सीपी वाला हिस्सा बन गया है, जो कि इसके रूप से अर्थ को दर्शाने में सक्षम नहीं है। चूंकि कांसे की वस्तुओं पर अंकित ज्यादातर लेखनी क़ानूनी दस्तावेज हैं, 则 वर्ण ने "शासन" और "निर्देश" का भाव ग्रहण कर लिया है। इसका प्रयोग "मानक" और "नियम" के अर्थों में भी हो सकता है। क्रिया के रूप में प्रयुक्त होने पपर इसका अर्थ "किसी चीज के उदाहरण का अनुसरण करना" होता है।

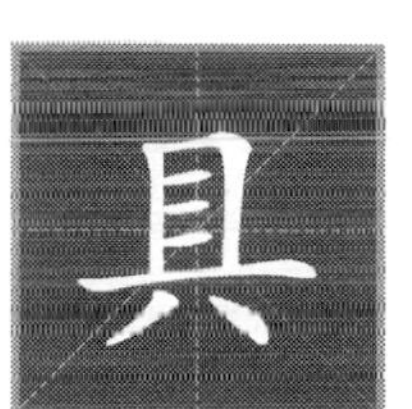

jù जू

ओरेकल-अस्थि अभिलेख

कांस्य अभिलेख

लेटर सील वर्ण

एक महत्वपूर्ण खाना पकाने वाले बर्तन के रूप में 鼎 का वृहत् उपयोग भोज और बलिदान देने वाले समारोहों में किया जाता था। ओरेकल-अस्थि अभिलेखों में, 具 वर्ण ऐसा दिखाई पड़ता है जैसे दो हाथ खाना पकाने वाले बर्तन को उठा रहे हैं, इसलिए इसका मूल अर्थ "बर्तन को उठाना" है, जहाँ से "उपलब्ध करवाना", "आपूर्ति करना" और "पूरा करना" जैसे अर्थों की व्युत्पत्ति हुई है। इस बीच इसका प्रयोग मेज पर रखे जाने वाले बर्तनों या सामान्य रूप से इस संदर्भ में भी किया जा सकता है। कांस्य अभिलेखों में, हालांकि खाना पकाने वाले बर्तन वाला हिस्सा (鼎) गलती से समुद्री सीपी वाला हिस्सा (贝) बन गया है, जो कि बदलकर आंख वाला हिस्सा (目) हो गया है और इसके रूप के बीच के मूल संबंध और अर्थ को पूरी तरह से बर्बाद कर दिया है।

huò हुओ

ओरेकल-अस्थि अभिलेख

कांस्य अभिलेख

लेटर सील वर्ण

ओरेकल-अस्थि अभिलेखों में 镬 वर्ण ऐसा दिखाई पड़ता है जैसे एक हाथ पकाने के लिए एक चिड़िया को बर्तन में डाल रहा है। लेकिन कांस्य अभिलेखों में, यह एक संकेतचित्र से बदलकर ध्वन्यात्मक अवयव बन गया है। इसका मूल अर्थ "पकाना" था, और इसका प्रयोग खाना पकाने के लिए उपयोग किए जाने वाले बड़े बर्तनों के संदर्भ में भी होता है, जैसे हंडा।

lì ली

ओरेकल-अस्थि अभिलेख

कांस्य अभिलेख

लेटर सील वर्ण

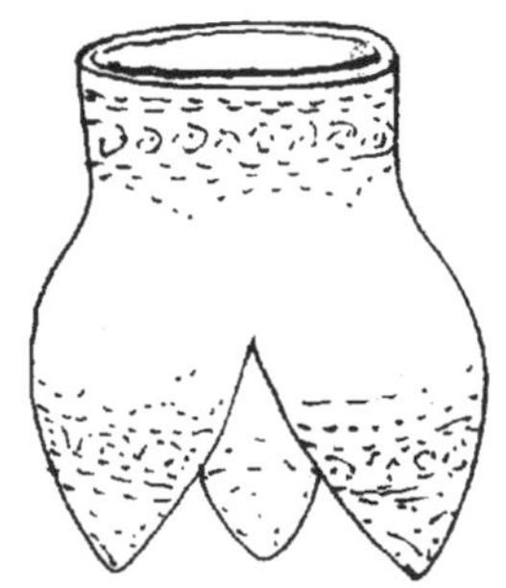

鬲 का प्रयोग प्राचीन खाना पकाने वाले बर्तनों के संदर्भ में होता है जो पकाई गई मिट्टी या कांसे से बने होते हैं और आकार में 鼎 के जैसे होते हैं: तीन पैर और एक पेट। यह 鼎 से इस अर्थ में भिन्न होता है कि इसके पैर मोटे होते हैं और यह अंदर से खोखला होता है, जैसे कि झोला, इसलिए इसका नाम "झोले जैसे पैरों वाला बर्तन" है। ओरेकल-अस्थि अभिलेखों और कांस्य अभिलेखों में, 鬲 वर्ण इस बर्तन की तस्वीर की तरह दिखाई पड़ता है। 鬲 अवयव वाले वर्ण का संबंध खाना पकाने से हैं, जैसे 融 (पिघलाना), 鬻 (यू, चावल का मांड), 鬵 (शीन, हंडा), 鬺 (शांग, उबालना या पकाना)।

chè चे

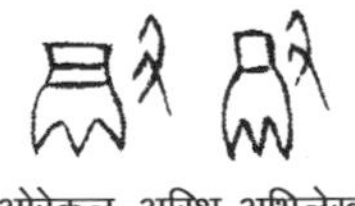

ओरेकल-अस्थि अभिलेख

कांस्य अभिलेख

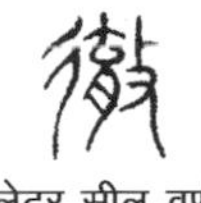

लेटर सील वर्ण

彻 वर्ण मूल रूप से 徹 का एक प्रकार है। ओरेकल-अस्थि अभिलेखों और कांस्य अभिलेखों में, 彻 वर्ण, 鬲 (खाना पकाने वाले बर्तन) और 又 (हाथ) से बना है, जो यह दर्शाता है कि हाथ से बर्तन को लेकर जाया जा रहा है। 彻 का मूल अर्थ "ले जाने के लिए" होता है, लेकिन अब इसका मुख्य प्रयोग "पूरी तरह से" और "चुभने वाला" के अर्थ में होता है।

yǎn यान

ओरेकल-अस्थि अभिलेख

कांस्य अभिलेख

लेटर सील वर्ण

甗 वर्ण का प्रयोग प्राचीन भाप देने वाले बर्तन के संदर्भ में होता है, जिसमें दो परत होती हैं: पहली परत 甑 (जेंग, भाप देने वाला बर्तन) जिसके निचले हिस्से में छेद होता है और निचली परत 鬲 कहलाती है। ओरेकल-अस्थि अभिलेखों और आरम्भिक कांस्य अभिलेखों में यह वर्ण इस बर्तन के आकार में चित्रलेख है। बाद में, हालाँकि, यह एक ध्वन्यात्मक अवयव बन गया जिसका परिणाम एक अधिक जटिल रूप है।

zēng/céng
जेंग/केंग

ओरेकल-अस्थि अभिलेख

लेटर सील वर्ण

曾, 甑 (जेंग) का मूल रूप था, जिसका प्रयोग प्राचीन भाप से पकाने वाले बर्तन के संदर्भ में होता है। ओरेकल-अस्थि अभिलेखों में, 曾 वर्ण में 田 वाला हिस्सा है जो कि छेद वाली निचली सतह को दर्शाता है, और ऊपर की दो रेखाएँ भाप के लिए प्रयुक्त होती हैं, इसलिए इसका मूल अर्थ "भाप से पका हुआ भोजन" था। लेकिन इसका प्रयोग तीन स्तरों पर परिवार के रिश्तों के लिए भी होता है, जैसे 曾祖 (पर-दादा), 曾孙 (पर-पोता)। 曾 का उच्चारण चेंग भी हो सकता है, जिसका प्रयोग क्रिया-विशेषण के रूप में होता है, जिसका अर्थ "किसी चीज का अनुभव लेना" होता है, जैसे 曾经।

dòu दोऊ

ओरेकल-अस्थि अभिलेख

कांस्य अभिलेख

लेटर सील वर्ण

豆 वर्ण का प्रयोग प्राचीन समय में उपयोग होने वाले ऊँचे पैरों वाली तश्तरियों के संदर्भ में होता था, जिसका उपयोग प्रायः बलिदान देने वाले समारोहों में भी किया जाता था। ओरेकल-अस्थि अभिलेखों और कांस्य अभिलेखों में 豆 वर्ण एक ऐसे बर्तन की तरह दिखाई पड़ता है जिसके ऊपरी हिस्से में एक गहरी तश्तरी है और नीचे में एक छ्ल्लानुमा तिपाई होती है, और तश्तरी के अंदर की रेखाएँ भोजन को दर्शाती हैं। 豆 वर्ण मात्रा को मापने की प्राचीन इकाई भी थी, उदाहरण के लिए, झोऊ, झुआन (त्सु चिउमींग द्वारा लिखित *स्प्रिंग एंड ऑटम विद कामंटेरी*) कहते हैं, "मात्रा के मूल रूप से चार माप हैं: 豆, 区 (ओऊ), 釜 और 钟; और चार शेंग (升) मिलकर एक दोऊ (豆)" बनाते हैं। आजकल, हालाँकि, 豆 का प्रयोग मुख्य रूप से लोबिया परिवार वाले पौधों के लिए किया जाता है।

dēng देंग

ओरेकल–अस्थि अभिलेख

कांस्य अभिलेख

लेटर सील वर्ण

ओरेकल–अस्थि अभिलेखों और कांस्य अभिलेखों में, 登 वर्ण के तीन हिस्से हैं: दो पैर वाला हिस्सा, एक ऊँची तश्तरी वाला हिस्सा और दो हाथों वाला हिस्सा जो यह दर्शाता है कि आगे बढ़कर तश्तरी में प्रसाद को प्रस्तुत किया जा रहा है। 登 का मूल अर्थ "आगे की तरफ प्रसाद प्रस्तुत करना", जहाँ से "ऊपर की दिशा में", "ऊपर चढ़ना" और "अग्रिम" जैसे विस्तृत अर्थों की व्युत्पत्ति हुई है।

lǐ ली

ओरेकल–अस्थि अभिलेख

कांस्य अभिलेख

लेटर सील वर्ण

शू शेन ने अपने *ऑरिजिन ऑफ चाइनीज़ कैरेक्टर्स* में कहा है कि, "豊 एक ऐसा बर्तन है जो समारोहों में उपयोग होता है।" प्राचीन लेखन प्रणालियों में, यह वर्ण ऊँचे पैर वाली तश्तरी (豆) की तरह दिखाई पड़ता है जिसमें हरिताश्म पत्थर से बनी वस्तुएँ रखी हैं। हरिताश्म पत्थर से बनी चीजें ईश्वर और आत्माओं को प्रस्तुत करने के लिए होती थीं, इसलिए इस वर्ण का प्रयोग बलि देने वाले समारोहों में उपयोग किए जाने वाली वस्तुओं के लिए होता था। 豊 अवयव वाले वर्ण का संबंध ज्यादातर बलि देने वाले समारोहों से होता है, जैसे, इन समारोहों में उपयोग होने वाले वाइन को 醴 कहते हैं, और इन समारोहों में होने वाली धार्मिक क्रियाओं को 礼 कहा जाता है (मूल जटिल रूप 禮 होता है)।

fēng फेंग

ओरेकल-अस्थि अभिलेख

कांस्य अभिलेख

लेटर सील वर्ण

प्राचीन लेखन प्रणालियों में, 丰 वर्ण ऊँचे पैर वाली तश्तरी (豆) की तरह दिखाई पड़ता है जो चावल या गेहूँ की बालियों से भरा हुआ है, जो यह दर्शाता है कि फसल अच्छी हुई है। 丰 का प्राथमिक अर्थ "अच्छी फसल" होता है, और इसके विस्तृत अर्थों में "विलासितापूर्ण", "पर्याप्त" और "समृद्ध" शामिल है।

guǐ गुई

ओरेकल-अस्थि अभिलेख

कांस्य अभिलेख

लेटर सील वर्ण

簋 वर्ण का प्रयोग गोल पेट, बड़े मुँह और छल्ले की तरह तिपाई वाले प्राचीन बर्तन के संदर्भ में होता है, जो आम तौर पर कांसे का बना होता है। पश्चिमी झोऊ साम्राज्य में और वसंत और पतझड़ के मौसम में, 簋 का उपयोग आम तौर पर 鼎 के साथ होता था, और उपयोग के चित्र उपयोगकर्ता की स्थिति से संबंधित होते हैं। उदाहरण के लिए, राजा के पास नौ 鼎 और आठ 簋, सामंती राजकुमारों के पास सात 鼎 और छह 簋, वरिष्ठ अधिकारियों के पास पाँच 鼎 और चार 簋, और छोटे स्तर के अधिकारियों के पास तीन 鼎 और दो 簋 होते थे। ओरेकल-अस्थि अभिलेखों और कांस्य अभिलेखों में, 簋 वर्ण एक ऐसे आदमी की तरह दिखाई पड़ता है जो ऐसे किसी बर्तन से चम्मच से खाना निकाल रहा है। लेटर सील वर्ण में, यह 竹 (बांस) और 皿 (बर्तन) से बना है, जो शायद इस तथ्य को दर्शाता है कि उस समय 簋 बांस से बना होता था।

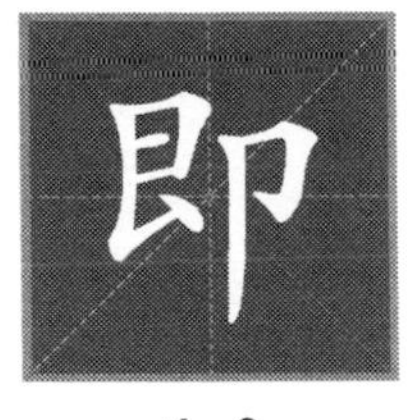

jí जी

ओरेकल-अस्थि अभिलेख

कांस्य अभिलेख

लेटर सील वर्ण

ओरेकल-अस्थि अभिलेखों और कांस्य अभिलेखों में, 即 वर्ण ऊँचे पैर वाली तश्तरी (豆) जैसा दिखाई पड़ता है जो बायीं तरफ खाने से भरा हुआ है और दायीं तरफ एक आदमी अपने घुटनों पर बैठा हुआ है, जो यह दर्शाता है कि वह आदमी खाने वाला है। इसलिए इसका मूल अर्थ "खाना खाना" था। खाना खाने के लिए किसी को भी इसके नजदीक जाना पड़ता है, इसलिए 即 वर्ण ने "पहुँचने", "नजदीक होने" का अर्थ भी ग्रहण कर लिया, जैसे 若即若离 (ना ही दूर, ना ही नजदीक दिखाई पड़ना), 可望而不可即 (आँखों में, लेकिन पहुँच से दूर)। इसका प्रयोग क्रिया-विशेषण के रूप में भी किया जा सकता है जिसका अर्थ "तुरंत" और "एक बार में ही" होता है।

既

jì जी

ओरेकल-अस्थि अभिलेख

कांस्य अभिलेख

लेटर सील वर्ण

既 वर्ण के बायीं तरफ तश्तरी वाला हिस्सा है और दायीं तरफ आदमी वाला हिस्सा है। यह ऊँचे पैर वाली तश्तरी एक ढक्कन से ढंकी हुई है और अपने घुटनों पर बैठा हुआ आदमी अपना सिर घुमा रहा है और इसकी तरफ अब नहीं देख रहा है। यह दर्शाता है कि आदमी ने खाना खा लिया है और जाने के लिए तैयार है। इसलिए 既 वर्ण का प्राथमिक अर्थ "खाने के लिए" होता है। और इसके विस्तृत अर्थों मे, "पूरा करना", "ख़त्म करना" और "ख़त्म हो जाना" जैसे अर्थ शामिल हैं। इसका प्रयोग क्रिया-विशेषण के रूप में भी किया जा सकता है जिसका अर्थ "पहले से" होता है।

xiǎng शीआंग

ओरेकल-अस्थि अभिलेख

कांस्य अभिलेख

लेटर सील वर्ण

ओरेकल-अस्थि अभिलेखों और कांस्य अभिलेखों में 飨 वर्ण दो ऐसे आदमियों की तरह दिखाई पड़ता है जो एक खाने वाले डब्बे के पास बैठे हैं और खा रहे हैं। इसलिए इसका मूल अर्थ "दो आदमियों का एक साथ खाना" है, जहाँ से "किसी को खाना खिलाना और वाइन पिलाना" वाले अर्थ की व्युत्पत्ति हुई है। लेटर सील वर्ण में, 飨 वर्ण एक ध्वन्यात्मक अवयव है जिसके मूल शब्द के ऊपर ध्वनिप्रधान शब्द है। आजकल, ध्वन्यात्मक हिस्से वाले का सरलीकरण कर दिया गया है और उसे मूल शब्द के बायीं तरफ खिसका दिया गया है।

shí शी

ओरेकल-अस्थि अभिलेख

कांस्य अभिलेख

लेटर सील वर्ण

ओरेकल-अस्थि अभिलेखों में 饣 वर्ण ऊँचे पैर वाली तश्तरी की तरह दिखाई पड़ता है जो खाने से भरा हुआ है और जिसके ऊपर इसका ढक्कन रखा हुआ है। इसलिए इसका प्राथमिक अर्थ "खाया जाने वाला खाना" होता है, जहाँ से "भोजन करना" के अर्थ की व्युत्पत्ति हुई है। 饣 अवयव वाले वर्ण का संबंध खाना और खाने की क्रिया से है, जैसे 饭 (पका हुआ चावल), 饮 (पीना), 饼 (गोल समतल केक), 饱 (भरपेट खाना), 飨 (किसी को रात का खाना खिलाना) और 餐 (खाना खाना)।

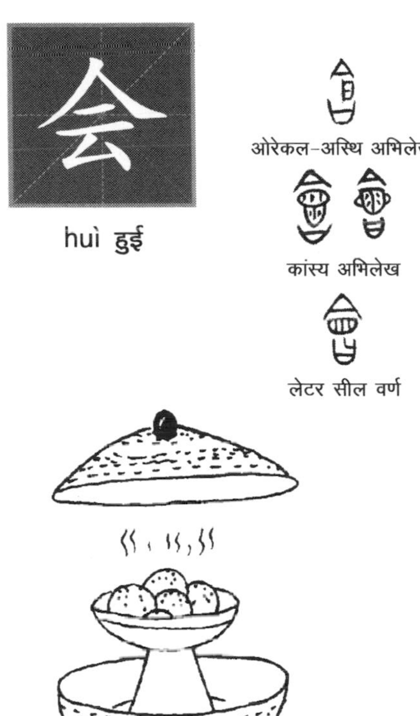

ओरेकल-अस्थि अभिलेखों और कांस्य अभिलेखों में, 会 वर्ण में तीन हिस्से होते हैं: डब्बे का ढक्कन, डब्बे के अंदर की चीज और डब्बे का पेट, जो यह दर्शाता है कि विभिन्न हिस्से एक-दूसरे से अच्छे से मेल खाते हैं। इसलिए 会 वर्ण का अर्थ "एक साथ मिलना", "एकत्रित होना" और "मिलना" होता है। इसका प्रयोग किसी ऐसी गतिविधि या संस्थानों के संदर्भ में भी हो सकता है जिसमें लोग एक-दूसरे से मिलते हैं, जैसे 晚会 (शाम का भोज), 报告会 (सार्वजनिक व्याख्यान), 工会 (व्यापार संघ)। इसके अतिरिक्त, 会 का अर्थ "समझना", "किसी काम के योग्य के होना" भी हो सकता है, जैसे 体会 (एहसास करना), 能说会道 (अच्छा बोलने का हुनर होना)।

hé हे

ओरेकल-अस्थि अभिलेख

कांस्य अभिलेख

लेटर सील वर्ण

प्राचीन लेखन प्रणालियों में, 合 वर्ण ऐसा दिखाई पड़ता है जैसे एक डब्बे का ढक्कन और उसका पेट एक साथ रखा हुआ है। इसका प्राथमिक अर्थ "जोड़ना", "बंद करना" होता है, इसके विस्तृत अर्थों में "एक साथ मिलना", "सम्मिलित होना" शामिल है।

níng/nìng
नींग/नींग

ओरेकल-अस्थि अभिलेख

कांस्य अभिलेख

लेटर सील वर्ण

ओरेकल-अस्थि अभिलेखों में, 宁 वर्ण एक ऐसे घर की तरह दिखाई पड़ता है जिसके अंदर मेज पर एक बर्तन रखा हुआ है, जो यह दर्शाता है कि यह एक शांत जगह है। कांस्य अभिलेखों में, इसमें हृदय वाले हिस्से (心) को जोड़ा गया है जो इस बात पर जोर देता है कि यह "हृदय है" - आदमी के अंदर शांति होती है। इसलिए 宁 का प्राथमिक अर्थ "शांत" होता है। 宁 का प्रयोग क्रिया-विशेषण के रूप में भी किया जा सकता है जिसका उच्चारण नींग और अर्थ "बल्कि", "बल्कि होगा" होता है।

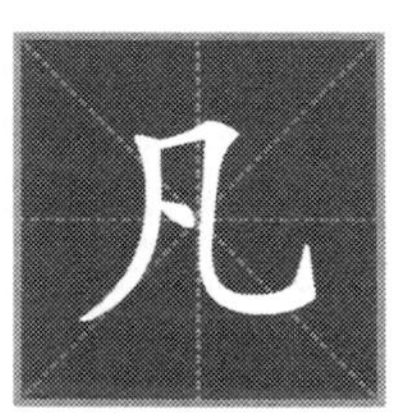

fán **फान**

ओरेकल-अस्थि अभिलेख

कांस्य अभिलेख

लेटर सील वर्ण

凡, 盘 का मूल रूप था, जो एक ख़ाली तश्तरी को दर्शाता है जिसमें छल्ले की तरह की तिपाई है। ओरेकल-अस्थि अभिलेखों और कांस्य अभिलेखों में, 凡 वर्ण इस तरह की तश्तरी के आकार में है। आजकल, हालाँकि, इसका ज्यादा प्रयोग "सामान्य रूप से", "साधारण" के अर्थ में होता है, और इसके मूल अर्थ की अभिव्यक्ति 盘 द्वारा की जाती है।

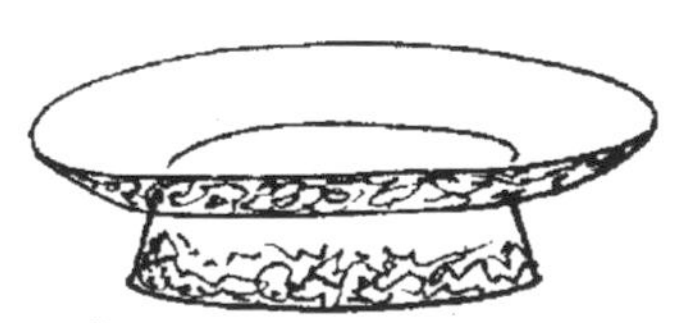

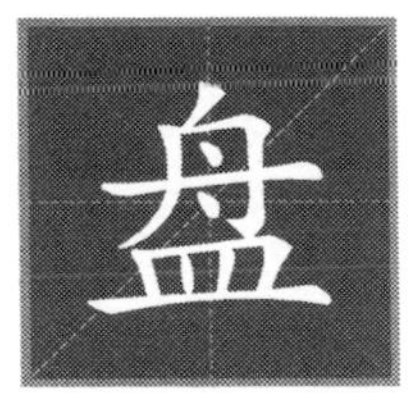

pán पान

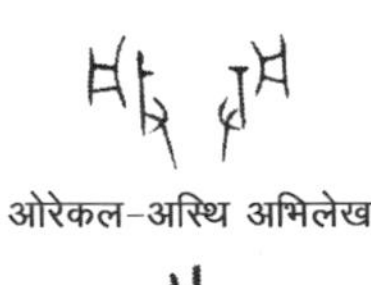

ओरेकल-अस्थि अभिलेख

कांस्य अभिलेख

लेटर सील वर्ण

盘 का प्रयोग प्राचीन ख़ाली तश्तरी के संदर्भ में होता है जिसमें छल्लेनुमा तिपाई होती है। ओरेकल-अस्थि अभिलेखों में, 盘 वर्ण मूल शब्द के रूप में 凡 और 攴 से बना है, जो एक ऐसे आदमी के रूप में दिखाई पड़ता है जो ऐसी किसी तश्तरी से चम्मच की मदद से खाना ले रहा है। कांस्य अभिलेखों में तश्तरी वाला हिस्सा गलती से नाव वाला हिस्सा बन गया है, कभी-कभी इसके प्रयोग को दर्शाने के लिए इसमें बर्तन वाला हिस्सा (皿) भी जोड़ा गया है, या इसकी भौतिकी को दिखाने के लिए इसमें धातु वाले हिस्से (金) को जोड़ा जाता है। लेटर सील वर्ण में, इस वर्ण में 木 अवयव के रूप में है, जो यह दर्शाता है कि यह लकड़ी से बना है। इसके अतिरिक्त, 盘 का अर्थ "घुमाना", "ऐंठना", "पूछताछ करना", और "हिसाब लगाना" भी हो सकता है।

yí यी

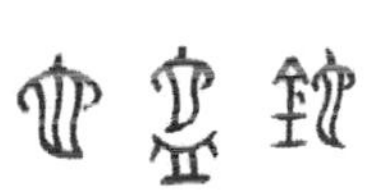

कांस्य अभिलेख

लेटर सील वर्ण

匜 का प्रयोग उस प्राचीन बर्तन के संदर्भ में होता है जिसका उपयोग हाथ धोने के लिए होता था। इसका आकार तुम्बे की कलछी जैसा होता है, जिसमें होंठ और हत्थे वाला हिस्सा होता है। जब कोई हाथ धोता है तो इससे पानी डाला जाता है, जो कि हाथ से होता हुआ नीचे रखे कठौत में जाता है। कांस्य अभिलखों में, यह वर्ण ऐसी कलछी की तरह दिखाई पड़ता है: कभी-कभी इसमें बर्तन वाला हिस्सा (皿) इसके उपयोग की तरफ संकेत करता है या धातु वाला हिस्सा (金) इसकी भौतिकी को दर्शाता है।

mǐn मीन

ओरेकल-अस्थि अभिलेख

कांस्य अभिलेख

लेटर सील वर्ण

ओरेकल-अस्थि अभिलेखों में, 皿 वर्ण छल्ले की तरह वाले तिपाई के साथ वाले बर्तन की तरह दिखाई पड़ता है। कांस्य अभिलेखों में, कभी-कभी इसमें धातु वाला हिस्सा (金) जोड़ा जाता है ताकि यह संकेत दिया जा सके कि यह कांसे जैसेधातु से बना हुआ है। इसलिए 皿 वर्ण बर्तनों जैसे कटोरा और तश्तरी के लिए एक आम शब्दावली है। 皿 अवयव वाले वर्णन का संबंध बर्तन और उसके उपयोग से होता है, जैसे 盂 (चौड़े मुँह वाला बर्तन), 盆 (कठौत), 盛 (भरना, एक बर्तन), 盥 (धोना, किसी का हाथ और चेहरा), 溢 (अतिप्रवाह करना) और 盈 (किसी चीज से भरा होना)।

yì यी

ओरेकल-अस्थि अभिलेख

कांस्य अभिलेख

लेटर सील वर्ण

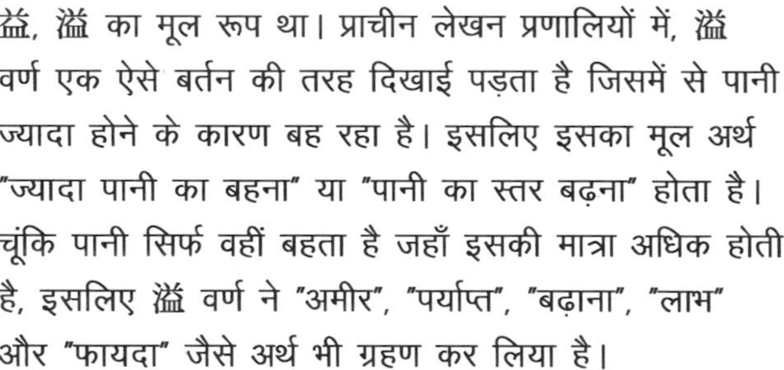
益, 溢 का मूल रूप था। प्राचीन लेखन प्रणालियों में, 溢 वर्ण एक ऐसे बर्तन की तरह दिखाई पड़ता है जिसमें से पानी ज्यादा होने के कारण बह रहा है। इसलिए इसका मूल अर्थ "ज्यादा पानी का बहना" या "पानी का स्तर बढ़ना" होता है। चूंकि पानी सिर्फ वहीं बहता है जहाँ इसकी मात्रा अधिक होती है, इसलिए 溢 वर्ण ने "अमीर", "पर्याप्त", "बढ़ाना", "लाभ" और "फायदा" जैसे अर्थ भी ग्रहण कर लिया है।

guàn गुआन

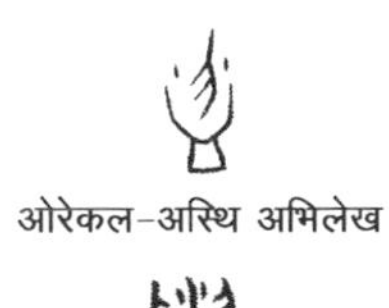

ओरेकल-अस्थि अभिलेख

कांस्य अभिलेख

लेटर सील वर्ण

कांस्य अभिलेखों में, 盥 वर्ण दो हाथों के बीच से बहकर नीचे रखे कठौत में जाने वाले पानी की तरह दिखाई पड़ता है, इसलिए इसका प्राथमिक अर्थ "हाथ धोना" होता है। उदाहरण के लिए *बुक ऑफ राइट्स* कहता है, "盥 का अर्थ गिरते हुए पानी में हाथ धोना है जो नीचे रखे कठौत में जाकर जमा होता है।" आजकल, हालाँकि, 盥 का प्रयोग चेहरा धोने के संदर्भ में भी होता है। और 洗手间, या 盥洗室 (गुसलखाना) के नाम से जाना जाने वाला कमरा वह जगह होती है जहाँ लोग अपना चेहरा और हाथ दोनों धोते हैं।

xiě/xuè शीए/शुए

ओरेकल-अस्थि अभिलेख

कांस्य अभिलेख

लेटर सील वर्ण

ओरेकल-अस्थि अभिलेखों में, 血 वर्ण एक बर्तन से बूंद-बूंद टपकते रक्त की तरह दिखाई पड़ता है, इसलिए इसका अर्थ "रक्त" होता है।

jìn जीन

ओरेकल-अस्थि अभिलेख

कांस्य अभिलेख

लेटर सील वर्ण

ओरेकल-अस्थि अभिलेखों में, 尽 वर्ण एक ऐसे आदमी की तरह दिखाई पड़ता है जो अपने हाथ में बांस की शाखाएँ लेकर बर्तन को झाड़ रहा है, जो यह दर्शाता है कि बर्तन ख़ाली है। इसलिए *ऑरिजिन ऑफ चाइनीज़ कैरेक्टर्स* कहता है कि, "尽 का अर्थ ख़ाली बर्तन होता है।" इसके प्राथमिक अर्थ से "ख़त्म", "समाप्त", "सम्पूर्ण" और "सीमा तक" जैसे विस्तृत अर्थों की व्युत्पत्ति हुई है।

yì यी

ओरेकल-अस्थि अभिलेख

कांस्य अभिलेख

लेटर सील वर्ण

ओरेकल-अस्थि अभिलेखों में, 易 वर्ण ऐसा दिखाई पड़ता है जैसे एक बर्तन से पानी को दूसरे बर्तन में डाला जा रहा है। हालाँकि, अपने रूप में यह वर्ण बदलावों की एक श्रृंखला से होकर गुजरा है। अंत में सिर्फ एक छेद और वाला हत्था और तीन बिंदु जो कि पानी की बूंदों को दर्शाते हैं, वही बच गए हैं। इसलिए 易 वर्ण ने लेटर सील वर्ण और ओरेकल-अस्थि अभिलेखों में दर्ज अपने रूप से बिलकुल अलग रूप ग्रहण कर लिया है। 易 का मूल अर्थ "देना" था, लेकिन इसका प्रयोग "बदलाव", "आदान-प्रदान" के अर्थों में भी होता है। इसका ज्यादा प्रयोग हालांकि "आसान" के अर्थ में होता है जो 难 (मुश्किल) का विपरीत है।

gài गाई

कांस्य अभिलेख

लेटर सील वर्ण

कांस्य अभिलेखों में, 盖 एक ऐसे बर्तन की तरह दिखाई पड़ता है जिसके ऊपर कुछ है, इसलिए इसका मूल अर्थ "बर्तन के ऊपर की चीज" होता है, अर्थात "ढक्कन।" लेटर सील वर्ण में, इसमें घास वाला हिस्सा जोड़ा गया है, जो यह दर्शाता है कि यह कोगोन के घास से बना ढक्कन है। इसका प्रयोग आम तौर पर ढक्कन के अर्थ में भी हो सकता है, जैसे 车盖 (छतरी या चंदवा), 伞盖 (छाता)। जब इसका प्रयोग क्रिया के रूप में किया जाता है, तब इसका अर्थ "ढकना", "ऊपर से जाना", और "बढ़ जाना" होता है।

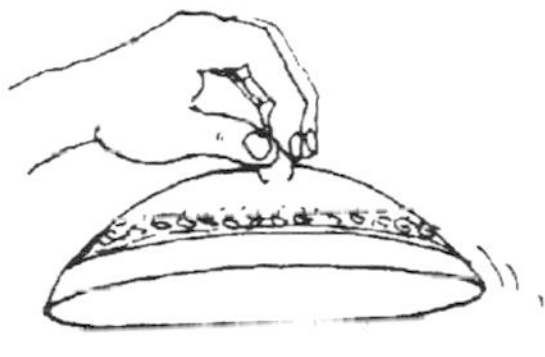

dǒu दोऊ

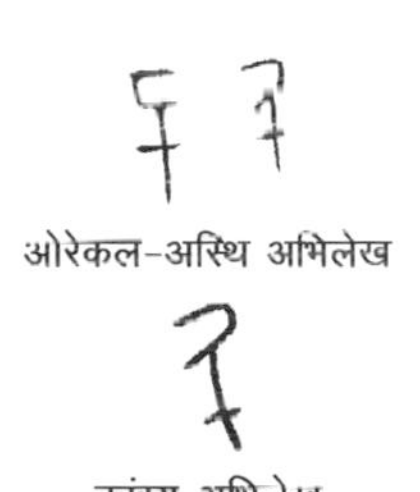

ओरेकल-अस्थि अभिलेख

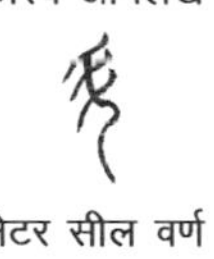

कांस्य अभिलेख

लेटर सील वर्ण

ओरेकल-अस्थि अभिलेखों और कांस्य अभिलेखों में, 斗 पणे एक लम्बे हत्थे वाले डिपर (सप्तर्षि) की तरह दिखाई पड़ता है। प्राचीन काल में इस तरह के डिपर (सप्तार्षि) का उपयोग ना सिर्फ वाइन को उठाने के लिए किया जाता था बल्कि अनाज की मात्रा मागने के लिए भी किगा जाता था। इसलिए 斗 क्षमता मापने की इकाई है, जो चीनी प्रणाली में दस 升 के गा 石 के दरावें हिस्से के बराबर होता है और मैट्रिक प्रणाली में एक डेकालीटर के बराबर होता है। चूंकि सात तारों का समूह सिर्फ दुनिया के उत्तरी हिस्से से दिखाई पड़ता है और इसका आकार डिपर (सप्तर्षि) की तरह है, उन्हें 北斗星 (बड़ा डिपर) के नाम से जाना जाता है। 斗 अवयव वाले वर्णों का संबंध मापने वाले डिपर से होता है, जैसे 斛 (चौकोर मुँह वाला बर्तन, जिसका उपयोग पाँच 斗 के बराबर वाली क्षमता की माप के रूप में होता है), 料 (斗 द्वारा चावल के अनाज की मात्रा मापना), 斟 (कलछी से वाइन उठाना)।

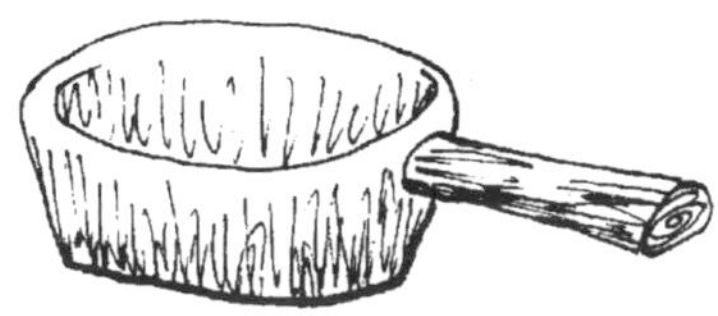

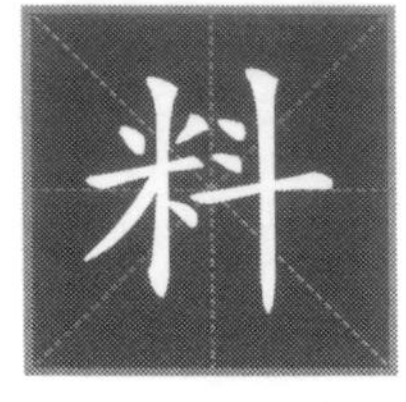

liào लीआओ

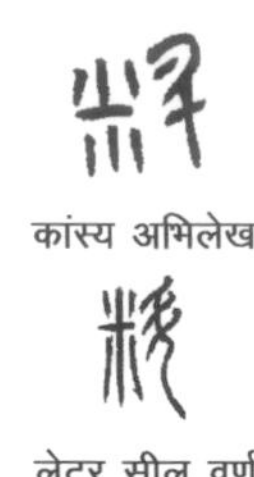

कांस्य अभिलेख

लेटर सील वर्ण

料 वर्ण एक संकेतचित्र है, जो 米 (चावल) और 斗 (मापने वाला डिपर), जो डिपर से मापे गए चावल की मात्रा को दर्शाता है। लेकिन 料 का प्रयोग सामान्य अवस्था में भी मापने के अर्थ में हो सकता है और यह "गणना करना", "अनुमान लगाना", "भविष्यवाणी करना" और "अन्दाज लगाना" जैसे अर्थों में भी प्रयुक्त होता है। इसके अतिरिक्त, इसका अर्थ "देख-भाल करना" और "क्रम में रखना" भी होता है। संज्ञा के रूप में इसका प्रयोग कुछ बनाने वाली सामग्री के अर्थ में हो सकता है।

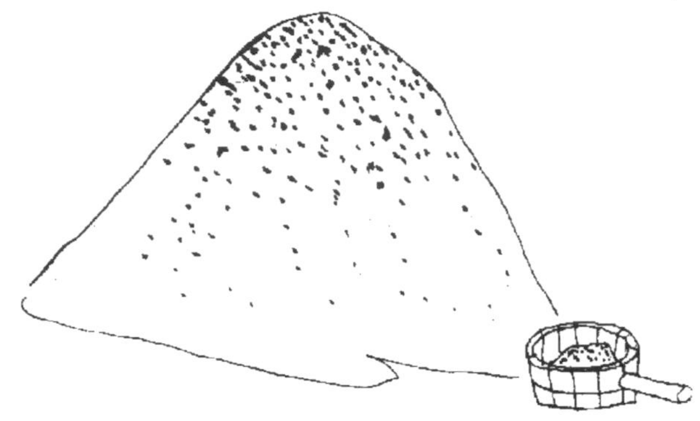

sháo शाओ

ओरेकल-अस्थि अभिलेख

लेटर सील वर्ण

勺 का अर्थ "कलछी" होता है, जो कि चीजों को उठाने का एक औजार है जिसमें एक छोटी कटोरी के साथ हत्था लगा होता है। ओरेकल-अस्थि अभिलेखों में 勺 वर्ण ऐसे ही औजार की तस्वीर जैसा दिखाई पड़ता है, इसके अंदर के बिंदु, अंदर रखे भोज्य पदार्थ को दर्शाते हैं। इसका प्रयोग क्रिया के रूप में भी हो सकता है, जिसका अर्थ "डब्बे में से कलछी की मदद से कुछ निकालना" होता है।

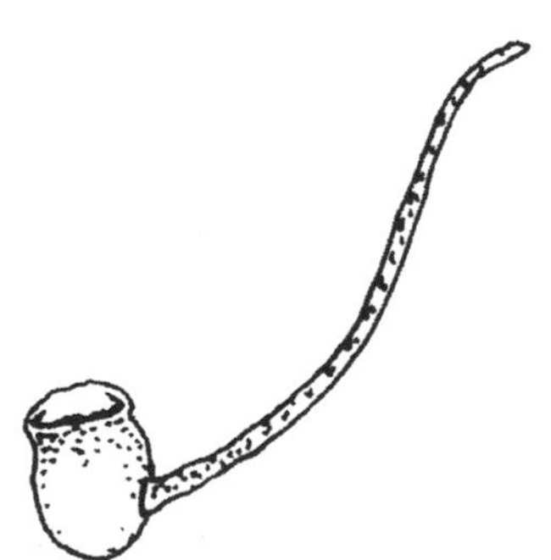

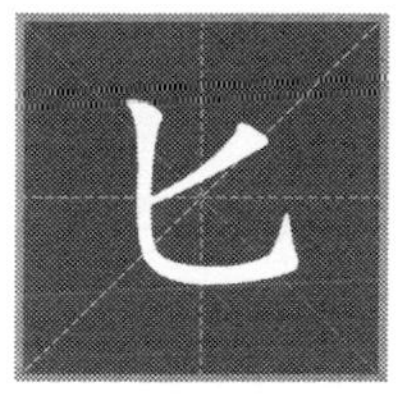

bì बी

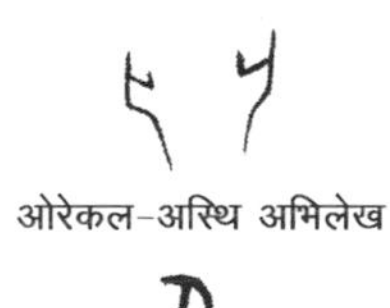

ओरेकल-अस्थि अभिलेख

कांस्य अभिलेख

लेटर सील वर्ण

匕 का अर्थ प्राचीन चम्मच जैसा औजार होता है, जिसमें एक छिछली कटोरी और मुड़ा हुआ हत्था होता है। ओरेकल-अस्थि अभिलेखों और कांस्य अभिलेखों में 匕 का आकार ऐसे ही चम्मच की तरह है। चूंकि यह 比 में आदमी वाले हिस्से के जैसा दिखाई पड़ता है, लेटर सील वर्ण में 匕 वर्ण गलती से अन्य तरीके से आदमी के हिस्से जैसा दिखाई पड़ता है।

zhǐ झी

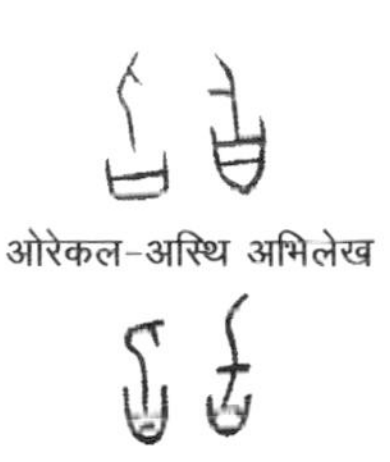

ओरेकल-अस्थि अभिलेख

कांस्य अभिलेख

लेटर सील वर्ण

ओरेकल-अस्थि अभिलेखों और कांस्य अभिलेखों में, 旨 वर्ण 匕 (चम्मच) और 口 (मुँह) वाले हिस्से से बना है, जो यह दर्शाता है कि चम्मच से खाया जा रहा है। कभी-कभी 旨 में अवयव के रूप में 甘 (मीठा स्वाद) भी होता है, जो यह दर्शाता है कि भोजन स्वादिष्ट है। 旨 का मूल अर्थ "मीठा स्वाद" या "मिठास" था, लेकिन इसका प्रयोग आम तौर पर "इरादा", "लक्ष्य", "उद्देश्य" और "अभिप्राय" के अर्थों में होता है।

zǔ जु

ओरेकल-अस्थि अभिलेख

कांस्य अभिलेख

लेटर सील वर्ण

俎 का अर्थ बलि समारोहों में बलि की सामग्रियों जैसे गाय का माँस और बकरे का माँस परोसने वाली प्राचीन मेज होती है। कांस्य अभिलेखों में, 俎 वर्ण अंत में ऐसे ही किसी मेज की तरह दिखाई पड़ता है, जिसमें दायां हिस्सा इसकी सतह है और बायां इसके पैर। बलि के प्रसाद के लिए प्रयुक्त बर्तन के रूप में, इस मेज को धार्मिक वस्तु के रूप में भी देखा जाता है। रोजमर्रा के जीवन में, हालांकि इसका प्रयोग आम तौर पर सब्जी काटने वाली तख्ती के रूप में होता है।

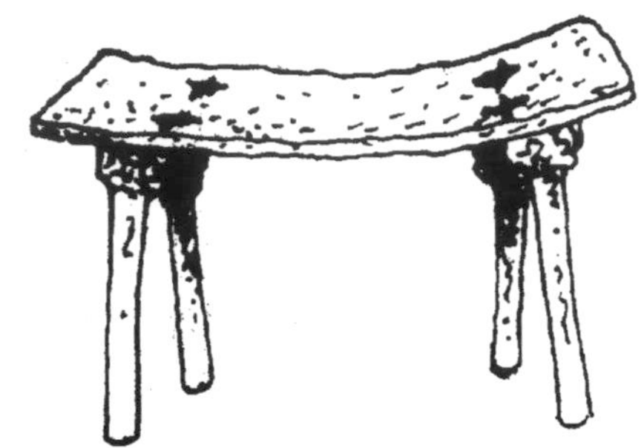

yòng योंग

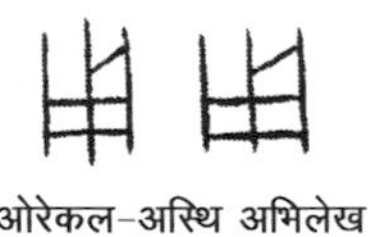

ओरेकल-अस्थि अभिलेख

कांस्य अभिलेख

लेटर सील वर्ण

用, 桶 का मूल रूप था। ओरेकल-अस्थि अभिलेखों, कांस्य अभिलेखों और लेटर सील वर्ण, प्रत्येक मामले में 用 वर्ण एक कठरे की तरह दिखाई पड़ता है। चूंकि कठरा रोजमर्रा के जीवन में प्रयुक्त होने वाला एक आम सामान है, 用 वर्ण ने "उपयोग करना", "नियोजित करना", "कार्य" और "व्यय" जैसे अर्थों को ग्रहण कर लिया है।

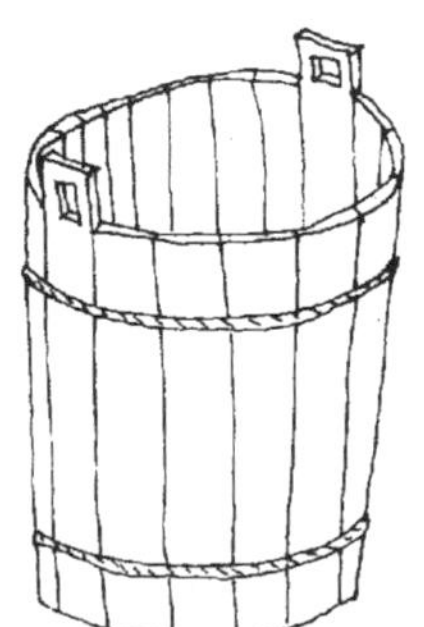

qū/ōu चू/ओऊ

ओरेकल-अस्थि अभिलेख

कांस्य अभिलेख

लेटर सील वर्ण

ओरेकल-अस्थि अभिलेखों में, 区 वर्ण सामान रखने के लिए बनाई गई काठ की अलमारी जैसा दिखाई पड़ता है। इसका मूल अर्थ "भंडारण करना" या "सामान को रखने की जगह" था, जहाँ से "क्षेत्र" और "जिला" जैसे अर्थों की व्युत्पत्ति हुई है। क्रिया के रूप में प्रयुक्त होने पर इसका अर्थ "भेद करना" और "अंतर बताना" होता है। इसके अतिरिक्त, 区 का उच्चारण ओऊ होता है, जो क्षमता मापने की प्राचीन इकाई है।

zhù झू

ओरेकल-अस्थि अभिलेख

कांस्य अभिलेख

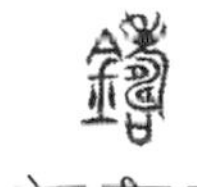

लेटर सील वर्ण

ओरेकल-अस्थि अभिलेखों और कांस्य अभिलेखों में, 铸 वर्ण ऐसे आदमी की तरह दिखाई पड़ता है जो अपने हाथों से पिघले हुए कांसे के धरिया को नीचे रखे साँचे में डाल रहा है, इसलिए इसका प्राथमिक अर्थ "ढलाई" होता है। लेटर सील वर्ण में, 铸 वर्ण एक ध्वन्यात्मक अवयव बन गया है, जिसमें 金 (धातु) मूल शब्द और 寿 ध्वनिप्रधान शब्द के रूप में रहता है। इसके प्राथमिक अर्थ के अलावा, 铸 का प्रयोग साँचे की मदद से चीजें बनाने के आम अर्थ में भी होता है।

qì चि

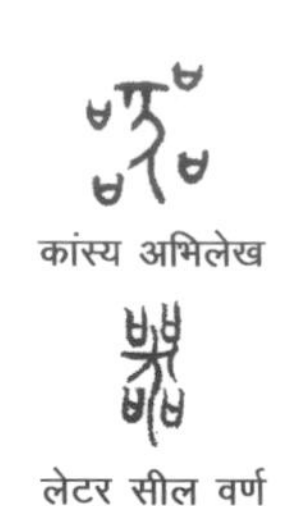

कांस्य अभिलेख

लेटर सील वर्ण

器 वर्ण 犬 और चार 口 से बना होता है, जिसमें पहले वाले का अर्थ कुत्ता और दूसरे वाले का अर्थ बर्तन होता है, जो कुत्तों की निगरानी में रखे गए बर्तनों की संख्या के बारे में बताता है। शुरुआत में, इसका प्रयोग सिर्फ मिट्टी के बर्तन के अर्थों में ही होता था। उदाहरण के लिए, *लाओ जी* (लाओ-त्जु) कहते हैं, "埏埴 (शाँझी) 以为器 (बर्तन बनाने के लिए मिट्टी में पानी को मिलाना)"। बाद में, इसका अर्थ विस्तृत हो गया था और इसका प्रयोग किसी भी बर्तन या औजार के लिए हो सकता था। इसलिए *एनालेक्ट्स ऑफ कनफ्यूसियस* कहता है, "工欲善其事, 必先利其器 (कामगार अगर अपना काम अच्छा करना चाहता है तो उसे पहले अपने औजार की धार तेज करनी चाहिए)।" लेकिन इसका प्रयोग और अधिक सामान्य अर्थ में किसी भी भौतिक वस्तु और ठोस वस्तु के लिए हो सकता है, जो कि अमूर्त धारणा - 道 के विपरीत होता है। इसलिए *बुक ऑफ चेंगेस* कहता है, "形而上者谓之道, 形而下者谓之器 (आकार रहित, अमूर्त को दाओ के नाम से जाना जाता है, और आधिकारिक, मूर्त को चि के नाम से जाना जाता है।)"

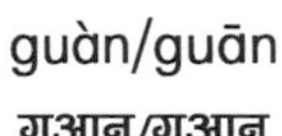

guàn/guān

गुआन/गुआन

लेटर सील वर्ण

लेटर सील वर्ण में, 冠 वर्ण तीन हिस्सों से बना है: सबसे ऊपर टोपी वाला हिस्सा (冖) बायीं तरफ आदमी वाला हिस्सा (元) और दायीं तरफ हाथ वाला हिस्सा (寸) होता है, जो यह दर्शाता है कि आदमी टोपी पहन रहा है। इसलिए इसका प्राथमिक अर्थ "सिर पर टोपी रखना" होता है। इस मौखिक अर्थ के अतिरिक्त, इसका प्रयोग आम तौर पर हेडगेयर्स (एक प्रकार की टोपी) के संदर्भ में भी हो सकता है। चूंकि टोपी को सिर पर पहना जाता है, इसलिए 冠 वर्ण ने "प्रथम" और "सबसे अच्छा" का अर्थ भी ले लिया है।

miǎn मीयान

ओरेकल-अस्थि अभिलेख

कांस्य अभिलेख

लेटर सील वर्ण

免, 冕 का मूल रूप था। ओरेकल-अस्थि अभिलेखों और कांस्य अभिलेखों में 冕 वर्ण एक ऐसे आदमी की तरह दिखाई पड़ता है जिसके सिर पर टोपी है। कभी-कभी आभूषण के रूप में उसके ऊपर कलगी भी रहती है। इसलिए इसका मूल अर्थ "सबसे ऊपर की टोपी" होता है। आजकल, हालाँकि, 免 वर्ण का प्रयोग मुख्यतः "हटाना", "उतारना", "नजरअन्दाज करना" और "छूट देना" के अर्थ में होता है। इसके मूल अर्थ की अभिव्यक्ति 冕 द्वारा की जाती है।

mào माओ

कांस्य अभिलेख

लेटर सील वर्ण

冒, 帽 का मूल रूप था। कांस्य अभिलेखों में, 冒 वर्ण में ढके हुए हिस्से के नीचे एक आंख होती है जो यह दर्शाता है कि यह एक हेडगेयर (एक तरह की टोपी) है। चूंकि हेडगेयर (एक तरह की टोपी) को सिर पर पहना जाता है, 冒 वर्ण का अर्थ "ढंकना" भी होता है। दूसरी तरफ, "सिर के सबसे ऊपर" के अर्थ से 冒 वर्ण ने "विरोध करना", "अपमानित करना", "अलग होना", "कुछ होने का नाटक करना" जैसे अर्थों का रूप ले लिया है। इसके अतिरिक्त, इसका अर्थ "दृढ़ बनाने के लिए", "उचित विचार के बिना काम करना" और "मुश्किलों के बावजूद काम करना" (जैसे 冒雨 "झंझावात को झेलना", 冒险 "जोखिम उठाना भी होता है।)

zhòu झोऊ

कांस्य अभिलेखों में, 胄 वर्ण एक ऐसे सिर की तरह दिखाई पड़ता है जिस पर हेलमेट है, और उससे आंख ढंकी नहीं है। इसलिए इसका प्राथमिक अर्थ "हेलमेट" होता है, जो 兜鍪 (मोऊ) के नाम से भी जाना जाता है, जो कि एक ऐसा हेडगेयर (एक तरह की टोपी) होता है जो युद्ध में सैनिकों द्वारा पहना जाता है। लेकिन 胄 का प्रयोग राजा या ईश्वरों के उत्तराधिकारी के संदर्भ में भी हो सकता है, जैसे 帝胄 (राजस्व का उत्तराधिकारी), 贵胄 (बड़प्पन का उत्तराधिकारी)।

huáng हुआंग

कांस्य अभिलेखों में, 皇 वर्ण में आभूषण वाली टोपी के नीचे राजा वाला हिस्सा (王) रहता है, जो यह दर्शाता है कि राजाओं द्वारा पहनी जाने वाली टोपी है, जैसे ताज। उदाहरण के लिए, *बुक ऑफ राइट्स* में दर्ज है कि, "有虞氏皇而祭 (यू यू, जिसे शुन के नाम से भी जाना जाता है, ने ताज पहना और समारोह की अध्यक्षता की।)" इस मूल अर्थ से इसका प्रयोग शासकों जैसे कि सम्राट और राजाओं के संदर्भ में भी होने लगा, जैसे 三皇五帝 (चीन के दर्ज इतिहास में आरम्भिक आठ शासक) और 皇帝 (शासक)। चूंकि ताज को आभूषणों से भव्य बनाया जाता है, 皇 वर्ण ने "शानदार" और "भव्य" का अर्थ भी ग्रहण कर लिया, जैसे 冠冕堂皇 (भव्य ताज)। इसका प्रयोग "महान" और "आदरणीय (श्रद्धेय)" के अर्थ में भी होता है, जैसे 皇天 (स्वर्ग) और 皇考 (पूर्वज)।

sī सी

ओरेकल-अस्थि अभिलेख

कांस्य अभिलेख

लेटर सील वर्ण

丝 का अर्थ "रेशम" होता है। ओरेकल-अस्थि अभिलेखों में, 丝 वर्ण रेशम से बने दो धागों की तरह दिखाई पड़ता है। इसका प्रयोग ऐसी चीजों के संदर्भ में भी हो सकता है जो पतली और लम्बी होती हैं, जैसे 柳丝 (पतली लचीली शाखा), 蛛丝 (मकड़ी का जाला)। 丝 वजन मापने की इकाई भी है जो चीनी प्रणाली में दस 忽 या 毫 के दसवें हिस्से के बराबर और मेट्रिक प्रणाली में आधे मिलीग्राम के बराबर होता है।

jīng जींग

कांस्य अभिलेख

लेटर सील वर्ण

कांस्य अभिलेखों में, 经 वर्ण एक चित्रलेख है, जो कि मूलतः एक करघे पर ताने गए तीन धागों की तरह दिखाई पड़ता है। बाद में इसमें रेशम वाला हिस्से (纟) को जोड़ा गया है, जिसके परिणामस्वरूप यह एक ध्वन्यात्मक अवयव में बदल गया है। 经 का प्राथमिक अर्थ "कपड़े की लम्बाई के साथ चलने वाला धागा (ताना)" होता है, जो कपड़े के बाने के विपरीत होता है। 经 और 纬 वर्ण का प्रयोग सड़क के लिए प्रतीकात्मक रूप में भी किया जाता है। जो उत्तर या दक्षिण की तरफ जाते हैं उन्हें 经 कहा जाता है और जो पूर्व या पश्चिम की तरफ जाते हैं उन्हें 纬 (जींग) कहा जाता है। इस अर्थ से "मुख्य सड़क", "सामान्य परिपाटी", "नियम", "कानून" और "सिद्धांत" जैसे अर्थों की व्युत्पत्ति हुई है। इसके अतिरिक्त, इसका प्रयोग क्रिया के रूप में भी किया जा सकता है जिसका अर्थ "अनुभव करना", "मापना" और "प्रबंध करना" होता है।

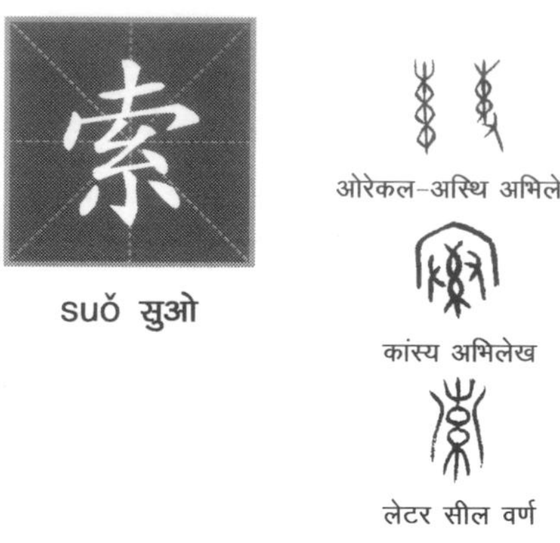

ओरेकल-अस्थि अभिलेखों में, 索 वर्ण ऐंठ कर बनाई गई रस्सी या रस्सी को ऐंठते हुए दो हाथ की तरह दिखाई पड़ता है। कांस्य अभिलेखों में इसके सबसे ऊपरी हिस्से में घर वाला हिस्सा जोड़ा गया है जो यह दर्शाता है कि लोग घर के अंदर रस्सी को ऐंठ रहे हैं। कालांतर में, 索 और 绳 का अर्थ अलग-अलग था, पहले वाले का प्रयोग मोटी रस्सी के संदर्भ में और दूसरे वाले का प्रयोग पतली रस्सी के संदर्भ में होता था। चूंकि रस्सी का उपयोग चीजों को जोड़ने और एक से दूसरी चीज तक पहुँचने या पहुँचाने के लिए किया जा सकता है, 索 वर्ण ने "ढूँढ़ना" का अर्थ भी ग्रहण कर लिया है, जैसे, 按图索骥 (चित्र की सहायता से घोड़े को ढूँढ़ना, सुराग का पीछा करते हुए किसी चीज का पता लगाने की कोशिश करना); और "किसी चीज के लिए पूछना।"

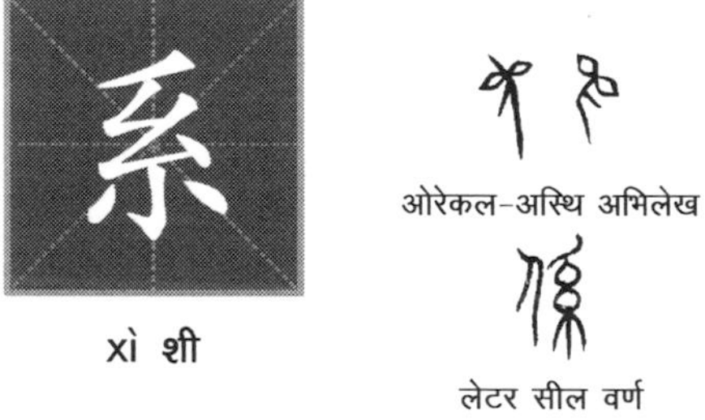

ओरेकल-अस्थि अभिलेखों और कांस्य अभिलेखों में, 系 वर्ण एक ऐसे आदमी की तरह दिखाई पड़ता है जिसकी गर्दन रस्सी से बंधी हुई है। इसलिए इसका प्राथमिक अर्थ "बांधना" होता है, जहाँ से "जोड़ना" और "जारी रखना" जैसे विस्तृत अर्थों की व्युत्पत्ति हुई है। *ऑरिजिन ऑफ चाइनीज़ कैरेक्टर्स* कहता है कि, "係 का अर्थ बांधना है, जो कि मूल शब्द 人 और ध्वनिप्रधान शब्द 系 से बना है।" इसलिए 系 ध्वन्यात्मक शब्द भी हो सकता है।

jué जुए

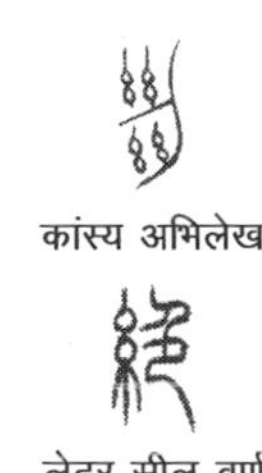

कांस्य अभिलेख

लेटर सील वर्ण

कांस्य अभिलेखों में, 绝 एक संकेतचित्र है, जो एक ऐसे चाकू की तरह दिखाई पड़ता है जो रेशम के दो धागों को काटकर छोटा कर रहा है। लेटर सील वर्ण में, 绝 एक ध्वन्यात्मक अवयव बन गया है, जिसमें 糸 मूल शब्द और 色 ध्वनिप्रधान शब्द है। 绝 का प्राथमिक अर्थ "काटकर अलग करना" होता है, जहाँ से "अलग करना", "ख़त्म करना (निकालना)", "अनोखा" और "अति या बेहद" जैसे विस्तृत अर्थों की व्युत्पत्ति हुई है।

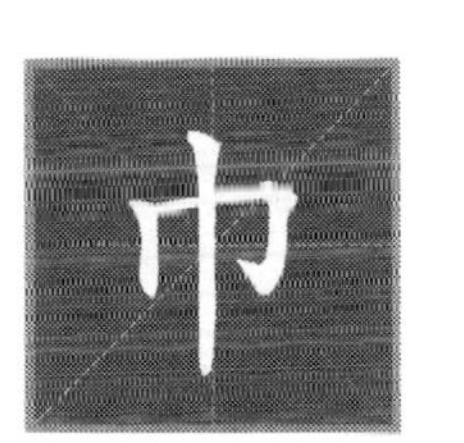

jīn जीन

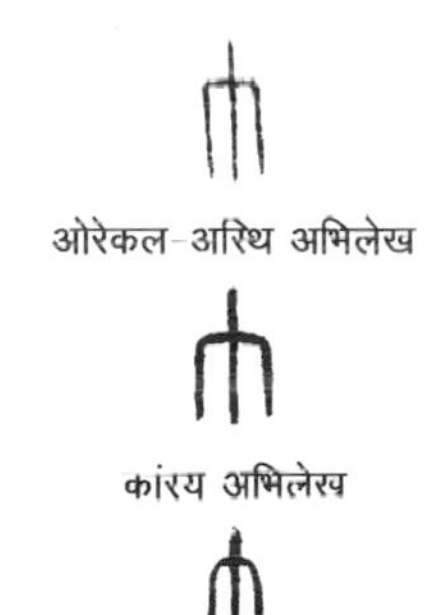

ओरेकल-अस्थि अभिलेख

कांस्य अभिलेख

लेटर सील वर्ण

巾 एक चित्रलेख है। प्राचीन लेखन प्रणालियों में, यह एक जगह लटक रहे कपड़े के टुकड़े की तरह दिखाई पड़ता है। इसका प्राथमिक रूप से प्रयोग किसी का चेहरा धोने के लिए प्रयुक्त होने वाले कपड़े के संदर्भ में होता है, अर्थात तौलिया, लेकिन इसका प्रयोग गुलबंद या रुमाल के संदर्भ में भी किया जा सकता है। 巾 अवयव वाले वर्णों का संबंध कपड़े से होता है, जैसे 布 (कपड़ा), 帕 (पू. तौलिए के आकार का कपड़ा), 幅 (कपड़े के लिए वर्गीकारक), 常 (裳 का एक रूप, नीचे पहना जाने वाला कपड़ा), 帷 (पर्दा), 幕 (तंबू) और 幡 (लम्बा पतला झंडा)।

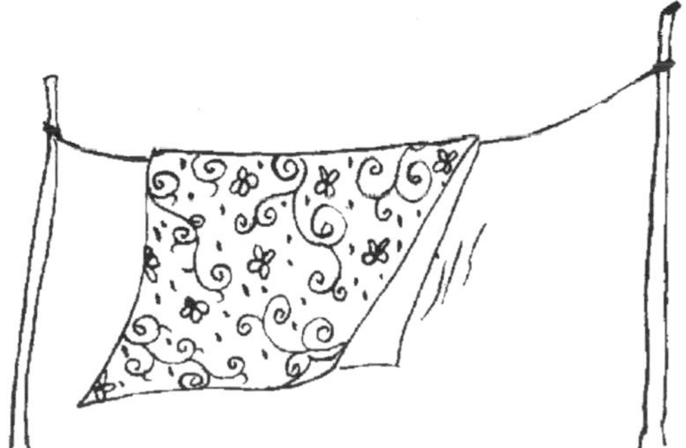

fú फू

कांस्य अभिलेख

लेटर सील वर्ण

巿, 韍 का मूल रूप था, यह बलि समारोहों में पहने जाने वाले पारम्परिक चीनी परिधान के आगे वाले निचले हिस्से के लिए प्रयुक्त होता है। यह वर्ण उन रेखाओं से बना है जो कि पट्टी(बेल्ट) और एक तौलिया वाले हिस्से (巾) को दर्शाता है, जो कि परिधान के पट्टी (बेल्ट) के आगे वाले निचले हिस्से को दर्शाता है।

dài दाई

Chu Character

लेटर सील वर्ण

带 का अर्थ पट्टी (बेल्ट) होता है। लेटर सील वर्ण में, 带 वर्ण दो हिस्सों से बना हैः ऊपरी हिस्सा उस पट्टी की तरह दिखाई पड़ता है जिसने चीजों को एक साथ बांधा हुआ है और निचला हिस्सा मुख्यतः तौलिए वाले हिस्से (巾) से बना है, जो यह दर्शाता है कि पट्टी कपड़े से बनी हुई है। आजकल, हालाँकि, इसका प्रयोग अन्य चीजों से बनी पट्टियों या पट्टी के आकार की किसी भी वस्तु के संदर्भ में भी होता है। क्रिया के रूप में प्रयुक्त होने पर, इसका अर्थ "बर्दाश्त करना", "ढ़ोना" और "नेतृत्व करना" भी होता है।

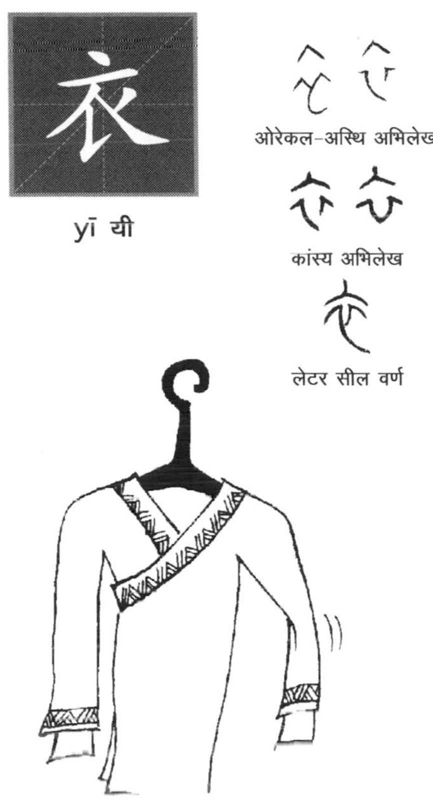

yī यी

ओरेकल-अस्थि अभिलेख

कांस्य अभिलेख

लेटर सील वर्ण

प्राचीन लेखन प्रणालियों में, 衣 वर्ण शरीर के ऊपरी हिस्से में पहने जाने वाले पारम्परिक चीनी परिधान के चित्र की तरह दिखाई पड़ता है: ऊपरी हिस्सा गिरेबान, नीचे की तरफ बायां और दायां हिस्सा बाजू और मध्य हिस्सा जामे का वह अगला हिस्सा है जहाँ दो टुकड़े आकर मिलते हैं। इसलिए इसका प्राथमिक अर्थ "ऊपरी हिस्से में पहना जाने वाला कपड़ा" होता है, वहीं प्राचीन काल में निचले हिस्से में पहने जाने वाले कपड़े को 裳 कहा जाता था। हालाँकि, 衣 वर्ण का प्रयोग कपड़े के लिए आम शब्दावली के रूप में भी होता है। यी वाले उच्चारण के रूप में, इसका प्रयोग क्रिया के रूप में होता है, जिसका अर्थ "कपड़े पहनना" होता है। 衣 अवयव वाले वर्णों का संबंध कपड़े और लिबास से होता है, जैसे 初 (कपड़ों को काटना), 衬 (स्तर), 衫 (बिना स्तर वाला ऊपरी परिधान), 裘 (रोएं वाला कोट), 表 (बाहरी परिधान) और 袂 (मेई, बाजू)।

chúng चांग

कांस्य अभिलेख

लेटर सील वर्ण

常, मूल रूप से 裳 का एक रूप था। लेटर सील वर्ण में, 常 (裳) एक ध्वन्यात्मक अवयव है, जिसमें 巾 या 衣 मूल शब्द और 尚 ध्वनिप्रधान शब्द है, जो नीचे पहने जाने वाले पारंपरिक चीनी परिधान को दर्शाता है। आजकल, 常 और 裳 वर्ण अर्थ में एक-दूसरे से भिन्न होते हैं। 常 का प्रयोग मुख्य रूप से "स्थायी", "स्थिर", "नियम" और "महत्ता का सामंती क्रम" के अर्थ में होता है, वहीं 裳 का प्रयोग मूल अर्थ में ही बना हुआ है।

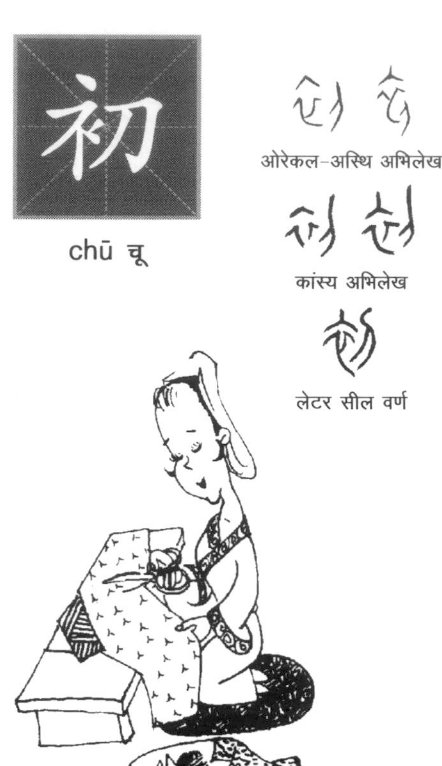

初 वर्ण परिधान वाला हिस्सा (衣) और चाकू वाले हिस्से (刀) से बना है, जो यह दर्शाता है कि कैंची से कपड़े को काटा जा रहा है। चूंकि कपड़े के काटने की प्रक्रिया उसकी सिलाई का आरम्भ होता है, 初 वर्ण ने "आरम्भ" और "मूल" जैसे शब्दों का अर्थ ग्रहण कर लिया है।

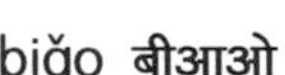

लेटर सील वर्ण

प्राचीन काल में, लोग जानवरों की खाल पहनते थे। इस तरह के कपड़ों में आम तौर पर बाहर की तरफ रोएं होते हैं। लेटर सील वर्ण में 初 वर्ण परिधान वाले हिस्से (衣) और रोएं वाले हिस्से (毛) से बना है, जो कपड़े के बाहरी तरफ वाले रोएं को दर्शाता है। इसलिए इसका प्राथमिक अर्थ "बाहर की तरफ" और "सतह" होता है। क्रिया के रूप में इसका अर्थ "दिखाना" और "अभिव्यक्त करना" हो सकता है, जहाँ से इसका प्रयोग निशान और चिह्न जैसे व्युत्पन्न शब्दों के लिए होता है।

qiú चिऊ

ओरेकल-अस्थि अभिलेख

कांस्य अभिलेख

लेटर सील वर्ण

ओरेकल-अस्थि अभिलेखों में, 裘 वर्ण रोएं से बने ऊपर पहने जाने वाले परिधान की तरह दिखाई पड़ता है, जिसके मध्य में स्थित अतिरिक्त रेखाएँ रोएं को दर्शाती हैं। कांस्य अभिलेखों में, 又 या 求 वाले हिस्से को जोड़ा गया जो इसके उच्चारण को चिह्नित करता है। लेटर सील वर्ण में यह एक सम्पूर्ण ध्वन्यात्मक अवयव में बदल गया है जिसमें 衣 मूल शब्द और 求 ध्वनिप्रधान शब्द है। इसलिए इसका प्राथमिक अर्थ "रोएं वाला कोट" होता है। 裘 एक उपनाम भी है, जो कि शायद इस तथ्य को दर्शाता है कि इन लोगों के पूर्वज रोएं वाले कोट बनाने वाले कारीगर थे।

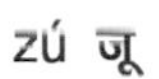

zú जू

कांस्य अभिलेख

लेटर सील वर्ण

प्राचीन लेखन प्रणालियों में, 卒 वर्ण सामने की तरफ छोटी-छोटी रेखाओं वाले परिधान की तरह दिखाई पड़ता है, जो यह दर्शाता है कि कपड़े में चिप्पी लगी हुई है। इस तरह के परिधानों का उपयोग पद के लिए वर्दी और सेना में या सरकारी सेवा में फाइल के लिए होता है। इसलिए इसका मूल अर्थ "पद और फाइल के लिए वर्दी" होता है, लेकिन उन लोगों के संदर्भ में भी हो सकता है जो इसे पहनते हैं। क्रिया के रूप में प्रयुक्त होने पर इसका अर्थ "पूरा करना", "समाप्त करना" और "मरना" होता है।

yì यी

ओरेकल-अस्थि अभिलेख

लेटर सील वर्ण

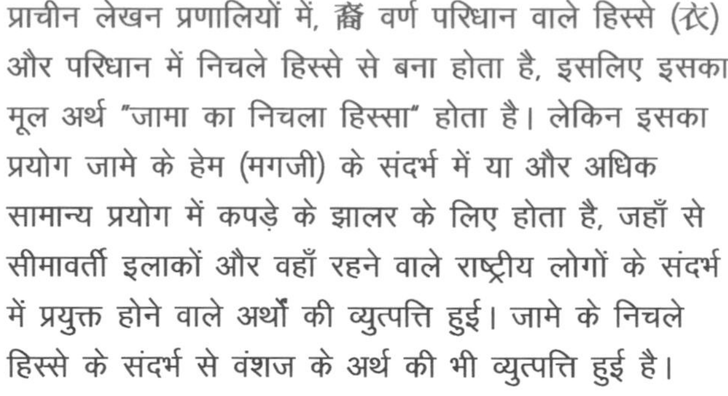

प्राचीन लेखन प्रणालियों में, 裔 वर्ण परिधान वाले हिस्से (衣) और परिधान में निचले हिस्से से बना होता है, इसलिए इसका मूल अर्थ "जामा का निचला हिस्सा" होता है। लेकिन इसका प्रयोग जामे के हेम (मगजी) के संदर्भ में या और अधिक सामान्य प्रयोग में कपड़े के झालर के लिए होता है, जहाँ से सीमावर्ती इलाकों और वहाँ रहने वाले राष्ट्रीय लोगों के संदर्भ में प्रयुक्त होने वाले अर्थों की व्युत्पत्ति हुई। जामे के निचले हिस्से के संदर्भ से वंशज के अर्थ की भी व्युत्पत्ति हुई है।

yī यी

ओरेकल-अस्थि अभिलेख

लेटर सील वर्ण

ओरेकल-अस्थि अभिलेखों में, 依 वर्ण आदमी वाले हिस्से (人) और कपड़े वाले हिस्से (衣) से मिलकर बना है, और पहले वाला बाद वाले के अंदर होता है, जो कपड़े पहनने की क्रिया को दिखाता है। इसके इस मूल अर्थ से "विश्वास करना", "संलग्न करना" और "के अनुसार" जैसे अर्थों की व्युत्पत्ति हुई है।

लेटर सील वर्ण

shuāi शुआई

衰, 蓑 का मूल रूप है, जिसका प्रयोग पुआल या ताड़ की छाल से बने लबादे के संदर्भ में होता है। लेटर सील वर्ण में, 衰 वर्ण (衣) वाले हिस्से से बना है और एक हिस्सा लटकते हुए पुआल (या ताड़ के छाल) के धागों (冉) को दर्शाता है। आजकल, हालाँकि, इस वर्ण का प्रयोग मुख्यतः "घटता हुआ" के अर्थ में होता है जो 盛 (उन्नत) का विपरीत है, और इसके मूल अर्थ की अभिव्यक्ति 蓑 द्वारा की जाती है।

ओरेकल-अस्थि अभिलेख

लेटर सील वर्ण

bì बी

敝 वर्ण एक संकेतचित्र है। ओरेकल-अस्थि अभिलेखों में, 敝 वर्ण में एक हाथ है जिसके दायीं तरफ हाथ में एक छड़ी है और बायीं तरफ कपड़े वाला हिस्सा (巾) है जिसमें चार बिंदु हैं जो छेद को दर्शाते हैं। इसलिए इसका मूल अर्थ "घिसा हुआ" या "फटा हुआ" होता है, जहाँ से "थका हुआ" और "घटने के क्रम में" जैसे अर्थों की व्युत्पत्ति हुई है।

dōng दोंग

ओरेकल-अस्थि अभिलेख

कांस्य अभिलेख

लेटर सील वर्ण

ओरेकल-अस्थि अभिलेखों और कांस्य अभिलेखों में, 东 वर्ण एक झोले की तरह दिखाई पड़ता है जिसका दोनों सिरा बंधा हुआ है। मूलतः यह उसके अंदर रखी चीज के लिए प्रयुक्त होता है, जिसे अब हम 东西 - चीज कहते हैं। लेकिन इस वर्ण का ज्यादातर प्रयोग स्थानीय अर्थ के रूप में होता है जिसका नाम "पूर्व" है, जहाँ सूर्य उगता है और जो 西 (पश्चिम) का विपरीत है।

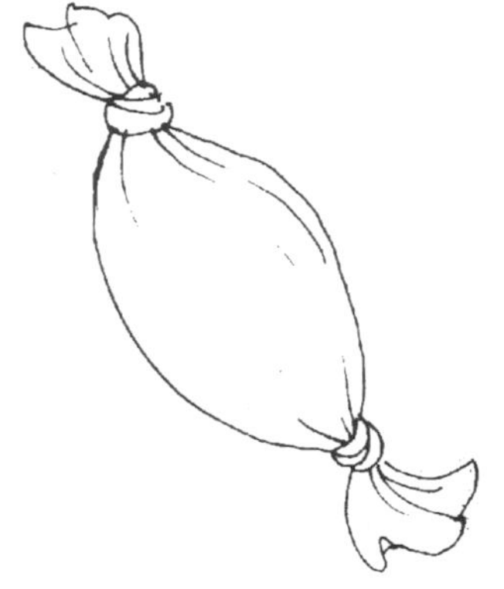

lù लू

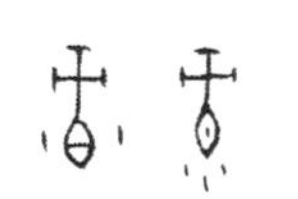

ओरेकल-अस्थि अभिलेख

कांस्य अभिलेख

लेटर सील वर्ण

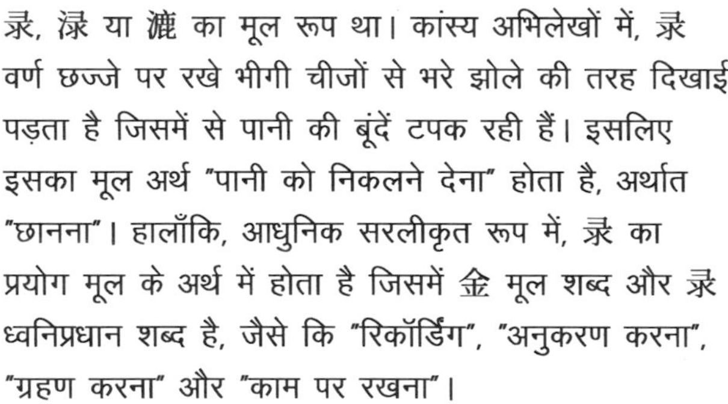

录, 渌 या 漉 का मूल रूप था। कांस्य अभिलेखों में, 录 वर्ण छज्जे पर रखे भीगी चीजों से भरे झोले की तरह दिखाई पड़ता है जिसमें से पानी की बूंदें टपक रही हैं। इसलिए इसका मूल अर्थ "पानी को निकलने देना" होता है, अर्थात "छानना"। हालाँकि, आधुनिक सरलीकृत रूप में, 录 का प्रयोग मूल के अर्थ में होता है जिसमें 金 मूल शब्द और 录 ध्वनिप्रधान शब्द है, जैसे कि "रिकॉर्डिंग", "अनुकरण करना", "ग्रहण करना" और "काम पर रखना"।

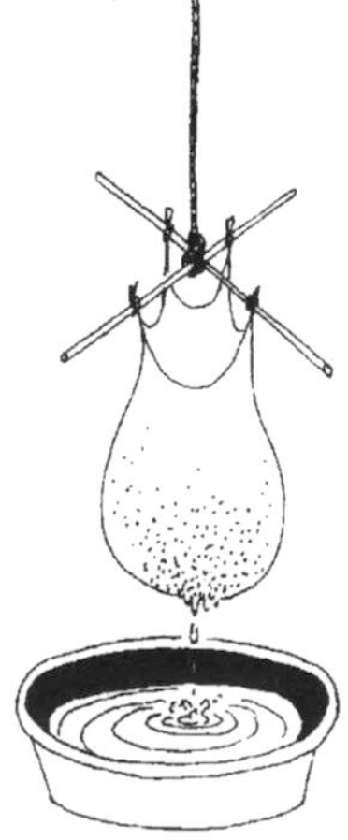

gōu/jù गोऊ/जू

ओरेकल-अस्थि अभिलेख

कांस्य अभिलेख

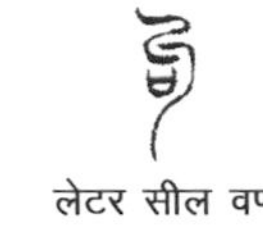

लेटर सील वर्ण

句, 鉤 या 勾 का मूल रूप था। ओरेकल-अस्थि अभिलेखों और कांस्य अभिलेखों में, 句 वर्ण, आंख के चारों ओर दो काँटे की तरह दिखाई पड़ता है। इसलिए इसका मूल अर्थ "फँसाना", "काँटा" और "झुका हुआ" होता था। 句 को जू की तरह उच्चारित किया जाता है जिसका अर्थ "वाक्य" या "भावना समूह" होता है।

sǎn सान

伞 का अर्थ "छाता" होता है, जो कि कपड़े, चिकने कपड़े, प्लास्टिक आदि से बना एक वृत्ताकार कपड़ा होता है, जो कि केंद्रीय छड़ी से संलग्न रेडियल तारों पर उभरी हुई चीज होती है जिसे मोड़ सकते हैं, और जिसका उपयोग बारिश या धूप से बचने के लिए किया जाता है। इसका आविष्कार बहुत हाल तक नहीं हुआ था, और आरम्भिक लेखन प्रणालियों में इसके लिए किसी भी तरह का वर्ण नहीं है। सामान्य लिपि में, 伞 वर्ण एक खुले हुए छाते की तरह दिखाई पड़ता है, जिसमें इसका ढक्कन, संरचना और हत्था लगा हुआ है। इसलिए यह एक चित्रलेख है।

५

निवास

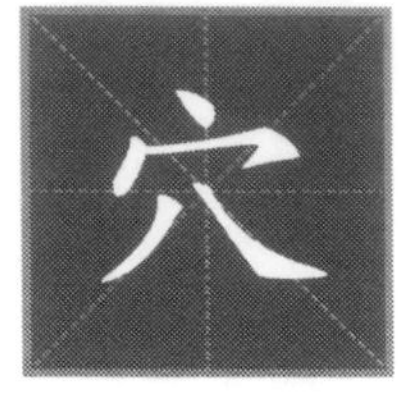

xué शुए

लेटर सील वर्ण

प्राचीन मानव के घर संभवतः अर्ध-भूमिगत होते थे, अर्थात, वे जमीन में एक बड़ा गड्ढा खोदते थे और सबसे ऊपर पुआल या घास से ढंका हुआ एक तिरछा छप्पर बनाते थे और उसमें रहते थे। प्राचीन लेखन प्रणालियों में, 穴 वर्ण इस तरह के जमीन वाले घर की तस्वीर जैसा दिखाई पड़ता है। इसके मूल अर्थ से इसका प्रयोग छेद, गुफा या खुले मुँह वाली किसी भी चीज के संदर्भ में होने लगा। 穴 अवयव वाले वर्णों का संबंध छेद या खुले मुँह वाली चीज से होता है, जैसे 窟 (गुफा), 窖 (तलघर), 窝 (घोंसला या कंदरा), 窦 (छेद) और 窗 (खिड़की)।

chuān चुआन

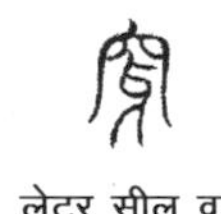

लेटर सील वर्ण

穿 वर्ण में छेद वाले हिस्से (穴) के नीचे दाँत वाला हिस्सा (牙) होता है, जो यह दर्शाता है कि चूहे जैसे जानवर अपने दाँत से छेद बनाते हैं। इसलिए इसका प्राथमिक अर्थ "छेद करना" या "छेद" होता है, जहाँ से "बेधना", "फटना या फाड़ना" "गुजरना" और "पहनना" जैसे विस्तृत अर्थों की व्युत्पत्ति हुई है।

gé/gè गे/गे

ओरेकल-अस्थि अभिलेख

कांस्य अभिलेख

लेटर सील वर्ण

各 एक संकेतचित्र है। ओरेकल-अस्थि अभिलेखों और कांस्य अभिलेखों में, 各 वर्ण में उल्टे पैर वाले हिस्से (止) के अंदर घर वाला हिस्सा (口) होता है, जो यह दर्शाता है कि कोई घर पहुँच रहा है। इसलिए इसका मूल अर्थ "पहुँचना", "किसी जगह पर पहुँचना" होता है, लेकिन अब इसका प्रयोग सर्वनाम के रूप में होता है जिसका अर्थ "प्रत्येक" और "हर-एक" होता है, जैसे 各自 (हर तरफ), 各种 (हर प्रकार)।

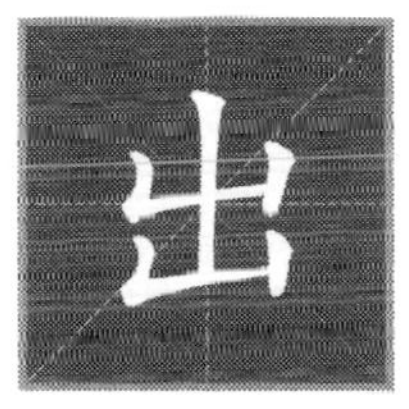

chu चू

ओरेकल-अस्थि अभिलेख

कांस्य अभिलेख

लेटर सील वर्ण

लोगों ने प्राचीन काल की शुरुआत से ही घर बनाना शुरू कर दिया था। लेकिन उस तरह के घर बहुत ही सामान्य होते थे, जिसमें गड्ढे में छेद करके उसे ऊपर से ढंक दिया जाता था। चूंकि ऐसे घर अर्ध-भूमिगत होते थे, इसके प्रवेश द्वार पर एक ढलान जैसा बनता था। ओरेकल-अस्थि अभिलेखों और कांस्य-अभिलेखों में, 出 वर्ण ऐसे दिखाई पड़ता है जैसे छेद से पैर को बाहर निकाला जा रहा है, जो यह दर्शाता है कि कोई घर से बाहर जा रहा है। इसलिए इसका प्राथमिक अर्थ "बाहर जाना" होता है, जहाँ से "बाहर भेजना", "उत्पन्न/उत्पादन करना" और "प्रकट होना" जैसे विस्तृत अर्थों की व्युत्पत्ति हुई है।

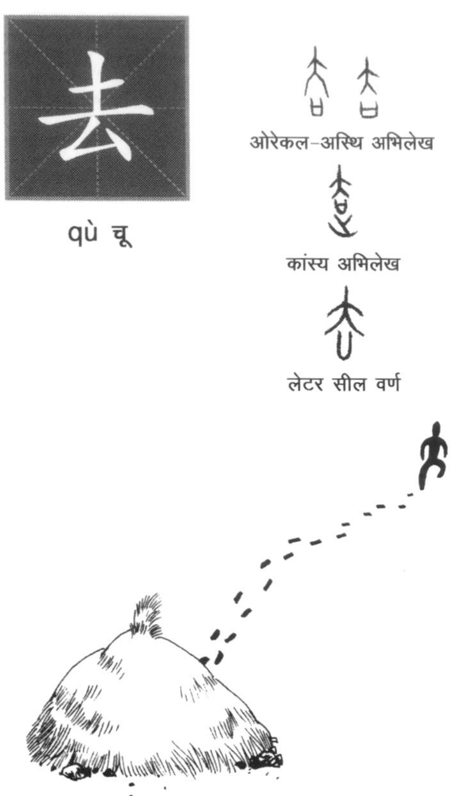

ओरेकल-अस्थि अभिलेखों और कांस्य-अभिलेखों में, 去 वर्ण 大 और 口 से बना है, जिसमें पहले वाला हिस्सा पीछे दिखाई देने वाले एक आदमी की तरह दिखाई पड़ता है और बाद वाला अर्ध-भूमिगत घर को दर्शाता है। इसलिए इसका प्राथमिक अर्थ "छोड़ना" होता है, जैसे 去国 (अपनी मातृभूमि को छोड़ना)। लेकिन इसका प्रयोग "छुटकारा पाना" के अर्थ में भी होता है, जैसे 去伪存真 (गलत को हटाना और सही को बचाना)। लेकिन आजकल इसका प्रयोग अलग तरीके से होता है। उदाहरण के लिए, अब 去北京 का अर्थ "बीजिंग जाना" होता है, ना कि "बीजिंग को छोड़ना।"

liù लीयू

कांस्य अभिलेख

लेटर सील वर्ण

六, 庐 का मूल रूप था। ओरेकल-अस्थि अभिलेखों में, 六 वर्ण एक सरल संरचना वाले घर की तरह दिखाई पड़ता है, इसलिए इसका मूल अर्थ "कुटिया या झोपड़ी" होता है। आजकल, हालाँकि, 六 का प्रयोग संख्या के रूप में होता है जिसका अर्थ "छह" है और इसके मूल अर्थ की अभिव्यक्ति बाद वाली संरचना 庐 द्वारा की जाती है, जिसका मूल शब्द 广 और ध्वनिप्रधान शब्द 卢 होता है।

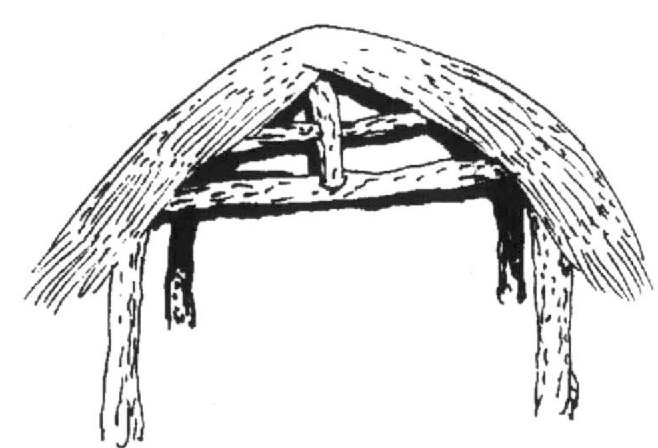

yú यू

ओरेकल-अस्थि अभिलेख

कांस्य अभिलेख

लेटर सील वर्ण

ओरेकल-अस्थि अभिलेखों में, वर्ण छत, बीम और पाये के साथ, बगल से देखे जाने वाले घर के ढाँचे की तरह दिखाई पड़ता है। इसलिए इसका मूल अर्थ "घर" होता है। लेकिन अब इसका प्रयोग प्रथम पुरुष सर्वनाम के रूप में होता है। वर्तमान में, इसका प्रयोग के सरलीकृत रूप में भी होता है।

jiā जीआ

ओरेकल अस्थि अभिलेख

कांस्य अभिलेख

लेटर सील वर्ण

प्राचीन काल में घर का एक विशेष प्रकार होता था, जिसमें लोग खुद ऊपर की मंजिल में रहते थे और जानवरों को निचले मंजिल पर रखते थे। इस तरह के घर को प्रतिबिम्बित करते हुए, वर्ण घर वाले हिस्से () और सूअर वाले हिस्से () से बना है, जो यह दर्शाता है कि सूअर घर के अंदर है। सूअर वाला घर परिवार का संकेत होता है, इसलिए इसका प्राथमिक अर्थ "गृहस्थी" और "परिवार" होता है।

qǐn चिन

ओरेकल-अस्थि अभिलेख

कांस्य अभिलेख

लेटर सील वर्ण

प्राचीन लेखन प्रणालियों में, 寝 वर्ण छत के नीचे हाथ में झाडू लिए एक हाथ की तरह दिखाई पड़ता है। सामान्य लिपि में, इसमें बिस्तर वाला हिस्सा (爿) भी है, जो यह दर्शाता है कि यह सोने वाला कमरा है। इसलिए इसका प्राथमिक अर्थ "सोने वाला कमरा" होता है। लेकिन इसका प्रयोग "नीचे लेटना", "सोना" और "आराम करना" के अर्थों में भी होता है। इसका अर्थ "रोकना" भी हो सकता है। इसके अतिरिक्त, सोने वाले कमरे के अर्थ से इसका अर्थ महल या समाधि के संदर्भ में भी होता है।

sù सू

ओरेकल-अस्थि अभिलेख

कांस्य अभिलेख

लेटर सील वर्ण

ओरेकल-अस्थि अभिलेखों में, 宿 वर्ण छत के नीचे पुआल के तकिए पर घुटने टेके हुए आदमी या मसनद पर लेटे हुए आदमी की तरह दिखाई पड़ता है, जो यह दर्शाता है कि वह आराम कर रहा है या सो रहा है। इसलिए इसका प्राथमिक अर्थ, "आराम करना", "सोना" और "रात भर रुकना" होता है। चूंकि आदमी रात में सोता है, इसलिए 宿 वर्ण का प्रयोग रात के अर्थ में भी होता है। और इसका अर्थ पिछली रात के संदर्भ में भी हो सकता है, जैसे 宿雨 (पिछली रात की बारिश), 宿醒 (पिछली रात में बहुत अधिक शराब पीने से होने वाला सिरदर्द)। इस अर्थ से "लम्बे समय तक टिकने वाला" जैसे अर्थों की व्युत्पत्ति हुई है, जैसे 宿债 (पुराना कर्ज), 宿愿 (पुरानी ख्वाहिश)।

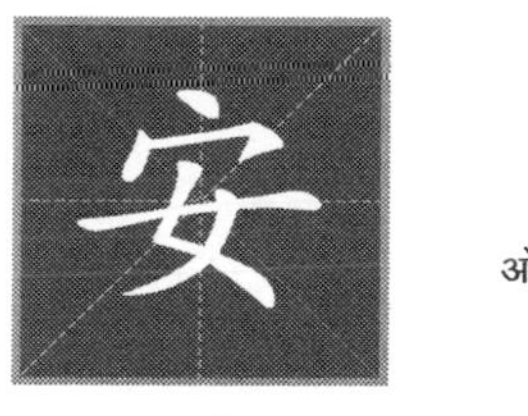

ān ऐन

ओरेकल-अस्थि अभिलेख

कांस्य अभिलेख

लेटर सील वर्ण

प्राचीन लेखन प्रणालियों में, 安 वर्ण घर में शांति से बैठी एक औरत की तरह दिखाई पड़ता है, जो यह दर्शाता है कि ना तो किसी तरह का युद्ध है और ना ही आपदा, और जीवन शांत और आरामदायक है। इसलिए इसका अर्थ "शांत", "सुरक्षित", "आसान और आरामदायक" और "संतुष्ट" होता है। क्रिया के रूप में प्रयुक्त होने पर इसका अर्थ "रखना" और "किसी चीज के लिए जगह ढूँढ़ना" होता है।

dìng दींग

ओरेकल-अस्थि अभिलेख

कांस्य अभिलेख

लेटर सील वर्ण

प्राचीन लेखन प्रणालियों में, 定 वर्ण, 宀 और 正 से बना है, जिसमें पहले वाला घर को दिखाता है और बाद वाला मंजिल और पैर वाले हिस्से को, जो उस जगह को सुनिश्चित करता है जहाँ कोई आदमी पहुँचा है। ओरेकल-अस्थि अभिलेखों और कांस्य अभिलेखों में, यह पैर घर की तरफ बढ़ता है, जो यह दर्शाता है कि आदमी सुरक्षित घर वापस लौट गया है। इसलिए इसका प्राथमिक अर्थ "शांत", "सुरक्षित" और "रोकना" होता है। लेकिन इसका अर्थ "निर्णय लेना" और "ठीक करना" भी हो सकता है।

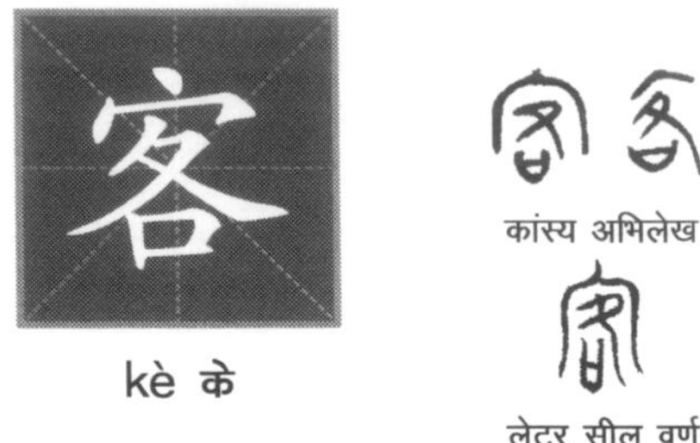

客 वर्ण 宀 और 各 से बना है, जिसमें पहले वाला घर को दर्शाता है और बाद वाले का अर्थ "पहुँचना" होता है, और साथ ही इसके उच्चारण को भी दर्शाता है। इसलिए इसका प्राथमिक अर्थ "दूसरी जगह से आने वाला कोई आदमी" होता है, जैसे "अतिथि"। इसके अतिरिक्त, इसका प्रयोग ऐसे आदमी के संदर्भ में भी हो सकता है जो किसी विशेष लक्ष्य को पाने में लगा हुआ है, जैसे 侠客 (मार्शल आर्ट का उदात्त गुरु), 剑客 (तलवार चलाने वाला आदमी) और 墨客 (लेखक)।

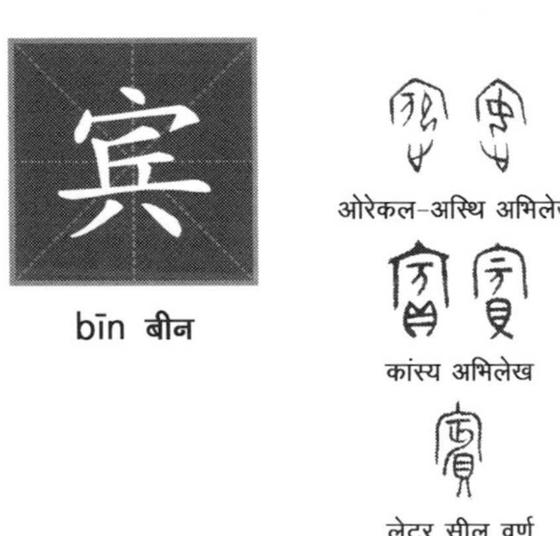

ओरेकल-अस्थि अभिलेखों में, 宾 वर्ण बाहर से कमरे के अंदर आने वाले आदमी की तरह दिखाई पड़ता है, जो यह दर्शाता है कि कोई अतिथि आया है। कांस्य अभिलेखों में, इसमें सीपी वाले हिस्से (贝) को जोड़ा गया है जो यह दर्शाता है कि अतिथि कुछ उपहार लेकर आया है। इसलिए 宾 वर्ण का प्राथमिक अर्थ "अतिथि" होता है, जैसे 来宾 (अतिथि), 外宾 (विदेशी अतिथि)। क्रिया के रूप में प्रयुक्त होने पर इसका अर्थ "किसी के आगे खुद को समर्पित करना" होता है।

guǎ गुआ

कांस्य अभिलेख

लेटर सील वर्ण

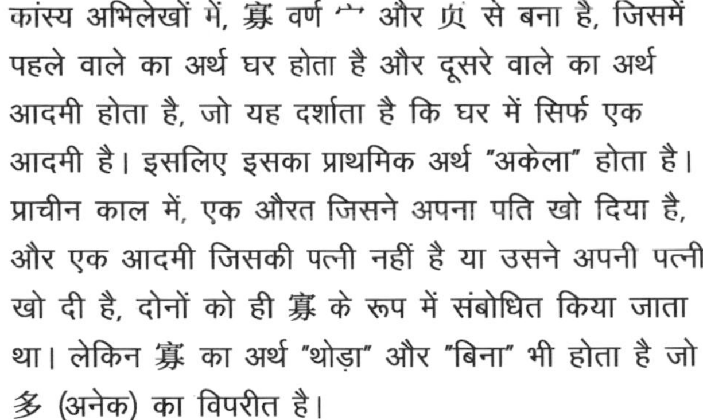

कांस्य अभिलेखों में, 寡 वर्ण 宀 और 页 से बना है, जिसमें पहले वाले का अर्थ घर होता है और दूसरे वाले का अर्थ आदमी होता है, जो यह दर्शाता है कि घर में सिर्फ एक आदमी है। इसलिए इसका प्राथमिक अर्थ "अकेला" होता है। प्राचीन काल में, एक औरत जिसने अपना पति खो दिया है, और एक आदमी जिसकी पत्नी नहीं है या उसने अपनी पत्नी खो दी है, दोनों को ही 寡 के रूप में संबोधित किया जाता था। लेकिन 寡 का अर्थ "थोड़ा" और "बिना" भी होता है जो 多 (अनेक) का विपरीत है।

kòu कोऊ

कांस्य अभिलेख

लेटर सील वर्ण

ओरेकल-अस्थि अभिलेखों में, 寇 वर्ण घर के अंदर छड़ी से किसी को मारते हुए आदमी की तरह दिखाई पड़ता है, जो यह दर्शाता है कि कोई गिरा पड़ा है। इसलिए इसका अर्थ "लूट लेना" और "आक्रमण करना" होता है, और इसका प्रयोग वैसे आदमी के संदर्भ में भी हो सकता है जो लूटते हैं या आक्रमण करते हैं, अर्थात लुटेरे या आक्रांता।

qiú चिऊ

ओरेकल-अस्थि अभिलेख

लेटर सील वर्ण

囚 वर्ण 囗 (वेई) और 人 से बना है, जो यह दर्शाता है कि आदमी क़ैद में है। इसका प्राथमिक अर्थ "क़ैद करना", "क़ैदी" और "युद्ध के बंदी" होता है।

令

lìng लींग

ओरेकल-अस्थि अभिलेख

कांस्य अभिलेख

लेटर सील वर्ण

प्राचीन लेखन प्रणालियों में, 令 वर्ण एक कमरे में बैठे आदमी की तरह दिखाई पड़ता है, जो यह दर्शाता है कि वह कमरे में बैठकर आदेश दे रहा है। 令 का प्राथमिक अर्थ "आदेश देना", "निर्देश देना", या संज्ञा के रूप में "आदेश" होता है, जहाँ से "अच्छा" जैसे विस्तृत अर्थ की व्युत्पत्ति हुई है।

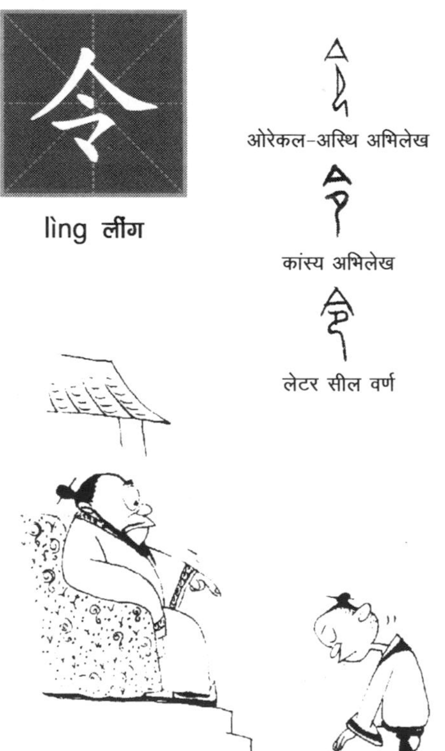

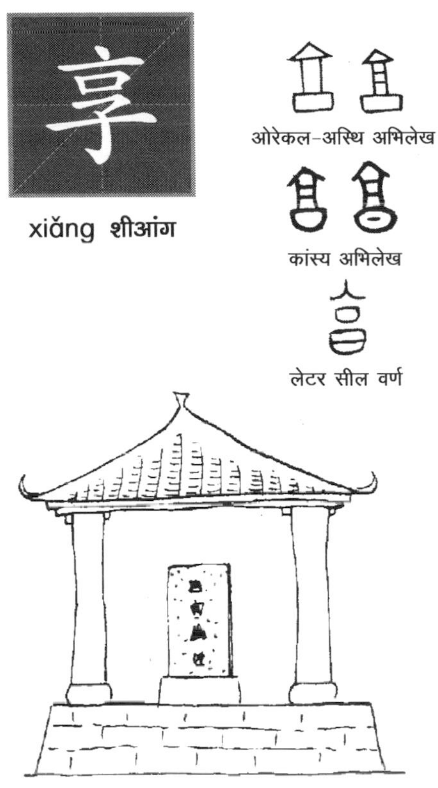

ओरेकल-अस्थि अभिलेखों और कांस्य अभिलेखों में, 享 वर्ण ऊँची पीठिका वाले साधारण मंदिर की तरह दिखाई पड़ता है। मंदिर बलि-प्रसाद चढ़ाने वाले समारोहों की जगह होती है, इसलिए 享 का अर्थ "ईश्वर और पूर्वजों की आत्माओं को प्रसाद चढ़ाना" होता है। इसका प्रयोग 飨 के समान वाले अर्थ में भी किया जा सकता है, अर्थात रात के खाने के लिए ईश्वर और पूर्वजों की आत्माओं को याद करना जिससे इसका और अधिक सामान्य अर्थ "आनंद लेना" की व्युत्पत्ति हुई है।

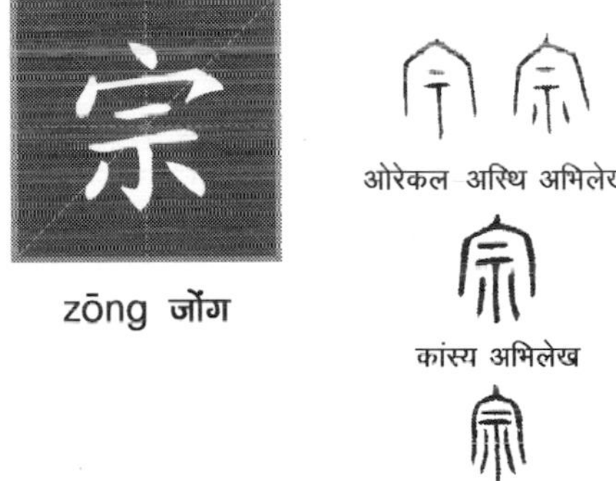

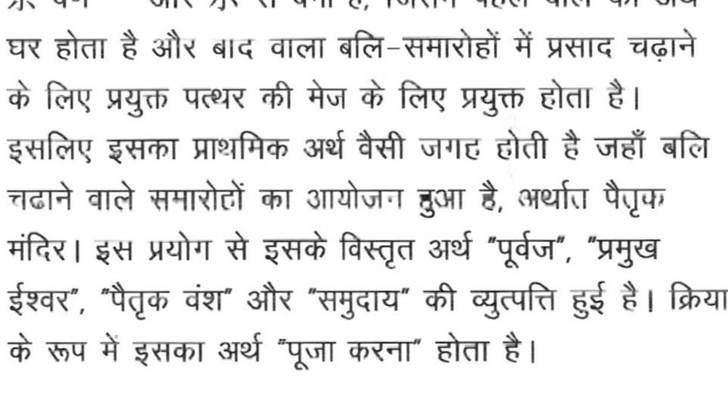

宗 वर्ण 宀 और 示 से बना है, जिसमें पहले वाले का अर्थ घर होता है और बाद वाला बलि-समारोहों में प्रसाद चढ़ाने के लिए प्रयुक्त पत्थर की मेज के लिए प्रयुक्त होता है। इसलिए इसका प्राथमिक अर्थ वैसी जगह होती है जहाँ बलि चढ़ाने वाले समारोहों का आयोजन हुआ है, अर्थात पैतृक मंदिर। इस प्रयोग से इसके विस्तृत अर्थ "पूर्वज", "प्रमुख ईश्वर", "पैतृक वंश" और "समुदाय" की व्युत्पत्ति हुई है। क्रिया के रूप में इसका अर्थ "पूजा करना" होता है।

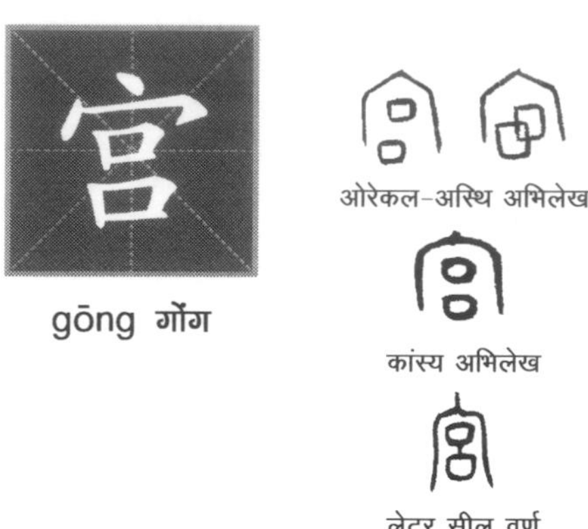

宫 वर्ण 宀 और 吕 से बना है, जिसमें पहले वाला अर्थ घर होता है और बाद वाले का प्रयोग एक बाद एक बने कमरों के संदर्भ में होता है। इसलिए इसका प्राथमिक अर्थ "इमारतों का परिसर" होता है, जहाँ से महल, पैतृक मंदिर, बौद्ध मंदिर, और ताओ मंदिर जैसे अर्थों की व्युत्पत्ति हुई है। 宫 का प्रयोग सामान्य घर के संदर्भ में भी हो सकता है।

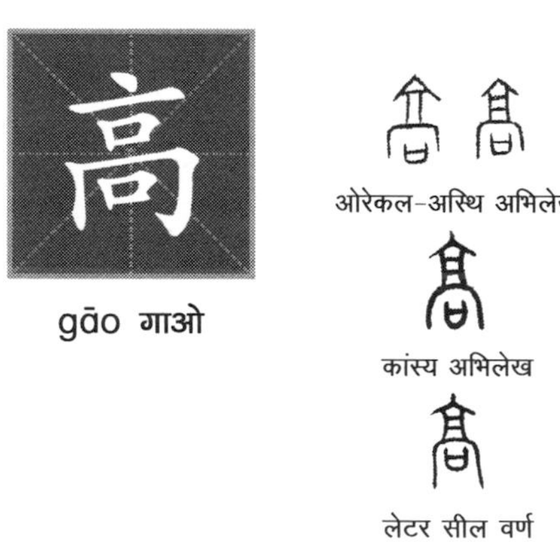

ओरेकल-अस्थि अभिलेखों और कांस्य अभिलेखों में, 高 वर्ण पक्की छत, पहली मंजिल और दूसरी मंजिल वाले पारम्परिक दो मंजिले चीनी इमारत की तरह दिखाई पड़ता है, और 口 वाला हिस्सा द्वार को दर्शाता है। चूंकि कई मंजिल वाली इमारत बंगलों की तुलना में ऊँचे होते हैं, 高 वर्ण का अर्थ "ऊँचा" होता है जो 低 (नीचा) का विपरीत है। इसके प्राथमिक अर्थ से "लम्बे और बड़े", "ऊँचे और बहुत दूर", "गहरा", और क्रिया के रूप में "ऊँचा करना" और "बढ़ाना" जैसे अर्थों की व्युत्पत्ति हुई है। इसका प्रयोग उम्र के संदर्भ में भी हो सकता है, जैसे 高龄 (ज्यादा उम्र); या अन्य अमूर्त गुण, जैसे 高尚 (ऊँचा, बुलंद), 高明 (प्रतिभाशाली) और 高洁 (भद्र और बेदाग)।

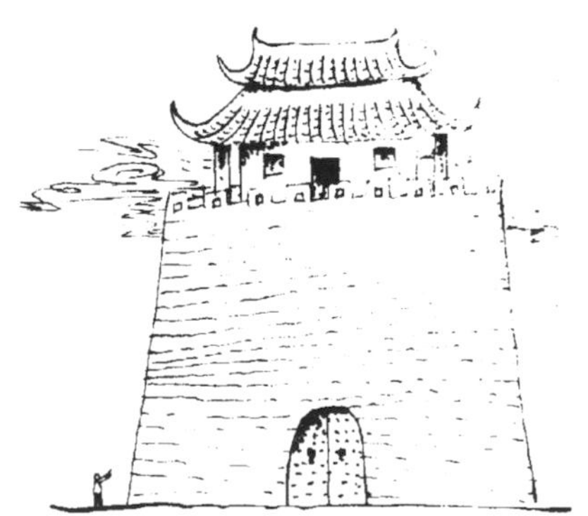

jīng जींग

ओरेकल-अस्थि अभिलेख

कांस्य अभिलेख

लेटर सील वर्ण

ओरेकल-अस्थि अभिलेखों और कांस्य अभिलेखों में, 京 वर्ण छत पर बने एक घर की तरह दिखाई पड़ता है। इसलिए इसका मूल अर्थ "टीला" होता है, जो "ऊँचाई" और "बड़ा" की ओर संकेत करता है। चूंकि प्राचीन काल में राजधानियाँ आम तौर पर ऊँची जगहों पर बनाई जाती थीं, इसलिए 京 वर्ण ने "राजधानी" का अर्थ ग्रहण कर लिया है।

liáng लीआंग

ओरेकल-अस्थि अभिलेख

कांस्य अभिलेख

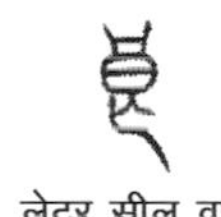

लेटर सील वर्ण

良 廊 का मूल रूप है। ओरेकल-अस्थि अभिलेखों में, 良 वर्ण बराम्दे वाले एक घर की तरह दिखाई पड़ता है: जो कि घर के बीच में एक वर्गाकार हिस्सा होता है और दो तरफ वाले बराम्दे के दोनों तरफ मुड़ी हुई रेखाएँ इस घर को दूसरे घरों से जोड़ती हैं। इसलिए इसका मूल अर्थ "बराम्दा" होता है। आजकल, हालाँकि, इसका प्रयोग "अच्छे और नेक दिल वाले इंसान" के अर्थ में होता है, और इसके मूल अर्थ की अभिव्यक्ति 廊 द्वारा की जाती है।

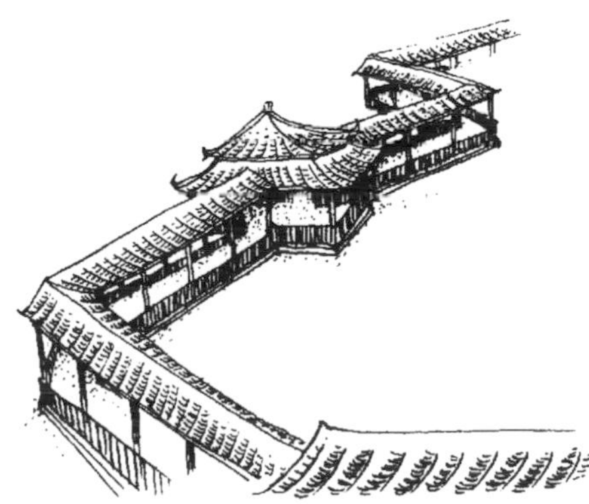

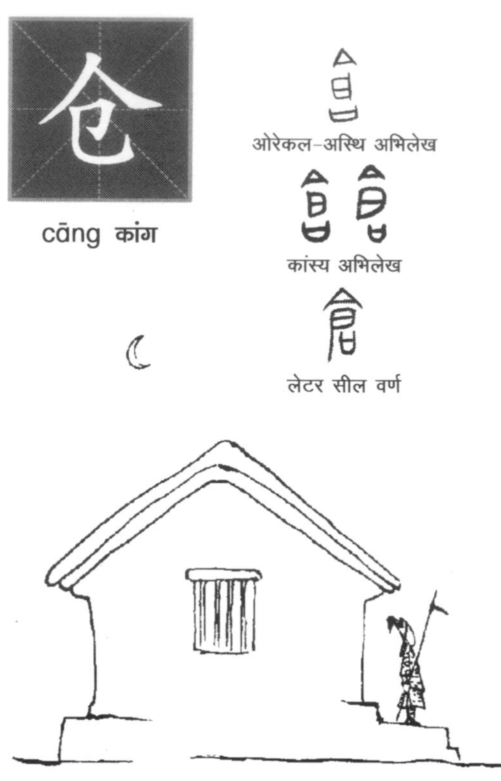

प्राचीन लेखन प्रणालियों में, 仓 वर्ण ढलवाँ छत, दरवाजा और खिड़की, और छत वाले घर की तरह दिखाई पड़ता है। 仓 का प्राथमिक अर्थ "बखार" होता है, एक ऐसी इमारत जिसमें अनाज का भंडारण किया जाता है, हालांकि प्राचीन काल में 仓 का प्रयोग सिर्फ वर्गाकार बखार के लिए ही किया जाता था और वृत्ताकार बखार को 囷 (चुन) के नाम से जाना जाता था। इससे अधिक यह कि, 仓 वर्ण का प्रयोग किसी भी प्रकार के भंडार के लिए किया जा सकता है, जिसकी अभिव्यक्ति दो वर्णों (वर्णों) 仓库 द्वारा होती है, जो फिर से प्राचीन काल में असाधारण मानी जाती थीं। 仓 का प्रयोग ऐसी जगहों के संदर्भ में किया जाता था जहाँ लोग अपने अनाज का भंडारण करते थे, केवल अन्य चीजों के भंडारण वाली इमारत को 库 कहा जाता था।

库 वर्ण 广 और 车 से बना है, जिसमें पहले वाले का प्रयोग घर के लिए होता है और बाद वाले का प्रयोग गाड़ी के संदर्भ में किया जाता है। इसलिए इसका मूल अर्थ "गाड़ियों को रखने वाली इमारत" होता है, विशेष रूप से "युद्ध में प्रयोग होने वाली गाड़ियाँ"। आजकल, हालाँकि, इसका प्रयोग किसी भी चीज के भंडारण के लिए प्रयुक्त इमारत के संदर्भ में हो सकता है, जैसे 书库 (ढेर लगा कमरा), 金库 (खजाना)।

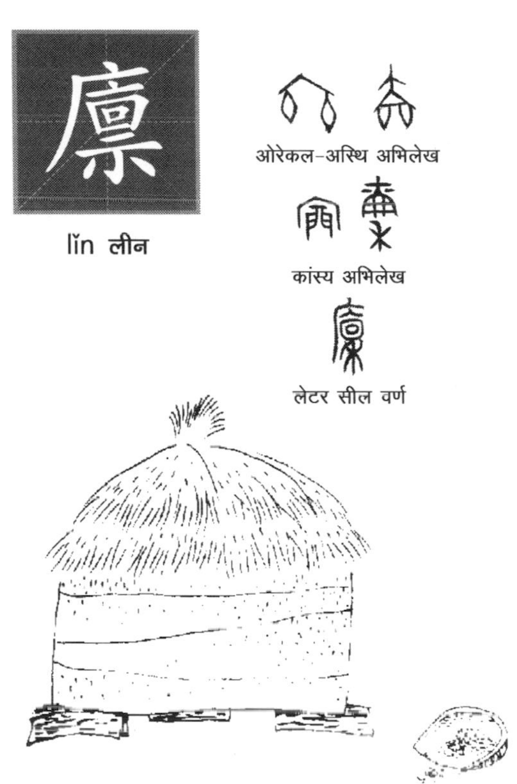

सीलन से अनाजों के बचाव के लिए आम तौर पर बखार के नीचे पत्थर रखे जाते थे। ओरेकल-अस्थि अभिलेखों में, 廩 वर्ण दो बड़े पत्थरों पर रखे अनाज के बोरे की तरह दिखाई पड़ता है। कांस्य अभिलेखों में, यह वर्ण खिड़की वाले घर की तरह दिखाई पड़ता है। और लेटर सील वर्ण में, इसमें घर वाले हिस्से (广) और अनाज वाले हिस्से (禾) को यह दर्शाने के लिए जोड़ा गया है कि यह अनाज के भंडारण के लिए प्रयुक्त होने वाली इमारत है। इसलिए इसका प्राथमिक अर्थ "बखार" है, लेकिन इसका प्रयोग अनाज के संदर्भ में भी किया जा सकता है। और क्रिया के रूप में इसका अर्थ "भंडारण" होता है।

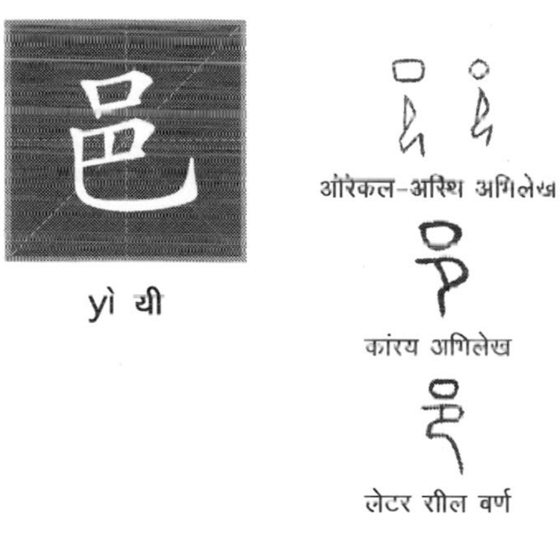

ओरेकल-अस्थि अभिलेखों और कांस्य अभिलेखों में, 邑 वर्ण में शहर वाला हिस्सा (口) और जमीन पर बैठे एक आदमी का हिस्सा होता है, जो यह दर्शाता है कि वह रहने की जगह है। इसलिए 邑 का प्राथमिक अर्थ "एक ऐसी जगह जहाँ लोग बंधे हुए समुदाय में रहते हैं" होता है, जैसे एक शहर। प्राचीन काल में, बड़े शहरों को 都 और छोटे शहरों को 邑 कहा जाता था। लेकिन इसका प्रयोग सामंती समाज में मंत्रियों की मिल्कियत के संदर्भ में भी हो सकता है। 邑 अवयव वाले वर्णों (वर्णों), जिन्हें दायीं तरफ रखने पर 阝 के जैसा लिखा जाता है, का संबंध शहरों या स्थान के नामों से होता है, जैसे 都 (राजधानी), 郭 (शहर की बाहरी दीवार), 邕 (योंग, नाननिंग, गुआंगक्सी का वैकल्पिक नाम), 郊 (उपनगर), 郡 (पारम्परिक चीनी प्रशासनिक क्षेत्र, आकार में एक प्रांत से बड़ा), 鄂 (हुबेई का वैकल्पिक नाम), 郓 (शानदोंग में एक प्रांत) और 邓 (एक स्थान का नाम)।

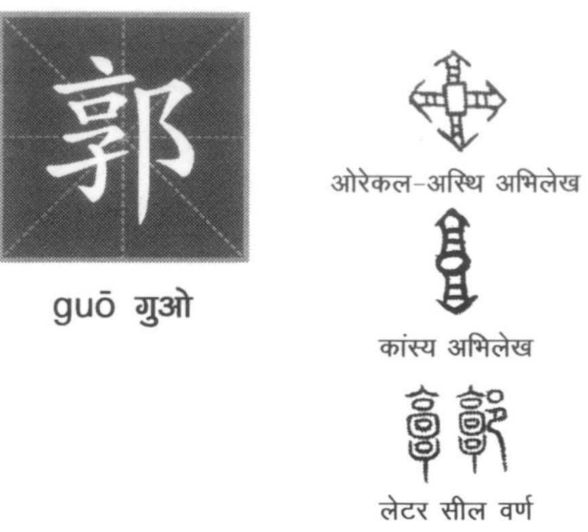

आरम्भिक ओरेकल-अस्थि अभिलेखों में, 郭 वर्ण शहर के विहंगम दृश्य की तरह दिखाई पड़ता है: केंद्र में वर्गाकार आकृति शहर की दीवारों को दर्शाती हैं और चार तरफ के हिस्से रक्षा के लिए बने स्तम्भों को। बाद के ओरेकल-अस्थि अभिलेखों और कांस्य अभिलेखों में, इस रूप को सरलीकृत कर दिया गया है और इसमें दो रक्षा स्तम्भ हैं जो बायीं तरफ हैं। लेटर सील वर्ण में, शहर वाले हिस्से (邑) को जोड़ा गया ताकि इस बात पर जोर दिया जा सके कि यह एक ऐसी जगह है जहाँ लोग बंधे हुए समुदाय में रहते हैं। 郭 का प्राथमिक अर्थ "शहर की दीवार", विशेष रूप से, "बाहरी दीवार" होता है, लेकिन इसका प्रयोग किसी चीज की चार भुजाएँ या रूपरेखा के लिए भी किया जा सकता है।

ओरेकल-अस्थि अभिलेखों में, 鄙 कैरेक्ट, शहर वाले हिस्से (口) और बखार वाले हिस्से (㐭) से बना है। कांस्य अभिलेखों में, इस वर्ण में या तो 㐭 (बखार) या 邑 (शहर) मुख्य अवयव के रूप में हैं, लेकिन इसका अर्थ समान होता है। इसलिए 鄙 का मूल अर्थ ग्रामीण शहर के संदर्भ में होता है, विशेष रूप से एक सुदूर शहर जो कि 都 (राजधानी) का विपरीत है। चूंकि सुदूर के ग्रामीण क्षेत्र बहुत कम विकसित होते हैं, 鄙 वर्ण ने "अज्ञानी", "अशिष्ट" और "असभ्य" का अर्थ भी ग्रहण कर लिया है। क्रिया के रूप में प्रयुक्त होने पर इसका अर्थ "निंदा करना" और "नीची नजर से देखना" होता है।

xiàng शीआंग

ओरेकल-अस्थि अभिलेख

कांस्य अभिलेख

लेटर सील वर्ण

ओरेकल-अस्थि अभिलेखों में, 向 वर्ण घर की ऐसी दीवार की तरह दिखाई पड़ता है जिसमें खिड़की है। मूलतः इसका प्रयोग उत्तर की तरफ खुलने वाली खिड़की के संदर्भ में होता था। इससे "दिशा", "का सामना" और "उस ओर मुड़ना" जैसे अन्य अर्थों की व्युत्पत्ति हुई है। कभी-कभी 向 को "嚮" के रूप में भी लिखा जाता है, जो कि एक ध्वन्यात्मक अवयव है जिसमें 向 मुख्य शब्द और 鄉 ध्वनिप्रधान शब्द है। इसके अतिरिक्त, इसका अर्थ "अतीत में" और "सभी के साथ" भी होता है।

chuāng चुआंग

लेटर सील वर्ण

窗 वर्ण का अर्थ "खिडकी" होता है, घर की दीवार में ऐसी जगह जहाँ से प्रकाश और हवा आती है। लेटर सील वर्ण में, 窗 वर्ण पारंपरिक चीनी खिड़की की तरह दिखाई पडता है जिसमें जाली लगी हुई है। कभी-कभी इसमें अवयव के रूप में 穴 (घर) भी होता है, जो यह दर्शाता है कि यह घर का हिस्सा है।

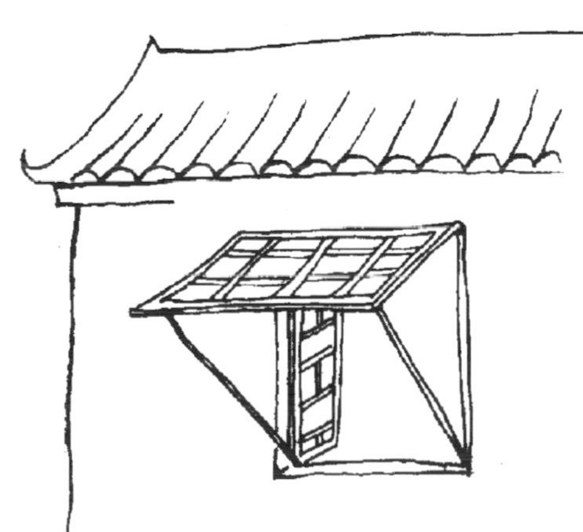

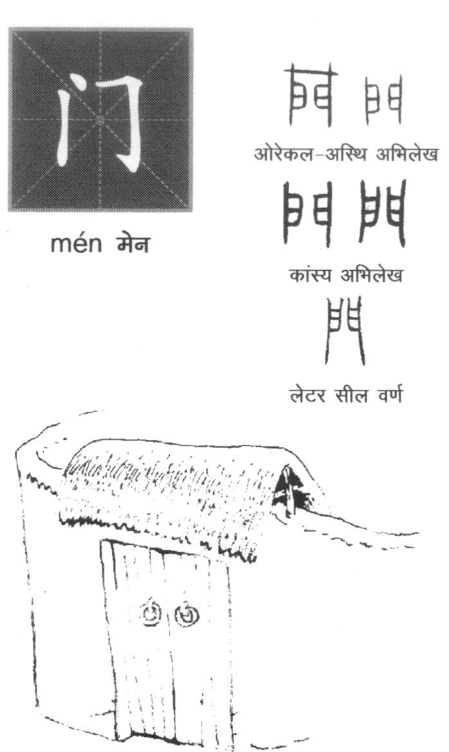

门 का अर्थ "दरवाजा" या "द्वार" होता है, इमारत का प्रवेश। ओरेकल-अस्थि अभिलेखों में, 门 वर्ण अपनी संरचना, चौखट और दो पल्लों के साथ एक पारम्परिक चीनी दरवाजे के सम्पूर्ण चित्र की तरह दिखाई पड़ता है। कांस्य अभिलेखों में, सिर्फ दो पल्लों वाला हिस्सा है, चौखट वाला हिस्सा हटा दिया गया है। 门 अवयव वाले वर्णों का संबंध प्रवेश द्वार से होता है, जैसे 闭 (बंद करना, दरवाजा), 间 (दरार), 闲 (चारदीवारी वाला द्वार), 闸 (जलद्वार) और 闯 (द्वार के माध्यम से अंदर जाना)।

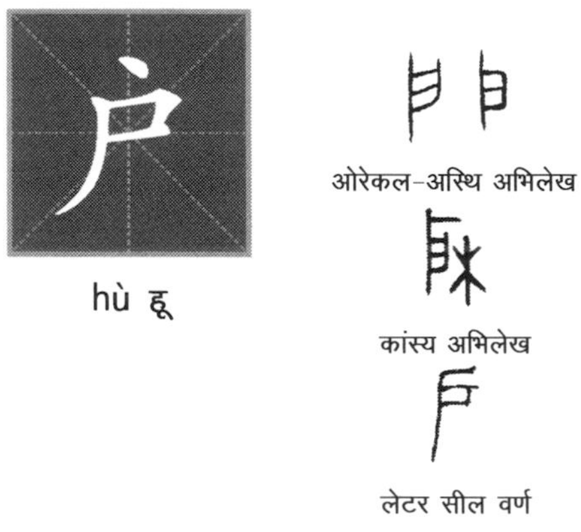

户 वर्ण का प्रयोग मूलतः एक पल्ले वाले दरवाजे के संदर्भ में होता था, और दो पल्ले वाले दरवाजे को 门 कहा जाता था। ओरेकल-अस्थि अभिलेखों में, 户 वर्ण ऐसे ही एक दरवाजे के चित्र की तरह दिखाई पड़ता है। लेकिन अब इसका प्रयोग सामान्य अर्थ में "दरवाजा" और "खिड़की" के संदर्भ में किया जाता है, जैसे 门户 (दरवाजा), 窗户 (खिड़की)। इसका प्रयोग विस्तृत अर्थों में "गृहस्थी" और "परिवार" के संदर्भ में भी होता था। 户 अवयव वाले वर्णों का ज्यादातर संबंध दरवाजा, खिड़की और घर के संदर्भ में होता है, जैसे 启 (खोलना, दरवाजा), 扉 (दरवाजे का पल्ला), 扇 (दरवाजे का पल्ला), 匾 (एक क्षैतिज उत्कीर्ण तख्त), 所 (घर के लिए प्रयुक्त होने वाला वर्गीकारक) और 房 (घर)।

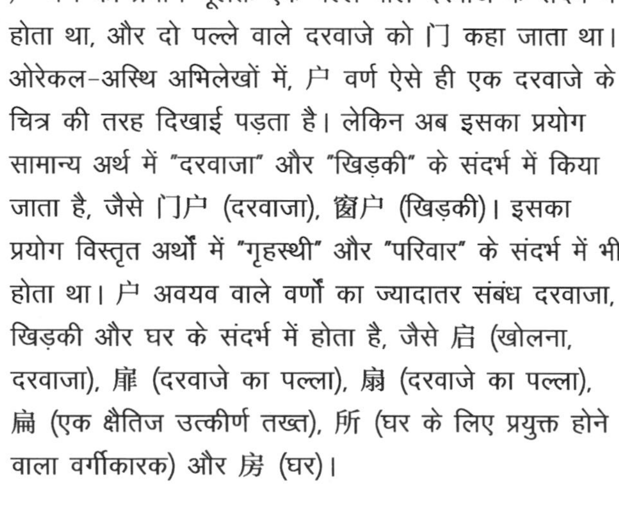

xián शीआन

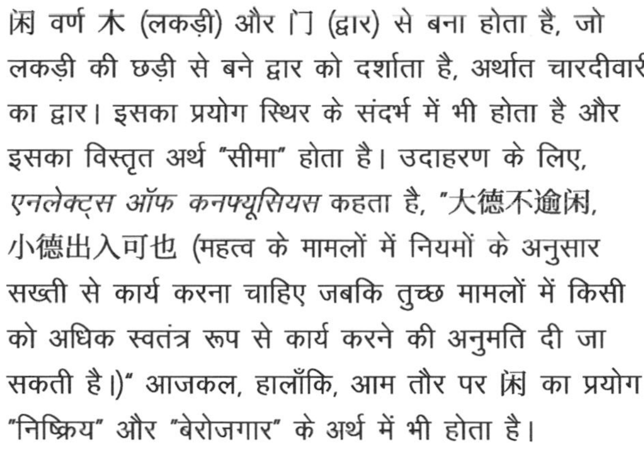

闲 वर्ण 木 (लकड़ी) और 门 (द्वार) से बना होता है, जो लकड़ी की छड़ी से बने द्वार को दर्शाता है, अर्थात चारदीवारी का द्वार। इसका प्रयोग स्थिर के संदर्भ में भी होता है और इसका विस्तृत अर्थ "सीमा" होता है। उदाहरण के लिए, *एनलेक्ट्स ऑफ कनफ्यूसियस* कहता है, "大德不逾闲，小德出入可也 (महत्व के मामलों में नियमों के अनुसार सख्ती से कार्य करना चाहिए जबकि तुच्छ मामलों में किसी को अधिक स्वतंत्र रूप से कार्य करने की अनुमति दी जा सकती है।)" आजकल, हालाँकि, आम तौर पर 闲 का प्रयोग "निष्क्रिय" और "बेरोजगार" के अर्थ में भी होता है।

shuān शुआन

प्राचीन चीन में, दरवाजे को अच्छी तरह बंद करने का एक तरीका यह था कि दोनों पल्लों के ऊपर से एक लकड़ी की पट्टी को रख दिया जाता था। 闩 वर्ण 一 और 门 से बना होता है, जिसमें पहले वाले का अर्थ लकड़ी की पट्टी होता है और बाद वाले का प्रयोग दरवाजे के लिए किया जाता है, इसलिए इसका प्राथमिक अर्थ "दरवाजा बंद करने के लिए प्रयुक्त लकड़ी की पट्टी" अर्थात सिटकिनी (बोल्ट) होता है।

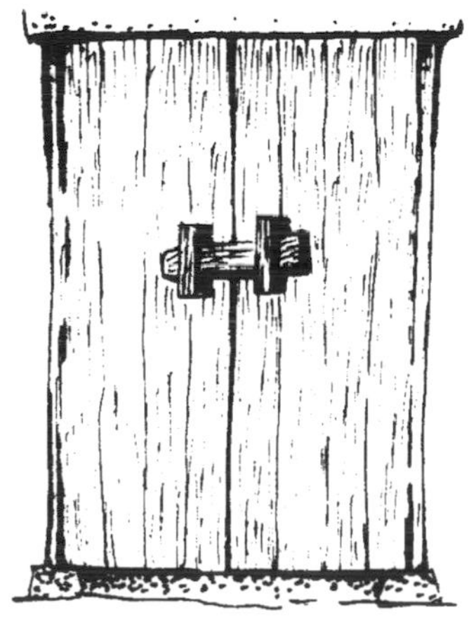

jiān/jiàn
जीआन/जीआन

कांस्य अभिलेख

लेटर सील वर्ण

प्राचीन लेखन प्रणालियों में, 间 वर्ण 月 (चंद्रमा) और 门 (दरवाजा) से बना होता है, जो यह दर्शाता है कि दरवाजे के दो पल्लों के बीच दरार है और वहाँ से चंद्रमा की रोशनी अंदर आ सकती है। इसलिए इसका प्राथमिक अर्थ "दरवाजे के दो पल्लों के बीच की दरार" होता है, जहाँ से "बीच की जगह" और "मध्य" जैसे अर्थों की व्युत्पत्ति हुई है। क्रिया के रूप में प्रयुक्त होने और जीआन के उच्चारण के साथ, इसका अर्थ "अलग करना", "कलह करना" और "हस्तक्षेप करना" होता है।

shǎn **शान**

लेटर सील वर्ण

闪, वर्ण 人 और 门 से बनता है, जो कि एक ऐसे आदमी की तरह दिखाई पड़ता है जो दरवाजे के दो पल्लों के बीच की जगह से अंदर देखने की कोशिश कर रहा है। इसके मूल अर्थ से व्युत्पन्न होकर इसका प्रयोग अचानक प्रकट होने वाली चीजों या एक पल प्रकट होने और दूसरे पल गायब हो जाने वाली चीजों के संदर्भ में होता है, जैसे 闪光 (रोशनी की चमक), 闪电 (बिजली की चमक) और 闪念 (विचार की चमक)। इसका प्रयोग ऐसी गतिविधियों के संदर्भ में भी हो सकता है जो बहुत कम समय के लिए होती हैं, जैसे 躲闪 (चकमा देना), 闪避 (टालना) और 闪击 (हवाई आक्रमण)।

qǐ चि

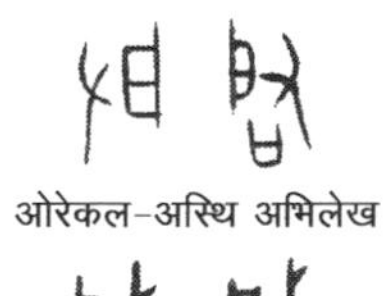

ओरेकल-अस्थि अभिलेख

कांस्य अभिलेख

लेटर सील वर्ण

启 का मूल जटिल रूप एक संकेतचित्र था। ओरेकल-अस्थि अभिलेखों में, 启 वर्ण दरवाजे के पल्ले को खोलते हुए हाथ की तरह दिखाई पड़ता है। इसलिए इसका मूल अर्थ "दरवाजा खोलना" होता है, जहाँ से "विकसित करना", "खोलना" और "प्रबुद्ध करना" जैसे अर्थों की व्युत्पत्ति हुई है। चूंकि किसी को प्रबुद्ध करने के लिए भाषण का प्रयोग करना पड़ता है, कांस्य अभिलेखों में 启 वर्ण में मुँह वाले हिस्से (口) को जोड़ा गया है। और इसने "कुछ कहना" के अर्थ को भी ग्रहण कर लिया है।

kāi काई

प्राचीन लिपि

लेटर सील वर्ण

प्राचीन लिपि में, 开 वर्ण दरवाजा खोलते हुए दो हाथों की तरह दिखाई पड़ता है। इसलिए इसका प्राथमिक अर्थ "दरवाजा खोलना" होता है, जहाँ से "परत हटाना" "बाधा दूर करना", "प्रतिबंध हटाना", "काटकर बाहर निकालना", "पृथक करना", "शुरू करना", "अंजाम देना", "व्यवस्थित करना" और "प्रबुद्ध करना" जैसे विस्तृत अर्थों की व्युत्पत्ति हुई है।

guān गुआन

कांस्य अभिलेख

लेटर सील वर्ण

प्राचीन चीन में, दरवाजे को अच्छी तरह बंद करने का एक तरीक़ा यह था कि दोनों पल्लों के ऊपर से एक लकड़ी की पट्टी को रख दिया जाता था। कांस्य अभिलेखों में, 关 वर्ण लकड़ी की पट्टी के साथ वाले दरवाजे की तरह दिखाई पड़ता है, इसलिए इसका मूल अर्थ "दरवाजा बंद करने के लिए प्रयुक्त होने वाली लकड़ी की पट्टी" होता है, अर्थात सिटकिनी (बोल्ट)। चूंकि सिटकिनी (बोल्ट) का उपयोग दरवाजा बंद करने के लिए किया जाता है, 关 वर्ण का प्रयोग "बंद करना" के अर्थ में भी हो सकता है। इसके अतिरिक्त, इसका प्रयोग वैसी चीजों के संदर्भ में भी किया जा सकता है जिनका उपयोग बिंदुओं को जोड़ने के लिए होता है, जैसे 机关 (गीयर), 关节 (जोड़), 关键 (मुख्य बिंदु)। और क्रिया के रूप में इसका प्रयोग "जोड़ना" के अर्थ में होता है।

wǎ वा

लेटर सील वर्ण

瓦 का अर्थ "खपड़ा" होता है, पकी हुई मिट्टी का टुकड़ा जिसका उपयोग छत को ढंकने के लिए होता है। लेटर सील वर्ण में, 瓦 वर्ण एक-दूसरे से जुड़े एक अवतल और एक उत्तल खपड़े की तरह दिखाई पड़ता है, इसलिए इसका अर्थ "खपड़ा" होता है। चूंकि खपड़े पकी हुई मिट्टी के बने होते हैं, इसलिए पकी हुई मिट्टी से बनी किसी भी चीज को 瓦器 (मिट्टी का बर्तन) कहा जाता है। 瓦 अवयव वाले वर्णों का ज्यादातर संबंध मिट्टी के बर्तन से होता है, जैसे 瓮 (कलश), 瓶 (फूलदान), 瓯 (बर्तन), 甗 (यान, भाप वाला बर्तन), 瓷 (चीनी मिट्टी के बर्तन) और 甄 (कुम्हार का चाक)।

dān दान

ओरेकल-अस्थि अभिलेख

कांस्य अभिलेख

लेटर सील वर्ण

丹 का अर्थ सिंगरिफ (सिंदूर) होता है, जो कि रंगने के काम आने वाला एक पदार्थ है। ओरेकल-अस्थि अभिलेखों में, 丹 वर्ण बिंदुओं के साथ वाले कुएँ के हिस्से (井) की तरह दिखाई पड़ता है, जिसमें पहले वाले का अर्थ खदान होता है जहाँ खनिज पदार्थ पाए जाते हैं, और बाद वाले का अर्थ खदान से निकला पदार्थ होता है। सिंदूर रंग में लाल होता है, इसे 丹砂, 朱砂 या 朱石 के नाम से जाना जाता है, जिसका शाब्दिक अर्थ "लाल रेत" या "लाल पत्थर" होता है। 丹 वर्ण का प्रयोग अन्य लाल चीजों के संदर्भ में भी होता है, जैसे 丹唇 (लाल होंठ), 丹霞 (लाल बादल)।

jǐng जींग

ओरेकल-अस्थि अभिलेख

कांस्य अभिलेख

लेटर सील वर्ण

ओरेकल-अस्थि अभिलेखों में, 井 वर्ण कुएँ के ऊपर बने वर्गाकार मेड़ की तरह दिखाई पड़ता है। इसका प्राथमिक अर्थ पानी का कुआँ होता है, लेकिन कुएँ की तरह दिखने वाली अन्य जगहों के लिए भी 井 का प्रयोग किया जा सकता है, जैसे 天井 (आँगन), 矿井 (खदान)। प्राचीन काल में, आठ घर एक ही कुएँ का इस्तेमाल करते थे, और 井 वर्ण ने "पड़ोस" के अर्थ को ग्रहण कर लिया, जैसे 市井 (बाजार वाली जगह), 井里 (आस-पड़ोस)। 井 का अर्थ "स्वच्छ" और "साफ-सुथरा" भी हो सकता है, जैसे 井井有条 (सही क्रम में), 秩序井然 (सही व्यवस्था में)।

5

पशु

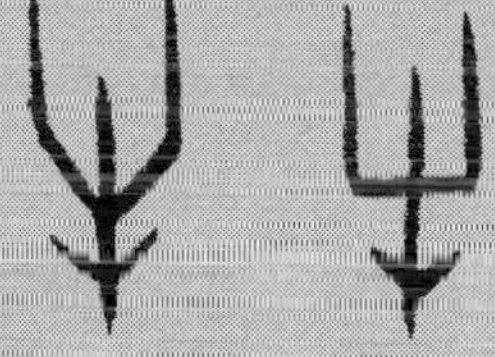

niú नीऊ

ओरेकल-अस्थि अभिलेख

कांस्य अभिलेख

लेटर सील वर्ण

牛 का अर्थ "बैल" होता है, जो कि आरम्भिक छह घरेलू जानवरों में से एक है और जिसका उपयोग गाड़ी खींचने और जुताई करने में होता था। प्राचीन लेखन प्रणालियों में, 牛 वर्ण ऐसे बैल के सिर के चित्र की तरह दिखाई पड़ता है जिसके सींग और कान विशेष रूप से बड़े हैं। 牛 अवयव वाले वर्णों का संबंध बैल और उसकी गतिविधियों से होता है, जैसे 牝 (गाय), 牡 (साँड़), 牟 (बैल की आवाज), 牧 (हाँकना), 犀 (गेंडा), 犁 (जोतना) एवं 犊 (बछड़ा)।

móu मोऊ

लेटर सील वर्ण

लेटर सील वर्ण में, 牟 वर्ण 厶 से बना है, जो कि बैल के मुँह से निकलने वाली साँस, और 牛 (बैल) के लिए प्रयुक्त होता है और यह दर्शाता है कि बैल आवाज निकाल रहा है। इसलिए इसका मूल अर्थ "बैल के मुँह से निकलने वाली आवाज" होता है। शू शेन ने अपने *ऑरिजिन ऑफ चाइनीज़ कैरेक्टर्स* में कहा है कि, "牟, बैल के आकार वाले जानवर के मुँह से निकलने वाली आवाज है जो बैल की आवाज को संबोधित करती है।" आजकल, हालाँकि, 牟 का प्रयोग मुख्य रूप से, 谋 के अर्थ में होता है, जिसका भाव "पाने की कोशिश करना" है, और इसके मूल अर्थ की अभिव्यक्ति 哞 द्वारा की जाती है।

mǔ मू

ओरेकल-अस्थि अभिलेख

कांस्य अभिलेख

लेटर सील वर्ण

牡 वर्ण एक संकेत है। ओरेकल-अस्थि अभिलेखों और कांस्य अभिलेखों में, यह 土 और 牛 (साँड़) या 羊 (बकरी) या 鹿 (हिरन) और 马 (घोड़ा) से बना है। चूंकि 土 का आकार मर्दाना जननांग की तरह दिखाई पड़ता है, इसलिए इसका मूल अर्थ "नर जानवर" होता है। लेटर सील वर्ण के बाद, 牡 वर्ण एकमात्र रूप बन गया था।

láo लाओ

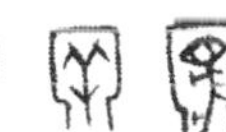

ओरेकल-अस्थि अभिलेख

कांस्य अभिलेख

लेटर सील नर्ण

牢 का प्रयोग मूल रूप से छप्पर या अस्तबल के नीचे रखे गए घरेलू जानवरों के लिए होता था। ओरेकल-अस्थि अभिलेखों में, 牢 वर्ण एक छप्पर के नीचे रखे बैल (या भेड़, एक घोड़ा) की तरह दिखाई पड़ता है। लेटर सील वर्ण में, इसमें एक क्षैतिज रेखा जोड़ी गई है जो उस छप्पर के मुख्य द्वार को दर्शाती है। लेकिन इसका प्रयोग ऐसी जगहों के संदर्भ में भी हो सकता है जहाँ घरेलू जानवर रखे जाते हैं, जैसे 亡羊补牢 (भेड़ के गुम हो जाने के बाद छप्पर को तुरंत मोड़ देना) जहाँ इसका प्रयोग ऐसी जगहों के संदर्भ में भी होने लगा जहाँ कैदियों को बंदी बनाकर रखा जाता है, जैसे 监牢 (कारागार), 牢狱 (बंदीगृह)। क्रिया विशेषण के रूप में प्रयुक्त होने पर इसका अर्थ "अडिग" होता है।

qiān चिआन

लेटर सील वर्ण

लेटर सील वर्ण में, 牵 वर्ण के तीन हिस्से हैं: धागा वाला हिस्सा (玄), धागे के बीच से निकलने वाली एक क्षैतिज रेखा जो कि नकेल का संकेत देती है और बैल वाला हिस्सा (牛); जो यह दर्शाता है कि बैल के नाक में बंधी रस्सी की मदद से बैल को हाँका जा रहा है। शू शेन ने अपने *ऑरिजिन ऑफ चाइनीज़ कैरेक्टर्स* में कहा है कि, "牵, का आकार उस धागे की तरह होता है जिससे बैल हाँका जाता है, और 牛 मूल शब्द के रूप में और 玄 ध्वनिप्रधान शब्द के रूप में होता है, जिसका अर्थ साथ में ले जाना होता है।" इस अर्थ से, 牵 संकेत और ध्वन्यात्मक अवयव दोनों है। इसके प्राथमिक अर्थ "साथ ले जाने के लिए", "खींचना" से "शामिल होना", "उलझाना" और "बांधना" जैसे विस्तृत अर्थों की व्युत्पत्ति हुई है।

mù मू

ओरेकल-अस्थि अभिलेख

कांस्य अभिलेख

लेटर सील वर्ण

牧 वर्ण हाथ में चाबुक लिए बैल को हाँक रहे आदमी की तरह दिखाई पड़ता है, जो यह दर्शाता है कि वह मवेशी को चरा रहा है। लेकिन इसका प्रयोग "मवेशी चराना" के सामान्य अर्थ में भी होता है, अर्थात जानवरों जैसे घोड़े, भेड़ या सूअरों की देखभाल करना। संज्ञा के रूप में इसका प्रयोग चरवाहा के अर्थ में होता है। प्राचीन काल में शासक स्वयं को चरवाहा के रूप में और अपनी जनता को बैल और घोड़ों के रूप में देखते थे, इसलिए "शासन करना" को 牧民 (लोगों को चराना) के नाम से जाना जाता था। कुछ स्थानीय क्षेत्रों के शासकों को 牧 या 牧伯 (चरवाहे) कहा जाता था।

wù वू

कांस्य अभिलेख

लेटर सील वर्ण

ओरेकल-अस्थि अभिलेखों में, 物 वर्ण 刀 (चाकू) और 牛 (बैल) से बना है, जो यह दर्शाता है कि चाकू से बैल की हत्या की जा रही है, और चाकू वाले हिस्से में दिखाई देने वाले बिंदु खून की बूंदों को दर्शाती हैं। इसलिए इसका मूल अर्थ "बैल की हत्या करना" होता है, जहाँ से मिश्रित रंगों के बैलों, आम तौर पर चीजें, और सामग्रियों के संदर्भ में प्रयुक्त होने वाले अर्थों की व्युत्पत्ति हुई है, जैसे 万物 (पृथ्वी पर की सभी चीजें), 言之有物 (भाषण में तत्व का होना)।

mái/mán
माई/मान

औरेकल-अस्थि अभिलेख

लेटर सील वर्ण

ओरेकल-अस्थि अभिलेखों में, 埋 वर्ण पशु बलि के लिए जानवरों जैसे बैल या भेड़, हिरण या कुत्ते को एक गड्ढे में डालने के जैसा दिखाई पड़ता है जो बलि-समारोह का एक महत्वपूर्ण हिस्सा है। इसलिए इसका मूल अर्थ "जानवर को दफनाना" होता है, लेकिन इसका प्रयोग किसी भी चीज को मिट्टी से ढंकने के संदर्भ में भी किया जाता है। इसके अतिरिक्त, इसका अर्थ "भरना" और "छुपाना" भी होता है।

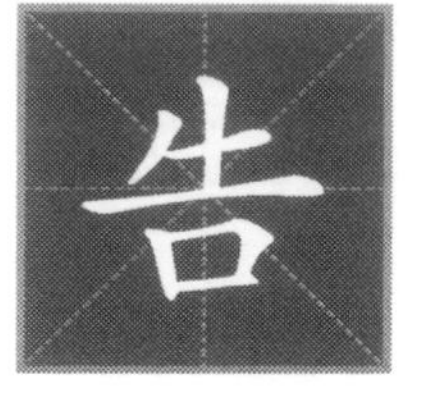

gào गाओ

ओरेकल-अस्थि अभिलेख

कांस्य अभिलेख

लेटर सील वर्ण

告 वर्ण 牛 (बैल) और 口 (मुँह) से बना है, जिसका मूल अर्थ "बैल के द्वारा निकाली गई आवाज" होता है। इस वर्ण की संरचना भी 吠 (मुँह वाला हिस्सा और कुत्ते वाला हिस्सा, जो कुत्ते के मुँह से निकलने वाली आवाज का संकेत देता है) 鸣 (मुँह वाला हिस्सा और चिड़िया वाला हिस्सा, चिड़िया के मुँह से निकलने वाली आवाज का संकेत देता है) जैसी ही होती है। लेकिन इसका प्रयोग अब "रिपोर्टिंग करने", "कहकर बताने", "सूचित करने" और "माँगने" के संदर्भ में किया जाता है।

bàn बान

ओरेकल-अस्थि अभिलेख

कांस्य अभिलेख

लेटर सील वर्ण

प्राचीन लेखन प्रणालियों में, 半 वर्ण 八 (अलग करना) और 牛 (बैल) से बना है, जो यह दर्शाता है कि बैल को दो हिस्सों में बाँटा जा रहा है। 半 का मूल अर्थ "आधा" होता है, जहाँ से कई विस्तृत अर्थों की व्युत्पत्ति हुई है: "के बीच में" का प्रयोग 半夜 (मध्य रात्रि), "बहुत कम" का प्रयोग 一星半点 (बहुत कम), और "अर्द्ध" का प्रयोग 半成品 (अर्द्ध निर्मित वस्तु) और 半透明 (अर्द्ध पारदर्शी)।

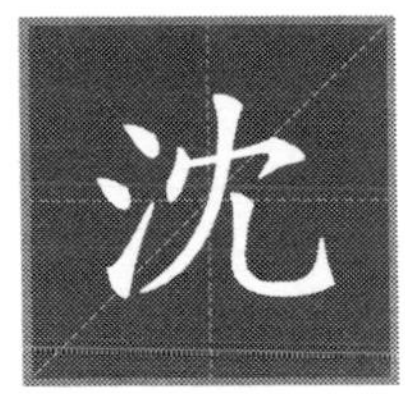

shěn/chén
शेन/चेन

ओरेकल-अस्थि अभिलेख

कांस्य अभिलेख

लेटर सील वर्ण

沈 और 沉 मूलतः एक ही वर्ण के विभिन्न रूप थे। ओरेकल-अस्थि अभिलेखों में 沈 वर्ण पानी के तल में डूब रहे बैल की तरह दिखाई पड़ता है। यह बलि-समारोहों का एक महत्वपूर्ण हिस्सा था जिसमें पहाड़ों और नदियों पर शासन वाले ईश्वरों और आत्माओं को प्रसाद चढ़ाने के लिए जानवरों को नदी में डुबाया जाता था। कभी-कभी बलि के रूप में आदमियों का भी प्रयोग किया जाता था। कांस्य अभिलेखों में, 沈 वर्ण नदी में डूब रहे आदमी की तरह दिखाई पड़ता है। 沈 का मूल अर्थ "डूबना" होता है, लेकिन इसका प्रयोग "लिप्त होना" और "गहरा" के अर्थों में भी होता है। आजकल, 沈 का उच्चारण शेन होता है जो कि उपनाम के रूप में प्रयुक्त होता है, और इसके मूल अर्थ की अभिव्यक्ति 沉 द्वारा की जाती है।

quǎn चुआन

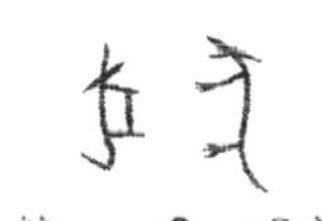

ओरेकल अस्थि अभिलेख

कांस्य अभिलेख

लेटर सील वर्ण

犬 का प्रयोग कुत्ते के अर्थ में होता है, जो कि आदमियों द्वारा पाला जाने वाला सबसे प्रारम्भिक घरेलू जानवर है, और जिसका प्रयोग मुख्यतः शिकार करने के लिए होता था। ओरेकल-अस्थि अभिलेखों में और कांस्य अभिलेखों में 犬 और 豕 (सूअर) वर्ण एक जैसे हैं, सिवाय इसके कि सूअर को दर्शाने वाले वर्ण में बड़ा पेट और नीचे की तरफ झुकी हुई पूँछ होती है, वहीं कुत्ते वाला वर्ण यह दर्शाता है कि इसका पेट छोटा है और इसकी पूँछ ऊपर की तरफ उठ रही है। 犬 अवयव वाले वर्णों का संबंध कुत्ते और उसकी गतिविधियों से होता है, जैसे 狩 (शिकार खेलना), 狂 ([एक कुत्ता] पागल होना), 莽 ([एक कुत्ता] बदबूदार घास में), 猛 (डरावना) और 猎 (शिकार करना)।

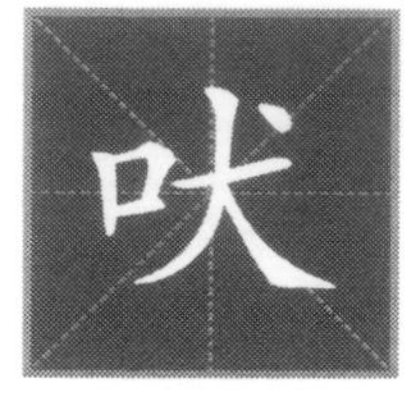

fèi फेई

लेटर सील वर्ण

吠 वर्ण 犬 (कुत्ता) और 口 (मुँह) से बना होता है, और यह एक संकेत है, जो कुत्ते की आवाज को दर्शाता है, अर्थात भौंकना। शू शेन ने अपने *ऑरिजिन ऑफ चाइनीज़ कैरेक्टर्स* में कहा है कि, "吠 कुत्ते की आवाज के संदर्भ में प्रयुक्त होता है।"

xiù/chòu

शीऊ/चोऊ

ओरेकल-अस्थि अभिलेख

लेटर सील वर्ण

臭 का मूल अर्थ 嗅 के जैसा था, अर्थात सूँघना। 臭 वर्ण 自 (鼻 का मूल रूप, नाक) और 犬 (कुत्ता) से बना है, जो कि कुत्ते की नाक को दर्शाता है। चूंकि कुत्ते की सूँघने की क्षमता विशेष होती है, नाक के संदर्भ में प्रयुक्त होने वाले कैरेक्ट का अर्थ "सूँघना" हो गया है। 臭 का प्रयोग उन पदार्थों की गुणवत्ता के संदर्भ में भी हो सकता है जिसे नाक द्वारा सूँघा जाता है, अर्थात गंध, जैसे 无声无臭 (बिना गंध या आवाज के अनजान), 其臭如兰 (ऑर्किड का गंध होना)। हालाँकि, 臭 वर्ण का उच्चारण चोऊ होता है, जो अब आम तौर पर बुरे गंध के संदर्भ में प्रयुक्त होता है, जैसे 粪臭 (रात की मिट्टी का गंध) और 腐臭 (दुर्गन्ध)। और इसका मूल अर्थ, सूँघना होता है, जिसे 嗅 द्वारा अभिव्यक्त किया जाता है, जिसमें 口 जुड़ा होता है।

mǎng मांग

लेटर सील वर्ण

प्राचीन लेखन प्रणालियों में, 莽 वर्ण पेड़ों और घास के बीच दौड़ रहे कुत्ते की तरह दिखाई पड़ता है, जो यह दर्शाता है कि कुत्ता पौधों के बीच किसी खेल के पीछे भाग रहा है। 莽 का प्राथमिक अर्थ "मोटे तने के साथ बढ़ रहे पौधे" होता है, लेकिन इसका प्रयोग ऐसी जगह के संदर्भ में भी हो सकता है जहाँ पौधे अच्छी तरह से विकसित होते हैं। और इसका विस्तृत अर्थ "अपरिष्कृत और प्रबल" होता है।

fú फू

कांस्य अभिलेख

लेटर सील वर्ण

कांस्य अभिलेखों में, 伏 वर्ण आदमी के पैर के पास जमीन पर लेटे हुए कुत्ते की तरह दिखाई पड़ता है। इसका मूल अर्थ "किसी पर झुका होना" होता है, लेकिन इसका अर्थ "छुपाना" या "वशीभूत करना" भी हो सकता है।

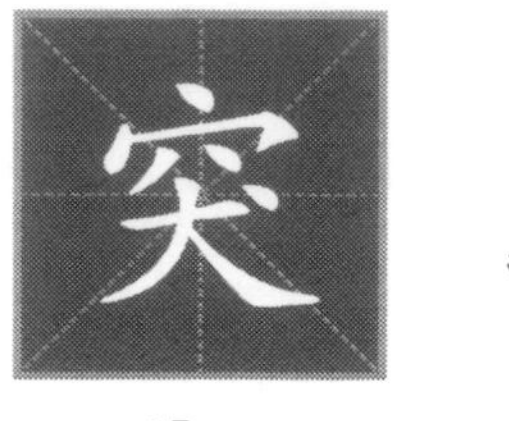

tū तू

ओरेकल-अस्थि अभिलेख

लेटर सील वर्ण

突 वर्ण 穴 (छिद्र) और 犬 (कुत्ता) से बना है जो यह दर्शाता है कि एक कुत्ता अचानक छेद से बाहर निकल रहा है। 突 का प्राथमिक अर्थ "अचानक से बाहर निकलना" होता है, और इसके विस्तृत अर्थों में "टकराने के लिए" और "तोड़ना" भी शामिल हैं। इसका अर्थ "उभरा हुआ", होता है जो 凹 (खोखला) का विपरीत होता है। "अचानक से बाहर निकलना" के इसके अर्थ से "अचानक" और "अकस्मात" जैसे अर्थों की भी व्युत्पत्ति हुई है।

shòu शोऊ

ओरेकल-अस्थि अभिलेख

कांस्य अभिलेख

लेटर सील वर्ण

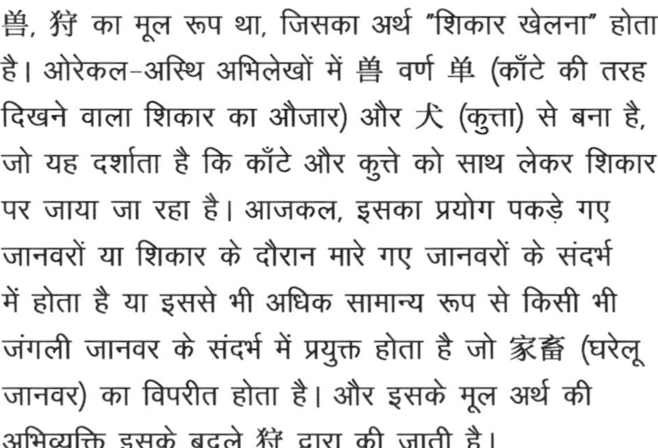

兽, 狩 का मूल रूप था, जिसका अर्थ "शिकार खेलना" होता है। ओरेकल-अस्थि अभिलेखों में 兽 वर्ण 单 (काँटे की तरह दिखने वाला शिकार का औजार) और 犬 (कुत्ता) से बना है, जो यह दर्शाता है कि काँटे और कुत्ते को साथ लेकर शिकार पर जाया जा रहा है। आजकल, इसका प्रयोग पकड़े गए जानवरों या शिकार के दौरान मारे गए जानवरों के संदर्भ में होता है या इससे भी अधिक सामान्य रूप से किसी भी जंगली जानवर के संदर्भ में प्रयुक्त होता है जो 家畜 (घरेलू जानवर) का विपरीत होता है। और इसके मूल अर्थ की अभिव्यक्ति इसके बदले 狩 द्वारा की जाती है।

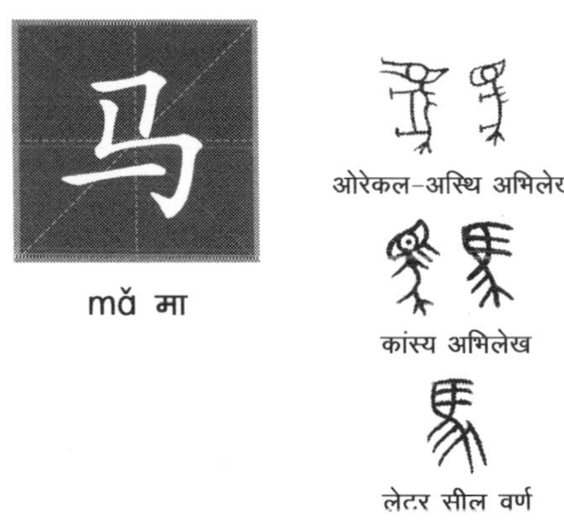

马 का अर्थ घोड़ा होता है, जो मनुष्यों द्वारा पालतू बनाए गए छह आरम्भिक जानवरों में से एक है, और जो दौड़ने और चीजों को ढोने का काम बहुत अच्छे से करता है। ओरेकल-अस्थि अभिलेखों में, 马 वर्ण बगल से देखे जा रहे घोड़े की तरह दिखाई पड़ता है, जिसका सिर, शरीर, पैर और पूँछ सब होता है। कांस्य अभिलेखों में, हालांकि सिर्फ आंख और गर्दन के बाल पर विशेष जोर दिया गया है। 马 अवयव वाले वर्णों का संबंध घोड़ों, अन्य संबंधी जानवरों और उनके उपयोगों से होता है, जैसे 驰 (घोड़े को आगे की दिशा में लेकर जाना), 驼 (ऊँट), 驹 (बछड़ा), 骆 (गर्दन पर काले बाल वाला सफेद घोड़ा), 腾 (सरपट दौड़ना), 骄 (घोड़े का, लम्बा और मजबूत पैर) और 驴 (खच्चर)।

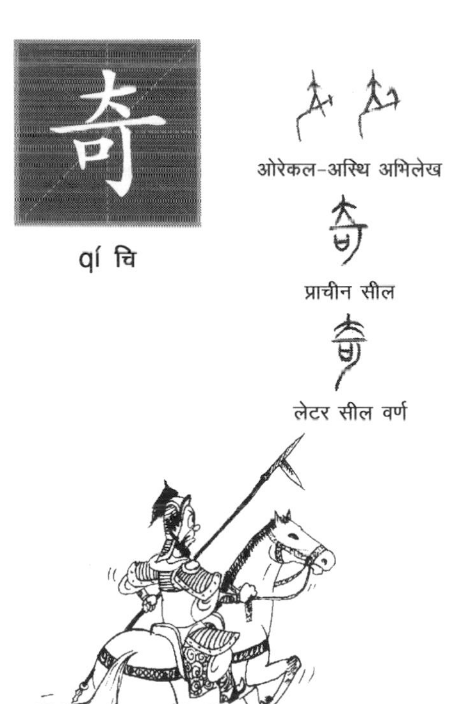

奇, 骑 का मूल रूप था। ओरेकल-अस्थि अभिलेखों में, 奇 वर्ण घोड़े की सवारी करते हुए एक आदमी की तरह दिखाई पड़ता है, हालांकि घोडे का प्रतिनिधित्व करने वाला हिस्सा बहुत ही सरल है, और कभी-कभी इसमें नीचे वाले हिस्से में वर्गाकार हिस्सा (口) जोड़ा जाता है। लेटर सील वर्ण में, गलती से यह 大 और 可 से बनाया गया है। 奇 का मूल अर्थ "घोड़े की सवारी करना" होता है, लेकिन आजकल इसका प्रयोग मुख्य रूप से "अजनबी" के अर्थ में होता है, और इसके मूल अर्थ की अभिव्यक्ति 骑 द्वारा की जाती है।

chuàng चुयांग

लेटर सील वर्ण

闯 वर्ण, 马 (घोड़ा) और 门 (द्वार) से मिलकर बना है, जो यह दर्शाता है कि एक घोड़ा द्वार से निकल रहा है। इसका प्राथमिक अर्थ "निडर होकर आगे बढ़ना" होता है, जो यह संकेत देता है कि इसे रोकने वाला कुछ भी नहीं है। इसके अतिरिक्त, इसका अर्थ "अनुभव करना" और "गुजरना" भी हो सकता है।

yù यू

ओरेकल-अस्थि अभिलेख

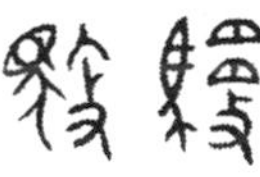

कांस्य अभिलेख

लेटर सील वर्ण

कांस्य अभिलेखों में 驭 वर्ण 马 (घोड़ा) और 鞭 (चाबुक) से मिलकर बना है, जो यह दर्शाता है कि आदमी चाबुक की मदद से घोड़े को आगे की दिशा में चला रहा है। लेटर सील वर्ण में, यह 马 (घोड़ा) और 又 (हाथ) से मिलकर बना है, लेकिन इसका अर्थ समान है। 驭 का प्राथमिक अर्थ "घोड़ा या गाड़ी चलाना" होता है, जहाँ से "नियंत्रित करना", "महारत हासिल करना" और "शासन करना" जैसे अर्थों की व्युत्पत्ति हुई है।

yáng यांग

ओरेकल-अस्थि अभिलेख

कांस्य अभिलेख

लेटर सील वर्ण

羊 वर्ण छह पालतू जानवरों जैसे बकरी, भेड़ और हिरण में से एक के संदर्भ में प्रयुक्त होता है। 羊 वर्ण एक चित्रलेख है। लेकिन, 牛 वर्ण की तरह ही यह जानवर के एकमात्र हिस्से को दर्शाता है, अर्थात सिर। ओरेकल-अस्थि अभिलेखों और कांस्य अभिलेखों में, यह भेड़ के सिर की तरह दिखाई पड़ता है, और इसके मुड़े हुए सींग विशेष रूप से बड़े होते हैं ताकि इसे अन्य जानवर के रूप में भी देखा जा सके। यह चीनी वर्णों के निर्माण के एक महत्वपूर्ण तरीकों में से एक है, ताकि पूरे के लिए एक हिस्से की तस्वीर का प्रयोग किया जाए।

shàn शान

कांस्य अभिलेख

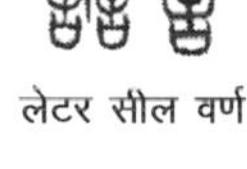

लेटर सील वर्ण

善, 膳 का मूल रूप था। प्राचीन समय में लोग सोचते थे कि बकरे का मांस सबसे अच्छा खाना होता है, इसलिए कांस्य अभिलेखों में 善 वर्ण बकरे का मांस वाला हिस्सा (羊) और दो बोलने वाले हिस्सों (言) से मिलकर बना है, जो यह दर्शाता है कि सभी लोग मांस की तारीफ कर रहे हैं। 善 के "अच्छे" के सामान्य अर्थ को ग्रहण करने के बाद, एक अन्य वर्ण 膳 का निर्माण इसके मूल अर्थ की अभिव्यक्ति के लिए किया गया। चूंकि भेड सीधा-साधा और विनम्र होता है, 善 वर्ण का अर्थ "दयालु हृदय वाला" और "प्यारा" भी हो सकता है जो 恶 (दुष्ट) का विपरीत है। क्रिया के रूप में प्रयुक्त होने पर, इसका अर्थ "प्रेम करना", "सराहना", "किसी काम के लिए अच्छा होना", और "किसी काम में अच्छा होना" होता है।

ओरेकल-अस्थि अभिलेखों और कांस्य अभिलेखों में, 养 वर्ण एक संकेत है, जो हाथ में छड़ी लेकर भेड़ को चलाते हुए एक आदमी की तरह दिखाई पड़ता है। इसलिए इसका प्राथमिक अर्थ 牧 की तरह ही, "चराना" होता है। लेटर सील वर्ण में, यह 羊 (भेड़) और 食 (भोजन) वाले हिस्से से बना है, जो यह दर्शाता है कि भेड़ को इसका भोजन दिया जा रहा है। 羊 हिस्से को ध्वनिप्रधान के रूप में देखा जा सकता है, इस अनुसार 养 एक ध्वन्यात्मक अवयव भी है। लेकिन 养 वर्ण के अपने विस्तृत अर्थ भी हैं: "किसी को जन्म देना", "प्रशिक्षित करना", "किसी के स्वास्थ्य को ठीक करना", और "शिक्षित करना"।

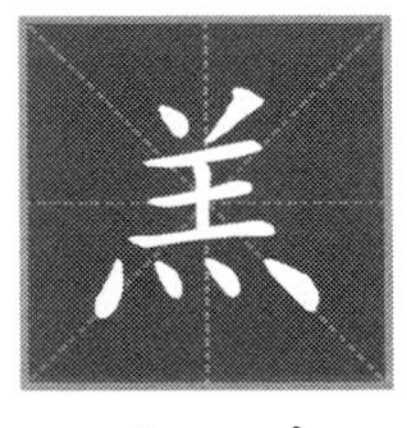

gāo गाओ

ओरेकल-अस्थि अभिलेख

कांस्य अभिलेख

लेटर सील वर्ण

ओरेकल-अस्थि अभिलेखों में, 羔 वर्ण 羊 (भेड़) और 火 (आग) से बना है, जो यह दर्शाता है कि मेमने के मांस को आग पर भूना जा रहा है। चूंकि आम तौर पर मेमने के मांस को भूना जाता है, इसलिए 羔 वर्ण का प्रयोग मेमना के संदर्भ में भी होता है।

xiū शीऊ

ओरेकल-अस्थि अभिलेख

कांस्य अभिलेख

लेटर सील वर्ण

प्राचीन लेखन प्रणालियों में, 羞 वर्ण 羊 (भेड़) और 㐅 (हाथ) से मिलकर बना है, जो यह दर्शाता है कि हाथों से मांस को परोसा जा रहा है। 羞 का मूल अर्थ "भोजन परोसना" था, लेकिन इसका प्रयोग स्वादिष्ट चीज के संदर्भ में भी किया जा सकता है, जैसे 珍羞 (दुर्लभ व्यंजन)। हालाँकि, आजकल 羞 का प्रयोग ज्यादातर "शर्म" या "शर्मिंदगी महसूस करना" के अर्थ में किया जाता है, और इसके मूल अर्थ की अभिव्यक्ति 馐 द्वारा की जाती है।

shǐ शी

ओरेकल अस्थि अभिलेख

कांस्य अभिलेख

लेटर सील वर्ण

豕 का अर्थ सूअर होता है, जिसे अब 猪 कहा जाता है, जो कि आदमियों द्वारा पालतू बनाए गए आरम्भिक जानवरों में से एक है। ओरेकल-अस्थि अभिलेखों में, 猪 वर्ण लम्बे मुँह, छोटी टाँग, गोल पेट और नीचे की तरफ झुकी हुई पूँछ वाले सूअर की तरह दिखाई पड़ता है। प्राचीन काल में, हालाँकि, 豕 और 猪 में अंतर था: पहले वाले का संबंध वयस्क सूअर से था और दूसरे वाले का प्रयोग कम उम्र के सूअर के लिए किया जाता था।

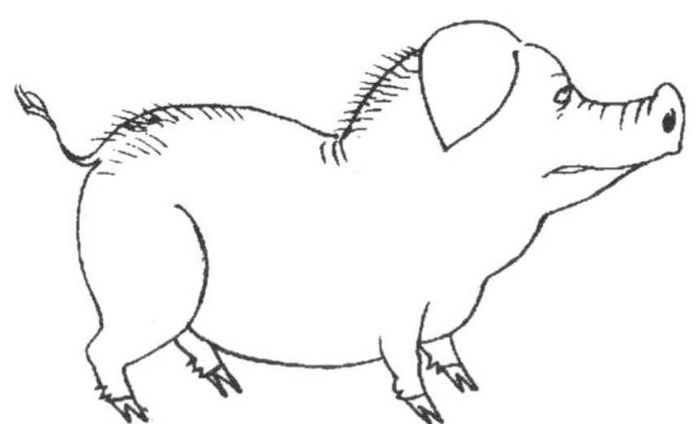

hùn हुन

ओरेकल-अस्थि अभिलेख

कांस्य अभिलेख

लेटर सील वर्ण

圂 वर्ण 囗 (वेई, संलग्न) और 豕 (सूअर) से मिलकर बना है जो एक संकेत है। ओरेकल-अस्थि अभिलेखों में, यह वर्ण सूअर के बाड़े में रहने वाले सूअर की तरह दिखाई पड़ता है, इसलिए इसका प्राथमिक अर्थ "सूअर का बाड़ा" होता है। चूंकि सूअर का बाड़ा और शौचालय एक-दूसरे के अगल-बगल में होते हैं, 圂 का प्रयोग शौचालय के संदर्भ में भी किया जाता है।

zhì झी

ओरेकल-अस्थि अभिलेख

कांस्य अभिलेख

लेटर सील वर्ण

ओरेकल-अस्थि अभिलेखों में, 彘 वर्ण 矢 (तीर) और 豕 (सूअर) से मिलकर बना है, जो यह दर्शाता है कि एक तीर सूअर को आकर लगा है। चूंकि आम तौर पर शिकार किए जाने वाले सूअर जंगली होते हैं, 彘 का मूलतः प्रयोग जंगली सूअर के लिए होता है। लेकिन आजकल, इसका प्रयोग सामान्य अर्थ में वयस्क सूअर के लिए भी किया जाता है। उदाहरण के लिए, *डाइयलेक्ट्स* कहता हैं, "मध्य चीन में 猪, 彘 के नाम से जाना जाता है।"

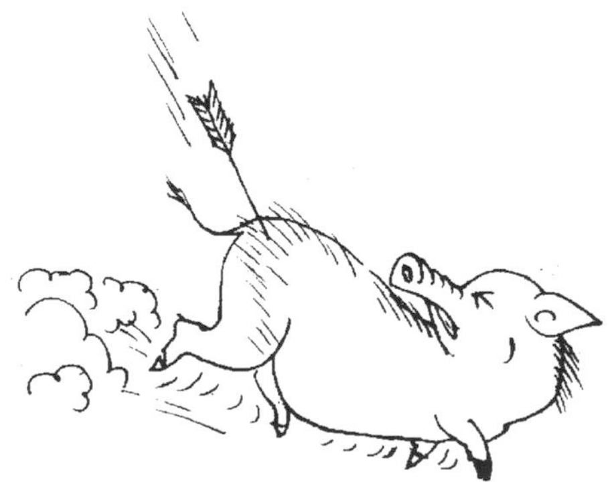

zhú झू

ओरेकल–अस्थि अभिलेख

कांस्य अभिलेख

लेटर सील वर्ण

ओरेकल–अस्थि अभिलेखों में, 逐 वर्ण 豕 (या 鹿, 兔) और मूल शब्द 止 से मिलकर बना है, जो सूअर (या हिरण, ख़रगोश) का पीछा करते हुए आदमी की तरह दिखाई पड़ता है। इसलिए इसका प्राथमिक अर्थ "पीछा करना" होता है, जहाँ से इसके विस्तृत अर्थों "चलाना", "निर्वासन में भेजना", "प्रतिस्पर्धा करना" और "इच्छा रखना" की व्युत्पत्ति हुई है।

gǎn गान

ओरेकल–अस्थि अभिलेख

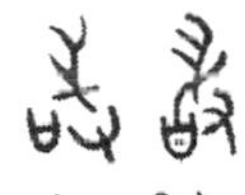

कांस्य अभिलेख

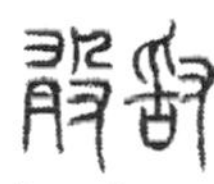

लेटर सील वर्ण

ओरेकल–अस्थि अभिलेखों में, 敢 वर्ण, हाथ में शिकार वाले काँटे को लेकर जंगली सूअर पर आक्रमण कर रहे आदमी की तरह दिखाई पड़ता है। कांस्य अभिलेखों में, शिकार वाले काँटे को दर्शाने वाला हिस्सा छोड़ दिया गया है, और जंगली सूअर वाले हिस्से को इतना अधिक सरलीकृत कर दिया गया है कि यह अब सूअर जैसा बिलकुल नहीं दिखाई पड़ता है। जंगली सूअर पर आक्रमण करने के लिए आदमी को आगे की तरफ बढ़ना चाहिए। इसलिए *ऑरिजिन ऑफ चाइनीज़ कैरेक्टर्स* कहता है कि, "敢 का अर्थ आगे की तरफ बढ़ना होता है।" चूंकि जंगली सूअर ख़तरनाक जानवर होते हैं, इसलिए उनके साथ लड़ने वाला निश्चित रूप से निर्भय और हिम्मती होता है, इसलिए 敢 वर्ण ने "निर्भय" और "हिम्मती" का अर्थ भी ग्रहण कर लिया है।

sì सी

ओरेकल-अस्थि अभिलेख

लेटर सील वर्ण

兕 का प्रयोग गैंडा जैसे जानवरों के लिए होता है, जिसके सिर पर सींग होते हैं, और यह एक सिंग-वाले जानवर के नाम से भी जाना जाता है। ओरेकल-अस्थि अभिलेखों में, 兕 वर्ण ऐसे ही एक जानवर की तरह दिखाई पड़ता है जिसका एक सींग विशेष रूप से बड़ा है। लेटर सील वर्ण में, हालांकि इसके सिर का अजीब आकार इसके केंद्र का कारण बन गया है।

xiàng शीआंग

ओरेकल-अस्थि अभिलेख

कांस्य अभिलेख

लेटर सील वर्ण

象 का प्रयोग हाथी के संदर्भ में होता है, जो कि एक बहुत अधिक विनम्र जानवर है, जिसका प्रयोग मध्य चीन में रहने वाले करते थे, जो कि उस समय बहुत ही गर्म प्रदेश था। ओरेकल-अस्थि अभिलेखों और आरम्भिक कांस्य अभिलेखों में, 象 वर्ण लम्बी नाक और विशेष रूप से बड़े और चौड़े सूँड़ वाले एक हाथी को बगल से देखने पर बनने वाले स्पष्ट चित्र की तरह दिखाई पड़ता है। हालाँकि, इसका प्रयोग "प्रतिरूपी" के अर्थ में भी होता है, इसका प्रयोग आम तौर पर बाहरी रूप-रंग के संदर्भ में भी किया जा सकता है, जैसे 形象 (चित्र), 景象 (दृश्य), 星象 (सितारों की उपस्थिति), 气象 (मौसम संबंधी घटनाएँ) और 现象 (घटना)।

wéi/wèi वेई/वेई

ओरेकल–अस्थि अभिलेख

कांस्य अभिलेख

लेटर सील वर्ण

ओरेकल–अस्थि अभिलेखों में, 为 वर्ण एक ऐसे आदमी की तरह दिखाई पड़ता है जो एक हाथी को उसके नाक से चला रहा है, जो यह दर्शाता है कि हाथी को पालतू बनाया जा रहा है। प्राचीन काल में, मध्य चीन में हाथी रहते थे, जो उस समय बहुत ही गर्म प्रदेश था। और लोग हाथियों को प्रशिक्षित करते थे ताकि उनसे अपने काम में मदद ले सकें। इसलिए 为 वर्ण का अर्थ "काम करना" और "कुछ करना" होता है। हालाँकि, ओरेकल–अस्थि अभिलेखों से इसके विकास के फलस्वरूप, कांस्य अभिलेखों, लेटर सील वर्ण और सामान्य लिपि में, और विशेष रूप से आधुनिक सरलीकरण के माध्यम से, मूल रूप की कोई भी निशानी वर्तमान 为 में नहीं बची है।

néng नेंग

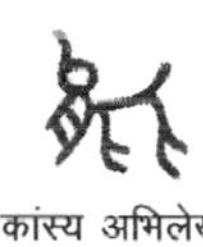

कांस्य अभिलेख

लेटर सील वर्ण

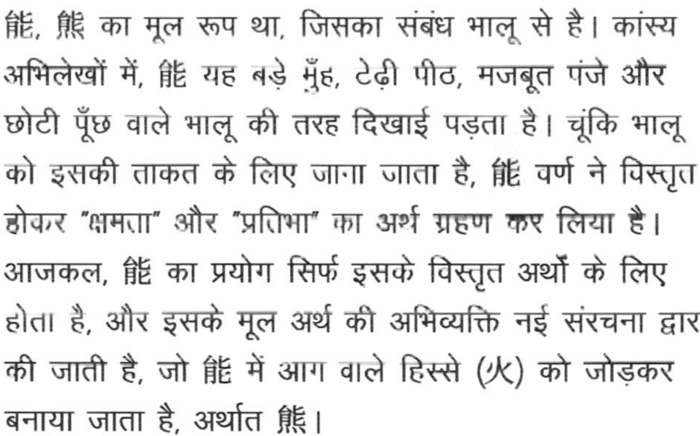

能, 熊 का मूल रूप था, जिसका संबंध भालू से है। कांस्य अभिलेखों में, 能 यह बड़े मुँह, टेढ़ी पीठ, मजबूत पंजे और छोटी पूँछ वाले भालू की तरह दिखाई पड़ता है। चूंकि भालू को इसकी ताकत के लिए जाना जाता है, 能 वर्ण ने विस्तृत होकर "क्षमता" और "प्रतिभा" का अर्थ ग्रहण कर लिया है। आजकल, 能 का प्रयोग सिर्फ इसके विस्तृत अर्थों के लिए होता है, और इसके मूल अर्थ की अभिव्यक्ति नई संरचना द्वारा की जाती है, जो 能 में आग वाले हिस्से (火) को जोड़कर बनाया जाता है, अर्थात 熊।

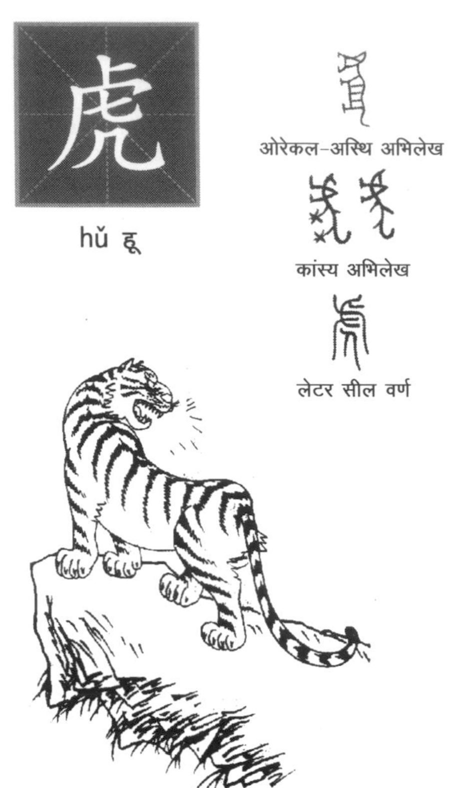

虎 का अर्थ बड़ा बाघ, एक डरावना जानवर होता है। ओरेकल-अस्थि अभिलेखों में, 虎 वर्ण बड़े मुँह, तेज दाँत, शक्तिशाली पीठ, मजबूत पंजे और पूँछ, और रंगीन रोएं वाले एक बाघ की तरह दिखाई पड़ता है। कांस्य अभिलेखों और लेटर सील वर्ण में, इसके रूप को सरलीकृत कर दिया गया है और इसकी मूल आकृति में बहुत हद तक बदलाव आ गया है। लेकिन इतने वर्षों में इसके अर्थ में बहुत कम परिवर्तन आया है। चूंकि बाघ विशेष रूप से डरावने होते हैं, 虎 वर्ण ने "बहादुर" और "फुर्तीला" के अर्थों को भी ग्रहण कर लिया है, जैसे 虎将 (बहादुर जनरल), 虎威 (बाघ की ताक़त) और 虎贲 (योद्धा)।

nüè नुए

लेटर सील वर्ण

लेटर सील वर्णों में, 虐 वर्ण अपने पंजे से एक आदमी को पकड़ने की कोशिश कर रहे बाघ की तरह दिखाई पड़ता है। चूंकि बाघ विशेष रूप से क्रूर और डरावने होते हैं, 虐 वर्ण ने "क्रूर" का अर्थ ग्रहण कर लिया है, और इसका प्रयोग आपदाओं के संदर्भ में भी होता है।

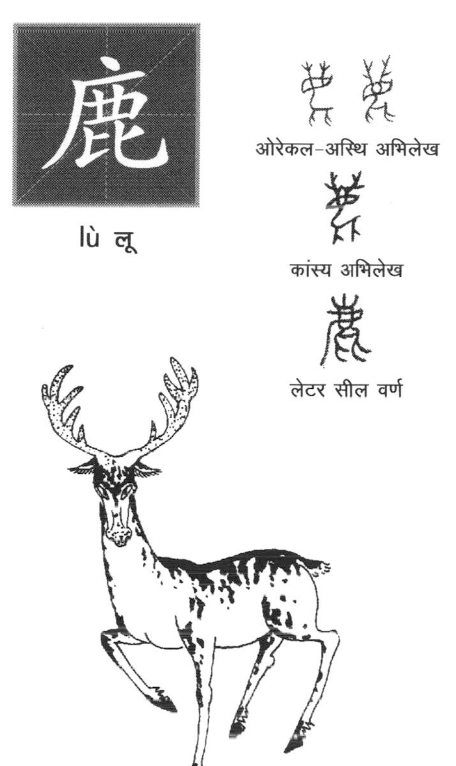

lù लू

鹿 हिरण के लिए प्रयुक्त होता है, जो एक तेज और चौपाया जानवर है, जिनके नर पशुओं में चौड़ी शाखाओं जैसे सींग होते हैं। ओरेकल-अस्थि अभिलेखों और कांस्य अभिलेखों में, 鹿 वर्ण एक नर हिरण की तरह दिखाई पड़ता है जिसकी चौड़ी शाखाओं जैसी सींग, लम्बी गर्दन और पतली टाँगे हैं। 鹿 अवयव वाले वर्णों का संबंध हिरण और इससे संबंधित जानवरों से होता है, जैसे 麟 (गैंडा), 麝 (कस्तूरी मृग) और 麋 (बारहसिंगा)।

lì ली

ओरेकल-अस्थि अभिलेखों और कांस्य अभिलेखों में, 丽 वर्ण एक हिरण की तरह दिखाई पड़ता है जिसकी विशेष रूप से दिखाई पड़ने वाली एक जोड़ी सुंदर शाखाओं की तरह चौड़ी सींग होती हैं। इसलिए इसका मूल अर्थ "एक जोड़ा" या "एक युगल" होता है। हालांकि इस अर्थ को अब 俪 द्वारा अभिव्यक्त किया जाता है, और 丽 वर्ण का प्रयोग "सुंदर" और "तेजस्वी" के अर्थ में होता है।

麓 वर्ण एक संकेत और ध्वन्यात्मक अवयव दोनों है। ओरेकल–अस्थि अभिलेखों में, 麓 वर्ण एक संकेत है जो 林 (जंगल) और 鹿 (हिरण) से मिलकर बना है, और जो यह दर्शाता है कि हिरण अपनी पसंदीदा जगह पर रह रहा है, जो पहाड़ के निचले इलाके का जंगल है। इसलिए इसका प्राथमिक अर्थ "पहाड़ का निचला इलाक़ा" होता है। दूसरी तरफ, 鹿 और 麓 की ध्वनि एक सी है, और पहले वाले को दूसरे वाले के ध्वनिप्रधान शब्द के रूप में देखा जाता है। इस अर्थ में, 麓 एक ध्वन्यात्मक अवयव है जिसमें 林 मूल शब्द और 鹿 ध्वनिप्रधान शब्द है। कांस्य अभिलेखों में, यह एक सम्पूर्ण ध्वन्यात्मक अवयव है, जिसमें 林 मूल शब्द और 录 ध्वनिप्रधान शब्द है।

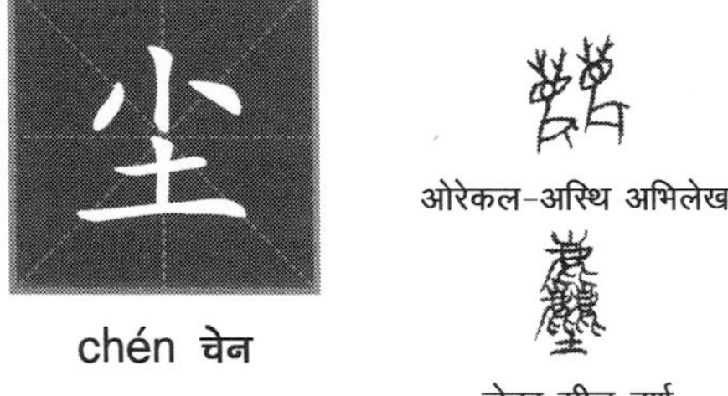

प्राचीन लेखन प्रणालियों में, 尘 वर्ण, मिट्टी वाले हिस्से (土) और तीन हिरण वाले हिस्से (鹿) से मिलकर बना है, जो यह दर्शाता है कि हिरणों का एक समूह दौड़ रहा है और धूल के बादल उड़ रहे हैं। इसलिए 尘 प्राथमिक रूप से उड़ती हुई धूल के संदर्भ में प्रयुक्त होता है। लेकिन इसका प्रयोग रेतीली मिट्टी के छोटे–छोटे कण के लिए भी किया जा सकता है, और इसलिए बाद में यह 小 (छोटा) और 土 (मिट्टी) से मिलकर बना है।

tù तू

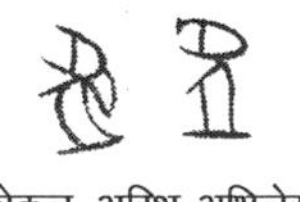

ओरेकल-अस्थि अभिलेख

स्टोन-ड्रम अभिलेख

लेटर सील वर्ण

兔 का प्रयोग छोटे जानवर के लिए होता है जिसके लम्बे कान और छोटी पूँछ होती है, अर्थात खरहा या ख़रगोश। ओरेकल-अस्थि अभिलेखों में, 兔 वर्ण इस जानवर के चित्र की तरह दिखाई पड़ता है जो इसके विशेष गुण वाले कान और पूँछ को दर्शाता है।

shǔ शू

लेटर सील वर्ण

鼠 का अर्थ चूहा या मूस होता है, जो कि एक छोटा जानवर है जिसकी लम्बी पूँछ है और जिसके दाँत बहुत मजबूत हैं। लेटर सील वर्ण में, 鼠 वर्ण इस जानवर के चित्र की तरह दिखाई पड़ता है, जो इसके विशेष गुण वाले दाँत, पजो और पूँछ को दर्शाता है। 鼠 अवयव वाले वर्णों का संबंध चूहे जैसे जानवरों से होता है, जैसे 鼹 (छछूंदर), 鼬 (नेवला) और 鼯 (उड़ती हुई गिलहरी)।

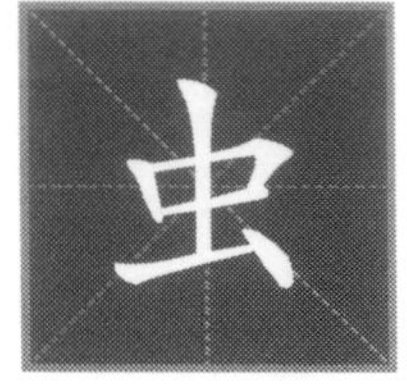

chóng चोंग

ओरेकल-अस्थि अभिलेख

कांस्य अभिलेख

लेटर सील वर्ण

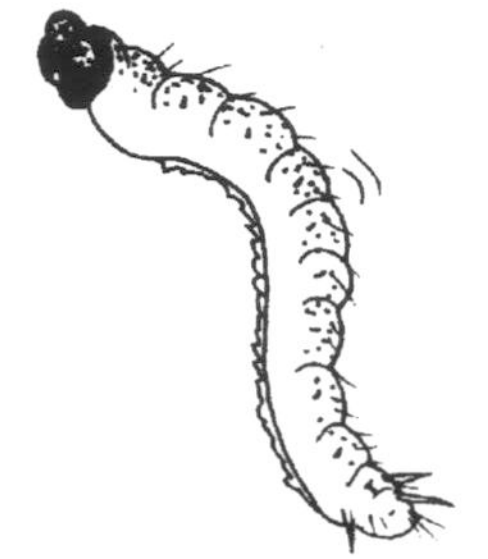

虫 कीड़े, कीट-पतंगों और उनके जैसे छोटे जीवों के लिए एक आम शब्दावली है। ओरेकल-अस्थि अभिलेखों और कांस्य अभिलेखों में, 虫 वर्ण एक नुकीले सिर और टेढ़े शरीर वाले कीड़े की तरह दिखाई पड़ता है, दरअसल इसका आकार साँप की तरह होता है। लेटर सील वर्ण में, यह वर्ण तीन साँप के हिस्सों से बना है, जो शायद इस तथ्य को दर्शाता है कि कई तरह के कीड़े, कीट और इनके जैसे जीव होते हैं। 虫 अवयव वाले वर्णों का संबंध कीड़ों, कीट और संबंधित जीवों से होता है, जैसे 蛇 (साँप), 蠋 (लार्वा), 蚕 (रेशम का कीड़ा), 蚊 (मच्छर), 蜂 (मधुमक्खी) और 蝉 (झींगुर)।

gǔ गू

ओरेकल-अस्थि अभिलेख

कांस्य अभिलेख

लेटर सील वर्ण

किंवदंतियों के अनुसार, एक विषैला कीड़ा था जिसे 蛊 के नाम से जाना जाता था, जो अगर काट लेता था तो आदमी की चेतना चली जाती थी। ओरेकल-अस्थि अभिलेखों में, 蛊 वर्ण एक ऐसे बर्तन की तरह दिखाई पड़ता है जिसके अंदर कुछ कीड़े हैं। प्राथमिक रूप से इसका प्रयोग विषैले कीड़ों के लिए होता है, लेकिन इसका प्रयोग मानव शरीर के अंदर रहने वाले परजीवी कीड़ों के लिए भी किया जाता है। और इसके विस्तृत अर्थों में "लुभाना, बहकाना" और "भ्रमित करना" शामिल है।

wàn वान

ओरेकल-अस्थि अभिलेख

कांस्य अभिलेख

लेटर सील वर्ण

ओरेकल-अस्थि अभिलेखों में, 万 वर्ण एक बिच्छू की तरह दिखाई पड़ता है जिसका बड़ा-सा चंगुल और तिरछी पूँछ होती है, इसलिए इसका मूल अर्थ "बिच्छू" है। आजकल, हालाँकि, इसका प्रयोग "दस हजार" की संख्या के लिए किया जाता है। लेकिन इसका अर्थ "असंख्य" भी हो सकता है, जैसे 万物 (सभी चीजें), 万象 (पृथ्वी पर की हर घटना); और "बिल्कुल", जैसे - 万全 (बिल्कुल सही), 万无一失 (कुछ भी गलत होने का कोई ख़तरा नहीं)।

zhū झू

ओरेकल अस्थि अभिलेख

लेटर सील वर्ण

蛛 का अर्थ मकड़ी होता है, आठ पैरों वाला एक छोटा-सा जीव, जो खाने के लिए कीड़ों को पकड़ने के लिए जाले बुनता है। कांस्य अभिलेखों में, 蛛 वर्ण अपनी लम्बी टांगों वाली मकड़ी की तरह दिखाई पड़ता है जिसके सिर के ऊपर 朱 वाला हिस्सा इसके उच्चारण को दर्शाता है। लेटर सील वर्ण में, यह एक सम्पूर्ण ध्वन्यात्मक अवयव है जिसमें 黽 (मेंढक) या 虫 (कीट) मूल शब्द और 朱 ध्वनिप्रधान शब्द के रूप में है।

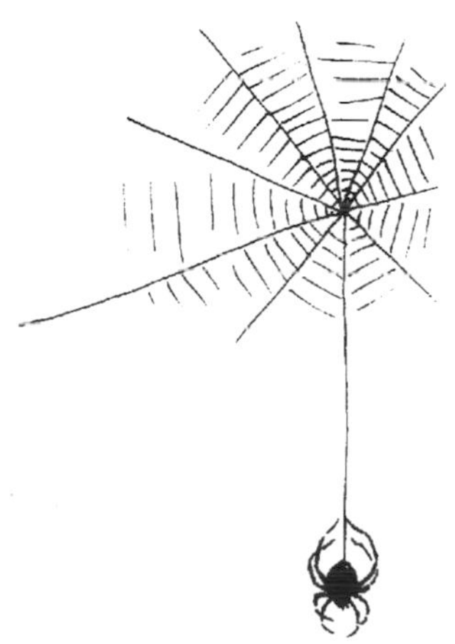

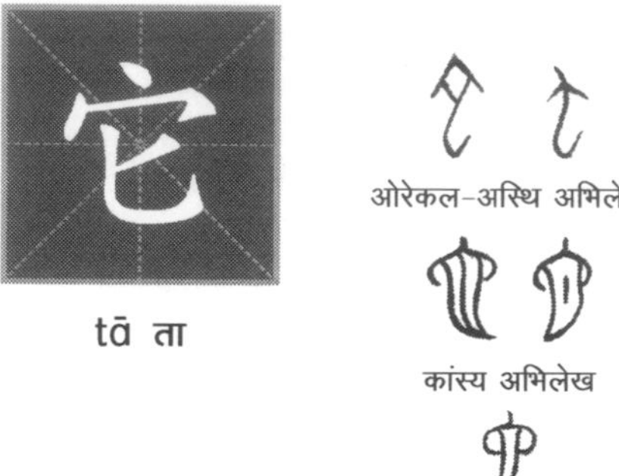

tā ता

ओरेकल-अस्थि अभिलेख

कांस्य अभिलेख

लेटर सील वर्ण

ओरेकल-अस्थि अभिलेखों में, '它' वर्ण अपने लम्बे टेढ़े शरीर और नुकीले सिर वाले साँप की तरह दिखाई पड़ता है, इसलिए इसका मूल अर्थ "साँप" होता है। चूंकि '它' का प्रयोग निर्जीव चीजों के लिए सर्वनाम के रूप में होता है, और इसके मूल अर्थ के लिए नए वर्ण 蛇 का निर्माण किया गया था।

lóng लोंग

ओरेकल-अस्थि अभिलेख

कांस्य अभिलेख

लेटर सील वर्ण

龙 का प्रयोग एक पारम्परिक चीनी पौराणिक जानवर के संदर्भ में होता है, जो अपने रूप को बदलने में सक्षम होता है और हवा और बारिश को बटोरने या बुलाने का काम करता है, अर्थात ड्रैगन (अजगर)। ओरेकल-अस्थि अभिलेखों और कांस्य अभिलेखों में 龙 वर्ण ऐसे ही किसी पौराणिक जानवर की तरह दिखाई पड़ता है जिसका सींग, बड़ा-सा मुँह और लम्बा टेढ़ा शरीर है। अतीत में, ड्रैगन (अजगर) सम्राट और उसके परिवार या जादुई शक्तियों वाले आदमी का प्रतीक था।

mǐn मीन

ओरेकल-अस्थि अभिलेख

लेटर सील वर्ण

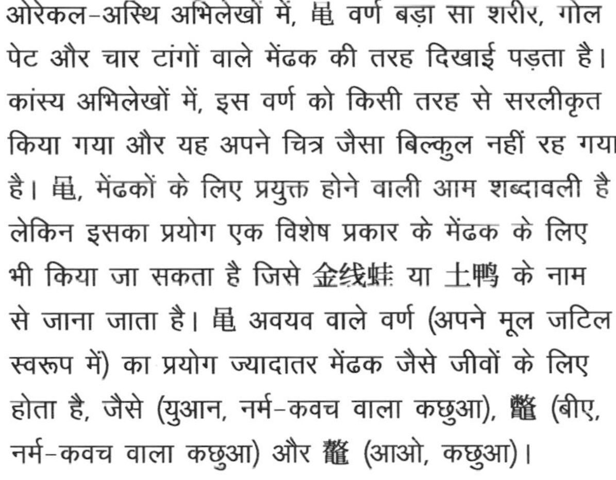

ओरेकल-अस्थि अभिलेखों में, 黽 वर्ण बड़ा सा शरीर, गोल पेट और चार टांगों वाले मेंढक की तरह दिखाई पड़ता है। कांस्य अभिलेखों में, इस वर्ण को किसी तरह से सरलीकृत किया गया और यह अपने चित्र जैसा बिल्कुल नहीं रह गया है। 黽, मेंढकों के लिए प्रयुक्त होने वाली आम शब्दावली है लेकिन इसका प्रयोग एक विशेष प्रकार के मेंढक के लिए भी किया जा सकता है जिसे 金线蛙 या 土鸭 के नाम से जाना जाता है। 黽 अवयव वाले वर्ण (अपने मूल जटिल स्वरूप में) का प्रयोग ज्यादातर मेंढक जैसे जीवों के लिए होता है, जैसे (युआन, नर्म-कवच वाला कछुआ), 鼈 (बीए, नर्म-कवच वाला कछुआ) और 鼇 (आओ, कछुआ)।

guī गुई

ओरेकल अस्थि अभिलेख

कांस्य अभिलेख

लेटर सील वर्ण

龜 का प्रयोग कछुए के संदर्भ में होता है, जो एक उभयचर प्राणी है जिसका शरीर एक कड़े कवच से ढंका होता है जिसके अंदर सुरक्षा के लिए टाँगे, पूँछ और सिर को खींच कर अंदर किया जा सकता है। ओरेकल-अस्थि अभिलेखों में, 龜 वर्ण एक ऐसे कछुए की तरह दिखाई पड़ता है जिसे बगल से देखा गया है, वहीं कांस्य अभिलेखों में यह ऊपर से देखे गए कछुए की तरह दिखाई पड़ता है, इसलिए इसका अर्थ "कछुआ" है।

yú यू

ओरेकल-अस्थि अभिलेख

कांस्य अभिलेख

लेटर सील वर्ण

鱼 का प्रयोग मछली के संदर्भ में होता है, जो शल्क और पंख वाली एक जलजीव है और गलफड़ से साँस लेती है। ओरेकल-अस्थि अभिलेखों और कांस्य अभिलेखों में, 鱼 वर्ण मछली के चित्र की तरह दिखाई पड़ता है, इसलिए इसका अर्थ "मछली" होता है। 鱼 अवयव वाले वर्णों का संबंध मछली और इसके जैसे जीवों से होता है, जैसे 鲤 (तालाब की बड़ी मछली), 鲨 (शार्क) और 鲜 (ताजा मछली)।

gòu गोऊ

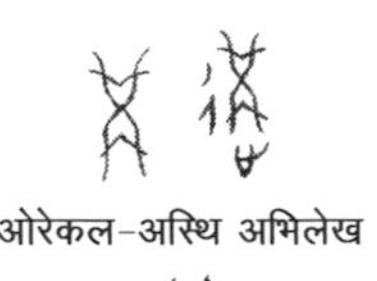

ओरेकल-अस्थि अभिलेख

कांस्य अभिलेख

लेटर सील वर्ण

遘 एक संकेत है। ओरेकल-अस्थि अभिलेखों में, 遘 ऐसे दिखाई पड़ता है जैसे दो मछलियाँ एक-दूसरे के मुँह में मुँह मिला रही हैं, जो यह दर्शाता है कि वे मिल रही हैं। अन्य लेखन प्रणालियों में, चलने वाले हिस्से (止 या 辵) जोड़ा गया है, जो कि एक मानव क्रिया है। इसलिए 遘 का अर्थ "मिलना" और "अनुभव करना" होता है।

yú यू

ओरेकल-अस्थि अभिलेख

कांस्य अभिलेख

लेटर सील वर्ण

आम तौर पर मछली मारने के तीन तरीके होते हैः हाथों से, जाल से, या मछली मारने की डंडी जिसे बंसी कहते हैं। ओरेकल-अस्थि अभिलेखों में, 渔 वर्ण इन तरीक़ों में से एक द्वारा मछली मारने जैसा दिखाई पड़ता है। इसलिए इसका प्राथमिक अर्थ "मछली मारना" है, जहाँ से "लूट लेना" और "धोखे से हासिल करना" जैसे अर्थों की व्युत्पत्ति हुई है।

chēng/chèn
चेंग/चेन

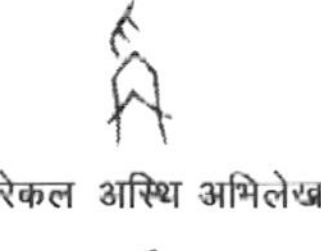

ओरेकल अस्थि अभिलेख

कांस्य अभिलेख

लेटर सील वर्ण

ओरेकल-अस्थि अभिलेखों और कांस्य अभिलेखों में, 称 वर्ण ऐसे दिखाई पड़ता है जैसे एक आदमी अपने हाथों से मछली को उठा रहा है। इसका मूल अर्थ "उठाना", "बढ़ाना" था, जहाँ से इसके विस्तृत अर्थों "वजन करना", "सिफारिश करना", "सराहना" और "वक्तव्य देना" की व्युत्पति हुई है। 称 का उच्चारण चेन होता है जिसका अर्थ "किसी के बराबर होना" और "अनुकूल होना" है।

lǔ ली

ओरेकल-अस्थि अभिलेख

कांस्य अभिलेख

लेटर सील वर्ण

ओरेकल-अस्थि अभिलेखों और कांस्य अभिलेखों में, 鲁 वर्ण 鱼 (मछली) और 口 (बर्तन) वाले हिस्से से बना है, जो यह दर्शाता है कि मछली को पकाया जा चुका है और यह एक स्वादिष्ट व्यंजन के रूप में तश्तरी में परोसे जाने के लिए तैयार है। इसलिए 鲁 का मूल अर्थ "अच्छा" था। आजकल, हालाँकि, इसका प्रयोग मुख्यतः "आतुर" और "बेवकूफ" के अर्थ में होता है, और इसका मूल अर्थ खो गया है।

niǎo नीयाओ

ओरेकल-अस्थि अभिलेख

कांस्य अभिलेख

लेटर सील वर्ण

鸟 का अर्थ "चिड़ियाँ" होता है। ओरेकल-अस्थि अभिलेखों और कांस्य अभिलेखों में, 鸟 वर्ण ऊपर से देखे गए एक चिड़िया के रूप में दिखाई पड़ता है जिसका अपना सिर, पूँछ, टाँगें और पंख सब कुछ मौजूद हैं। 鸟 अवयव वाले वर्णों का संबंध चिड़ियाँ और उसकी गतिविधियों से होता है, जैसे 鸡 (मुर्गा), 莺 (ओरियल), 鸭 (बत्तख), 鹅 (हंस) और 鸣 (चहचहाना)।

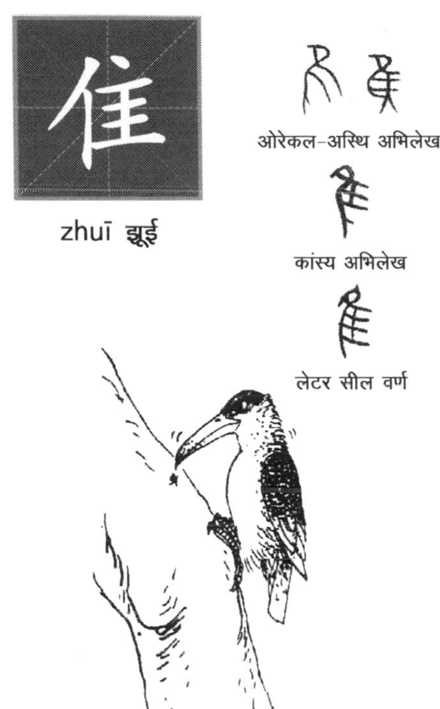

zhuī झुई

ओरेकल-अस्थि अभिलेख

कांस्य अभिलेख

लेटर सील वर्ण

ओरेकल-अस्थि अभिलेखों और कांस्य अभिलेखों में, 隹 वर्ण एक चिड़िया के रूप में दिखाई पड़ता है जिसका अपना सिर, शरीर, पंख और टाँगें हैं लेकिन पूँछ छोटी है। *ऑरिजिन ऑफ चाइनीज़ कैरेक्टर्स* में शू शेन के चरित्र-चित्रण के अनुसार, 隹 का प्रयोग छोटी पूँछ वाली चिड़ियों के संदर्भ में होता है वहीं 乌 का प्रयोग बड़ी पूँछ वाली चिड़ियों के लिए। 隹 अवयव वाले वर्णों का संबंध चिड़ियों से होता है, जैसे 焦 (चिड़िया को भूनना), 集 (अड्डे या ऊँची जगह पर बैठना), 雉 (तीतर), 雕 (चील) और 雀 (गौरैया)।

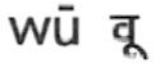

wū वू

कांस्य अभिलेख

लेटर सील वर्ण

乌 का प्रयोग कौवा के संदर्भ में होता है। कौवा को रात में चिल्लाना पसंद होता है, यह पूरी तरह से काला होता है इसलिए इसकी आँखों के गोले स्पष्ट नहीं होते हैं। इसके इन गुणों को प्रतिबिम्बित करने के लिए कांस्य अभिलेखों में 乌 वर्ण एक ऐसी चिड़िया की तरह दिखाई देता है जिसकी आँखों के कोर ऊपर की तरफ हैं जैसे कि वह रो रहा है और उसकी आँखों के गोले नहीं हैं। लेकिन 乌 का प्रयोग अन्य काली वस्तुओं के संदर्भ में भी होता है।

yàn यान

ओरेकल-अस्थि अभिलेख

लेटर सील वर्ण

ओरेकल-अस्थि अभिलेखों में, 燕 वर्ण ऐसा दिखाई पड़ता है जैसे एक अबाबील अपने पंख फैला रहा है और आगे की तरफ उड़ रहा है, इसलिए इसका प्राथमिक अर्थ "अबाबील" है, जिसे चीनी भाषा में 玄鸟 के नाम से भी जाना जाता है। चूंकि तीनों वर्ण 燕, 宴 और 晏 की ध्वनि समान होती है, 燕 वर्ण का प्रयोग "दावत", "आसान" और "आरामदायक" के अर्थों में भी किया जा सकता है।

què चुए

ओरेकल-अस्थि अभिलेख

लेटर सील वर्ण

雀 मूलतः एक चित्रलेख था, ओरेकल-अस्थि अभिलेखों में, 雀 वर्ण कलगी वाली एक चिड़िया की तरह दिखाई पड़ता है। प्राथमिक रूप से यह गौरैया या फुदकी के लिए प्रयुक्त होता है। चूंकि गौरैया और फुदकी छोटी होती हैं, 雀 वर्ण का प्रयोग आम अर्थ में छोटी चिड़िया के संदर्भ में भी किया जाता है। लेटर सील वर्ण में, हालाँकि, 小 (छोटा) और 隹 (चिड़िया) से बना वर्ण एक संकेत में बदल गया है।

fèng फेंग

ओरेकल-अस्थि अभिलेख

लेटर सील वर्ण

凤 का अर्थ काल्पनिक भाग्यशाली चिड़िया, राजा की चिड़िया – अमरपक्षी (फीनिक्स) होता है। ओरेकल-अस्थि अभिलेखों में, 凤 वर्ण एक लम्बी पूँछ वाली चिड़िया की तरह दिखाई पड़ता है। चिड़िया के सिर पर कलगी है और इसकी रंगीन पूँछ वाले पंखों पर आंख होती हैं, जो वास्तव में मोर की छवि को दर्शाता है। कभी-कभी इसमें 凡 ध्वन्यात्मक हिस्सा जुड़ा होता है, इसलिए यह एक ध्वन्यात्मक अवयव भी है जिसमें 鸟 मूल शब्द और 凡 ध्वनिप्रधान शब्द है। चूंकि अमरपक्षी (फीनिक्स) अच्छे भाग्य का द्योतक होता है, 凤 वर्ण का प्रयोग किसी भी अच्छी और खुशनुमा चीज के विश्लेषण के लिए किया जाता है, जैसे 凤德 (नैतिक अखंडता), 凤藻 (साहित्यिक अलंकरण), 凤穴 (प्रतिभाओं की जुटना), 凤车 (शाही गाड़ी) और 凤城 (राजधानी)।

jī जी

ओरेकल-अस्थि अभिलेख

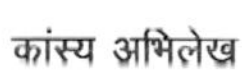

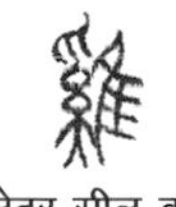

कांस्य अभिलेख

लेटर सील वर्ण

鸡 का अर्थ मुर्गा होता है। ओरेकल-अस्थि अभिलेखों और कांस्य अभिलेखों में, 鸡 वर्ण एक संकेत है, जो कि एक मुर्गे की तरह दिखाई पड़ता है जिसकी कलगी, आँखों के अंदर की गोली, पंख, टाँगें और पूँछ सब कुछ हैं। लेटर सील वर्ण में, यह एक ध्वन्यात्मक अवयव बन जाता है, जिसमें 隹 मूल शब्द और 奚 ध्वनिप्रधान शब्द है। आधुनिक सरलीकृत रूप अपने मूल रूप से और भी अधिक दूर है जो 又 और 鸟 से बना है।

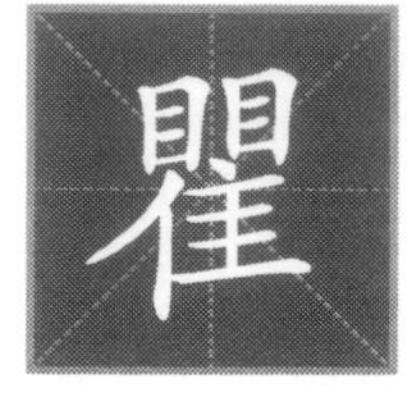

jù/qú जू/चू

लेटर सील वर्ण

瞿 वर्ण, चिड़िया वाले हिस्से (隹) और दो आँखों वाले हिस्से (目) से मिलकर बना है, जो कि पूरी खुली आँखों वाली एक चिड़िया की तरह दिखाई पड़ता है, और डरावनी चिड़ियों जैसे चील और बाज का संकेत देता है जिनकी आँखें बड़ी और तेज होती हैं। इसलिए *ऑरिजिन ऑफ चाइनीज़ कैरेक्टर्स* कहता है, "瞿 का प्रयोग चील और बाज जैसी चिड़ियों की आंख के संदर्भ में होता है।" जब एक आदमी डरा हुआ होता है, तब संभवतः वह अपनी आँखों को पूरी तरह खोल लेता है, इसलिए 瞿 वर्ण ने "डरा हुआ होना" के अर्थ को ग्रहण कर लिया है। उपनाम के रूप में प्रयुक्त इस वर्ण का उच्चारण चू होता है।

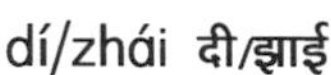

dí/zhái दी/झाई

कांस्य अभिलेख

लेटर सील वर्ण

翟 मूलतः एक चित्रलेख था। कांस्य अभिलेखों में, 翟 वर्ण एक ऐसी चिड़िया की तरह दिखाई पड़ता है जिसके सिर पर पंखों का गुच्छा होता है। लेटर सील वर्ण में, यह एक संकेत बन गया है, जिसमें 羽 (पंख) और 隹 (चिड़िया) होता है। 翟 का प्रयोग प्राथमिक रूप से लम्बी पूँछ और पंखों वाले तीतर के संदर्भ में होता है, और विशेष रूप से इसका प्रयोग उनकी पूँछ वाले पंख के लिए भी किया जा सकता है, प्राचीन समय में जिसका उपयोग लोग आभूषण के रूप में करते थे। 翟 का अर्थ 狄 के समान होता है, और यह उत्तर में राष्ट्रीय अल्पसंख्यकों का एक नाम भी है। और यह एक उपनाम है जिसका उच्चारण झाई होता है।

zhì झी

ओरेकल-अस्थि अभिलेख

लेटर सील वर्ण

雉 मूलतः एक संकेत था, जो कि 矢 (तीर) और 隹 (चिड़िया) से मिलकर बना है, और यह दर्शाता है कि तीर से चिड़िया पर निशाना साधा जा रहा है। और 雉 का अर्थ पकड़ी जाने वाली या मारी गई चिड़िया होता है। चूंकि मारी गई चिड़ियों में तीतरों की संख्या अधिक होती है, इसलिए 雉 का अर्थ विशेष रूप से तीतरों के संदर्भ में भी किया जाता है। इसके अतिरिक्त, 雉 का एक प्रयोग शहर की दीवार के क्षेत्र को मापने की इकाई के रूप में भी किया जा सकता है, और लम्बाई में तीन झांग (एक झांग 3.33 मीटर के बराबर होता है) और ऊँचाई में एक झांग झी (雉) कहलाता है। इस अर्थ से इसका प्रयोग शहर की दीवार के संदर्भ में भी किया जाने लगा।

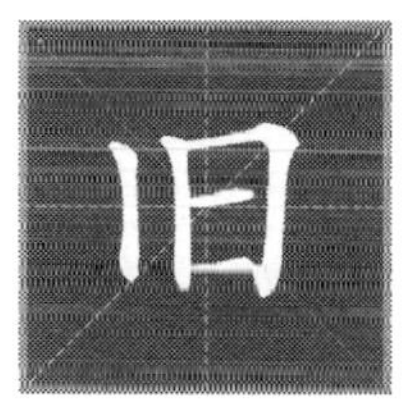

jiù जीऊ

ओरेकल-अस्थि अभिलेख

कांस्य अभिलेख

लेटर सील वर्ण

旧 मूलतः एक चिड़िया का नाम था, जिसे 鸱鸮 (चीक्सिआओ) या 猫头鹰 अर्थात उल्लू कहते हैं। ऐसा कहा जाता है कि यह चिड़िया बहुत ही डरावनी होती है और अक्सर दूसरी चिड़ियों के घोंसले पर अपना कब्जा जमा लेती है और उनके छोटे बच्चों को खा जाती है। ओरेकल-अस्थि अभिलेखों और कांस्य अभिलेखों में, 旧 वर्ण एक ऐसी चिड़िया की तरह दिखाई पड़ता है जो दूसरी चिड़ियों के घोंसले पर आक्रमण करती है, जो उल्लू के चरित्र और व्यवहार को दर्शाता है। आजकल, हालाँकि, इस वर्ण का प्रयोग 新 (नया) के विपरीत "पुराना" के अर्थ में किया जाता है और इसका मूल अर्थ खो गया है।

míng मींग

ओरेकल-अस्थि अभिलेख

कांस्य अभिलेख

लेटर सील वर्ण

鸣 वर्ण 口 (मुँह) और 鸟 (चिड़िया) से मिलकर बना है, जो कि चिड़िया के रोने की आवाज के संदर्भ में प्रयुक्त होता है। लेकिन इसके अर्थ का विस्तार हुआ है। इसका प्रयोग जानवरों या कीटों की आवाज के लिए भी हो सकता है, जैसे 蝉鸣 (झींगुर की आवाज), 驴鸣 (गधे का ढेंचू-ढेंचू करना), 鹿鸣 (हिरण की आवाज)। क्रिया के रूप में प्रयुक्त होने पर इसका अर्थ तीखी आवाज के संदर्भ में भी बदल जाता है, जैसे 鸣鼓 (ढोल पीटना), 鸣钟 (घंटी बजाना), 鸣枪 (गोली दागना), 鸣炮 (तोपख़ाने से आग निकालना) और 孤掌难鸣 (एक हाथ से ताली बजाना असम्भव है)।

xí शी

ओरेकल-अस्थि अभिलेख

लेटर सील वर्ण

ओरेकल-अस्थि अभिलेखों में, 习 वर्ण 羽 (पंख) और 日 (सूर्य) से मिलकर बना है, जो यह दर्शाता है कि चिड़िया आसमान में उड़ने का अभ्यास कर रही हैं। शू शेन ने अपने *ऑरिजिन ऑफ चाइनीज़ कैरेक्टर्स* में कहा है कि, "习 का अर्थ बार-बार उड़ना होता है।" इसलिए इसका प्राथमिक अर्थ "उड़ने का अभ्यास करने वाली चिड़िया" है, जहाँ से इसके और अधिक सामान्य अर्थ "सीखना", "अभ्यास करना", "समीक्षा करना", "किसी चीज से अवगत होना", और "किसी चीज की आदत" आदि की व्युत्पत्ति हुई है।

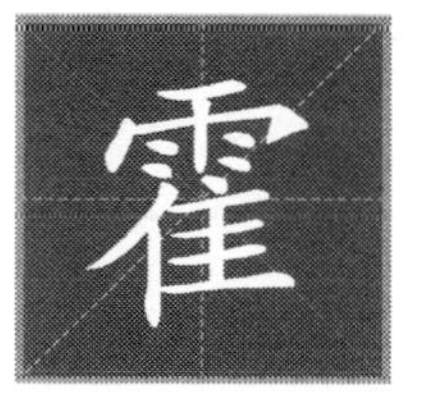

huò हुओ

ओरेकल-अस्थि अभिलेख

कांस्य अभिलेख

लेटर सील वर्ण

霍 वर्ण ऐसा दिखाई पड़ता है जैस कोई चिड़िया बारिश में उड़ रही है, जो कि चिड़ियों के पंख फड़फड़ाने से निकलने वाली आवाज के बारे में बताता है। इसका प्रयोग इसी तरह की आवाजों के लिए अलंकरण के लिए भी किया जा सकता है, जैसे 磨刀霍霍 (पत्थर पर घिस कर अपनी तलवार की धार को तेज करना)। चूंकि चिड़ियाँ बहुत ही तेजी से और बारिश में हर दिशा में उड़ती हैं, 霍 वर्ण ने "तेजी से" और "स्वतंत्र रूप से" जैसे शब्दों का अर्थ ग्रहण कर लिया है, जैसे 霍然而愈 (बीमारी से तेजी से ठीक होना), 电光霍霍 (बिजली का चमकना) और 挥霍 (स्वतंत्रता से ख़र्च करना)।

fèn फेन

कांस्य अभिलेख

लेटर सील वर्ण

कांस्य अभिलेखों में, 奋 वर्ण 隹 (चिड़िया) और (पंख) और 田 (खेत) से बना है, जो यह दर्शाता है कि चिड़ियाँ जमीन के इर्द-गिर्द अपने पंखों को फैलाकर उड़ रही हैं। इसलिए इसका मूल अर्थ "चिड़ियों का अपना पंख खोलना" होता है, जहाँ से "उठाना", "आंदोलन करना", "खुद को आगे बढ़ाना" और "आगे लेकर जाना" जैसे अर्थों की व्युत्पत्ति हुई है।

jìn जीन

ओरेकल–अस्थि अभिलेख

कांस्य अभिलेख

लेटर सील वर्ण

进 एक संकेतचित्र है। ओरेकल–अस्थि अभिलेखों में, 进 वर्ण 隹 (चिड़ियाँ) और 止 (पैर) से मिलकर बना है, जो यह दर्शाता है कि चिड़ियाँ या तो चल रही है या दौड़ रही है। कांस्य अभिलेखों में, चलने वाला हिस्सा (彳) को जोड़ा गया है जो इस बात पर जोर देता है कि इसका अर्थ आगे की तरफ बढ़ना है। 进 वर्ण का प्राथमिक अर्थ "आगे की तरफ बढ़ना" होता है जो 退 (पीछे की ओर) का विपरीत है। इसका अर्थ "प्रवेश करना" भी हो सकता है जो कि 出 (बाहर निकलना) का विपरीत है। इसके अतिरिक्त, इसका अर्थ "सिफारिश करना" और "प्रस्तुत करना" भी हो सकता है।

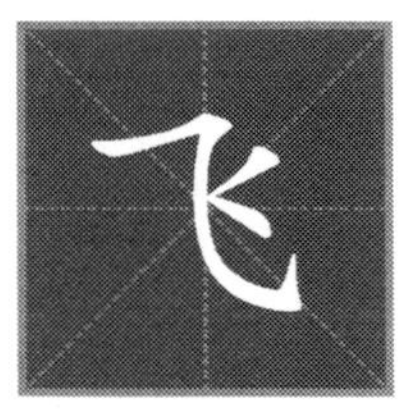

fēi फेई

लेटर सील वर्ण

लेटर सील वर्ण में, 飞 वर्ण एक ऐसी चिड़िया की तरह दिखाई पड़ता है जो अपने पंख फैला कर उड़ रही है, इसलिए इसका प्राथमिक अर्थ "उड़ना" होता है। इसके इस अर्थ से इसका प्रयोग किसी भी ऐसी चीज के संदर्भ में होता है जो हवा में तैरती है, जैसे 飞蓬 (फ्लीबेन, सहदेवी का पौधा), 飞雪 (हवा में उड़ते हुए बर्फ के टुकड़े)। 飞 का प्रयोग "तेज" के अर्थ में भी हो सकता है।

fēi फेई

कांस्य अभिलेखों में, 非 वर्ण एक-दूसरे के विपरीत दो पंखों की तरह दिखाई पड़ते हैं। 非 का प्राथमिक अर्थ "विपरीत दिशा में दौड़ना" होता है, जहाँ से "दोष देना", "निंदा करना", "गलत" और "नहीं" जैसे अर्थों की व्युत्पत्ति हुई है।

jí जी

ओरेकल-अस्थि अभिलेखों और कांस्य अभिलेखों में, 集 वर्ण वृक्ष की शाखा पर आराम कर रही चिड़िया की तरह दिखाई पड़ता है, इसलिए इसका प्राथमिक अर्थ "अड्डे पर बैठना" होता है। चूंकि सभी चिड़ियाँ एक साथ अपने अड्डे या बरोरे पर बैठती हैं, लेटर सील वर्ण में 集 वर्ण तीन चिड़ियों वाले हिस्से (雥) से बना है, और इसने "एकत्रित होना" और "इकट्ठा होना" जैसे अर्थों को ग्रहण कर लिया है।

chóu चोऊ

कांस्य अभिलेख

लेटर सील वर्ण

雠 वर्ण एक संकेत चित्र है। कांस्य अभिलेखों में, 雠 वर्ण एक-दूसरे के आमने-सामने बैठी दो चिड़ियों की तरह दिखाई पड़ता है, और मध्य में आवाज वाला हिस्सा (言) यह दर्शाता है कि वे बात कर रही हैं। 雠 का मूल अर्थ "जवाब देना" और "प्रतिक्रिया देना" था, जहाँ से "अनुरूप", "बराबर", "विरोधी" और "दुश्मन" जैसे अर्थों की व्युत्पत्ति हुई है। इसके अतिरिक्त, 雠 का अर्थ "सच होना" और "संशोधित करना" भी हो सकता है।

zhī/zhǐ झी/झी

ओरेकल-अस्थि अभिलेख

कांस्य अभिलेख

लेटर सील वर्ण

वर्गीकारक के रूप में 只 वर्ण सभी प्राचीन लेखन प्रणालियों में, ओरेकल-अस्थि अभिलेखों, कांस्य अभिलेखों और लेटर सील वर्ण में एक हाथ में गिरफ्त चिड़िया की तरह दिखाई पड़ता है और इसका प्राथमिक अर्थ "एक अकेली चिड़िया" होता है। इस अर्थ से "विषम संख्या" जैसे अर्थों की व्युत्पत्ति हुई है जो 双 (सम संख्या) का विपरीत है। उदाहरण के लिए, *हिस्ट्री ऑफ द सोंग डायनेस्टी* में दर्ज है कि "肃宗而下, 咸只日临朝, 双日不坐। (सूजोंग के शासनकाल के बाद, सभी सम्राट अपने मंत्रियों से सिर्फ विषम दिनों पर ही मिलते हैं, ना कि सम दिनों पर।) लेकिन आधुनिक सरलीकृत रूप में 只 वर्ण मूलतः दूसरे वर्ण का रूप था। इसके अतिरिक्त, 只 का अर्थ "सिर्फ" भी होता है जिसका उच्चारण झी है और जिसे 衹 द्वारा अभिव्यक्त किया जाता है।

shuāng शुआंग

लेटर सील वर्ण

प्राचीन लेखन प्रणालियों में, 双 वर्ण एक हाथ की पकड़ में आई दो चिड़ियों की तरह दिखाई पड़ता है, इसलिए इसका प्राथमिक अर्थ "दो" और "जोड़ा" होता है। इस अर्थ से इसके विस्तृत अर्थ "सम संख्या" की व्युत्पत्ति हुई है जो 单 (विषम संख्या) का विपरीत है।

jiāo जीआओ

कांस्य अभिलेख

लेटर सील वर्ण

कांस्य अभिलेखों में, 焦 वर्ण 隹 (चिड़िया) और 火 (आग) से मिलकर बना है, जो यह दर्शाता है कि चिड़िया को आग में भूना गया है। लेटर सील वर्ण में, आग में तीन चिड़ियों वाला हिस्सा है, जो यह संकेत देता है कि कई सारी चिड़ियों को भूना जा रहा है। 焦 का प्राथमिक अर्थ "चिड़ियाँ को भूनना" है, जहाँ से इसका प्रयोग किसी भी ऐसी चीज के संदर्भ में किया जाने लगा है जिसे आग द्वारा सुखाया गया है, जैसे शुष्क होने की स्थिति और चिंतित होने की स्थिति।

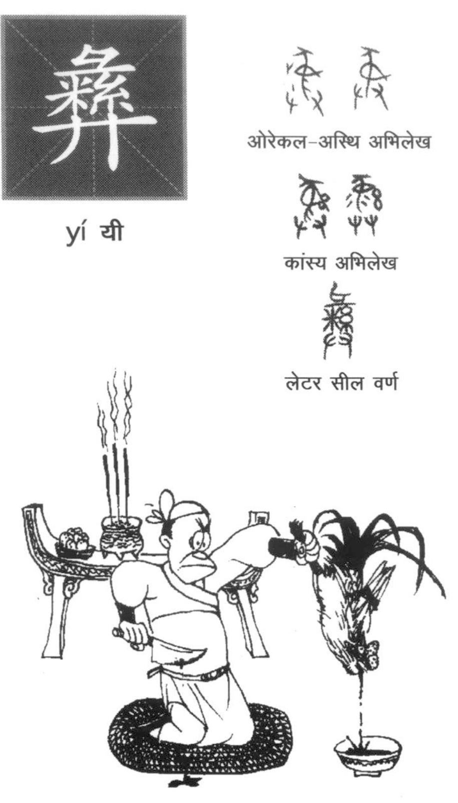

ओरेकल-अस्थि अभिलेखों और कांस्य अभिलेखों में, 彝 वर्ण ऐसे दिखाई पड़ता है जैसे दो हाथ एक मुर्गे को पकड़े हुए हैं जिसके पंख पीछे की तरफ मुड़े हैं, और मुर्गे के पीछे के दो बिंदु खून की बूंदों को दर्शाते हैं, जो यह दर्शाता है कि मुर्गे को काटस जा रहा है और इसके खून को आत्माओं को प्रसाद के रूप में चढ़ाया जा रहा है। इसका मूल अर्थ "मुर्गे की बलि चढ़ाना" था, जहाँ से इसका प्रयोग किसी भी ऐसी वस्तु के संदर्भ में होने लगा जिसका उपयोग बलि चढ़ाने के लिए किया जाता है, विशेष रूप से वाइन की बोतल की एक प्रकार के लिए। इसके अतिरिक्त, 彝 का अर्थ "नियम" और "कानून" भी होता है।

ओरेकल-अस्थि अभिलेखों में, 羽 वर्ण पंख की तरह दिखाई पड़ता है, इसलिए इसका प्राथमिक अर्थ "पंख" होता है। 羽 अवयव वाले वर्णों का संबंध ज्यादातर पंख और डैनों से होता है, जैसे 习 (習) (उड़ने का अभ्यास करना), 翎 (पंख), 翔 (उड़ना), 翩 (चिड़ियों की उड़ान) और 翼 (पंख)। 羽 का प्रयोग चिड़ियों के बदले भी किया जा सकता है, जैसे 奇禽异羽 (दुर्लभ चिड़ियाँ)। चूंकि तीर के अंतिम सिरे में आम तौर पर पंख लगा होता है, जिसे 雕翎箭 (पंख लगा तीर) के नाम से जाना जाता है, 羽 वर्ण का प्रयोग तीर के संदर्भ में भी किया जा सकता है, जैसे 负羽从军 (पीठ पर तीर लेकर सेना में शामिल होना)।

fān फान

कांस्य अभिलेख

लेटर सील वर्ण

番, 蹯 (फान) का मूल रूप था। कांस्य अभिलेखों में, 番 वर्ण में एक हिस्सा है जो जमीन वाले हिस्से के सबसे ऊपर एक क्रूर जानवर के पाँव के निशान की तरह दिखाई पड़ता है, जो यह दिखाता है कि जमीन वाले हिस्से पर यह रास्ता जानवर द्वारा बनाकर छोड़ा गया है। 番 का मूल अर्थ "जानवर का पैर या पंजा" था, जहाँ से "आगे-पीछे करने के लिए" के अर्थ की व्युत्पत्ति हुई है और इसका प्रयोग क्रिया के वर्गीकारक के रूप में होता है। अतीत में, हान राष्ट्रीयता वाले लोगों ने राष्ट्रीय अल्पसंख्यकों और विदेशियों से घृणा करते थे, और उन्हें 番邦 कहकर पुकारते थे जिसका अर्थ होता है "असभ्य लोग।"

pí पी

कांस्य अभिलेख

लेटर सील वर्ण

कांस्य अभिलेखों में, 皮 वर्ण एक ऐसे हाथ की तरह दिखाई पड़ता है जो जानवर की खाल को हटा रहा है। इसलिए इसका प्राथमिक अर्थ "खाल" होता है, या ऐसी त्वचा जो काली पड़ गई है, जैसे कि चमड़ा। लेकिन इसका प्रयोग किसी भी चीज की सतह या परत के संदर्भ में भी हो सकता है, जैसे 人皮 (मानव त्वचा), 树皮 (पेड़ की छाल) और 地皮 (जमीन), जहाँ से इसके विस्तृत अर्थ "सतही" की व्युत्पत्ति हुई है।

ròu रोऊ

ओरेकल-अस्थि अभिलेख

लेटर सील वर्ण

प्राचीन लेखन प्रणालियों में, 肉 वर्ण हड्डी के साथ वाले मांस के एक टुकड़े की तरह दिखाई पड़ता है। प्राथमिक रूप से इसका प्रयोग जानवरों के मांस के संदर्भ में होता है, जैसे 羊肉 (बकरे का मांस), 猪肉 (सूअर का मांस)। यहाँ से इसका प्रयोग पौधों के नरम मुलायम हिस्सों के संदर्भ में भी होना लगा जिन्हें खाया जा सकता है, जैसे 枣肉 (बेर), 笋肉 (बांस की छाल) और 龙眼肉 (पीचू का गुदा)। 肉 (月) अवयव वाले वर्णों का संबंध मानव शरीर के हिस्से या जानवर से होता है, जैसे 肠 (पेट), 股 (जाँघ), 脚 (पैर), 腰 (कमर) और 脸 (चेहरा)।

yǒu योऊ

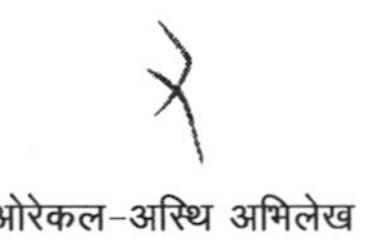

ओरेकल-अस्थि अभिलेख

कांस्य अभिलेख

लेटर सील वर्ण

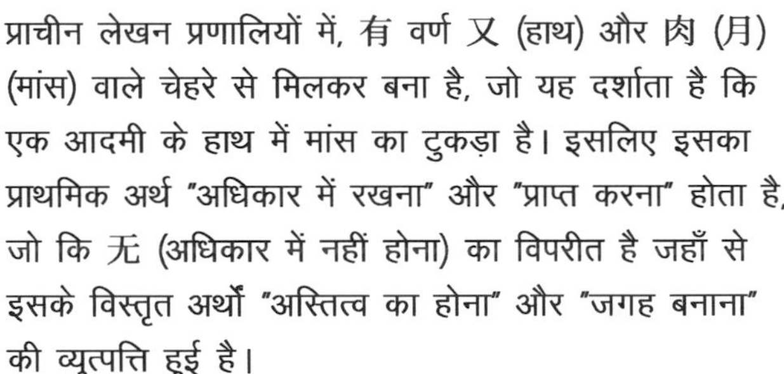

प्राचीन लेखन प्रणालियों में, 有 वर्ण 又 (हाथ) और 肉 (月) (मांस) वाले चेहरे से मिलकर बना है, जो यह दर्शाता है कि एक आदमी के हाथ में मांस का टुकड़ा है। इसलिए इसका प्राथमिक अर्थ "अधिकार में रखना" और "प्राप्त करना" होता है, जो कि 无 (अधिकार में नहीं होना) का विपरीत है जहाँ से इसके विस्तृत अर्थों "अस्तित्व का होना" और "जगह बनाना" की व्युत्पत्ति हुई है।

लेटर सील वर्ण

zhì झी

लेटर सील वर्ण में, 炙 वर्ण 肉 (मांस) और 火 (आग) से बना है, जो यह दर्शाता है कि मांस के टुकड़े को आग में भूना गया है। इसका प्राथमिक अर्थ "भूनना" होता है, लेकिन इसका प्रयोग भूने हुए मांस के संदर्भ में भी हो सकता है।

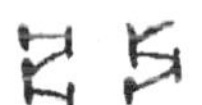

ओरेकल अस्थि अभिलेख

लेटर सील वर्ण

gǔ गू

骨 का प्रयोग शरीर के कठोर हिस्सों के संदर्भ में होता है, अर्थात हड्डियाँ। ओरेकल-अस्थि अभिलेखों में, 骨 वर्ण ऐसी हड्डियों की तरह दिखाई पड़ता है जिससे मांस अलग कर दिया गया है। लेटर सील वर्ण में, मांस वाला हिस्सा (月) इसमें जोड़ा गया है, जो यह संकेत देता है कि मांस और हड्डी एक-दूसरे से संबंधित हैं। 骨 अवयव वाले वर्णों का संबंध मानव या जानवर की हड्डियों से होता है, जैसे 骷 (कू, कंकाल), 骰 (गू, हड्डी का चौकोर टुकड़ा या पासा), 骼 (हड्डी), 髀 (बी जाँघ की हड्डी) और 髓 (अस्थि-मज्जा)।

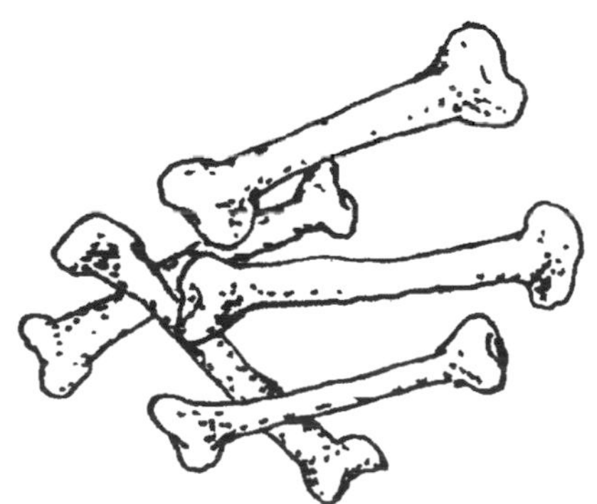

jiǎo/jué
जीआओ/जुए

ओरेकल–अस्थि अभिलेख

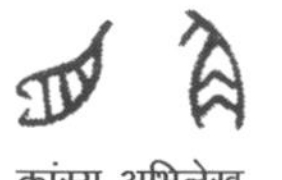
कांस्य अभिलेख

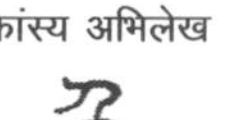
लेटर सील वर्ण

ओरेकल–अस्थि अभिलेखों और कांस्य अभिलेखों, दोनों में ही 角 वर्ण जानवर जैसे बैल, भेड़ या हिरण की सींग की तरह दिखाई पड़ता है। बैलों और भेड़ों के सींग उनके लिए लड़ाई करने और खुद को बचाने के हथियार होते हैं, इसलिए 角 वर्ण ने "शरीर की ताक़त में प्रतिस्पर्धा" (角力) का अर्थ ले लिया है। प्राचीन काल में, सींग का उपयोग शराब पीने के बर्तन के रूप में भी किया जाता था, इसलिए 角 वर्ण का प्रयोग मात्रा की इकाई जैसे 杯 (ग्लास) के अर्थ में भी होता है। इसके परिणामस्वरूप, 角 अवयव वाले वर्ण का ज्यादातर संबंध बर्तनों से होता है, जैसे 觚 (गू, वाइन का बर्तन), 觞 (शांग, वाइन की ग्लास) और 斛 (हू, मापने के लिए बनाया गया बर्तन)। "संघर्ष" और "नाटकीय भूमिका" के अर्थों में इसका उच्चारण जुए होता है।

jiě/jiè/xiè
जीए/जीए/शीए

ओरेकल–अस्थि अभिलेख

कांस्य अभिलेख

लेटर सील वर्ण

ओरेकल–अस्थि अभिलेखों में, 解 वर्ण बैल के सींगों को खोलते हुए दो हाथों की तरह दिखाई पड़ता है। इसका प्राथमिक अर्थ "खंडित करना" है, जैसे 庖丁解牛 (बावर्ची द्वारा एक बैल का कुशल विखंडन)। इस अर्थ से "बाँटना", "अलग करना", "खोलना", "छितराना", "विश्लेषण करना", "व्याख्या करना" और "समझना" जैसे अर्थों की व्युत्पत्ति हुई है। जीए के रूप में उच्चरित इस वर्ण का अर्थ "सुरक्षा में भेजना" होता है। और उपनाम के रूप में इसका उच्चारण शीए होता है।

máo माओ

कांस्य अभिलेख

लेटर सील वर्ण

कांस्य अभिलेखों में, 毛 वर्ण आदमी या जानवर के बाल की तरह दिखाई पड़ता है, इसलिए इसका प्राथमिक अर्थ "बाल" होता है। लेकिन इसका प्रयोग धागे जैसे विकसित अन्य चीजों के संदर्भ में भी हो सकता है जो जानवर या पौधे की त्वचा से निकलती है, जहाँ से "अपरिष्कृत", "कच्चा" जैसे अर्थों की व्युत्पत्ति हुई है। 毛 अवयव वाले वर्णों का ज्यादातर संबंध बाल से होता है, जैसे 毡 (ऊनी कपड़ा), 毫 (पतले लम्बे बाल) और 毯 (कम्बल या दरी)।

6

पौधे

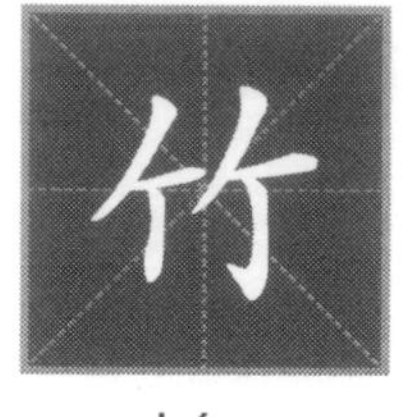

zhú झू

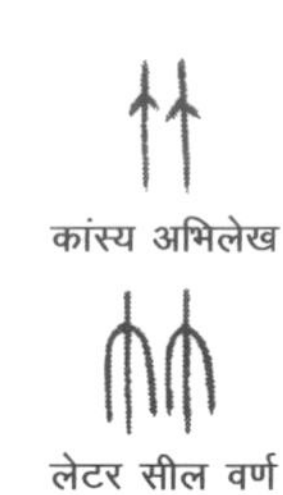

竹 का संबंध घास के परिवार बारहमासी उगने वाले पौधे - बांस से है। कांस्य अभिलेखों में, 竹 वर्ण पत्ते सहित लटकती हुई बांस की दो शाखाओं की तरह दिखाई पड़ता है, जो यह बताता है कि यह "बांस" है। लेकिन 竹 वर्ण का प्रयोग बांस की पर्चियों, जिस पर लिखा जाता है, या बांस से बने संगीत के वाद्ययंत्र जैसे बांसुरी और पीपा के संदर्भ में भी किया जा सकता है।

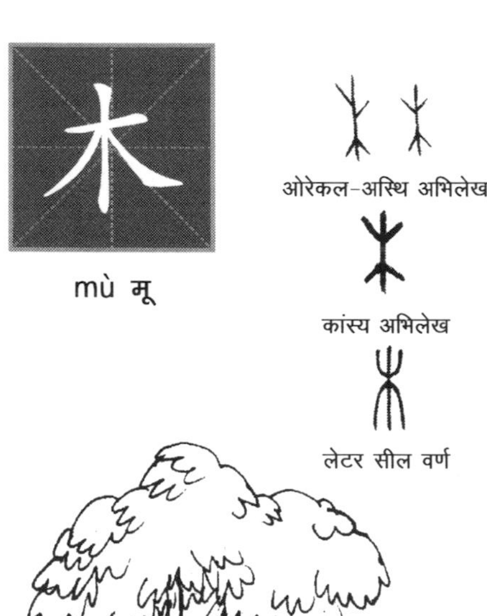

यह एक चित्रलेख है, जो कि एक छोटे से वृक्ष की तरह दिखाई पड़ता है जिसकी शाखाएँ ऊपर हैं और जड़ जमीन के नीचे। इसलिए इसका प्राथमिक अर्थ "वृक्ष" या "लकड़ी वाला पौधा" होता है। आजकल इसका प्रयोग मुख्यतः लकड़ी, सागवान और लकड़ी से बनी वस्तुओं के संदर्भ में होता है, जैसे 木马 (लकड़ी का हिलने वाला घोड़ा), 木工 (लकड़ी की शिल्पकारी, बढ़ई), 木屐 (जी, मोजरी) और 木偶 (पुतला)। 木 अवयव वाले वर्णों का संबंध ज्यादातर वृक्षों से होता है, जैसे 本 (जड़), 末 (वृक्ष की शिखा), 析 (लकड़ी के कुंदे को काटना) और 果 (फल)।

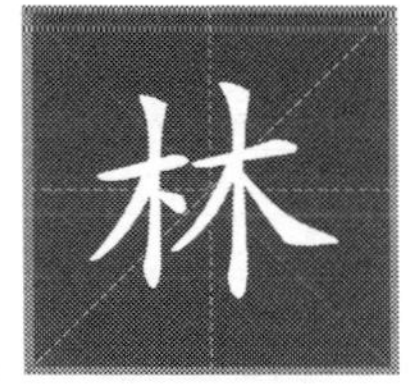

lín लीन

ओरेकल-अस्थि अभिलेख

कांस्य अभिलेख

लेटर सील वर्ण

林 वर्ण दो वृक्षों (木) वाले हिस्से से बना है, जो यह दर्शाता है कि कई वृक्ष हैं, इसका प्राथमिक अर्थ "जंगल" होता है। लेकिन इसका प्रयोग एक जगह एकत्रित हुए लोगों के संदर्भ में भी किया जा सकता है, जैसे 帆樯林立 (मस्तूलों का जंगल), 儒林 (विद्वानों का समाज), 艺林 (कला का क्षेत्र), 民族之林 (दुनिया में राष्ट्रीयता) और 书林 (ढेर लगाने वाली जगह)।

sēn सेन

ओरेकल-अस्थि अभिलेख

लेटर सील वर्ण

森 वर्ण तीन वृक्षों (木) वाले हिस्से से बना है, जो यह दर्शाता है कि यह एक विशाल जंगल है। जंगल में अक्सर धुँधला, उदास और अकेला महसूस होता है, इसलिए 森 वर्ण का अर्थ "उदास" और "सख्त" भी होता है।

yì यी

ओरेकल-अस्थि अभिलेख

कांस्य अभिलेख

लेटर सील वर्ण

ओरेकल-अस्थि अभिलेखों और कांस्य अभिलेखों में 艺 वर्ण एक ऐसे आदमी की तरह दिखाई पड़ता है जिसने अपने दोनों हाथों में पौधे का कलम पकड़ा हुआ है, जो यह दर्शाता है कि पौधा लगा रहा है। इस प्राथमिक अर्थ से इसके और अधिक सामान्य अर्थ कृषि की व्युत्पत्ति हुई है। प्राचीन काल में कुछ भी उपजाना बहुत ही महत्वपूर्ण कौशल होता था, इसलिए 艺 वर्ण का अर्थ "प्रतिभा" या "कौशल" भी होता है, जैसे 艺术 (कला), 工艺 (शिल्प)।

xiū शीऊ

ओरेकल-अस्थि अभिलेख

कांस्य अभिलेख

लेटर सील वर्ण

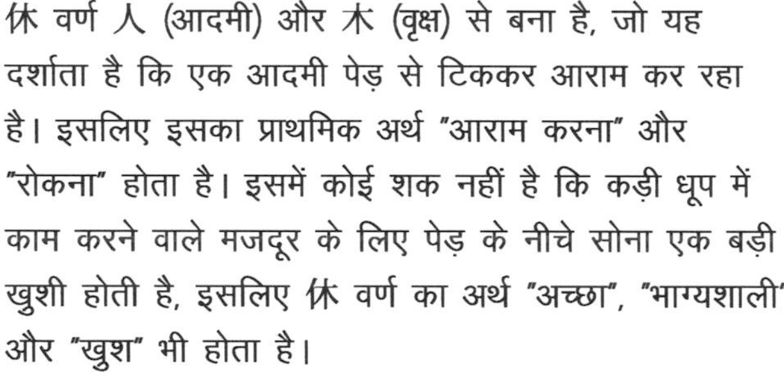

休 वर्ण 人 (आदमी) और 木 (वृक्ष) से बना है, जो यह दर्शाता है कि एक आदमी पेड़ से टिककर आराम कर रहा है। इसलिए इसका प्राथमिक अर्थ "आराम करना" और "रोकना" होता है। इसमें कोई शक नहीं है कि कड़ी धूप में काम करने वाले मजदूर के लिए पेड़ के नीचे सोना एक बड़ी खुशी होती है, इसलिए 休 वर्ण का अर्थ "अच्छा", "भाग्यशाली" और "खुश" भी होता है।

zhī झी

लेटर सील वर्ण

支, 枝 का मूल रूप था, जिसका अर्थ "शाखा" होता है। लेटर सील वर्ण में, 支 वर्ण अपने हाथ में पेड़ (या एक बांस) की टहनी लिए आदमी की तरह दिखाई पड़ता है। लेकिन इसका प्रयोग टहनी या शाखा की तरह दिखाई देने वाली अन्य चीजों के लिए भी कर सकते हैं, जैसे 分支 (शाखा), 支派 (एक बहुत बड़े समूह का छोटा हिस्सा), 支流 (एक नदी की उपनदी)। क्रिया के रूप में इसका अर्थ "फैलाना", "बढ़ाना", "आगे बढ़ाना" "समर्थन करना", और "आदेश देना" होता है।

zhū झू

कांस्य अभिलेख

लेटर सील वर्ण

प्राचीन लेखन प्रणालियों में, 朱 वर्ण मध्य में तना को दर्शाने के लिए बने एक बिंदु (या एक छोटी रेखा) वाले वृक्ष की तरह दिखाई पड़ता है। 朱, 株 का मूल रूप था, जिसका अर्थ "तना" होता है। आजकल, हालाँकि, 朱 का प्रयोग लाल रंग को दर्शाने के लिए होता है, और इसके मूल अर्थ की अभिव्यक्ति 株 द्वारा की जाती है।

bĕn बेन

कांस्य अभिलेख

लेटर सील वर्ण

本 वर्ण मूलतः पेड़ की जड़ या तना के संदर्भ में प्रयुक्त होता है। 本 वर्ण वृक्ष के ऊपरी हिस्से (木) और नीचे की तरफ जड़ के स्थान को दर्शाने वाली एक बिंदु या छोटी रेखा से मिलकर बना है। इस प्राथमिक अर्थ से "नींव", "आधार", "अंदर की चीजें" और "मुख्य हिस्सा" जैसे अर्थों की व्युत्पत्ति हुई है।

mò मो

कांस्य अभिलेख

लेटर सील वर्ण

末 मूलतः वृक्ष के शिखर से संदर्भ में प्रयुक्त होता है। 末 वर्ण वृक्ष (木) और वृक्ष के शिखर के स्थान को दर्शाने वाली छोटी रेखा से मिलकर बना है। इस प्राथमिक अर्थ से निकलकर "शीर्ष", "समाप्ति", "अंतिम", "आकस्मिक", "गैर-महत्वपूर्ण", "अल्प" और "छिछला" जैसे शब्दों की व्युत्पत्ति हुई है।

wèi वेई

ओरेकल-अस्थि अभिलेख

कांस्य अभिलेख

लेटर सील वर्ण

प्राचीन लेखन प्रणालियों में, 未 वर्ण एक ऐसे वृक्ष की तरह दिखाई पड़ता है जिसकी पत्तियाँ एक के ऊपर एक हैं, जो यह दर्शाता है कि यह एक बहुत फला-फूला वृक्ष है। लेकिन अब इस वर्ण का प्रयोग मुख्य रूप से आठवीं लौकिक शाखा, अनुक्रम के पारम्परिक चीनी प्रणाली के नाम के लिए होता है, और इसका मूल अर्थ खो चुका है। इसके अतिरिक्त, 未 का प्रयोग नकारात्मक क्रिया-विशेषण के लिए किया जाता है जिसका अर्थ "नहीं" है।

cì की

ओरेकल-अस्थि अभिलेख

कांस्य अभिलेख

लेटर सील वर्ण

朿, 刺 का मूल रूप था। ओरेकल-अस्थि अभिलेखों और कांस्य अभिलेखों में, यह वर्ण एक ऐसे वृक्ष की तरह दिखाई पड़ता है जिस पर काँटे लगे हैं। इसलिए इसका मूल अर्थ "काँटा" होता है। शू शेन ने अपने *ऑरिजिन ऑफ चाइनीज़ कैरेक्टर्स* में कहा है "朿 वृक्ष के काँटे को दर्शाता है।" 朿 अवयव वाले वर्णों का संबंध काँटों वाले वृक्षों से होता है, जैसे 枣 (बैर का पेड़), 棘 (काँटों की झाड़ी)। 刺 वर्ण 朿 से बना है, जो एक ध्वनिप्रधान शब्द की तरह भी काम करता है और 刀 (चाकू) बाद में विकसित हुआ है।

zǎo जाओ

कांस्य अभिलेख

लेटर सील वर्ण

枣 का अर्थ बेर का पेड़ होता है, जिसमें काँटे होते हैं, और इस पर मीठे फल लगते हैं और यह फर्नीचर के लिए लकड़ी भी देता है। 棗 वर्ण एक के ऊपर एक दो काँटों वाले हिस्से (朿) से बना है, जो यह दर्शाता है कि वृक्ष लम्बा है, ना कि झाड़ीनुमा।

jí जी

कांस्य अभिलेख

लेटर सील वर्ण

棘 खट्टे बेर के पेड़ के संदर्भ में प्रयुक्त होता है, जो छोटा और झाड़ीनुमा है। 棘 वर्ण एक-दूसरे से सटे दो काँटों वाले हिस्से (朿) से बना है, जो यह दर्शाता है कि यह छोटा और झाड़ीनुमा है। लेकिन 棘 का प्रयोग अन्य काँटेदार झाड़ियों और जड़ी-बूटी के पौधों के संदर्भ में भी हो सकता है।

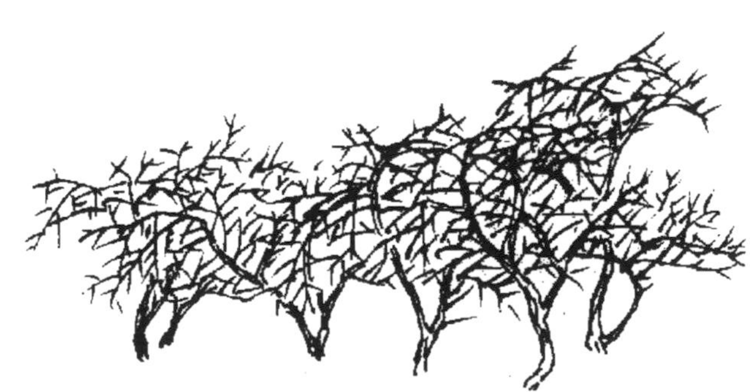

jīng जींग

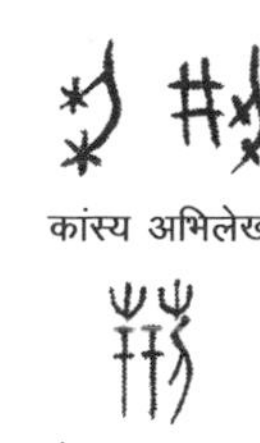

कांस्य अभिलेख

लेटर सील वर्ण

荆 वर्ण एक काँटेदार झाड़ी के संदर्भ में प्रयुक्त होता है, जिसकी शाखाओं से शायद डोलची बनाई जाती है। आरम्भिक कांस्य अभिलेखों में, 荆 वर्ण एक संकेत है, जो कि एक ऐसे आदमी की तरह दिखाई पड़ता है जिसके पैर और हाथ काँटे से भरे हुए हैं। बाद के कांस्य अभिलेखों में, इसमें कुएँ वाला हिस्सा (井) जोड़ा गया है जो ध्वन्यात्मक अवयव की तरह काम करता है, फलस्वरूप यह एक ध्वन्यात्मक अवयव में बदल गया है। चूंकि आदमी वाला हिस्सा चाकू वाले हिस्से से बहुत हद तक मिलता है, कभी-कभी इस वर्ण में गलती से मूल शब्द के रूप में चाकू वाला हिस्सा (刀) और 井 ध्वनिप्रधान के रूप में मौजूद होता है, जैसे कि यह 刑 (दंड) था। लेटर सील वर्ण गें, कांस्य अभिलेखों के गलत स्वरूप में इसके ऊपर घास वाले हिस्से (艹) को जोड़ा गया है, जिसके फलरवरूप इसका वर्तमान रूप 荆 हो गया है।

shù शू

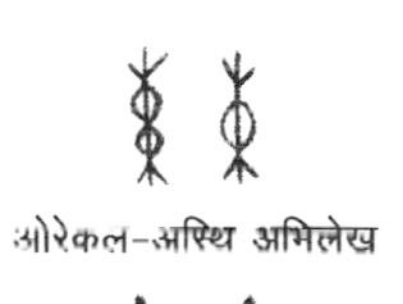

ओरेकल-अस्थि अभिलेख

कांस्य अभिलेख

लेटर सील वर्ण

प्राचीन लेखन प्रणालियों में, 束 वर्ण एक ऐसे झोले की तरह दिखाई पड़ता है जिसका दोनों सिरा बंधा हुआ है। कभी-कभी यह ऐसा दिखाई पड़ता है जैसे कुछ जलाने वाली लकड़ियों को एक साथ बांधा गया है। इसलिए इसका प्राथमिक अर्थ "बांधना", "बांध देना" होता है, जहाँ रो "रांयम" और "जाँच" जैसे अर्थों की व्युत्पत्ति हुई है।

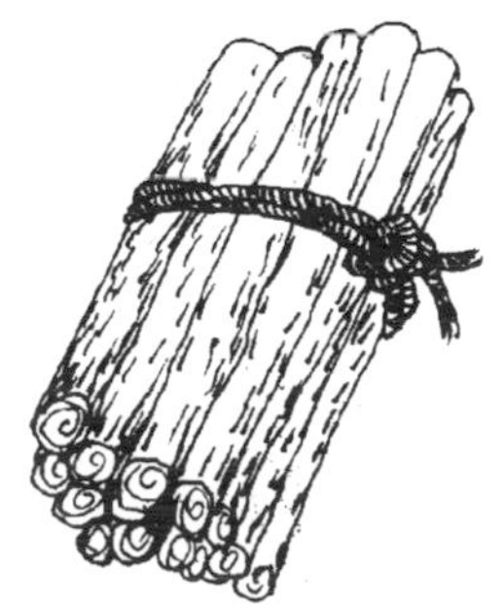

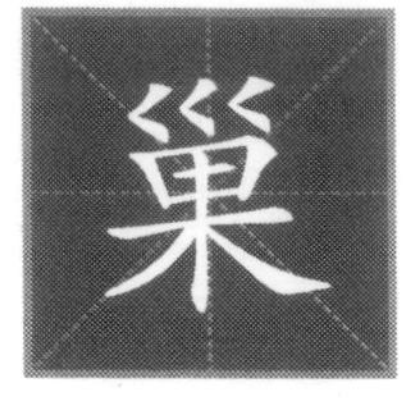

cháo चाओ

ओरेकल-अस्थि अभिलेख

कांस्य अभिलेख

लेटर सील वर्ण

ओरेकल-अस्थि अभिलेखों और कांस्य अभिलेखों में, 巢 वर्ण वृक्ष पर बने चिड़िया के एक घोंसले की तरह दिखाई पड़ता है। लेटर सील वर्ण में, 巢 वृक्ष के शीर्ष पर बने एक घोंसले की तरह दिखाई पड़ता है, शीर्ष पर की तीन टेढ़ी रेखाएँ घोंसले में मौजूद छोटी चिड़िया का प्रतिनिधित्व करती हैं, जो यह संकेत देता है कि वृक्ष पर घोंसले में चिड़ियाँ रह रही हैं। चिड़ियों के घोंसलों के अतिरिक्त, 巢 का प्रयोग अन्य जीवों के आराम की जगह के संदर्भ में भी किया जा सकता है, जैसे 蜂窝 (मधुमक्खी का छत्ता), 蚁窝 (चीटियों का घोंसला)।

xī शी

ओरेकल-अस्थि अभिलेख

कांस्य अभिलेख

लेटर सील वर्ण

ओरेकल-अस्थि अभिलेखों और कांस्य अभिलेखों में, 西 वर्ण चिड़िया के एक घोंसले की तरह दिखाई पड़ता है। लेटर सील वर्ण में, घोंसले के ऊपर एक तिरछी रेखा है, जो यह दर्शाता है कि चिड़िया घोंसले में रह रही हैं। इसलिए 西 वर्ण का मूल अर्थ "घोंसला" या "आराम करना" था। चूंकि सूर्यास्त होने के बाद चिड़िया आराम करने वापस घोंसले में आ जाती है, 西 वर्ण का प्रयोग स्थानसूचक के रूप में भी होने लगा है, जो कि सूर्य के अस्त होने की दिशा को दर्शाता है, अर्थात 东 (पूर्व) की विपरीत दिशा, पश्चिम।

guǒ गुओ

ओरेकल-अस्थि अभिलेख

कांस्य अभिलेख

लेटर सील वर्ण

果 एक चित्रलेख है। ओरेकल-अस्थि अभिलेखों, 果 वर्ण फल से लदे एक वृक्ष की तरह दिखाई पड़ता है। कांस्य अभिलेखों में, फलों की संख्या घटकर एक हो गई है लेकिन इसका आकार बढ़ गया है। लेटर सील वर्ण में, फल वाला हिस्सा गलती से जमीन वाले हिस्से (田) में परिवर्तित हो गया है, और इसकी चित्रनुमा आकृति खो गई है। प्राथमिक अर्थ "वृक्ष के फल" से निकलकर "परिणाम", "पर्याप्त", "पूर्ण" और "दृढ़" जैसे विस्तृत अर्थों की व्युत्पत्ति हुई है।

mǒu मोऊ

कांस्य अभिलेख

लेटर सील वर्ण

某, 楳 (梅) का मूल रूप था। *ऑरिजिन ऑफ चाइनीज़ कैरेक्टर्स* कहता है, "某 का अर्थ खट्टा फल होता है।" प्राचीन लेखन प्रणालियों में, 某 वर्ण फल वाले वृक्ष की तरह दिखाई पड़ता है। कुछ लोगों का मानना है कि 某 वर्ण 木 (वृक्ष) और 甘 (मीठा) से मिलकर बना है, जो यह दर्शाता है कि इसके फल खट्टे और मीठे हैं। इसलिए 某 का प्रयोग मूल रूप से खट्टे फल के संदर्भ में होता था, जिसे अब 梅 (आलूबुखारा या बेर) कहते हैं। लेकिन इस वर्ण का प्रयोग अब सर्वनाम के रूप में कुछ विशेष लोगों, स्थान या वस्तु के संदर्भ में होता है, और इसके मूल अर्थ की अभिव्यक्ति 楳 (梅) द्वारा की जाती है।

lì ली

ओरेकल–अस्थि अभिलेख

कांस्य अभिलेख

लेटर सील वर्ण

ओरेकल–अस्थि अभिलेखों में, 栗 वर्ण काँटेदार फलों से भरे वृक्ष की तरह दिखाई पड़ता है – अखरोट, जिसे 板栗 भी कहा जाता है। 栗 का प्रयोग वृक्ष और फल दोनों के संदर्भ में भी किया जा सकता है। चूंकि अखरोट का कवच बहुत कठोर और घने काँटों से भरा होता है, 栗 वर्ण ने "कठोर" और "तंग" का अर्थ भी ग्रहण कर लिया है। इसके अतिरिक्त, 栗 का प्रयोग 慄 के अर्थ में भी होता है, अर्थात ठंड या डर से कांपना।

yè ये

कांस्य अभिलेख

लेटर सील वर्ण

叶 का अर्थ पत्तियाँ होता है, जो कि आम तौर पर पौधे का चपटा हिस्सा होता है जो इसके तने या शाखाओं से जुड़ा रहता है। कांस्य अभिलेखों में, 叶 वर्ण शीर्ष पर बनी तीन शाखाओं वाले वृक्ष की तरह दिखाई पड़ता है, जिस पर की तीन बिंदुएँ पत्तियों को दर्शाती हैं। लेटर सील वर्ण में, ऊपरी भाग में घास वाले हिस्से को जोड़ा गया है जो एक तरह से घास के जैसा है। लेकिन आधुनिक सरलीकृत रूप मूलतः एक भिन्न वर्ण था।

sāng सांग

ओरेकल-अस्थि अभिलेख

लेटर सील वर्ण

桑 का अर्थ शहतूत होता है, एक वृक्ष जिसकी पत्तियाँ बहुत चौड़ी होती हैं, और जो रेशम के कीड़ों के लिए भोजन का काम करती हैं। ओरेकल-अस्थि अभिलेखों में, 桑 वर्ण एक चित्रलेख है, जो घने पत्तियों वाले वृक्ष की तरह दिखाई पड़ता है। लेटर सील वर्ण में, इसकी पत्तियाँ शाखा वाले हिस्से से अलग कर दी गई हैं और गलती से इसे हाथ वाले हिस्से (又) में बदल दिया गया है, जिससे कि इसकी चित्रनुमा आकृति बर्बाद हो गई है।

cǎi काई

ओरेकल अस्थि अभिलेख

कांस्य अभिलेख

लेटर सील वर्ण

采 एक संकेत है। ओरेकल-अस्थि अभिलेखों में, 采 वर्ण हाथ से चुने गए फलों या पत्तियों की तरह दिखाई पड़ता है। इसलिए इसका प्राथमिक अर्थ "चुनना" होता है और विस्तृत अर्थ "एकत्रित करना।" कांस्य अभिलेखों और लेटर सील वर्ण में, 采 वर्ण को एक हद तक सरल बना दिया गया है, जो कि 爪 और 木 से बना है। लेकिन इसमें हाथ वाले हिस्से (扌) को जोड़ने के कारण, सामान्य लिपि में इसका मूल जटिल स्वरूप दूसरी दिशा में चला जाता है, जो कि वास्तव में एक गैर-जरूरी जटिलता है, चूंकि 爪 हिस्सा इसमें प्रयुक्त हाथ को पहले से ही दर्शाता है। इसलिए आधुनिक सरलीकृत रूप में यह हिस्सा मौजूद नहीं है।

huá हुआ

ओरेकल-अस्थि अभिलेख

कांस्य अभिलेख

लेटर सील वर्ण

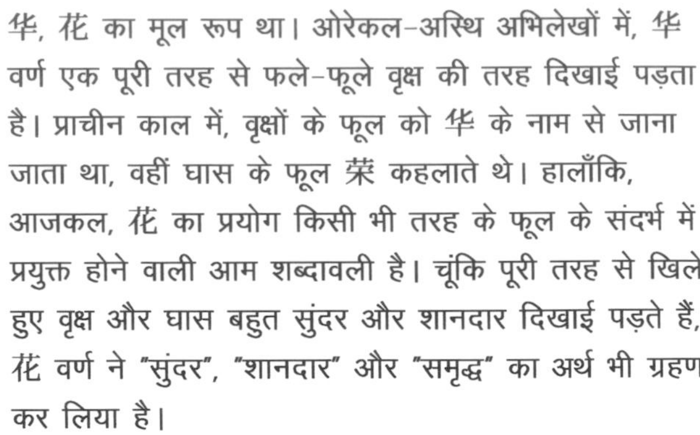

华, 花 का मूल रूप था। ओरेकल-अस्थि अभिलेखों में, 华 वर्ण एक पूरी तरह से फले-फूले वृक्ष की तरह दिखाई पड़ता है। प्राचीन काल में, वृक्षों के फूल को 华 के नाम से जाना जाता था, वहीं घास के फूल 荣 कहलाते थे। हालाँकि, आजकल, 花 का प्रयोग किसी भी तरह के फूल के संदर्भ में प्रयुक्त होने वाली आम शब्दावली है। चूंकि पूरी तरह से खिले हुए वृक्ष और घास बहुत सुंदर और शानदार दिखाई पड़ते हैं, 花 वर्ण ने "सुंदर", "शानदार" और "समृद्ध" का अर्थ भी ग्रहण कर लिया है।

róng रोंग

ओरेकल-अस्थि अभिलेख

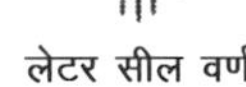

लेटर सील वर्ण

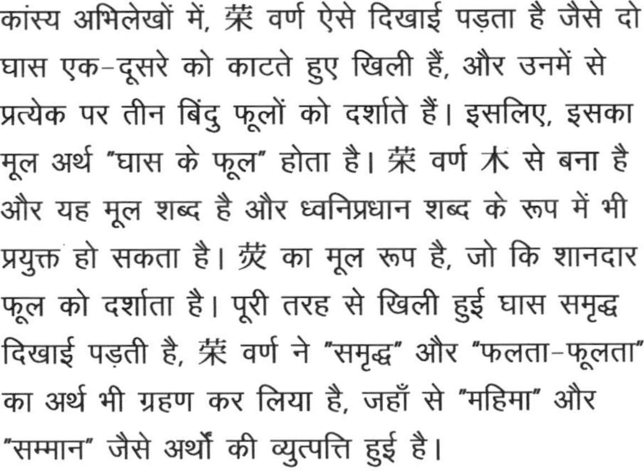

कांस्य अभिलेखों में, 荣 वर्ण ऐसे दिखाई पड़ता है जैसे दो घास एक-दूसरे को काटते हुए खिली हैं, और उनमें से प्रत्येक पर तीन बिंदु फूलों को दर्शाते हैं। इसलिए, इसका मूल अर्थ "घास के फूल" होता है। 荣 वर्ण 木 से बना है और यह मूल शब्द है और ध्वनिप्रधान शब्द के रूप में भी प्रयुक्त हो सकता है। 荧 का मूल रूप है, जो कि शानदार फूल को दर्शाता है। पूरी तरह से खिली हुई घास समृद्ध दिखाई पड़ती है, 荣 वर्ण ने "समृद्ध" और "फलता-फूलता" का अर्थ भी ग्रहण कर लिया है, जहाँ से "महिमा" और "सम्मान" जैसे अर्थों की व्युत्पत्ति हुई है।

bù बू

ओरेकल-अस्थि अभिलेख

कांस्य अभिलेख

लेटर सील वर्ण

不, 胚 का मूल रूप था। ओरेकल-अस्थि अभिलेखों में, 不 वर्ण के ऊपरी भाग में एक क्षैतिज रेखा है जो जमीन को दर्शाती है और नीचे के हिस्से में कुछ टेढ़ी लंबवत रेखाएँ हैं जो मूल शब्द के लिए प्रयुक्त होती हैं। इसलिए इसका मूल अर्थ "एक पौधे का भ्रूण" है। आजकल, हालाँकि, इसका प्रयोग नकारात्मक क्रिया-विशेषण के रूप में होता है जिसका अर्थ "ना" या "नहीं" है, और इसका मूल अर्थ खो गया है।

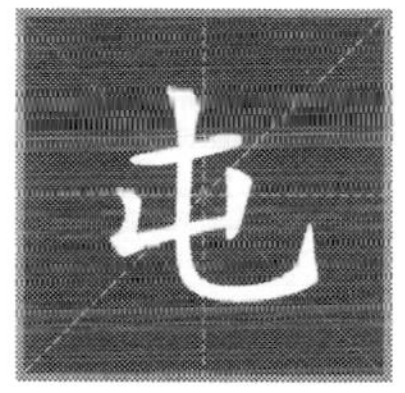

zhun/tún
झून/तून

ओरेकल अस्थि अभिलेख

कांस्य अभिलेख

लेटर सील वर्ण

ओरेकल-अस्थि अभिलेखों और कांस्य अभिलेखों में, 屯 वर्ण एक बीज से निकले नवजात पौधे की तरह दिखाई पड़ता है, इसके शीर्ष पर बना छोटा वृत्त बीज के कवच को दर्शाता है जिसे अभी तक अलग नहीं किया गया है। इसलिए इसका मूल अर्थ "नवांकुर" होता है। इसके जीवन के आरम्भ में, नवांकुर को जमीन को तोड़ना होता है, जो एक कठिन काम है, इसलिए 屯 वर्ण का अर्थ "कठिन" भी होता है। इसके अतिरिक्त, 屯 का उच्चारण तून होता है जिसका अर्थ "एकत्रित करना" और "स्थापित करना" भी है।

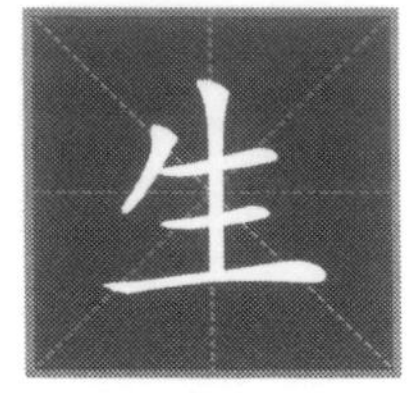

shēng शेंग

ओरेकल-अस्थि अभिलेखों में, 生 वर्ण जमीन से निकले एक नए छोटे पौधे की तरह दिखाई पड़ता है। इसलिए इसका प्राथमिक अर्थ "पौधे का विकास" होता है, जहाँ से इसके और अधिक सामान्य अर्थ की व्युत्पत्ति हुई है और इसका प्रयोग किसी भी चीज के विकास और वृद्धि के लिए होने लगा है, जैसे 出生 (जन्म लेना), 生育 (जन्म देना), 发生 (जगह बनाना)। इसका अर्थ "जीवित" भी हो सकता है जो 死 (मृत) का विपरीत है और इसका प्रयोग "जीवन" और "जीवित वर्षों" के अर्थ में भी होता है। संक्षेप में, इसका प्रयोग वृहत् रूप से कई अर्थों में हो सकता है और अन्य वर्णों के साथ मिलकर कई शब्दों का निर्माण करता है।

cǎo काओ

लेटर सील वर्ण

草 का अर्थ "घास" होता है। प्राचीन लेखन प्रणालियों में, 草 वर्ण एक संकेत था जो कि दो छोटे घास की तरह दिखाई पड़ता है जिसके डंठल और पत्तियाँ हैं। सामान्य लिपि में 草 वर्ण एक ध्वन्यात्मक अवयव है, जो कि वास्तव में 皂 (चीनी शहद टिड्डी) का मूल रूप था। 草 के ऊपरी हिस्से जैसे 艹, अवयव वाले वर्णों का संबंध पौधों से होता है, विशेष रूप से जड़ी-बूटी वाले पौधों से, जैसे 芝 (खुशबूदार जड़ी, तकनीकी रूप से दहुरिअन ऐंजेलिका के नाम से जाना जाता है), 苗 (नवांकुर), 荆 (पवित्र वृक्ष) और 薪 (ईंधन)।

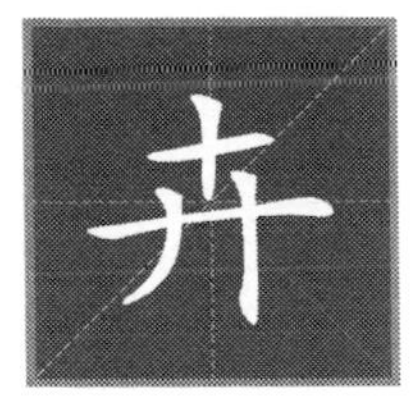

huì हुई

लेटर सील वर्ण

卉, विभिन्न प्रकार की घास के लिए एक आम शब्दावली है। आजकल, इसका प्रयोग मुख्यतः आभूषण वाले घास के संदर्भ में होता है, जैसे 花卉 (फूल और पौधे), 奇花异卉 (दुर्लभ फूल और घास)। लेटर सील वर्ण में, यह वर्ण तीन घास की तरह दिखाई पड़ता है, जो यह दर्शाता है कि कई तरह की घास हैं।

chú चू

ओरेकल-अस्थि अभिलेख

लेटर सील वर्ण

ओरेकल-अस्थि अभिलेखों में, 刍 वर्ण एक ऐसे हाथ की तरह दिखाई पड़ता है जिसमें दो घास हैं, जो यह दर्शाता है कि हाथ से घास को खींचा जा रहा है। इसलिए इसका मूल अर्थ "घास खींचना या नोचना", "पारा काटना" होता है। उखाड़े गए या काटे गए घास का प्रयोग जाननरों के चारा के लिए होता है, इसलिए 刍 वर्ण का प्रयोग विशेष रूप से सूखी घास के लिए किया जाता है, जो जानवर को सूखी पास खिलाने के लिए भी प्रयुक्त होता है, और उस जानवर के लिए भी जो घास खाते है जैसे 牛 (बैल), 羊 (भेड़)।

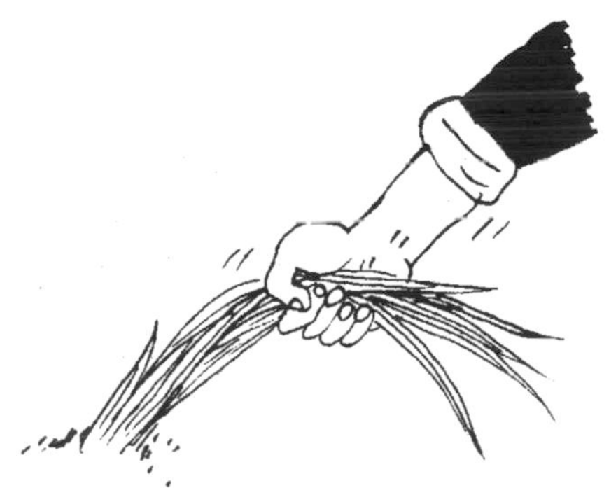

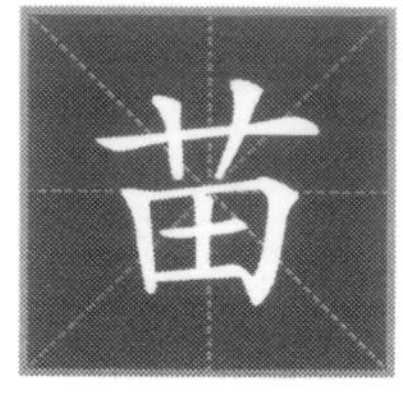

miáo मीआओ

लेटर सील वर्ण

苗 एक संकेत है। लेटर सील वर्ण में, 苗 वर्ण खेत में उग रही घास की तरह दिखाई पड़ता है। 苗 का प्राथमिक उपयोग फसलों, विशेष रूप से छोटी फसलों के संदर्भ में होता है, लेकिन इसका प्रयोग अन्य पौधों के लिए भी किया जाता है जो छोटे हैं, जैसे नवांकुर। छोटे पौधे के इसके प्रयोग से "लक्षण" और "बच्चे" जैसे अर्थों की व्युत्पत्ति हुई है।

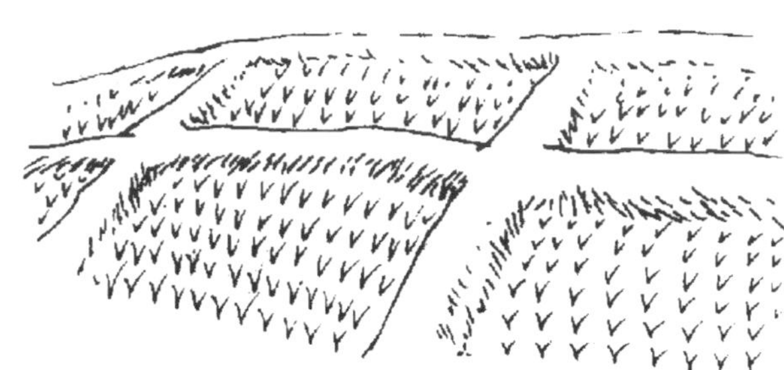

jiǔ जीऊ

लेटर सील वर्ण

韭 का प्रयोग चीनी प्याज के संदर्भ में होता है, जो एक तरह की सब्जी है जिसमें पतली घास की तरह पत्तियाँ होती हैं। लेटर सील वर्ण में, 韭 वर्ण चीनी प्याज की तरह दिखाई पड़ता है जिससे दोनों तरफ क्रम से पत्तियाँ निकल रही हैं, और नीचे की तरफ की क्षैतिज रेखा जमीन को दर्शाती है।

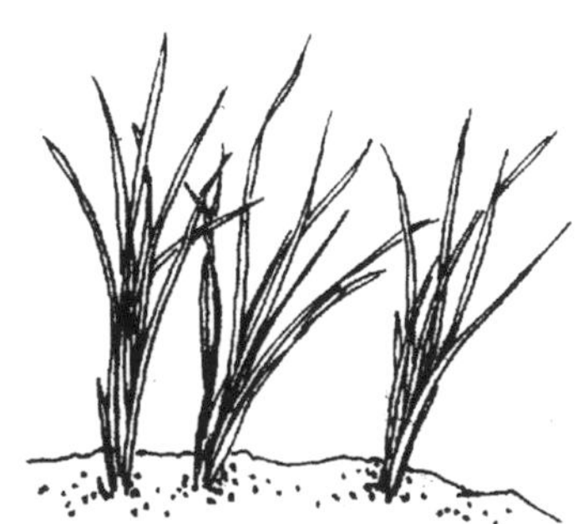

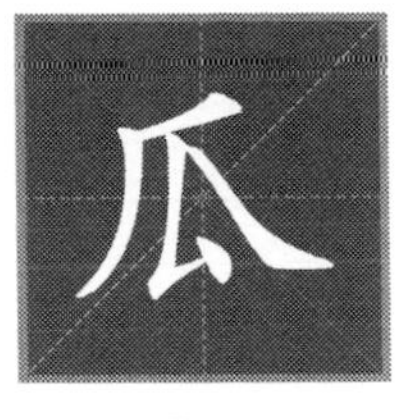

guā गुआ

कांस्य अभिलेख

लेटर सील वर्ण

瓜 का प्रयोग पतले मुड़े हुए तनों वाली लताओं की तरह चढ़ने वाले पौधों के फल के संदर्भ में होता है, जैसे कि ख़रबूजा या लौकी। कांस्य अभिलेखों में, 瓜 वर्ण एक बड़े गोल फल की तरह दिखाई पड़ता है जो दो शाखाओं वाली लता से लटक रहा है। चूंकि ख़रबूजे का आकार बताना कठिन होता है, इसलिए तना का प्रयोग ख़रबूजों के लिए किया जाता है।

hé हे

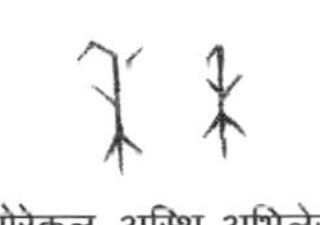

ओरेकल-अस्थि अभिलेख

कांस्य अभिलेख

लेटर सील वर्ण

शांग और झोऊ साम्राज्य के समय से ही चीन में कृषि एक मुख्य उद्योग रहा है। ओरेकल-अस्थि अभिलेखों और कांस्य अभिलेखों, दोनों में ही ऐसे कई वर्ण हैं जिनका संबंध फसलों से है, जैसे 禾 (खेत में खडी फसल), 黍 (बाजरा), 来 (麦, गेहूँ), 粟 (मक्का, बाजरा) और 米 (चावल)। 禾 वर्ण एक ऐसे पौधे की तरह दिखाई पड़ता है जिसमें जड़, पत्तियाँ और लटकते कान हैं। 禾 अनाज की फसलों के लिए प्रयुक्त होने वाली एक आम शब्दावली है। हालाँकि, यह विशेष रूप से चीन और हान साम्राज्य के पहले के बाजरे के लिए प्रयुक्त होता है और उसके बाद बिना भूसी वाले चावल के लिए। 禾 अवयव वाले वर्णों का संबंध फसल या कृषि से होता है, जैसे 秉 (एक मुट्ठी अनाज), 秋 (फसल पकने का समय, अर्थात पतझड़), 秀 (बालियाँ), 种 (बीज या पौधा लगाना) और 租 (जमीन का कर)।

lái लाई

ओरेकल-अस्थि अभिलेख

कांस्य अभिलेख

लेटर सील वर्ण

ओरेकल-अस्थि अभिलेखों में, 来 वर्ण जड़, पत्तियों, डंठल और बालियों के साथ वाले गेहूँ के पौधे की तरह दिखाई पड़ता है। मूलतः इसका संबंध गेहूँ से होता है, लेकिन आजकल इसका प्रयोग आम तौर पर "आने" के संदर्भ में होता है, जो 去 (जाना) का विपरीत है। और बाद के विकास में इसके मूल अर्थ की अभिव्यक्ति 麦 (麥) द्वारा की गई है।

sù सू

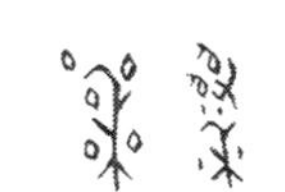

ओरेकल-अस्थि अभिलेख

लेटर सील वर्ण

ओरेकल-अस्थि अभिलेखों में, 粟 वर्ण बड़ी बालियों वाले मक्के के पौधे की तरह दिखाई पड़ता है। इसलिए इसका प्राथमिक अर्थ "मक्का या इसका अनाज" होता है। अतीत में, 粟 वर्ण का प्रयोग 黍 (झाड़ूनुमा बाजरा), 稷 (बाजरा) और 秫 (ज्वार) के लिए होता है, और यहाँ तक कि अनाज वाली फसलों के संदर्भ में होता है। आजकल, हालाँकि, इसका प्रयोग केवल बाजरा के लिए होता है। इसके अलावा, 粟 का प्रयोग अनाज के दानों के आकार के बराबर की चीजों के संदर्भ में भी किया जा सकता है।

mù मू

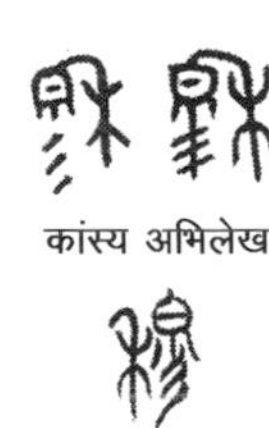

कांस्य अभिलेख

लेटर सील वर्ण

कांस्य अभिलेखों में, 穆 वर्ण पके हुए चावल के पौधे की तरह दिखाई पड़ता है जिसकी बालियाँ नीचे की तरफ लटक रही हैं, और तीन बिंदु गिरते हुए पके अनाज को दर्शाते हैं। 穆 का मूल अर्थ "अनाज", चावल की पकी हुई फसल, था, जहाँ से इसके विस्तृत अर्थों "नरम", "सामंजस्यपूर्ण", "गम्भीर" और "शांत" की व्युत्पत्ति हुई है।

qí चि

ओरेकल-अस्थि अभिलेख

कांस्य अभिलेख

लेटर सील वर्ण

ओरेकल-अस्थि अभिलेखों में, 齐 वर्ण अच्छे क्रम में उगी हुई गेहूं की बालियों की क़तार की तरह दिखाई पड़ता है। 齐 का प्राथमिक अर्थ "स्तर" और "व्यवस्थित" होता है, जहाँ से "बराबर", "के जैसा", "के अनुरूप", "उत्तम", और "सम्पूर्ण" जैसे अर्थों की व्युत्पत्ति हुई है।

bǐng बींग

ओरेकल-अस्थि अभिलेख

कांस्य अभिलेख

लेटर सील वर्ण

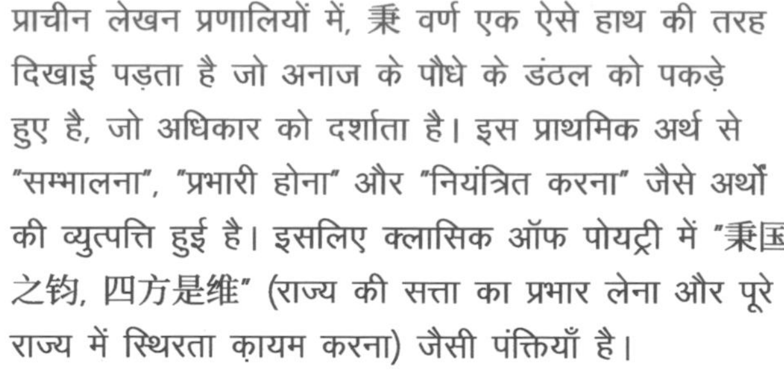

प्राचीन लेखन प्रणालियों में, 秉 वर्ण एक ऐसे हाथ की तरह दिखाई पड़ता है जो अनाज के पौधे के डंठल को पकड़े हुए है, जो अधिकार को दर्शाता है। इस प्राथमिक अर्थ से "सम्भालना", "प्रभारी होना" और "नियंत्रित करना" जैसे अर्थों की व्युत्पत्ति हुई है। इसलिए क्लासिक ऑफ पोयट्री में "秉国之钧, 四方是维" (राज्य की सत्ता का प्रभार लेना और पूरे राज्य में स्थिरता क़ायम करना) जैसी पंक्तियाँ है।

jiān जीआन

ओरेकल-अस्थि अभिलेख

लेटर सील वर्ण

प्राचीन लेखन प्रणालियों में, 兼 वर्ण एक ऐसे हाथ की तरह दिखाई पड़ता है जो एक ही समय में अनाज के दो पौधों को पकड़े हुए है। इसका मूल अर्थ "एक साथ पकड़ना" और "जोड़ना" होता है, और इसका अर्थ "दोगुना" भी हो सकता है।

nián नीआन

ओरेकल-अस्थि अभिलेख

कांस्य अभिलेख

लेटर सील वर्ण

年 का मूल अर्थ "एकत्रित किए गए अनाज की मात्रा" होता है। जब फसल पक जाती है, तब 年 होता है। इसलिए हम कह सकते हैं कि 人寿年丰 (लोगों का स्वास्थ्य अच्छा होता है और जमीन में बहुत अच्छी पैदावार होती है)। ओरेकल-अस्थि अभिलेखों और कांस्य अभिलेखों में, 年 वर्ण एक ऐसे आदमी की तरह दिखाई पड़ता है जो अपनी पीठ पर अनाज के पौधों को लादे हुए है, जो फसल की कटाई का संकेत देता है। प्राचीन काल में चूंकि फसल वर्ष में एक बार पकती थी, 年 वर्ण का अर्थ "वर्ष" भी हो गया, जिसमें बारह महीने या चार मौसम वसंत, गर्मी, पतझड़ और सर्दी होते हैं। यहाँ से इसका प्रयोग आदमी की उम्र के संदर्भ में भी किया जाने लगा है।

shǔ शू

ओरेकल-अस्थि अभिलेख

कांस्य अभिलेख

लेटर सील वर्ण

黍 का अर्थ झाड़ूनुमा बाजरा होता है, जो खाने के रूप में चीनी वाइन बनाने के लिए प्रयुक्त होने वाला चिपचिपा अनाज है। गुआन जी कहते हैं, "黍 एक सबसे अच्छा अनाज है।" ओरेकल-अस्थि अभिलेखों में, 黍 वर्ण अनाज के एक पौधे की तरह दिखाई पडता है जिसकी भारी बालियाँ नीचे की तरफ लटक रही हैं। कभी-कभी पौधे वाले हिस्से के नीचे पानी का हिस्सा होता है, जो यह दर्शाता है कि अनाज का प्रयोग संभवतः वाइन बनाने के लिए किया गया था।

shū शू

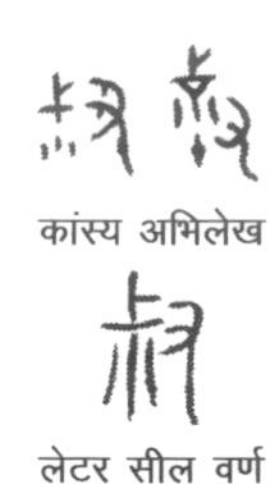

कांस्य अभिलेख

लेटर सील वर्ण

कांस्य अभिलेखों में, 叔 वर्ण 又 (हाथ) और 尗 (菽 का मूल रूप, फली), जो यह संकेत देता है कि कोई अपने हाथ से फलियाँ उठा रहा है। इसलिए इसका मूल अर्थ "उठाना" होता है। आजकल, हालांकि इसका प्रयोग "चाचा" के संदर्भ में भी किया जाता है, विशेष रूप से पिता के छोटे भाई के संदर्भ में, और इसका मूल अर्थ खो गया है।

mǐ मी

ओरेकल-अस्थि अभिलेख

लेटर सील वर्ण

米 का प्रयोग अनाज वाली फसलों के भूसी लगे बीज के संदर्भ में होता है, विशेष रूप से चावल के, जैसे 大米 (चावल), और 小米 (बाजरा)। ओरेकल-अस्थि अभिलेखों में, 米 वर्ण चावल के बिखरे हुए दानों की तरह दिखाई पड़ता है और बीच में प्रयुक्त क्षैतिज रेखा उन्हें मिट्टी के कण या पानी की बूंदों से अलग दिखाने का काम करती हैं। मानव जाति के लिए चावल एक सामान्य भोज्य पदार्थ है, इसलिए 米 अवयव वाले वर्णों का संबंध अधिकतर भोजन से होता है, जैसे, 籼 (शीआन, लम्बे दाने वाले चावल), 粒 (अनाज का वर्गीकारक), 粳 (जींग, गोल दाने वाला चावल), 糠 (भूसी) और 粟 (बाजरा)। इसके अतिरिक्त, 米 "मीटर" का लिप्यंतरण भी है जो लम्बाई मापने की इकाई है।

xiāng शीआंग

ओरेकल-अस्थि अभिलेख

लेटर सील वर्ण

ओरेकल-अस्थि अभिलेखों में, 香 वर्ण खाने से भरी एक ऊँची तिपाई वाले बर्तन की तरह दिखाई पड़ता है, जिससे खुशबू आ रही है। मुख्य रूप में इसका संबंध खाने की खुशबू से है, जिससे मीठी खुशबू के अर्थ की व्युत्पत्ति हुई है जो 臭 (दुर्गन्ध, बदबू) के विपरीत है। लेटर सील वर्ण में, 香 वर्ण कभी-कभी 黍 और 甘 से बना है, जो यह दर्शाता है कि खाना स्वादिष्ट है, और यह 香 का दूसरा अर्थ है। इसके अतिरिक्त, 香 का प्रयोग इत्र या मसाले के संदर्भ में भी होता है।

qín चिन

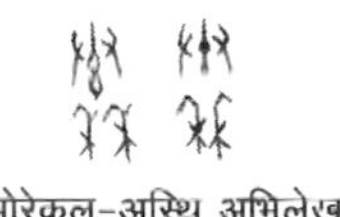

ओरेकल-अस्थि अभिलेख

कांस्य अभिलेख

लेटर सील वर्ण

秦 मूलतः झोऊ साम्राज्य में एक राज्य का नाम था, जो वर्तमान में शांक्सी प्रांत में है, और अनाज की प्रचुरता वाले क्षेत्र के रूप में मशहूर है। प्राचीन लेखन प्रणालियों में, 秦 वर्ण दो भागों से बना हैः ऊपरी हिस्सा ऐसे दिखाई पड़ता है जैसे दो हाथ मूसल (चावल की भूसी निकालने के लिए) पकड़े हुए हैं, और निचला हिस्सा अनाज के दो पौधों को दर्शाता है। इसलिए मूलतः इसका प्रयोग फसल की कटाई के संदर्भ में होता था। चूंकि यह क्षेत्र कृषि के क्षेत्र में विकसित था, 秦 वर्ण का प्रयोग स्थान और राज्य के नाम के लिए प्रयुक्त होता था। युद्धरत राज्यों के शासनकाल के अंत में, चीन साम्राज्य के प्रथम सम्राट ने चीन का एकीकरण कर दिया, और पहली केंद्रीकृत राजशाही की स्थापना की और इसे चीन का नाम दिया। तब से 秦 का प्रयोग चीन के वैकल्पिक नाम के लिए भी किया जाने लगा। जैसे हान साम्राज्य में, पश्चिम क्षेत्र में राज्यों को चीन चिन कहते थे।

7

प्राकृतिक

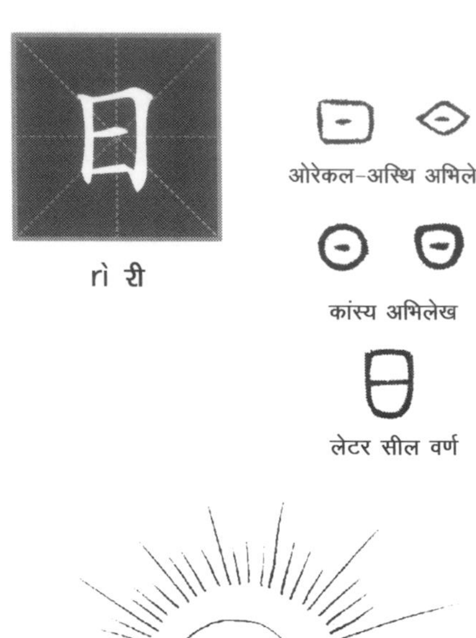

日 का अर्थ सूर्य होता है। सूर्य और चंद्रमा दो आम खगोलीय पिंड हैं। चंद्रमा कभी-कभी वर्धमान (अर्धचंद्राकार) दिखाई देता है, लेकिन सूर्य हमेशा वृत्ताकार ही होता है, इसलिए उनके लिए प्रयुक्त होने वाले वर्ण भी क्रमशः वर्धमान और वृत्ताकार होते हैं। ओरेकल-अस्थि अभिलेखों और कांस्य अभिलेखों में, उदाहरण के लिए, 日 वर्ण कभी-कभी वृत्ताकार होता है। छपाई और लेखन की सुविधा के लिए हालाँकि, 日 आम तौर पर वर्गाकार होता है। जब सूर्य आसमान में उदित होता है तब दिन का समय होता है, इसलिए 日 वर्ण का अर्थ "दिन का समय" भी होता है जो 夜 (रात) का विपरीत है। 日 का प्रयोग समय की इकाई के रूप में भी होता है, जिसमें चौबीस घंटे होते हैं, जिससे इसके और अधिक सामान्य अर्थ "समय" की व्युत्पत्ति हुई है।

dàn दान

ओरेकल-अस्थि अभिलेख

कांस्य अभिलेख

लेटर सील वर्ण

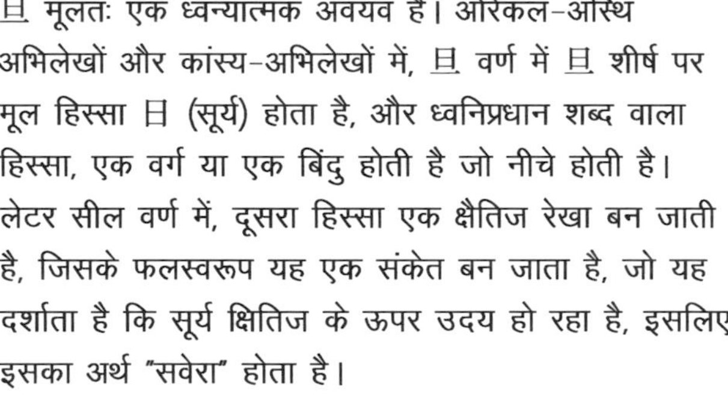

旦 मूलतः एक ध्वन्यात्मक अवयव है। ओरेकल-अस्थि अभिलेखों और कांस्य-अभिलेखों में, 旦 वर्ण में 旦 शीर्ष पर मूल हिस्सा 日 (सूर्य) होता है, और ध्वनिप्रधान शब्द वाला हिस्सा, एक वर्ग या एक बिंदु होती है जो नीचे होती है। लेटर सील वर्ण में, दूसरा हिस्सा एक क्षैतिज रेखा बन जाती है, जिसके फलस्वरूप यह एक संकेत बन जाता है, जो यह दर्शाता है कि सूर्य क्षितिज के ऊपर उदय हो रहा है, इसलिए इसका अर्थ "सवेरा" होता है।

yùn/yūn
यून/युन

ओरेकल-अस्थि अभिलेख

लेटर सील वर्ण

ओरेकल अस्थि अभिलेखों में यह एक संकेतचित्र है। मध्य वाला हिस्सा सूर्य और प्रभामंडल के इर्द-गिर्द के चार बिंदुओं को दर्शाता है। लेटर सील वर्ण में, यह वर्ण एक ध्वन्यात्मक अवयव बन जाता है, जिसमें 日 मूल शब्द और 军 एक ध्वनिप्रधान शब्द होता है। 晕 वर्ण प्राथमिक रूप से सूर्य या चंद्रमा के प्रभामंडल को दर्शाता है, जहाँ से "सिर घूमने जैसा महसूस होना" जैसे अर्थ की व्युत्पत्ति हुई है। इसलिए हम ऐसा कह सकते हैं 头晕 (सिर चकराना), 晕车 (गाड़ी में बैठने से सिर चकराना) और 晕船 वर्ण (जहाज में बैठने से सिर चकराना) का अर्थ देते हैं।

zè जे

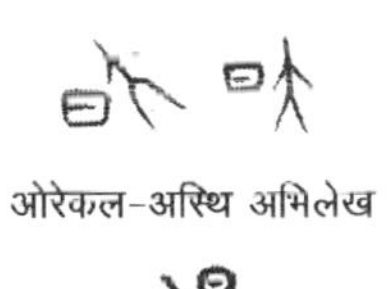

ओरेकल-अस्थि अभिलेख

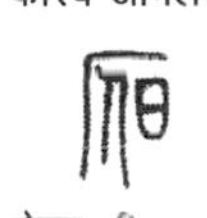

कांस्य अभिलेख

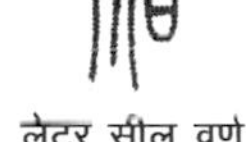

लेटर सील वर्ण

昃 मूलतः एक संकेतचित्र है। ओरेकल-अस्थि अभिलेखों में, 昃 वर्ण में बायीं तरफ सूर्य वाला हिस्सा होता है और दायीं तरफ एक तिरछे आदमी जैसी आकृति, जो आदमी के उस समय की प्रतिच्छाया को दर्शाता है जब सूर्य सीधे उसके सिर के ऊपर नहीं होता है। कांस्य अभिलेखों में, 昃 वर्ण 口 (सूर्य) और 夨 (जे, एक ऐसा आदमी जैसा दिखता है जिसका सिर एक तरफ झुका हुआ है) से बना है, और दूसरे वाले का प्रयोग ध्वनिप्रधान के रूप में भी होता है। लेकिन लेटर सील वर्ण में, यह मूल शब्द 日 और ध्वनि प्रधान शब्द 仄 के साथ मिलकर एक सम्पूर्ण ध्वन्यात्मक अवयव बन गया है। 昃 का अर्थ मुख्यतः पश्चिम की तरफ बढ़ता सूर्य होता है। इसलिए *बुक ऑफ चेंगेस* कहता है, "日中则昃, 月盈则食 (सूर्य दोपहर में पश्चिम की तरफ बढ़ेगा, और अर्धचंद्रमा के बाद पूर्ण चंद्रमा होता है)।" लेकिन शांग साम्राज्य के लिखित दस्तावेजों में, 昃 का प्रयोग समय के उस नाम के लिए प्रयुक्त होता था, जो वर्तमान में दोपहर के दो या तीन बजे के समय का उल्लेख करता है।

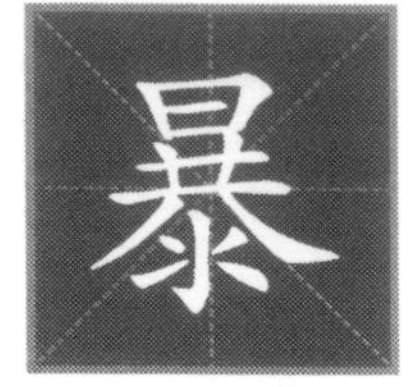

लेटर सील वर्ण

bào बाओ

暴, 曝 का मूल रूप था। लेटर सील वर्ण में, 暴 वर्ण 日, 出, 廾 (गोंग) और 米 से बना है, जो लम्बे समय से चिलचिलाती धूप में सूखे हुए अनाज को दर्शाता है। इसलिए इसका प्राथमिक अर्थ "धूप में सुखाना" और "बाहर निकालना" होता है। चूंकि चिलचिलाती धूप की किरणें तेज और शक्तिशाली होती हैं, 暴 वर्ण का अर्थ "हिंसक" भी होता है, जिससे "क्रूर", "डरावना" और "तुनकमिजाजी" जैसे विस्तृत अर्थों की व्युत्पत्ति हुई है।

कांस्य अभिलेख

लेटर सील वर्ण

zhāo/cháo
झाओ/चाओ

朝 मूलतः एक संकेतचित्र है। कांस्य अभिलेखों में, 朝 वर्ण दो हिस्सों से बना है: बायीं तरफ वाला हिस्सा दो पौधों के बीच में सूर्य की तरह दिखाई पड़ता है और दायीं तरफ वाला हिस्सा नदी का है, जो यह दर्शाता है कि सूर्य सुबह में नदी के किनारे पेड़-पौधों के बीच से उदय हो रहा है। इसलिए इसका प्राथमिक अर्थ "सुबह" होता है। लेटर सील वर्ण में, इसके रूप में कई तरह के परिवर्तन आए, और अब इसका मूल अर्थ बचा नहीं रह गया है।

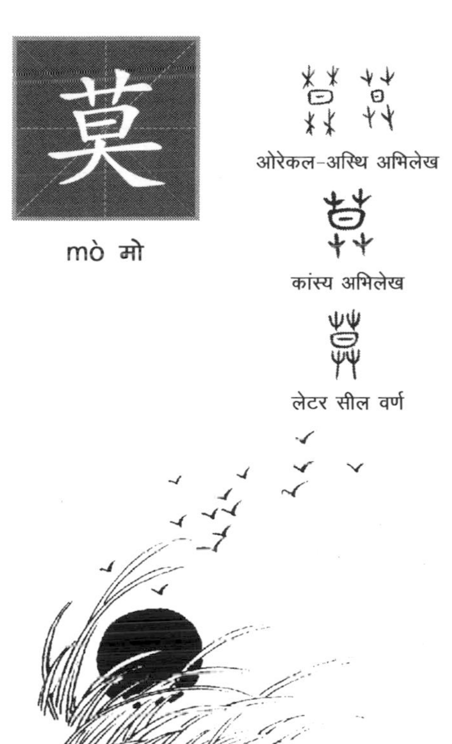

莫, 暮 का मूल रूप था। प्राचीन लेखन प्रणालियों में, 莫 वर्ण सूर्य और चार वृक्ष (या घास) वाले हिस्से से बना है, जो ऐसा दिखाई पड़ता है सूर्य पौधों के पीछे अस्त हो रहा है, जो सूर्य के अस्त होने को दर्शाता है। इसलिए इसका मूल अर्थ "सूर्यास्त" होता है जिसे अब 暮 द्वारा अभिव्यक्त किया जाता है। इसके इस मूल अर्थ से "बिना" वाले विस्तृत अर्थ की व्युत्पत्ति हुई है, जैसे 溥天之下, 莫非王土 (आसमान के नीचे की सारी जमीन बिना किसी अपवाद के राजा की होती है), और "ना" या "नहीं", जैसे 高深莫测 (इतना गहरा या ऊँचा कि मापा नहीं जा सकता है) और 莫愁 (चिंता करने की जरूरत नहीं)।

春 एक संकेतचित्र और ध्वन्यात्मक अवयव दोनों है। ओरेकल-अस्थि अभिलेखों में, 春 वर्ण सूर्य वाले हिस्से, तीन वृक्ष वाले हिस्से (या दो घास का हिस्सा) और एक नवांकुर वाले हिस्से (屯) से बना है जिसका उच्चारण चुन होता है, और जो ध्वनिप्रधान शब्द के रूप में भी काम करता है, पौधे सूर्य की रोशनी में उगने लगते हैं और हर जगह जोश और जीवन है। इसलिए तांग साम्राज्य के लीयू युक्सी ने लिखा था कि "沉舟侧畔千帆过, 病树前头万木春 (एक हजार नावें डूबती हुई गुजर जाती हैं, और एक के बीमार होने के बाद और अधिक पेड़ उगते हैं)।" यह एक ऐसे दृश्य का चित्र है जो आम तौर पर वर्ष के शुरुआत में दिखता है, जैसे वसंत का मौसम। इसलिए इसका प्राथमिक अर्थ "वसंत" होता है, जो चार मौसमों में पहला है, और चीनी लूनर कैलेंडर के अनुसार जनवरी से मार्च तक रहता है।

jīng जींग

ओरेकल-अस्थि अभिलेख

लेटर सील वर्ण

ओरेकल-अस्थि अभिलेखों में, 晶 वर्ण तीन सितारों की तरह दिखाई पड़ता है, जो कभी-कभी वृत्ताकार होता ही और कभी-कभी वर्गाकार (छपाई की सुविधा के लिए), और कभी-कभी इसके केंद्र में एक बिंदु इसे 日 वर्ण की तरह बना देता है। इसलिए लेटर सील वर्ण में, सितारों वाले सभी हिस्से को सूर्य के हिस्से की तरह लिखा गया है। 晶 का मूल अर्थ "चमकते सितारों वाली एक साफ रात" था, जहाँ से "चमकदार" और "स्पष्ट" जैसे अर्थों की व्युत्पत्ति हुई है।

xīng शींग

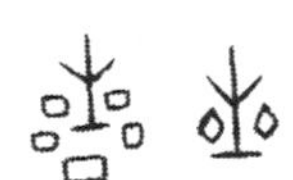

ओरेकल-अस्थि अभिलेख

कांस्य अभिलेख

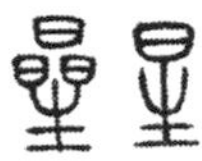

लेटर सील वर्ण

星 का अर्थ सितारा होता है, जो कि रात में आसमान में चमकने वाली एक इकाई है। ओरेकल-अस्थि अभिलेखों में, 星 वर्ण में पांच छोटे वर्ग होते हैं जो सितारों और मध्य के हिस्से को दर्शाते हैं, अर्थात, 生, जो इसके उच्चारण को दर्शाता है। चूंकि सितारे आसमान में बहुत छोटे प्रतीत होते हैं, 星 वर्ण का प्रयोग छोटे कणों के लिए भी किया जा सकता है, जैसे 火星儿 (चिंगारी), 一星半点 (एक छोटा टुकड़ा)।

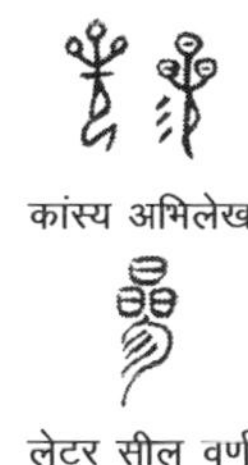

कांस्य अभिलेख

लेटर सील वर्ण

shēn/sān/cān
शेन/सान/कान

मूलतः एक नक्षत्र का नाम था, जो लूनर (चंद्र) हवेलियों में से एक है। कांस्य अभिलेखों में, 參 वर्ण एक आदमी के सबसे ऊपर चमक रहे तीन सितारों की तरह दिखाई पड़ता है, जो यह दर्शाता है कि आदमी सितारों को देख रहा है। इस अर्थ से इसका प्रयोग "तीन" की संख्या के अर्थ में होने लगा, जिसका उच्चारण सान है, और जिसे 叁 की तरह लिखा गया है। 參 का उच्चारण कान भी होता है, जिसका अर्थ "किसी चीज में हिस्सा लेना" और "किसी चीज को सम्मान देना" भी होता है।

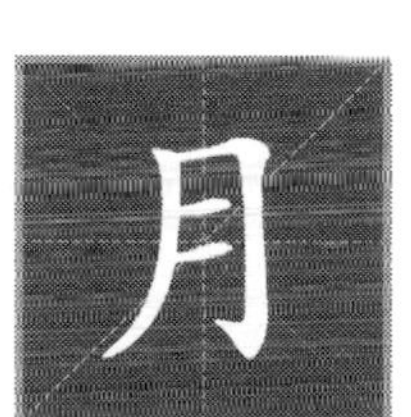

yuè यूए

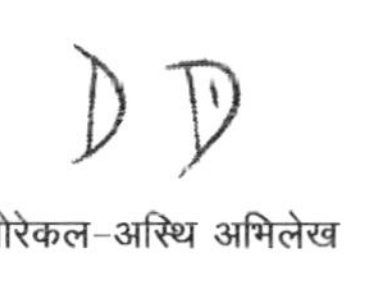

ओरेकल-अस्थि अभिलेख

कांस्य अभिलेख

लेटर सील वर्ण

月 का अर्थ चंद्रमा होता है। चंद्रमा हमेशा अपना आकार बदलकर सामने आता है, और अधिकतर यह पूरी तरह से वृत्ताकार नहीं होता है। यह घटना इस वर्ण के रूप में भी प्रतिबिम्बित होती है। इसलिए ओरेकल-अस्थि अभिलेखों में, 月 वर्ण वर्धमान (अर्धचंद्राकार) की तरह दिखाई पड़ता है। चूंकि पूर्ण चंद्रमा अक्सर तीस दिन में एक बार दिखाई पड़ता है, 月 वर्ण का अर्थ "तीस दिन", दूसरे शब्दों में "एक महीना" भी होता है।

míng मींग

ओरेकल-अस्थि अभिलेख

कांस्य अभिलेख

लेटर सील वर्ण

ओरेकल-अस्थि अभिलेखों में, 明 वर्ण के दो हिस्से हैं। यह 日 और 月 से बना है, जो उस समय को दर्शाता है जब सूर्य उदय होता है और चंद्रमा अस्त होता है, अर्थात अरुणोदय। दूसरा चंद्रमा वाले हिस्से और खिड़की वाले हिस्से से बना है, जो यह दर्शाता है कि चंद्रमा की रोशनी कमरे में आ रही है, और कमरा चमकदार है। कांस्य अभिलेखों और लेटर सील वर्ण, दोनों में, 明 वर्ण दूसरी सोच का अनुसरण करता है, जहाँ सामान्य लिपि में दो रूप एक साथ रहते हैं, वहीं आधुनिक सरलीकृत रूप, हालांकि फिर से 日 और 月 से बना है, लेकिन इसका अर्थ "अरुणोदय" से ज्यादा "चमकदार" होता है।

xī शी

ओरेकल-अस्थि अभिलेख

कांस्य अभिलेख

लेटर सील वर्ण

夕 का अर्थ रात होता है, और विशेष रूप से गोधूलि का समय। चूंकि चंद्रमा रात में उदय होता है, ओरेकल-अस्थि अभिलेखों में 夕 वर्ण वर्धमान (अर्धचंद्राकार) चंद्रमा की तरह दिखाई पड़ता है। दूसरे शब्दों में चंद्रमा रात का प्रतिनिधित्व करता है। आरम्भिक ओरेकल-अस्थि अभिलेखों में, 夕 वर्ण के केंद्र में एक बिंदु है, जो इसे 月 वर्ण से अलग बताने के लिए प्रयुक्त हुई है। बाद के विकसित रूपों में, हालाँकि, 月 और 夕 के बीच भ्रम था। इसके फलस्वरूप, 月 में एक बिंदु जोड़ा गया, और बिना एक बिंदु के 夕, 月 बन जाता है।

sù सू

ओरेकल-अस्थि अभिलेख

कांस्य अभिलेख

लेटर सील वर्ण

ओरेकल अस्थि अभिलेखों और कांस्य अभिलेखों में, 夙 वर्ण चंद्रमा की रोशनी में अपने घुटनों पर बैठे एक आदमी की तरह दिखाई पड़ता है, जो यह दर्शाता है कि उसने सवेरा होने से पहले ही काम करना शुरू कर दिया है। इसलिए 夙 का अर्थ "सुबह सवेरे" होता है। लेकिन इसका अर्थ, 宿 की तरह ही "पुराना" और "लम्बा टिकने" वाला भी हो सकता है।

hóng हौंग

ओरेकल-अस्थि अभिलेख

स्टोन-ड्रम अभिलेख

लेटर सील वर्ण

虹 का अर्थ इंद्रधनुष होता है, जो कि बारिश के बाद सूर्य की विपरीत दिशा में आसमान में दिखाई देने वाला विभिन्न रंगों का एक वृत्तखंड होता है। हालाँकि, प्राचीन काल के लोग, इस प्राकृतिक घटना को समझने में सक्षम नहीं थे, और उन्हें लगता था कि यह लम्बे शरीर, दो सिर और एक बड़े से मुँह वाला एक रहस्यमयी जानवर है जो बारिश के बाद आसमान में पानी पीने के लिए आता है। ओरेकल अस्थि अभिलेखों में 虹 वर्ण इस जानवर की तस्वीर जैसा दिखाई पड़ता है। लेटर सील वर्ण में, यह वर्ण एक ध्वन्यात्मक अवयव बन गया है जिसमें 虫 मूल शब्द होता है और 工 एक ध्वनिप्रधान शब्द।

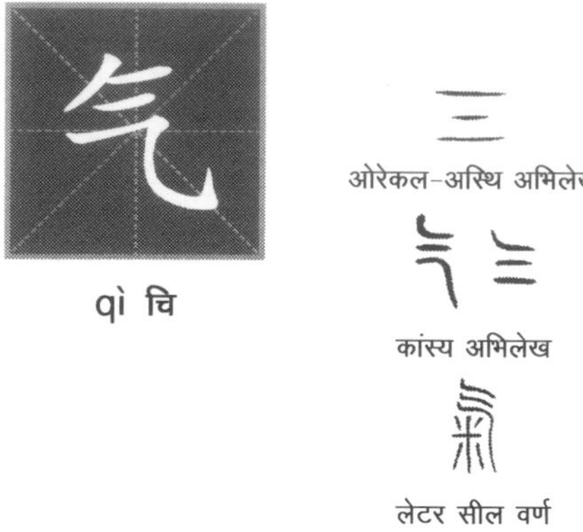

ओरेकल-अस्थि अभिलेख

कांस्य अभिलेख

लेटर सील वर्ण

qì चि

ओरेकल-अस्थि अभिलेखों में, 气 वर्ण आसमान में लम्बाई वाली तीन क्षैतिज रेखाओं की तरह दिखाई पड़ता है, जो हल्के बादलों के उड़ने की स्थिति को दर्शाती हैं। कांस्य अभिलेखों और लेटर सील वर्ण में, ये क्षैतिज रेखाएँ वक्र हो गई हैं, और उड़ते बादलों का और अधिक स्पष्ट स्वरूप दर्शाती हैं। "हल्के बादल" के अपने प्राथमिक अर्थ से इसका प्रयोग आम तौर पर किसी भी प्रकार की गैस के संदर्भ में होने लगा, जैसे 空气 (हवा), 气息 (साँस)। 气 का प्रयोग हवा, बारिश, सूर्य की रोशनी, बर्फ आदि की मौसमी स्थिति के संदर्भ में भी होता है, जैसे 气候 (जलवायु), 气象 (मौसम संबंधी घटनाएँ)। इसके अतिरिक्त, 气 आदमी की मनःस्थिति को दर्शाने वाला एक अमूर्त अवधारणा भी है, जैसे 气质 (स्वभाव) और 气度 (सहनशीलता)।

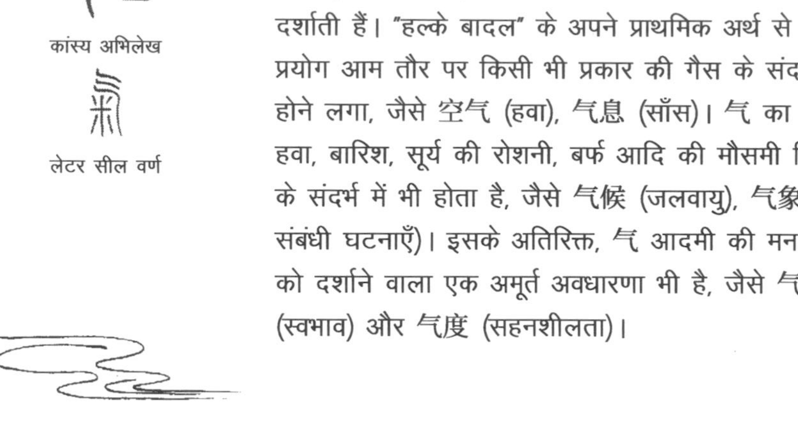

कांस्य अभिलेख

लेटर सील वर्ण

hán हान

कांस्य अभिलेखों में, 寒 पुआल (गरम करने के लिए वस्तु) से भरे कमरे में बैठे एक आदमी की तरह दिखाई पड़ता है, और आदमी के नीचे के दो बिंदु बर्फ के टुकड़ों को दर्शाते हैं, इसलिए इसका प्राथमिक अर्थ "ठंडा" होता है। चूंकि ठंड वाले मौसम से आदमी कांपने लग सकता है, 寒 वर्ण का अर्थ "कांपना", और डर से कांपना भी होता है, जैसे 胆寒 (डरा हुआ), 心寒 (बहुत बुरी तरह से निराश)। इसके अतिरिक्त, 寒 का प्रयोग "गरीब" के अर्थ में भी हो सकता है, जैसे 贫寒 (गरीब), 寒酸 (दयनीय और दरिद्र)।

bīng बींग

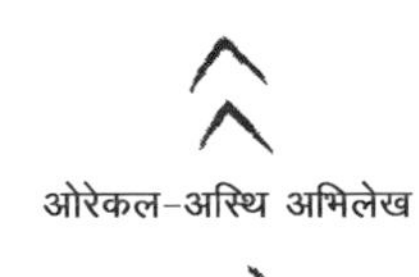

ओरेकल-अस्थि अभिलेख

कांस्य अभिलेख

लेटर सील वर्ण

冰 का अर्थ बर्फ होता है, पानी जो शून्य डिग्री सेल्सियस के नीचे जाने से जमकर ठोस बन गया है। ओरेकल-अस्थि अभिलेखों और कांस्य अभिलेखों में, 冰 दो चट्टानों वाले बर्फ के बड़े टुकड़ों की तरह दिखाई पड़ता है। लेटर सील वर्ण में, पानी वाला हिस्सा (水) यह दर्शाने के लिए जोड़ा गया है कि बर्फ पानी से बना है।

shēn शेन

ओरेकल-अस्थि अभिलेख

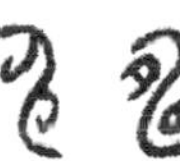

कांस्य अभिलेख

लेटर सील वर्ण

申, 电 का मूल रूप था। ओरेकल-अस्थि अभिलेखों और कांस्य-अभिलेखों में, 申 वर्ण बिजली चमकने के समय आकाश में दिखाई पड़ने वाली टेढ़ी-मेढ़ी रोशनी के जैसा दिखाई पड़ता है। चूंकि बिजली अक्सर बारिश के समय चमकती है, इसके बाद के विकसित रूपों में इस वर्ण में बारिश वाला हिस्सा (雨) को जोड़ा गया है, जिसके परिणामस्वरूप मूल जटिल रूप 申 電 बना है। दूसरी तरफ 申 वर्ण नौवीं लौकिक शाखा, अनुक्रम की एक पारम्परिक चीनी व्यवस्था के नाम के लिए प्रयुक्त होता है। इसके अतिरिक्त, 申 का अर्थ "कहना" और "अभिव्यक्त करना" भी हो सकता है।

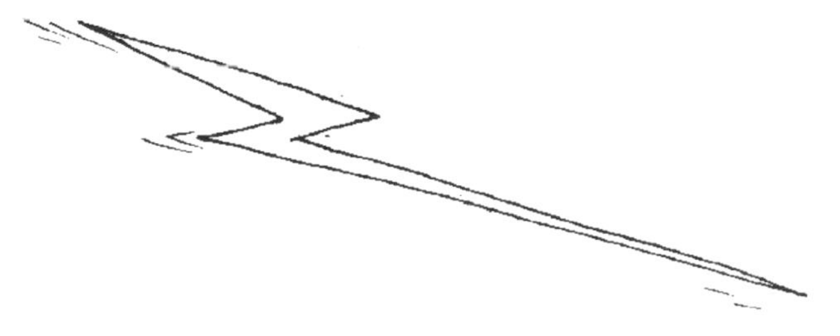

diàn दीआन

कांस्य अभिलेख

लेटर सील वर्ण

प्राचीन लेखन प्रणालियों में, 电 वर्ण 雨 और 申 से बना है, जो कि बारिश में चमकने वाली बिजली के संदर्भ में प्रयुक्त होता है। इस प्राथमिक अर्थ से "त्वरित" जैसे अर्थ की व्युत्पत्ति हुई है। आजकल, हालाँकि, इसका प्रयोग मुख्यतः बिजली के संदर्भ में होता है।

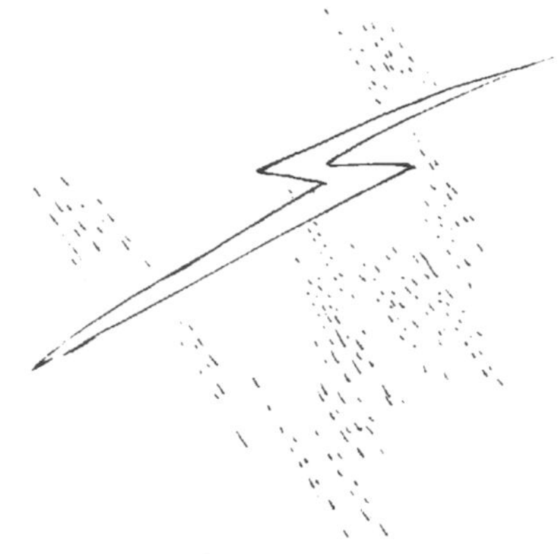

léi लेई

ओरेकल-अस्थि अभिलेख

कांस्य अभिलेख

लेटर सील वर्ण

ओरेकल-अस्थि अभिलेखों और कांस्य अभिलेखों में, 雷 वर्ण टेढ़ी रेखाओं और छोटे वृत्तों से मिलकर बना है, जो क्रमशः बिजली चमकने के दौरान चमकने वाली रोशनी और आवाज के लिए प्रयुक्त होता है। लेटर सील वर्ण में, बारिश वाला हिस्सा (雨) इसमें जोड़ा गया है जो यह संकेत देता है कि बारिश के दिनों में गर्जना होती है और बिजली चमकती है। इसलिए इसका अर्थ "बिजली चमकना" है, जो आसमान में बिजली के चमकने से होने वाली तेज आवाज होती है।

yún यून

ओरेकल-अस्थि अभिलेख

कांस्य अभिलेख

लेटर सील वर्ण

ओरेकल-अस्थि अभिलेखों और कांस्य अभिलेखों में, 云 वर्ण तैर रहे बादलों की तरह दिखाई पड़ता है, इसलिए इसका प्राथमिक अर्थ "बादल" होता है। चूंकि बादल दरअसल पानी की हल्की बूंदें होती हैं, जो बहुत अधिक भारी होने पर बारिश के रूप में गिरने लगती हैं, लेटर सील वर्ण में 云 वर्ण में बारिश वाला हिस्सा (雨) यह दर्शाने के लिए जोड़ा गया है कि इसका संबंध बारिश से है।

yǔ यू

ओरेकल-अस्थि अभिलेख

कांस्य अभिलेख

लेटर सील वर्ण

ओरेकल-अस्थि अभिलेखों और कांस्य अभिलेखों में, 雨 वर्ण आसमान से गिर रही पानी की बूंदों की तरह दिखाई पड़ता है, इसलिए इसका प्राथमिक अर्थ "बारिश" होता है। क्रिया के रूप में, इसका प्रयोग केवल बारिश के गिरने के संदर्भ में नहीं होता है बल्कि आसमान से गिरने वाली किसी भी चीज के लिए होता है, जैसे 雨雪 (बर्फ गिरना), 雨粟 (बाजरे के अनाज को गिरना)। 雨 अवयव वाले वर्णों का संबंध ज्यादातर बादलों और बारिश से होता है, जैसे 雷 (बिजली), 雾 (कुहासा), 霜 (पाला) और 雪 (बर्फ)।

líng लींग

ओरेकल-अस्थि अभिलेख

कांस्य अभिलेख

लेटर सील वर्ण

ओरेकल-अस्थि अभिलेखों में, 零 वर्ण बारिश वाले हिस्से और पानी की तीन बड़ी बूंदों से मिलकर बना है, इसलिए इसका मूल अर्थ "लगातार बारिश होना" या "बारिश की बूंदें" होता है। कभी-कभी पानी की बूंदों का आकार वर्गाकार होता है, लेकिन यह वर्ण अब भी एक संकेत ही है। मूल शब्द के रूप में 雨 और ध्वनिप्रधान शब्द के रूप में 令 से बना ध्वन्यात्मक शब्द बाद का विकास है। इसके मूल अर्थ से "गिरना", "मुरझाना" और "खंडित होना" जैसे विस्तृत अर्थों की व्युत्पत्ति हुई है।

xū शू

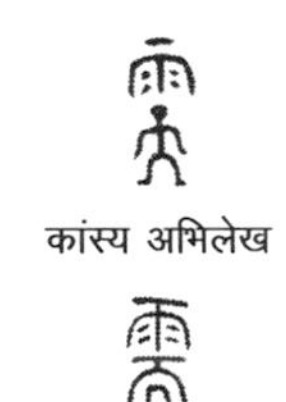

कांस्य अभिलेख

लेटर सील वर्ण

कांस्य अभिलेखों में, 需 वर्ण अपने पैरों पर खड़े आदमी (天) वाले हिस्से और बारिश वाले हिस्से (雨) से बना है, जो यह दर्शाता है कि आदमी स्थिर होकर बारिश के रुकने का इंतजार कर रहा है। लेटर सील वर्ण में, आदमी वाला हिस्सा (天) गलती से 而 में बदल गया है, जिसके फलस्वरूप यह एक ध्वन्यात्मक अवयव में बदल गया है जिसमें 雨 मूल शब्द है और 而 ध्वनिप्रधान शब्द। 需 का मूल अर्थ भी 需 (शू) के समान ही "इंतजार करना" होता है, जहाँ से "झिझक" जैसे विस्तृत अर्थ की व्युत्पत्ति हुई है। आजकल, हालाँकि, इसका प्रयोग ज्यादातर "जरूरत होना" और "आवश्यकता होना" के संदर्भ में होता है।

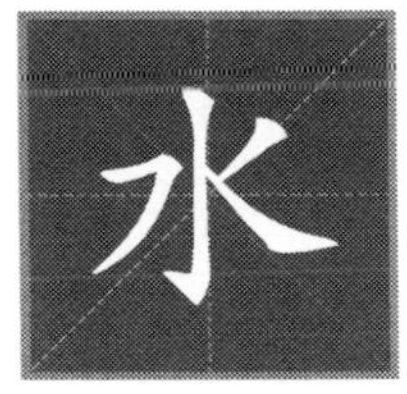

shuǐ शुई

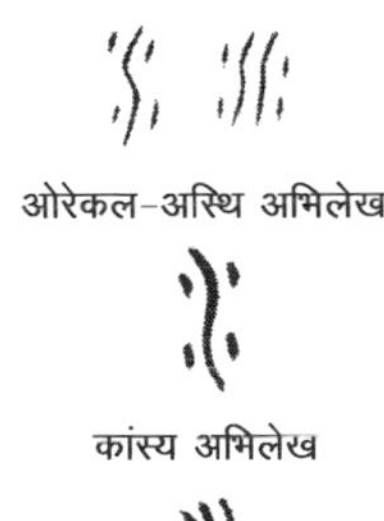

ओरेकल-अस्थि अभिलेख

कांस्य अभिलेख

लेटर सील वर्ण

水 का अर्थ पानी होता है, एक पारदर्शी द्रव जो बिना किसी स्वाद, रंग और गंध के होता है। ओरेकल-अस्थि अभिलेखों और कांस्य अभिलेखों में, 水 वर्ण एक ऐसी नदी के रूप में दिखाई पड़ता है जो यहाँ और वहाँ से मुड़ रही है, बीच में स्थित टेढ़ी रेखा इसके मुख्य रास्ते को दर्शाती है और बगल की बिंदुएँ इसकी लहर को। इसलिए 水 वर्ण का प्रयोग मूलतः नदी के संदर्भ में होता है, या आम तौर पर पानी वाले क्षेत्र के लिए, जिसमें झील और समुद्र शामिल हैं जो 陆 (जमीन) के विपरीत होते हैं। इस अर्थ से निकलकर इसका प्रयोग आम अर्थ में किसी भी द्रव के लिए होता है, जैसे 药水 (औषधीय द्रव), 泪水 (आँसू) और 橘子水 (संतरे का रस)।

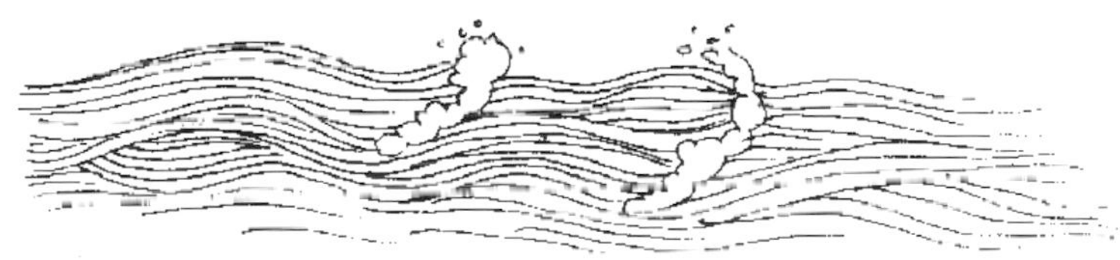

quán चुआन

ओरेकल-अस्थि अभिलेख

लेटर सील वर्ण

ओरेकल-अस्थि अभिलेखों में, 泉 वर्ण एक झरने या पानी के सोते से गिरने वाले पानी की तरह दिखाई पड़ता है। इसलिए 泉 का प्राथमिक प्रयोग पानी के सोतों के संदर्भ में होता है, जिससे जमीन से पानी ऊपर आता है, या और अधिक सामान्य रूप में इसका प्रयोग किसी भी भूजल के संदर्भ में होता है। प्राचीन काल में, इसका प्रयोग धन के विकल्प के रूप में भी किया जाता था।

yuán युआन

कांस्य अभिलेख

लेटर सील वर्ण

原, मूलतः 源 का मूल रूप था। कांस्य अभिलेखों में, 原 वर्ण 厂 (हान, पत्थर) और 泉 (पानी का सोता या झरना) से बना है, जो यह दर्शाता है कि पत्थर के नीचे पानी का सोता या झरना है। लेटर सील वर्ण में, 原 वर्ण में कभी-कभी तीन झरने होते हैं, जो यह दर्शाता है कि कई सारे झरने एक साथ आकर नदी का निर्माण कर रहे हैं, 原 का मूल अर्थ "नदी का स्ट्रीट" होता है, जहाँ से "आरम्भिक" जैसे अर्थों की व्युत्पत्ति हुई है, जैसे 原始 (पुरातन), जैसे 原地 (मूल स्थान); और "अपरिष्कृत", जैसे 原料 (कच्चा माल)। क्रिया के रूप में प्रयुक्त होने पर इसका अर्थ "स्रोत का पता लगाने के लिए" होता है। लेकिन इसका अर्थ "माफ करना" भी हो सकता है।

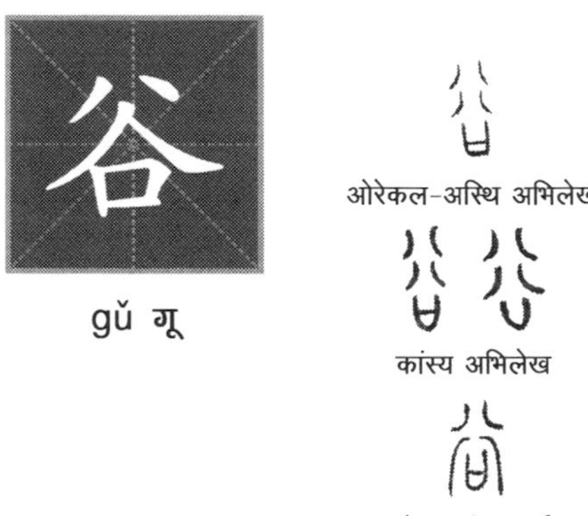

gǔ गू

ओरेकल-अस्थि अभिलेख

कांस्य अभिलेख

लेटर सील वर्ण

谷 का अर्थ "घाटी" होता है, पर्वतों की दो कतारों के बीच की जमीन, जहाँ से अक्सर नदियाँ बहती हैं। ओरेकल-अस्थि अभिलेखों और कांस्य अभिलेखों में, 谷 वर्ण दो भागों से बना है: ऊपरी हिस्सा घाटी से बाहर की ओर निकल रहे पानी के स्रोत की तरह दिखाई पड़ता है और नीचे का हिस्सा घाटी के प्रवेश को दर्शाता है। आज, इसका प्रयोग 穀 के सरलीकृत रूप में भी होता है।

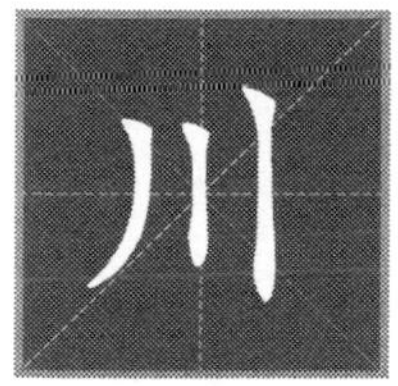

chuān चुआन

ओरेकल-अस्थि अभिलेख

कांस्य अभिलेख

लेटर सील वर्ण

ओरेकल-अस्थि अभिलेखों में, यह वर्ण एक ऐसी नदी की तरह दिखाई पड़ता है जो यहाँ-वहाँ मुड़ रही है, बगल की दो क़तारें नदी के किनारों को दर्शाती हैं और बीच में स्थित तीन बिंदुएँ पानी के प्रवाह को दर्शाती हैं। कांस्य अभिलेखों और लेटर सील वर्ण में यह सिर्फ तीन टेढ़ी रेखाओं से बना है, फिर भी यह नदी को ही दर्शाता है। 川 का प्राथमिक अर्थ "नदी" है, जहाँ से पहाड़ों के बीच समतल जमीन का बड़ा हिस्सा अर्थात मैदान जैसे संदर्भों की व्युत्पत्ति हुई है।

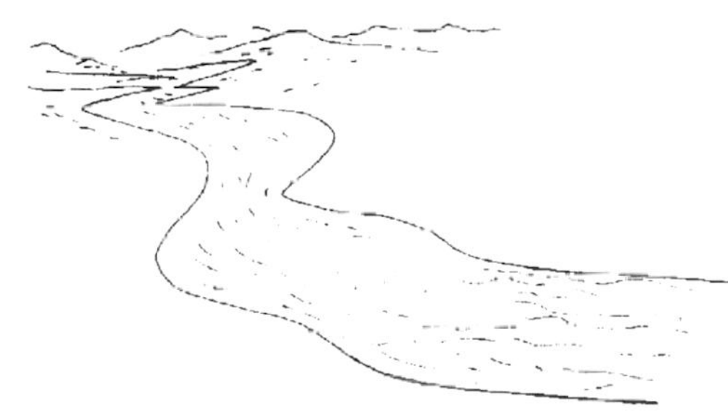

pài पाई

ओरेकल-अस्थि अभिलेख

कांस्य अभिलेख

लेटर सील वर्ण

प्राचीन लेखन प्रणालियों में, 派 वर्ण नदी से दूसरी नदी के निकलने जैसा दिखाई पड़ता है। इसलिए इसका मूल अर्थ "नदी की शाखा" होता है, जहाँ से "विभाजन" जैसे विस्तृत अर्थों की व्युत्पत्ति हुई है, जैसे 学派 (विचारों का संस्थान), 党派 (राजनीतिक दल एवं समूह) और 宗派 (सम्प्रदाय, गुट)। क्रिया के रूप में प्रयुक्त होने पर इसका अर्थ "भेजना" और "नियुक्त करना" होता है।

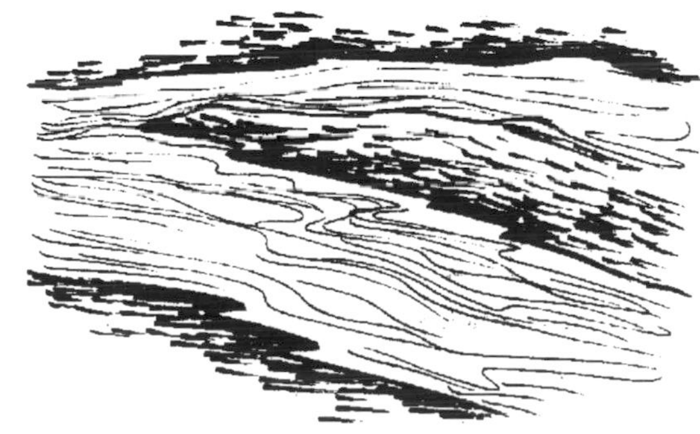

yǎn यान

कांस्य अभिलेख

लेटर सील वर्ण

प्राचीन लेखन प्रणालियों में, 衍 वर्ण, नदी वाला हिस्सा (水 या 川) और गतिविधि वाला हिस्सा (行 या 彳, ची) से मिलकर बना है, जो यह दर्शाता है कि नदी में पानी बह रहा है। मूल रूप से इसका प्रयोग पानी के बहाव के संदर्भ में होता है, जहाँ से "विस्तार करना", "चौड़ा करना", "विकसित करना" "विकास करना" और "व्युत्पन्न करना" जैसे अर्थों की व्युत्पत्ति हुई है।

liú लीयू

ओरेकल-अस्थि अभिलेख

स्टोन-ड्रम अभिलेख

लेटर सील वर्ण

लेटर सील वर्ण में, 流 वर्ण एक उल्टे खड़े आदमी की तरह दिखाई पड़ता है जिसके बाल खुले हुए हैं और वह नदियों के दो हिस्सों के बीच की धारा में बह रहा है, जो यह दर्शाता है कि आदमी धारा के साथ बह रहा है। 流 का प्राथमिक अर्थ "बहना, प्रवाहित होना" होता है, जहाँ से "चलना", "फैलाना", "बाँटना", "आगे बढ़ाना" और "निर्वासन में भेजना" जैसे अर्थों की व्युत्पत्ति हुई है। संज्ञा के रूप में इसका प्रयोग नदी, शाखा, विचार की संस्था, या श्रेणी के संदर्भ में हो सकता है।

zhōu झोऊ

ओरेकल-अस्थि अभिलेख

कांस्य अभिलेख

लेटर सील वर्ण

州, 洲 का मूल रूप था। ओरेकल-अस्थि अभिलेखों और कांस्य अभिलेखों में, 州 वर्ण में बीच में एक वृत्ताकार आकृति के साथ नदी वाला हिस्सा भी होता है, जो यह दर्शाता है कि नदी के बीच एक छोटा-सा टापू है। इसलिए इसका मूल अर्थ "टापू, द्वीप", है जो पानी के स्तर से ऊपर उठता हुआ जमीन का एक छोटा-सा टुकड़ा होता है। किंवदंतियों के अनुसार, जब चीन के आदिम समाज के तीन होशियार नेताओं में से अंतिम नेता यू ने बाढ़ पर विजय प्राप्त कर ली थी, तब उसने देश को नौ प्रशासनिक क्षेत्रों में विभाजित कर दिया था जिन्हें 州 कहा गया। चूंकि 州, प्रशासनिक क्षेत्रों के लिए एक विशेष शब्दावली बन गई, तब एक दूसरे वर्ण 洲 का निर्माण इसके मूल अर्थ की अभिव्यक्ति के लिए किया गया। आजकल, जैसे जगह का नाम, 洲 का प्रयोग महाद्वीपों जैसे 亚洲 (एशिया), 欧洲 (यूरोप) के संदर्भ में होता है, वहीं 州 का प्रयोग शहरों जैसे 广州 (गुआंगझोऊ), 徐州 (शूझोऊ) के लिए होता है। कुछ अपवाद भी हैं जैसे 株洲 (झूझोऊ, हुनान में), 橘子洲 (जूजीझोऊ, हुनान में), 沙洲 (शाझोऊ, जीयंगसू में), 鹦鹉洲 (यींगवूझोऊ, हुबेई में) और 桂洲 (गुईझोऊ,गुआंगदोंग में), जो कि चीन के प्रसिद्ध रेत के किनारे हैं।

huí हुई

ओरेकल-अस्थि अभिलेख

कांस्य अभिलेख

लेटर सील वर्ण

प्राचीन लेखन प्रणालियों में, 回 वर्ण एक तालाब में पानी के भँवर जैसा दिखाई पड़ता है। इसलिए इसका मूल अर्थ "घुमाना" और "वृत्त बनाना" होता है, जहाँ से इसके वर्तमान अर्थों "मोडना", "पीछे जाना", "उलटी दिशा में दौड़ना" और "विकृत होना" की व्युत्पत्ति हुई है।

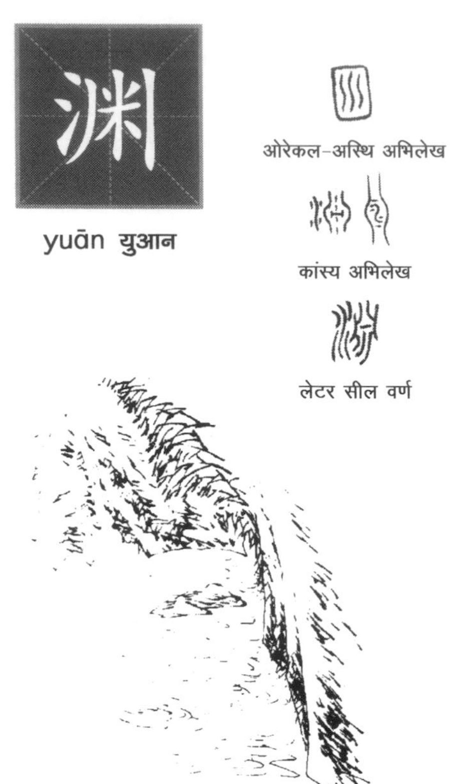

yuān युआन

ओरेकल-अस्थि अभिलेख

कांस्य अभिलेख

लेटर सील वर्ण

ओरेकल-अस्थि अभिलेखों और कांस्य अभिलेखों में, 渊 वर्ण पानी के भँवर वाले एक गहरे तालाब की तरह दिखाई पड़ता है। कभी-कभी इसमें नदी वाला हिस्सा जोड़ा गया है, जो कि लेटर सील वर्ण में इसके रूप का स्रोत है। 渊 का प्राथमिक अर्थ "गहरा तालाब" होता है, जहाँ से "गहरा", "प्रगाढ़" और "दूर तक पहुँचने वाला" जैसे अर्थों की व्युत्पत्ति हुई है।

miǎo मीआओ

लेटर सील वर्ण

淼 वर्ण तीन नदी वाले हिस्से से बना है, और यह एक संकेत है, जो यह दर्शाता है कि पानी का बहाव बहुत ही विशाल और अंतहीन है। शू शेन ने अपने *ऑरिजिन ऑफ चाइनीज़ कैरेक्टर्स* में कहा है कि, "淼 का अर्थ पानी का विशाल क्षेत्र होता है।" दूसरे शब्दों में, 淼 का अर्थ 渺 के समान होता है, जो यह बताता है कि पानी द्वारा ढंका क्षेत्र इतना विशाल है कि शायद ही कोई इसके अंतिम छोर को देख सकता है।

xī शी

昔 का अर्थ "प्राचीन काल" होता है, जो कि 今 (वर्तमान) का विपरीत है। ओरेकल-अस्थि अभिलेखों में, 昔 वर्ण तरंग वाले हिस्से और सूर्य वाले हिस्से से बना है, जो यह दर्शाता है कि सूर्य वाला हिस्सा तरंग वाले हिस्से के ऊपर है और कभी-कभी तरंग सूर्य के ऊपर है, जो यह दर्शाता है कि पानी हर जगह है। किंवदंतियों के अनुसार, प्राचीन काल में एक बार बहुत ही गम्भीर बाढ़ आई थी और लोग पहाड़ की चट्टान पर पेड़ की छाल और अन्य खाने योग्य जड़ी-बूटियों को तब तक खा कर जी रहे थे जब तक कि प्राचीन चीन में तीन बुद्धिमान नेताओं में से एक नेता यू ने उन पर विजय प्राप्त नहीं कर ली थी। जब बाढ़ ख़त्म हो गई, लोगों को तब भी उन भयानक दिनों की यादें आती थीं, जिसे बताने के लिए उन्होंने 昔 वर्ण का आविष्कार किया।

mò/méi मो/मेई

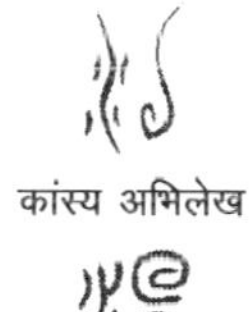
कांस्य अभिलेख

लेटर सील वर्ण

कांस्य अभिलेखों में, 没 वर्ण 水 और 回 से बना है, जो कि पानी के भँवर को दर्शाता है। लेटर सील वर्ण में, इसमें हाथ वाला हिस्सा (又) को यह दर्शाने के लिए जोड़ा गया है कि आदमी पानी के भँवर में डूब रहा है। इसलिए इसका प्राथमिक अर्थ "डूबना", "निमग्न" होता है जहाँ से "विलुप्त होना", "छुपना", "घटना", "बिना" (मेई के रूप में उच्चरित) और "अंतिम तक" (विशेष रूप से, किसी के जीवन का अंत) जैसे विस्तृत अर्थों की व्युत्पत्ति हुई है।

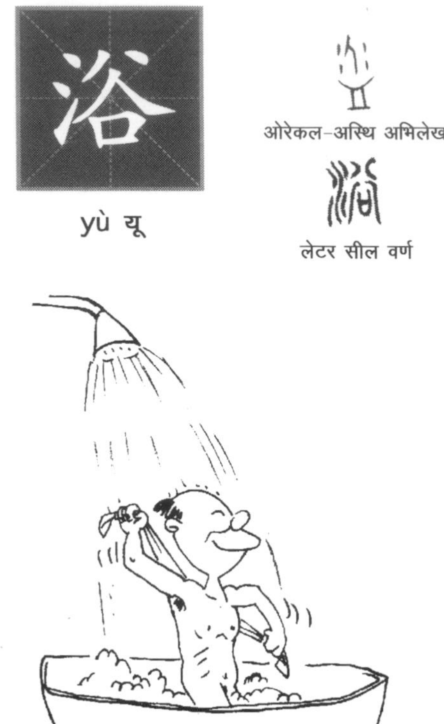

yù यू

ओरेकल-अस्थि अभिलेख

लेटर सील वर्ण

ओरेकल-अस्थि अभिलेखों में, 浴 वर्ण पानी के हौज (बाथटब) में बैठे एक आदमी की तरह दिखाई पड़ता है जिसके चारों तरफ पानी की बूंदें हैं, जो यह दर्शाता है कि आदमी स्नान कर रहा है। लेटर सील वर्ण में, यह वर्ण एक ध्वन्यात्मक अवयव बन गया है जिसमें 水 मूल शब्द और 谷 ध्वनिप्रधान शब्द होता है। 浴 का प्राथमिक अर्थ "स्नान करना" होता है, लेकिन इसका प्रयोग उपमा के रूप में किसी की मानसिक स्वच्छता के संदर्भ में भी होता है, जैसे 浴德 (अपने नैतिक चरित्र को विकसित करने के लिए)।

shā शा

कांस्य अभिलेख

लेटर सील वर्ण

沙 का अर्थ "रेत", पत्थर का अति-सूक्ष्म टुकड़ा होता है। कांस्य अभिलेखों में, 沙 वर्ण 水 और 少 से मिलकर बना है, जिसमें पहले वाला नदी की तरह दिखाई पड़ता है और बाद वाला रेत के कण को दर्शाता है। इसलिए इसका प्रयोग प्राथमिक रूप से नदी के किनारे या नदी के तट पर स्थित पत्थर के अति-सूक्ष्म कण के संदर्भ में होता है, जहाँ से बहुत छोटे महीन अनाज के कण के संदर्भ में प्रयुक्त अर्थों की व्युत्पत्ति हुई है, जैसे 豆沙 (लोबिया, बीज की लेई), 沙糖 (मोटी चीनी)।

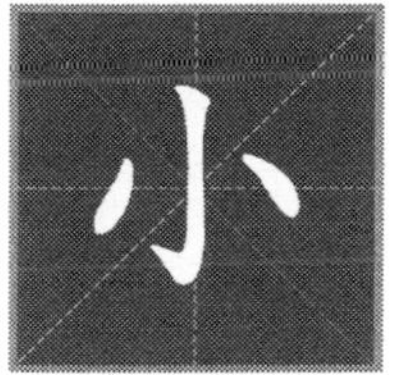

xiǎo शीआओ

ओरेकल-अस्थि अभिलेख

कांस्य अभिलेख

लेटर सील वर्ण

小 एक अमूर्त अवधारणा है, जिसका अर्थ "छोटा" होता है। ओरेकल-अस्थि अभिलेखों और कांस्य अभिलेखों में, 小 वर्ण तीन बिंदुओं से मिलकर बना है, जो कि जमीन पर बिखरे रेत के बहुत छोटे कण को दर्शाता है। 小 का प्राथमिक अर्थ "आकार में छोटा" होता है, जहाँ से इसका प्रयोग मात्रा, शक्ति, महत्ता आदि में कम चीजों के लिए होता है, जो कि 大 (बड़ा) का विपरीत है।

lǔ टू

ओरेकल-अस्थि अभिलेख

कांस्य अभिलेख

लेटर सील वर्ण

ओरेकल-अस्थि अभिलेखों में, 土 वर्ण मिट्टी के टीले की तरह दिखाई पड़ता है जो जमीन से ऊपर है। इसका प्राथमिक अर्थ "मिट्टी" होता है, जहाँ से "खेत", "जमीन" और "क्षेत्र" जैसे अर्थों की व्युत्पत्ति हुई है। 土 अवयव वाले वर्णों का संबंध मिट्टी और जमीन से होता है, जैसे 城 (शहर), 埋 (वफनाना), 垣 (युआन, दीवार) और 塞 (किला)।

qiū चिऊ

ओरेकल-अस्थि अभिलेख

कांस्य अभिलेख

लेटर सील वर्ण

ओरेकल-अस्थि अभिलेखों में, 丘 वर्ण 山 के जैसा दिखाई पड़ता है, सिवाय इसके कि पहले वाले के दो शीर्ष होते हैं दूसरे वाले में तीन। 丘 का प्रयोग प्राथमिक रूप से ऐसे पर्वतों के संदर्भ में होता है जो पहाड़ों की तरह ऊँचे नहीं होते हैं, जहाँ से इसका प्रयोग ऐसे किसी भी टीले के संदर्भ में होता है जो जमीन से ऊँचा है, जैसे 坟丘 (कब्र का टीला), 丘墓 (क़ब्र)।

yáo याओ

ओरेकल-अस्थि अभिलेख

लेटर सील वर्ण

प्राचीन लेखन प्रणालियों में, 尧 वर्ण में मिट्टी वाला हिस्सा (土; कभी-कभी दो या तीन मिट्टी के हिस्से भी होते हैं) आदमी वाले हिस्से के ऊपर होता है, जो यह दर्शाता है कि जमीन के टीले की ऊँचाई आदमी से अधिक है। 尧 का प्राथमिक अर्थ "जमीन के ऊँचे टीले" या सिर्फ "ऊँचा" था। आजकल, हालाँकि, इसका प्रयोग प्राचीन चीन के तीन पौराणिक बुद्धिमान नेताओं के प्रथम नाम के लिए या उपनाम के लिए होता है, और इसके अर्थ कि अभिव्यक्ति 峣 द्वारा की जाती है।

fù फू

ओरेकल–अस्थि अभिलेख

लेटर सील वर्ण

阜 का अर्थ "टीला" होता है। ओरेकल–अस्थि अभिलेखों में, 阜 वर्ण पहाड़ की सीढ़ी की तरह दिखाई पड़ता है, जो यह दर्शाता है कि पहाड़ ऊँचा है और उस पर चढ़ने के लिए सीढ़ियों का प्रयोग करना पड़ता है। 阜 का प्राथमिक अर्थ "ऊँचा टीला" होता है, जहाँ से "ऊँचा", "बड़ा" और "कई (विशेष ख़ज़ानों के)" जैसे अर्थों की व्युत्पत्ति हुई है।

yáng यांग

ओरेकल–अस्थि अभिलेख

कांस्य अभिलेख

लेटर सील वर्ण

प्राचीन लेखन प्रणालियों में, 阳 वर्ण एक ध्वन्यात्मक अवयव है जिसमें 阜 मूल शब्द और 昜 ध्वनिप्रधान शब्द है। 阳 का प्रयोग मूलतः पहाड़ की दक्षिण दिशा या नदी की उत्तर दिशा, अर्थात वह दिशा जहाँ सूर्य की रोशनी पहुँचती है के संदर्भ में होता है। इस अर्थ से इसका प्रयोग सूर्य, सूर्य की रोशनी या सतह या खुले आसमान में बाहर निकली किसी भी चीज के संदर्भ में होता है, जो 阴 (अँधेरा या छुपा हुआ) का विपरीत है।

shān शान

ओरेकल-अस्थि अभिलेख

कांस्य अभिलेख

लेटर सील वर्ण

山 का अर्थ "पहाड़", पृथ्वी की सतह की प्राकृतिक ऊँचाई होता है। ओरेकल-अस्थि अभिलेखों में, 山 वर्ण एक ऐसी पर्वत श्रृंखला की तरह दिखाई पड़ता है जिसकी कई चोटियाँ हैं। 山 अवयव वाले वर्णों का संबंध पर्वतों से होता है, जैसे 嵩, 崇, 峻 और 巍 पहाड़ों, सभी का प्रयोग पर्वत की "ऊँचाई" से होता है।

dǎo दाओ

लेटर सील वर्ण

岛 का अर्थ "द्वीप" होता है, जो कि पानी से घिरा जमीन का एक टुकड़ा होता है। 岛 वर्ण 山 और 鸟 से मिलकर बना है, जो कि एक संकेत है, और जो यह दर्शाता है कि समुद्र में एक पहाड़ है, जहाँ चिड़ियाँ अपने आराम करने की जगह समझकर वहाँ आकर रहती हैं। इस बीच, 鸟 का प्रयोग इसके उच्चारण के संदर्भ में भी होता है, इस अर्थ में, 岛 एक ध्वन्यात्मक अवयव है जिसमें 山 मूल शब्द और 鸟 ध्वनिप्रधान शब्द है।

sōng सोंग

लेटर सील वर्ण

嵩, वर्ण 山 और 高 से बना है, जो एक संकेत है। प्राथमिक रूप से इसका प्रयोग ऊँचे पहाड़ों के अर्थ में होता है और अन्य ऊँची चीजों के संदर्भ में भी किया जा सकता है, एक ऐसा उपयोग जिसे अक्सर अब 崇 द्वारा मान लिया जाता है। 嵩 हेनान प्रांत में एक पर्वत के नाम के लिए भी प्रयुक्त होता है, अर्थात सोंग पर्वत (嵩山 और 嵩岳, 嵩高 भी), जिसे 中岳 (केंद्रीय पर्वत) भी कहा जाता है, जो कि चीन में पाँच प्रसिद्ध पहाड़ों में से एक है।

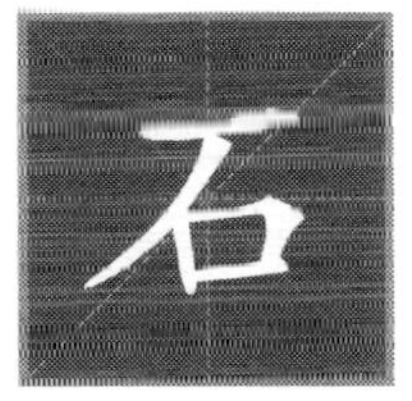

shí शी

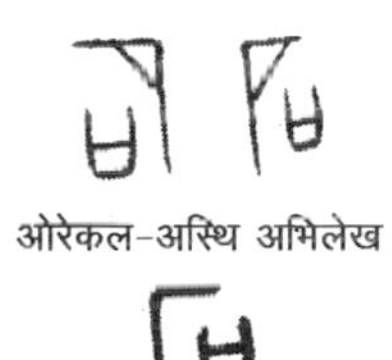

ओरेकल-अस्थि अभिलेख

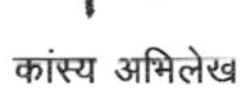

कांस्य अभिलेख

लेटर सील वर्ण

प्राचीन लेखन प्रणालियों में, 石 वर्ण एक चोटी के नीचे के पत्थर की तरह दिखाई पड़ता है। इसलिए इसका प्राथमिक अर्थ "पत्थर" या "चट्टान" होता है। 石 अवयव वाले वर्णों का संबंध पत्थरों और उनकी गुणवत्ता रो होता है, जैसे 矿 (खनिज के अवशेष), 硬 (कठोर), 研 (पीसना), 确 (अडिग) और 碑 (स्तम्भ)।

lěi लेई

लेटर सील वर्ण

磊 वर्ण तीन पत्थरों वाले हिस्से से बना है, जो ऐसा दिखाई पड़ता है जैसे कई पत्थर एक के ऊपर एक रखे हैं। इसका प्राथमिक अर्थ "ढेर लगे पत्थर" होता है, जहाँ से "ऊँचा" जैसे अर्थ की व्युत्पत्ति हुई है।

zhuó झूओ

ओरेकल-अस्थि अभिलेख

लेटर सील वर्ण

斫 वर्ण 石 और 斤 से बना है जो एक संकेत है। ओरेकल-अस्थि अभिलेखों में, 斫 वर्ण एक ऐसे आदमी की तरह दिखाई पड़ता है जो अपने हाथ में पकड़े कुल्हाड़ी से चट्टान काट रहा है। 斫 का प्राथमिक अर्थ "काटना", "काट देना" होता है, जहाँ से "आक्रमण करना" जैस अर्थ की व्युत्पत्ति हुई है। संज्ञा के रूप में प्रयुक्त होने पर इसका अर्थ कुल्हाड़ी होता है।

duàn दुआन

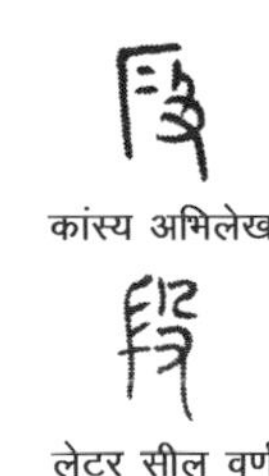

कांस्य अभिलेख

लेटर सील वर्ण

कांस्य अभिलेखों में, 段 वर्ण एक ऐसे आदमी की तरह दिखाई पड़ता है जो पहाड़ की चोटी पर प्रहार करके पत्थर निकाल रहा है, दो बिंदु टूटे हुए टुकड़ों को दर्शाते हैं। इसका प्राथमिक अर्थ "पत्थर का निस्सारण" होता है, जहाँ से "काटना" जैसे अर्थ की व्युत्पत्ति हुई है। 段 अवयव वाले वर्णों (वर्णों का ज्यादातर संबंध काटने या प्रहार करने से होता है, जैसे 鍛 (ढालना)। 鍛 एक उपनाम भी है, जिसका प्रयोग संभवतः पत्थर काटने या लोहा ढालने वाले लोगों द्वारा शुरू किया गया है। लेकिन 段 का ज्यादा सामान्य अर्थ अब "टुकड़ा" है, चाहे वह कपड़ा, समय या अन्य चीजों का हो, जैसे 片段 (टुकड़ा), 段落 (अनुच्छेद) और 分段 (खंडों में बाँटना)।

tián तीआन

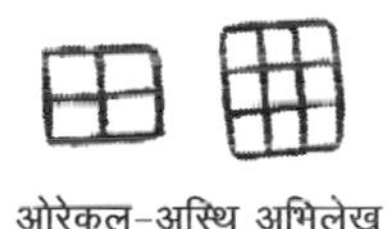

ओरेकल-अस्थि अभिलेख

कांस्य अभिलेख

लेटर सील वर्ण

इतने वर्षों में 田 वर्ण के रूप में बहुत अधिक परिवर्तन नहीं आया है। यह किसी भी लेखन प्रणाली में एक ऐसे मैदान की तरह दिखाई पड़ता है जिसके बीच में आड़े-तिरछे फुटपाथ है। इसका प्राथमिक अर्थ "खेती की जमीन" है, जैसे 稻田 (चावल का खेत), 麦田 (गेहूँ का खेत)। कुछ क्षेत्रों में हालाँकि, सिर्फ धान के खेत को ही 田 के नाम से जाना जाता है वहीं सूखी जमीन को 地 कहा जाता है। 田 अवयव वाले वर्णों का संबंध ज्यादातर खेती और कृषि से होता है, जैसे 畴 (खेती की जमीन), 畛 (झेन, खेतों के बीच बनाई गई पगडंडियाँ), 畔 (जमीन की सीमा) और 畦 (चि, जमीन का टुकड़ा)।

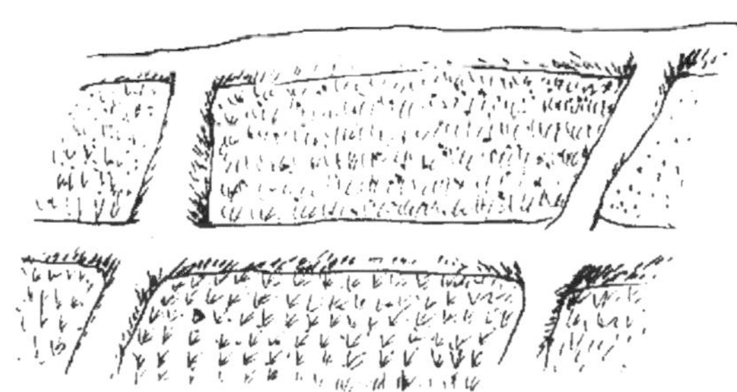

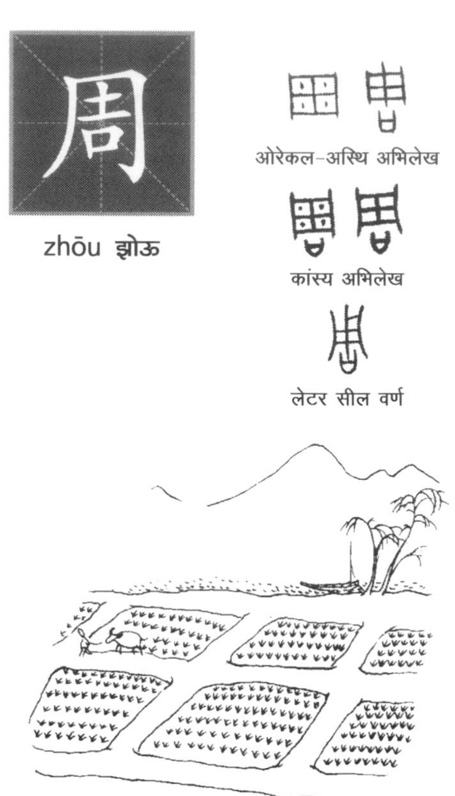

zhōu **झोऊ**

ओरेकल-अस्थि अभिलेखों में, 周 वर्ण में चार जमीन वाले हिस्से (田) हैं, जिसमें प्रत्येक भाग में स्थित चार बिंदु फसल का प्रतिनिधित्व करते हैं। इसलिए इसका मूल अर्थ "खेती की जमीन" होता है। 周 शांग के बाद के साम्राज्य का भी नाम है। इस नाम की पसंद इस तथ्य को दर्शाता है कि झोऊ साम्राज्य का अधिकार उस जगह से शुरू होता था, जहाँ वर्तमान में आज शांक्सी प्रांत का चिशान है, जहाँ कृषि विकास के उच्च स्तर पर था। आजकल, 周 वर्ण का प्रयोग कई अर्थों में किया जा सकता है, लेकिन सबसे महतवपूर्ण "परिधि", "चारों ओर" और "मोड़ना" है, जो कि सभी "खेत की सीमा" के अर्थ से व्युत्पन्न हुए हैं।

xíng/háng
शींग/हांग

ओरेकल-अस्थि अभिलेख

कांस्य अभिलेख

लेटर सील वर्ण

ओरेकल-अस्थि अभिलेखों और कांस्य अभिलेखों में, 行 वर्ण एक-दूसरे को काटने वाली दो सड़कों की तरह दिखाई पड़ते हैं। कभी-कभी इसके मध्य में आदमी वाला अतिरिक्त हिस्सा, यह दर्शाता है कि आदमी सड़क पर चल रहा है। इसलिए 行 का प्राथमिक अर्थ "सड़क" और "चलना" होता है। "सड़क" वाले इसके अर्थ से "लोगों की कतार" और "व्यापार का क्षेत्र" जैसे अर्थों की व्युत्पत्ति हुई है, जिसे हांग के रूप में उच्चरित किया जाता है। "चलना" के इसके अर्थ से "हस्तानांतरित करना", "प्रसारित करना", "प्रदर्शन करना" और "अनुभव करना" जैसे अर्थों की व्युत्पत्ति हुई है।

fēng फेंग

ओरेकल-अस्थि अभिलेख

कांस्य अभिलेख

लेटर सील वर्ण

ओरेकल-अस्थि अभिलेखों और कांस्य अभिलेखों में, 封 वर्ण (एक आदमी) की तरह दिखाई पड़ता है जो अपने हाथों से पेड़ लगा रहा है या पेड़ को मिट्टी से निकाल रहा है। इसका मूल अर्थ "पेड़ को धरती पर लगाना" या "जमीन में कब्र खोदना" होता है, जहाँ से "मिट्टी का ढेर" या "क़ब्र" जैसे अर्थों की व्युत्पत्ति हुई है। पेड़ लगाने का एक उद्देश्य विभिन्न परिवारों या राज्यों के बीच सीमा की रेखाएँ खींचना भी था, इसलिए 封 वर्ण ने "सीमा" का अर्थ भी ग्रहण कर लिया। इसलिए जमीन का अनुदान देना या एक सम्राट द्वारा अपने मंत्रियों को कुलीनता की उपाधि देने की प्रक्रिया को 封 कहा जाता है, और उन्हें अनुदान में दी गई जमीन 封地 कहलाती है। सीमा के अपने अर्थ से "बंद करना" और "सीमित करना" जैसे अर्थों की व्युत्पत्ति भी हुई है, जैसे 封闭 (बंद करना), 封锁 (नाकाबंदी करना) और 查封 (बंद करने के लिए)।

jiang जीआंग

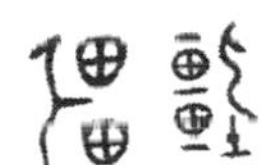

ओरेकल-अस्थि अभिलेख

कांस्य अभिलेख

लेटर सील वर्ण

ओरेकल-अस्थि अभिलेखों और कांस्य अभिलेखों में, 疆 वर्ण एक-दूसरे के ऊपर स्थित दो जमीन की तरह दिखाई पड़ते हैं, जिसकी बायीं तरफ मापने का औजार (弓) है। कभी-कभी दोनों जमीनों के बीच एक रेखा होती है जो बीच की सीमा को दर्शाती है। इसलिए 疆 का अर्थ "जमीन मापना", "सीमा का परिसीमन करना", "जगीन की सीमा" और "राष्ट्रीय सीमा" होता है।

lǐ ली

कांस्य अभिलेख

लेटर सील वर्ण

里 एक संकेत है, जो 田 और 土 से बना है, जिसमें पहले वाला धन के खेत को दर्शाता है और बाद वाला सूखी जमीन का प्रतिनिधित्व करता है। कृषक समाज में, चीजों को उपजाने और अपने परिवार का पालन-पोषण करने के लिए एक आदमी के पास जमीन का होना आवश्यक होता है। 里 का मूल अर्थ "एक ऐसी जगह जहाँ समुदाय रहता है" था, अर्थात गाँव। इसलिए इसका प्रयोग प्रशासनिक इकाई के रूप में भी होने लगा। उदाहरण के लिए, चीन साम्राज्य में, पाँच परिवार मिलकर एक पड़ोस (邻) और पाँच पड़ोस मिलकर एक गाँव (里) बनाते थे। दूसरे शब्दों में, एक गाँव में पच्चीस परिवार होते थे। इसके अतिरिक्त, 里 लम्बाई की माप होती है, जो कि चीनी प्रणाली में 150 झांग के बराबर और मैट्रिक प्रणाली में 500 मीटर के बराबर होती है। अपने आधुनिक सरलीकृत रूप में 里 का प्रयोग मूल जटिल रूप 裏, अर्थात भीतर के संदर्भ में भी होता है।

yě ये

ओरेकल-अस्थि अभिलेख

कांस्य अभिलेख

लेटर सील वर्ण

ओरेकल-अस्थि अभिलेखों और कांस्य अभिलेखों में, 野 वर्ण में जंगल वाले हिस्से (林) के बीच में मिट्टी वाला हिस्सा (土) होता है जो खुली जमीन और जंगल को दर्शाता है। लेटर सील वर्ण में, यह वर्ण एक ध्वन्यात्मक अवयव बन गया जिसमें 里 मूल शब्द और 予 ध्वनिप्रधान शब्द है, लेकिन इसके अर्थ में परिवर्तन नहीं हुआ है। 野 का प्रयोग मूल रूप से शहर के बाहरी क्षेत्रों, या सुदूर क्षेत्रों के लिए होता है, जहाँ से 朝廷 (राजशाही सरकार) के विपरीत "गैर-सरकारी" जैसे अर्थ की व्युत्पत्ति हुई है। 野 का प्रयोग 家养 (घरेलू या पालतू) या 人工种植 (विकसित किया हुआ) के विपरीत जंगली जानवरों या प्राकृतिक पौधों के संदर्भ में भी किया जा सकता है, जहाँ से 文明 के विपरीत "असभ्य" जैसे अर्थ की व्युत्पत्ति हुई है।

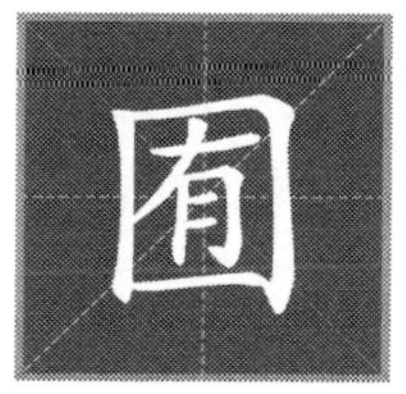

yòu योऊ

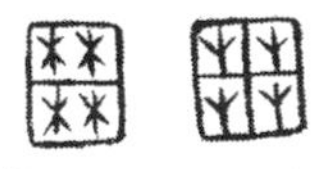

ओरेकल-अस्थि अभिलेख

कांस्य अभिलेख

लेटर सील वर्ण

囿 वर्ण मूलतः एक संकेत था। ओरेकल-अस्थि अभिलेखों में, 囿 वर्ण फूलों से भरे एक बाग की तरह दिखाई पड़ता है जिसके चारों ओर दीवारें हैं। कांस्य अभिलेखों में, हालांकि लेखन की सुविधा के लिए यह एक ध्वन्यात्मक अवयव में बदल गया है जिसमें 囗 (वेई, संलग्न) मूल शब्द और 有 एक ध्वनिप्रधान शब्द है। "दीवारों से घिरे हुए बाग" के इसके मूल अर्थ से इसका प्रयोग विशेष रूप से राजशाही बाग के संदर्भ में होने लगा, जिसे 苑 के नाम से जाना जाता है। इसके मूल अर्थ से इसका प्रयोग आदमी के ज्ञान के संदर्भ में भी किया जाने लगा जो कि सीमित है।

huǒ हुओ

ओरेकल-अस्थि अभिलेख

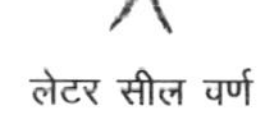

लेटर सील वर्ण

火 का अर्थ "आग" होता है, चीजों के जलने से निकलने वाली रोशनी और लौ। ओरेकल-अस्थि अभिलेखों में, 火 वर्ण किसी चीज के जलने से निकलने वाली लौ की तरह दिखाई पड़ता है, इसलिए इसका प्राथमिक अर्थ आग होता है। 火 अवयव वाले वर्णों का संबंध आग और इसके उपयोग से होता है, जैसे 炎 (बड़ी आग), 炙 (भूनना), 焚 (जंगल जलाना), 燃 (जलाना), 焦 (जला हुआ), 烹 (पकाना), और 煮 (उबालना)।

yán यान

ओरेकल-अस्थि अभिलेख

कांस्य अभिलेख

लेटर सील वर्ण

प्राचीन लेखन प्रणालियों में, 炎 वर्ण के एक के ऊपर एक दो हिस्से हैं, जो यह दर्शाता है कि बड़ी आग है। "बड़ी आग" के इसके प्राथमिक अर्थ से "चिलचिलाती" और "गर्मी से जलाना" जैसे अर्थों की व्युत्पत्ति हुई है जिसका प्रयोग मौसम के संदर्भ में होता है।

liáo लीआओ

ओरेकल-अस्थि अभिलेख

कांस्य अभिलेख

लेटर सील वर्ण

燎 का संबंध प्राचीन बलि के समारोह से होता है जिसमें स्वर्ग को प्रसाद चढ़ाने के रूप में लकड़ी को जलाया जाता था। ओरेकल-अस्थि अभिलेखों और कांस्य अभिलेखों में, 燎 वर्ण एक-दूसरे को काटती हुई लकड़ी के टुकड़ों की तरह दिखाई पड़ता है, जिसके आसपास के बिंदु आग की वजह से निकलने वाली लौ को दर्शाते हैं। कभी-कभी इसमें नीचे पाँचवा हिस्सा भी होता है, 燎 का प्राथमिक अर्थ "जलाना होता है", जहाँ से "आग से सुखाना", "मशाल" और "ज्वलनशील वस्तुएँ" जैसे अर्थों की व्युत्पत्ति हुई है।

fén फेन

ओरेकल-अस्थि अभिलेख

लेटर सील वर्ण

आदमी समाज में, कृषि विकास के निम्न स्तर पर था और लोग कई आदिम तरीकों का उपयोग करते थे जिसे झूम कृषि के नाम से जाना जाता था, जिसे एक हद तक 焚 वर्ण में प्रतिबिम्बित किया गया है। ओरेकल-अस्थि अभिलेखों में 焚 वर्ण में आग के ऊपर जंगल का हिस्सा है और कभी-कभी निचले हिस्से में ऐसा लगता है जैसे एक आदमी अपने हाथ में मशाल लेकर खड़ा है। इसलिए 焚 का मूल अर्थ "जंगल को जलाना था", जहाँ से वर्तमान अर्थ "जलता हुआ" और "आग द्वारा विनाश" जैसे अर्थों की व्युत्पत्ति हुई है।

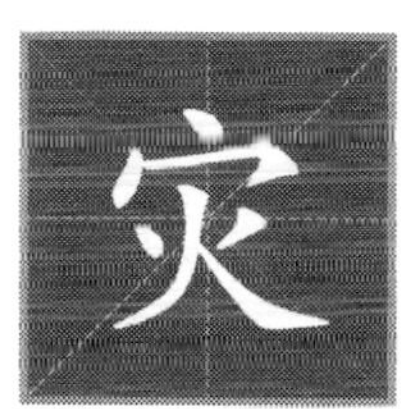

zāi जाइ

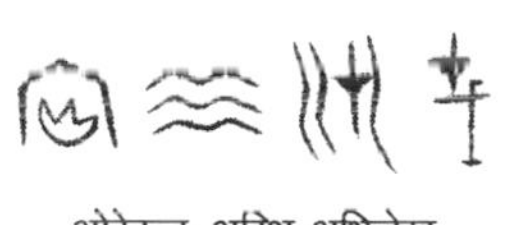

ओरेकल-अस्थि अभिलेख

कांस्य अभिलेख

लेटर सील वर्ण

चीनी भाषा में आदमी द्वारा झेले जाने वाली आपदाओं को 灾 कहा जाता है, जैसे 水灾 (बाढ़), 火灾 (आग), 兵灾 (युद्ध), 虫灾 (कीड़ों का प्रकोप) और 风灾 (आँधी के कारण आई आपदा)। प्राचीन काल में, 灾 वर्ण 宀 (घर) और 火 (आग) वाले हिस्से से बना था, जो यह दर्शाता है कि घर में आग लगी हुई है। कभी-कभी इसमें आग वाले हिस्से के बदले पानी वाला हिस्सा (水) होता है जो बाढ़ को दर्शाता है। और विकल्प के रूप में हथियार वाला हिस्सा (戈) भी हो सकता है जो युद्ध को दर्शाता है। इसलिए 灾 का प्रयोग उन विभिन्न प्रकार की आपदाओं के संदर्भ में किया जाता है जिसका सामना आदमी को करना पड़ता है और यह अर्थ वर्षों से परिवर्तित नहीं हुआ है।

shù शू

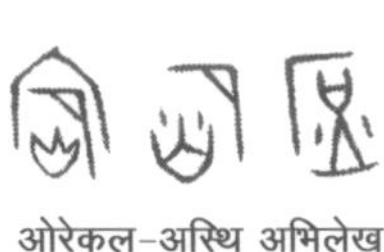

ओरेकल-अस्थि अभिलेख

कांस्य अभिलेख

लेटर सील वर्ण

खाना पकाने के बर्तनों के आविष्कार से पहले, खुली आग में खाना को भूनने के अतिरिक्त लोग कुछ पत्थर जलाते थे और उसका प्रयोग सीधे खाने को गरम करने के लिए करते थे या उसे पानी से भरे एक बर्तन में रख देते थे। ओरेकल-अस्थि अभिलेखों और कांस्य अभिलेखों में, 庶 वर्ण 石 (पत्थर) और 火 (आग) वाले हिस्से से बना है, जो यह दर्शाता है कि पत्थर को आग से गर्म किया जा रहा है या जलाया जा रहा है। इसलिए इसका मूल अर्थ "खाना पकाना" था। आजकल, हालाँकि, 庶 का प्रयोग आम तौर पर "आम लोग" और "असंख्य" के संदर्भ में होता है और इसके मूल अर्थ की अभिव्यक्ति 煮 द्वारा की जाती है।

tàn तान

लेटर सील वर्ण

लेटर सील वर्ण में, 炭 वर्ण में आग वाले हिस्से के ऊपर एक चट्टान वाला हिस्सा है, जो लकड़ी के जलने और पहाड़ों में चारकोल बनाने को दर्शाता है। 炭 का प्राथमिक अर्थ चारकोल है, लेकिन शायद प्राचीन काल में इसका प्रयोग कोयला के संदर्भ में भी होता था जिसे 石炭 अर्थात 煤 कहते हैं।

huī हुई

灰 का अर्थ "राख" होता है, जो किसी पदार्थ के जलने के बाद चूरे के रूप में बचा हुआ अवशेष होता है। ओरेकल-अस्थि अभिलेखों में 灰 वर्ण ऐसा दिखाई पड़ता है जैसे एक आदमी एक छड़ी से राख को धीरे-धीरे फेंट रहा है। इसका प्राथमिक अर्थ "राख", अर्थात 木灰 (पौधे का राख), 石灰 (चूना) होता है, जहाँ से इसका प्रयोग धूल के संदर्भ में भी होने लगा है। इसका प्रयोग काले और सफेद मिश्रित रंग के लिए भी हो सकता है जिसे धूसर कहते हैं।

chì ची

ओरेकल-अस्थि अभिलेख

कांस्य अभिलेख

लेटर सील वर्ण

प्राचीन लोगों में ऐसा रिवाज था कि जब वे बारिश के लिए प्रार्थना करते थे तब स्वर्ग को प्रसाद में चढ़ाने के लिए आदमी या जानवर को जला देते थे। और यह रिवाज 赤 वर्ण के रूप में प्रतिबिम्बित हुआ है, जो कि प्राचीन लेखन प्रणालियों में एक आदमी वाले हिस्से (大) और आग वाले हिस्से (火) से बना है, जो यह दर्शाता है कि आदमी को जलाया जा रहा है। इसके मूल अर्थ से "आग से लाल किया हुआ", "लाल" जैसे अर्थों की व्युत्पत्ति हुई है। प्राचीन चीन के पाँच तत्व सिद्धांत के अनुसार, दक्षिण आग का तत्व है, जो कि लाल रंग का है इसलिए शू शेन अपने *ऑरिजिन ऑफ चाइनीज़ कैरेक्टर्स* में कहते हैं कि, "赤, 大 और 火 से बना है, जो दक्षिण के रंग को दर्शाता है।" इसके अतिरिक्त, 赤 वर्ण का अर्थ "पवित्र" और "नंगा" भी हो सकता है।

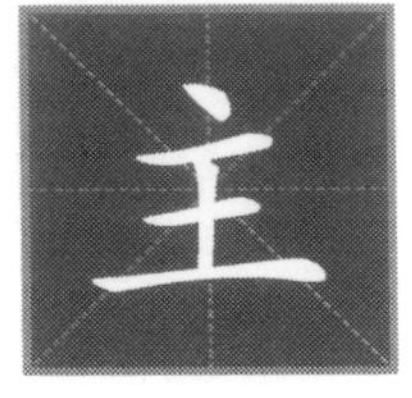

zhǔ झू

लेटर सील वर्ण

主, 炷 (झू) का मूल रूप था। लेटर सील वर्ण में, 主 वर्ण एक तेल के दीये जैसा दिखाई पड़ता है, और इसके ऊपर के चार बिंदु दीये की बाती से निकलने वाली लौ को दर्शाते हैं। इसलिए इसका मूल अर्थ "दीये की बाती" होता है। आजकल, हालाँकि, 主 का प्रयोग मुख्यतः "मेजबान", "स्वामी", "प्रभारी" और "प्रबंध करने" के संदर्भ में होता है और इसके मूल अर्थ की अभिव्यक्ति 炷 द्वारा की जाती है।

guāng गुआंग

ओरेकल-अस्थि अभिलेख

कांस्य अभिलेख

लेटर सील वर्ण

光 का अर्थ "रोशनी" होता है, एक प्राकृतिक घटक जो कि दृष्टि के भाव को उत्तेजित करती है, जैसे 太阳光 (सूर्य की रोशनी), 灯光 (दीये की रोशनी), जहाँ से "चमकदार" और "चिकना" जैसे अर्थों की व्युत्पत्ति हुई है। प्राचीन लेखन प्रणालियों में, 光 वर्ण ऐसे दिखाई पड़ता है जैसे एक आदमी के ऊपर आग है, जो यह दर्शाता है कि ज्वलनशील सामग्री है जिससे यह हमेशा के लिए चमकेगा।

sǒu सोऊ

ओरेकल-अस्थि अभिलेख

लेटर सील वर्ण

叟, 搜 का मूल रूप था। ओरेकल-अस्थि अभिलेखों में, 叟 वर्ण एक ऐसे आदमी की तरह दिखाई पड़ता है जो कमरे में मशाल पकड़कर खड़ा है, जो "खोजना", "ढूँढ़ना" का संकेत देता है। हालाँकि, अब इसका प्रयोग "बुजुर्ग आदमी" के अर्थ में होता है, और इसके मूल अर्थ की अभिव्यक्ति 搜 द्वारा की जाती है।

8

अन्य

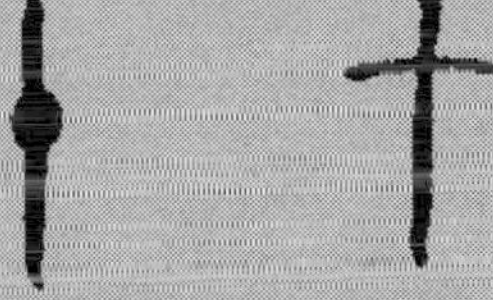

一 एक संख्या है जिसका अर्थ "एक" होता है। चीनी भाषा में, सबसे सरल अंक चित्र की तरह होते हैं: एक को एक क्षैतिज रेखा द्वारा दर्शाया जाता है, दो को दो क्षैतिज रेखाओं द्वारा, तीन को तीन द्वारा, और चार को चार द्वारा दर्शाया जाता है। इसके पीछे का विचार वही है जो रस्सी की गाँठों को गिनने के पीछे का होता है: सबसे छोटे पूर्णांक के रूप में, जैसे一人 (एक आदमी), 一马 (एक घोड़ा), 一枪 (एक बंदूक); और जिसका अर्थ है "पूरे दिल से", जैसे 一心一意 (दिल और आत्मा)।

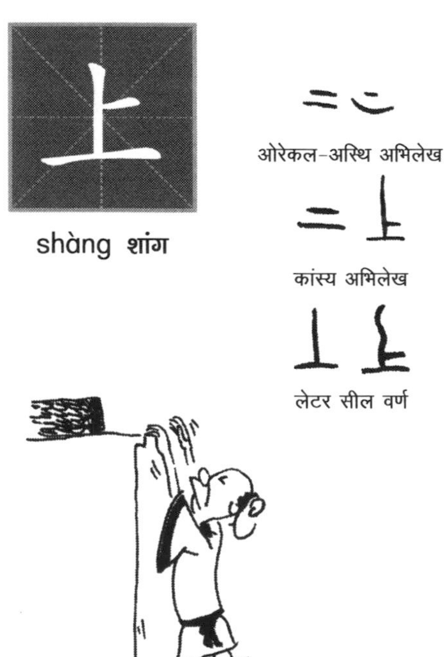

上 वर्ण एक सूचक है। ओरेकल-अस्थि अभिलेखों और कांस्य अभिलेखों में, यह लम्बी रेखा (अवतल वक्र) के ऊपर एक छोटी क्षैतिज रेखा से बना है, जो "शीर्ष" का संकेत देता है। इसलिए इसका प्राथमिक अर्थ "उच्च", "ऊपरी" होता है जहाँ से "पद में ऊँचा" या "गुणवत्ता में बेहतर" जैसे अर्थों की व्युत्पत्ति हुई है, जैसे 上级 (उच्च अधिकारी), 上品 (शीर्ष गुणवत्ता वाला उत्पाद और "क्रम में पहले" या "समय में पहले" के अर्थ, जैसे 上册 (पहला संस्करण), 上半年 (वर्ष की पहली छमाही)। क्रिया के रूप में प्रयुक्त होने पर इसका अर्थ "आगे बढ़ना" होता है, जैसे 上山 (पहाड़ पर चढ़ना), 上楼 (ऊपर की मंजिल पर चढ़ना); जिससे इसके और अधिक सामान्य अर्थ "जाना" की व्युत्पत्ति हुई है, जैसे 上街 (सड़क या गली में जाना)।

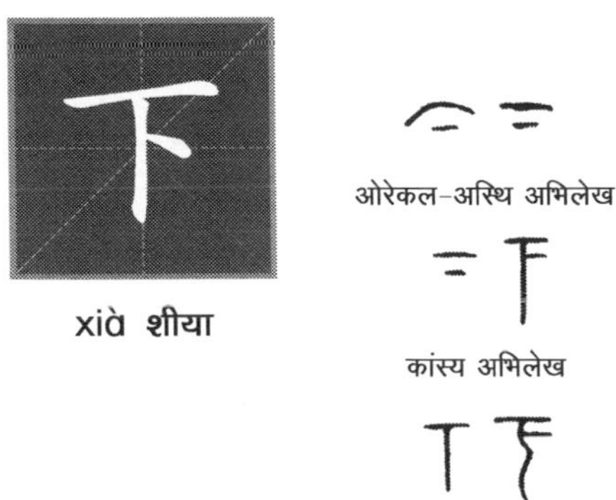

下 वर्ण 上 की तरह ही सूचक है। ओरेकल–अस्थि अभिलेखों और कांस्य अभिलेखों में, यह लम्बी क्षैतिज रेखा (या अवतल वक्र) के नीचे स्थित छोटी क्षैतिज रेखा से बना है, जो "नीचे" का संकेत देता है। 下 का प्राथमिक अर्थ 上 के विपरीत "निचला", "नीचे" होता है जहाँ से इसका प्रयोग पद में नीचे, गुणवत्ता में ख़राब, या क्रम या समय में बाद के संदर्भ में होने लगा है। क्रिया के रूप में प्रयुक्त होने पर इसका अर्थ "नीचे जाना या घटना" होता है।

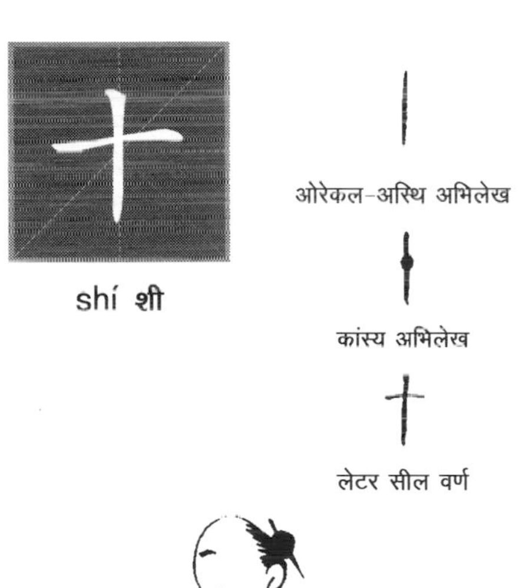

十 एक संख्या है, जिसका अर्थ "दस" होता है, और जो 拾 का एक अपरिवर्तनीय प्रकार है। प्राचीन काल में, लोग गिनी जाने वाली चीजों या रस्सी में गाँठों को बनाकर गणना करते थे। जब संख्या दस से कम होती थी, तब वे छड़ी जैसी चीजों का उपयोग करते थे। सम संख्या के लिए वे रस्सी में गाँठ बनाते थे, एक गाँठ का अर्थ दस होता था, दो का अर्थ बीस, तीन का तीस, और इस तरह ही संख्या चलती थी। कांस्य अभिलेखों में, 十 वर्ण लंबवत रेखा और बीच में वृत्ताकार बिंदु (या एक बढ़ाया हुआ मध्य हिस्सा) से बना है, जो कि गाँठ बनाकर गणना करने का एक स्पष्ट विवरण देता है।

niàn नीयान

ओरेकल-अस्थि अभिलेख

कांस्य अभिलेख

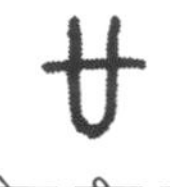

लेटर सील वर्ण

कांस्य अभिलेखों में, 廿 वर्ण U-आकार की एक रस्सी की तरह दिखाई पड़ता है जिसमें पतले डंडे (या दो बड़े डंडे) पर दो वृत्ताकार बिंदु हैं जो गाँठों का प्रतिनिधित्व करते हैं, और "बीस" का संकेत देते हैं। *ऑरिजिन ऑफ चाइनीज़ कैरेक्टर्स* कहता है, "廿 का अर्थ दो दस का एक साथ आना है।" ओरेकल-अस्थि अभिलेखों में, इस वर्ण में सिर्फ U-रेखा ही है, इसमें कोई वृत्ताकार बिंदु नहीं है, जिसे लिखना मुश्किल होता है। लेटर सील वर्ण में, दो डंडे (शाफ्ट) को जोड़ने के लिए एक क्षैतिज रेखा होती है, जो अब बिंदु नहीं रह गई है, और अपने मूल चित्रनुमा आकृति को खो चुकी हैं। शास्त्रीय चीनी भाषा में बीस के अर्थ में, आम तौर पर 廿 का प्रयोग हुआ है, लेकिन स्थानीय भाषा या बोलचाल की शैली में ऐसा नहीं है। इसलिए इसका प्रयोग लूनर (चंद्र) कैलेंडर में हुआ है, जैसे 廿六年 (छब्बीस वर्ष), 廿九日 (उनत्तीसवाँ दिन); लेकिन सोलर (सौर्य) कैलेंडर में ऐसा नहीं है जहाँ इसके स्थान पर 二十 का प्रयोग हुआ है।

sà सा

ओरेकल-अस्थि अभिलेख

कांस्य अभिलेख

लेटर सील वर्ण

卅 वर्ण भी गणना के लिए रस्सी में गाँठ बनाने की प्रक्रिया का परिणाम ही है। कांस्य अभिलेखों में, यह लगभग W-आकार की रस्सी की तरह दिखाई पड़ता है जिसमें डंडे (शाफ्ट) पर तीन गाँठें हैं, जो "तीस" का संकेत देती हैं। उदाहरण के लिए, 五卅运动 (30 मई का आंदोलन) में 卅 वर्ण तीसवें दिन के संदर्भ में प्रयुक्त होता है।

संपादक के बारे में

शी गुआंगहुई जिनान विश्वविद्यालय के कला महाविद्यालय के ललित कला विभाग में एक प्रसिद्ध प्रोफेसर हैं। 1985 में, उन्होंने सुन यात-सेन विश्वविद्यालय के नृविज्ञान विभाग से इतिहास में स्नातक की डिग्री प्राप्त की। 1988 में, उन्होंने चीनी भाषा और साहित्य में मास्टर डिग्री के साथ सुन यात-सेन विश्वविद्यालय के चीनी विभाग से स्नातक किया। उन्होंने कई प्रसिद्ध मोनोग्राफ लिखे हैं, जिनमें प्रमुख हैं, *द ग्रेट डिक्शनरी ऑफ झोउई, इलस्ट्रेशन ऑफ कॉमनली यूज्ड चाइनीज कैरेक्टर्स, सिलेक्टेड नोट्स ऑन द वर्क्स ऑफ चाइनीज टॉप टेन प्रोज मास्टर्स (वॉल्यूम 1 और 2), चाइनीज कैरेक्टर सोर्स डिक्शनरी, इलस्ट्रेटेड चाइनीज कैरेक्टर्स, ले शिझाई बुक,* और *ले शिझाई बुक एंड प्रिंटिंग का दूसरा संस्करण।*